차별 없는
인터넷 환경
구현하기

쉽게 배우는

HTML5
웹 프로그래밍 입문

개정3판

임순범 · 박희민 지음

생능출판

쉽게 배우는 HTML5 웹 프로그래밍 입문

초판발행 2013년 7월 24일
제3판1쇄 2022년 6월 30일

지은이 임순범 · 박희민
펴낸이 김승기
펴낸곳 (주)생능출판사 / **주소** 경기도 파주시 광인사길 143
출판사 등록일 2005년 1월 21일 / **신고번호** 제406-2005-000002호
대표전화 (031)955-0761 / **팩스** (031)955-0768
홈페이지 www.booksr.co.kr

책임편집 김민보 / **편집** 신성민, 이종무, 유제훈 / **디자인** 유준범, 표혜린
마케팅 최복락, 김민수, 심수경, 차종필, 백수정, 송성환, 최태웅, 명하나, 김민정
인쇄 · 제본 (주)상지사P&B

ISBN 978-89-7050-551-0 93000
정가 27,000원

머리말

1990년대 초 웹 브라우저가 등장하면서 인터넷이 전 세계에 널리 보급된 지 벌써 20년이 지났습니다. 그 동안 웹 브라우저에서 기본 문서를 표현하는 형식으로 사용되던 HTML은 기능이 부족함에도 불구하고 웹 사이트를 구축하는데 사용하기 매우 쉽고 간단하다는 장점으로 널리 애용되어 왔습니다. 그러나 최근 모바일 및 스마트 기기 시대를 맞이하면서 HTML 문서에서도 다양한 기능이 요구되고 있습니다. 이러한 요구에 부응하기 위하여 새로운 기능으로 대폭 개선된 HTML5가 선보이게 되었습니다.

HTML5는 단순히 웹 페이지 문서를 표현하는 용도에서 많이 발전하여 의미 기반의 태그가 보강되고 더 나아가 오디오/비디오, 캔버스, SVG 등 멀티미디어 제어 기능이 대폭 강화되었습니다. 또한 위치 센서 등 주변장치 API, 로컬 스토리지 및 서버 연동 API 등 다양한 기능이 포함되었습니다. HTML5가 이제는 단순히 문서표현 언어가 아니라 모바일 웹을 포함하는 웹 애플리케이션을 개발하는 언어로 발전한 것입니다. HTML이 웹 페이지 작성에 주로 이용되었다면, HTML5는 웹 사이트에서 필요한 기능을 모두 구현할 수 있는 개발 언어로 많은 관심을 끌고 있습니다.

그 동안 HTML은 너무 간단하여 대학 교과목에서 점차 멀어졌지만 향후 웹 환경에서 기술의 핵심이 될 HTML5는 대학 교과과정에 반드시 포함되어야 할 교과목이 되리라 여겨집니다. 그러나 현재 HTML5를 다루는 서적들은 전문 개발자를 대상으로 하거나 이미 HTML을 잘 알고 있는 사람을 대상으로 집필되어 있는 경우가 많습니다. 혹은 기존의 HTML 교재에서 단순히 HTML5 기능을 추가해 놓은 경우도 있습니다. 그래서 우리 저자들은 일반 대학교의 교과목으로 HTML을 처음 배우는 사람에게 HTML5의 기능을 고르게 이해시키는 것을 목적으로 이 책을 집필하게 되었습니다.

이러한 이유로 이 책의 이름을 《HTML5 웹 프로그래밍 입문》으로 하였습니다. 기본적인 HTML5의 개념 및 다양한 태그를 설명하고 CSS3 스타일시트의 적용 방법을 설명하여 HTML을 처음 배우는 사람들이 쉽게 HTML5 개념 및 사용법을 배울 수 있게 하였습니다. 그리고 자바스크립트의 프로그래밍 방법과 몇 가지 주요 API를 설명하여 웹 애플리케이션을 개발할 능력을 갖출 수 있도록 하였습니다. 즉, 이 책의 목표는 웹 환경의 초보자가 HTML5로 웹 사이트 및 웹 애플리케이션을 개발하는 데 가장 기본적으로 필요한 지식을 이해시키고자 하였습니다.

이 책의 구성은 전체 13개 장이 크게 4가지 파트로 구분되어 있습니다. 제1부는 HTML5 기본 태그를 설명하고 있으며 1장에서 인터넷과 웹 환경의 발전에 대한 설명으로 시작하고 있습니다. 2장에서는 문서의 내용이나 문서구조를 표현하는데 필요한 HTML5의 기본 태그들을 설명하고 있습니다. 3장에서는 HTML의 가장 큰 특징 중의 하나인 하이퍼링크의 표현과 이미지/오디오/비디오 등 멀티미디어의 표현 방법을 설명합니다. 4장과 5장에서는 CSS3 스타일시트의 기본적인 사용방법에서 다양한 기능까지 설명하고 있습니다. 6장에서는 웹 페이지에서 사용자의 다양한 입력을 처리해 주는 입력 폼을 설명합니다. 제2부는 CSS3 스타일시트와 입력 폼 및 전반부의 실습을 다루고 있습니다. 7장에서는 전반부에서 설명한 HTML 태그와 CSS3를 실습할 수 있도록 인터넷 서점 사이트를 구축하는 프로젝트를 제시하고 있습니다.

제3부에서는 자바스크립트 프로그래밍을 다루고 있습니다. 8장에서 자바스크립트의 기본적인 프로그래밍 방법을 설명하고, 9장에서 자바스크립트 객체와 DOM 문서구조, 10장에서는 이벤트 처리 등 다양한 활용 방법을 설명하고 있습니다. 11장에서는 자바스크립트로 화면에 그림을 그리는 HTML5 캔버스라는 새로운 기능을 소개하고 있습니다. 제4부는 웹 애플리케이션 개발을 위한 HTML5의 다양한 API를 다루고 있습니다. 12장은 인터페이스 개발에 관련된 API를 설명하고, 13장에서는 저장 관련 API와 그 외에 다양한 API를 소개하고 있습니다. 14장에서는 후반부에서 배운 내용의 실습이 가능하도록 프로젝트를 제시하였습니다. 이 프로젝트는 전반부에 구축한 인터넷 서점 웹사이트에서 도서를 대출하고 정보를 저장하는 모바일 웹 애플리케이션을 구현하는 내용으로 후반부 실습이 가능하도록 하였습니다.

이 책은 대학교의 강의 교재로서만이 아니라 HTML5 환경을 처음 배우는 웹 개발자, 웹 기획자, 웹 디자이너에게도 매우 유용한 교재로 사용될 수 있습니다. 더 나아가 HTML5가 단순히 웹 애플리케이션을 개발하는 용도에서 더욱 다양한 분야에 활용될 것이 예상되므로 각종 소프트웨어 개발자들에게도 HTML5 기술의 입문서로 적합하리라 판단됩니다. 이 책의 가장 큰 특징은 HTML5 태그와 API, CSS3 그리고 자바스크립트까지 여러 권이 아니라 이 책 한 권으로 기본 개념을 익힐 수 있는 입문서라는 점입니다. 또한, 실습 프로젝트까지 제시하고 있으므로 실습 시간의 교재로까지 사용할 수 있으며, 다양한 형태의 연습문제를 풍부히 제공하여 강의를 진행하는데 큰 도움이 되도록 하였습니다.

앞으로 HTML5를 처음 배우는 사람들에게 이 책이 좋은 지침서 역할을 하리라 기대를 하고 있습니다. 끝으로, 이 책의 출판을 위하여 적극적으로 후원하여 주신 생능출판사 김승기 사장님과 직원 여러분께 감사드립니다.

2013년 7월
저자 일동

개정판 머리말

웹 관련 기술은 발전의 속도가 매우 빠릅니다. 그 중에서도 HTML5 관련 기술은 빠른 속도로 발전하며 관련 규정들이 개발되고 있습니다. 3년 전 초판 발행 이후 그 간의 변화를 보면 HTML5 본문의 최종 표준안이 2014년 10월 28일에 확정되었으며, 그 이외에도 CSS3 표준 모듈들과 애플리케이션 API들이 계속하여 개발 중에 있습니다. 이러한 기술 발전에 따라 변화되는 내용을 반영하고자 개정판을 내게 되었습니다.

이번 개정판에서는 이러한 기술 변화를 반영하기 위하여 일부 구성을 변경하였으며, 또한 기술적인 내용을 쉽게 이해할 수 있도록 설명을 가다듬고, 특히 강의를 진행하는데 도움이 되도록 여러 가지 사항을 보완했습니다. 구체적으로 개정판에서 보완된 주요 항목은 다음과 같습니다.

1) 기술 발전 및 설명의 흐름에 맞도록 장/절 구성의 변경했습니다.
 • CSS 스타일시트를 먼저 설명하고 입력폼을 6장에서 설명하였습니다.
 • 입력폼을 서버에서 처리하기 위한 PHP 프로그래밍 기법 소개를 부록에 추가했습니다.
 • 1.3절 인터넷의 기본 개념 및 3.4절 객체 포함하기를 추가했습니다.
 • 13장 고급 API의 설명에서 최신 내용의 API로 변경하였습니다.

2) 내용의 이해도를 높이기 위하여 설명을 보완하였습니다.
 • 자바스크립트의 설명을 이전의 2개 장에서 8~10장의 3개로 늘려 자바스크립트 프로그래밍의 이해가 쉽게 되도록 예제와 설명을 대폭 보강하였습니다.
 • 내용의 이해를 더욱 향상시키기 위하여 2장, 12장, 13장의 설명을 전면 재작성 하였습니다.
 • 일부 내용의 설명 순서를 변경하였습니다: 4장 및 5장에서 〈div〉, 〈span〉, 박스모델, 목록/표 스타일 등
 • 일부 어려운 내용을 축소하였습니다: 5장 키프레임, 6장 〈keygen〉, 11장 캔버스 고급 기능 등

3) 실습 수업이 용이하게 진행될 수 있도록 보강하였습니다.
 • 각 장의 연습문제에서 실습문제를 5~6개로 확장하여 2시간의 실습 수업이 진행될 수 있도록 하였습니다.
 • 모든 예제는 웹 사이트(webclass.me)에 올려서 직접 실행하거나 소스코드를 볼 수 있도록 하였습니다.

이 책을 사용하는 분들께 최대한 도움이 될 수 있게 개정판에 반영되도록 노력하였으며, 이 책이 HTML5 웹 프로그래밍 입문서로서 좋은 지침서가 되기를 계속 기대합니다.

2016년 7월
저자 일동

개정3판 머리말

최근 4차산업의 발전은 IT기술에 기반하고 있으며, 그 중에서도 인터넷 및 웹 관련 기술이 가장 중요한 환경을 구축하고 있습니다. 이러한 4차산업 기술은 발전속도가 매우 빨라서 핵심 기술의 변화도 많이 있습니다. 이러한 기술발전에 따른 변화를 반영하고 보다 쉽게 내용을 이해할 수 있도록 수정하여 개정판을 출간하게 되었습니다. 이번 개정판에 보완된 핵심 내용은 다음과 같습니다.

1) 자바스크립트 프로그래밍의 중요성이 계속 커짐에 따라 8장~11장으로 대폭 보강했습니다.
   - 8장에서 제어문과 반복문의 예제를 추가하여 설명을 보강했습니다.
   - 9장은 이전 8.4절의 함수, 9.1절의 내장 객체, 9.2절의 사용자 정의 객체로 구성했습니다.
   - 10장은 중요성이 커지고 있는 DOM에 대해 집중적으로 설명하여 한 장으로 구성했습니다.
   - 11장은 기존 10장의 내용인 이벤트 처리와 동적 웹문서입니다.

2) 그 외에도 기술 발전 및 환경 변화에 따라 일부 내용의 구성을 변경했습니다.
   - 1장에서 웹브라우저의 설명을 줄이고 편집기 및 작업 환경에 대한 설명을 추가했습니다.
   - 5장에서 CSS에서 다양한 효과와 좌표변환을 제외하고 반응형 웹을 5.4절로 추가했습니다.
   - 자바스크립트 API는 최근 활용도에 따라 11장 캔버스를 제외하고 12.3절에 외부 제3자 제공 웹 API를 추가했습니다. 기존 12.3절은 13.2절로 이동했습니다.
   - 14.1절에서 카카오 지도 API 사용으로 교체하였고, 14.3절은 캔버스 대신 드래그 앤 드롭을 이용한 사진앨범 만들기 예제로 변경했습니다.
   - 부록 A.3절에서는 PHP 프로그램에서 입력폼의 데이터를 다루는 내용을 추가했습니다.

3) 코드와 실행 결과의 이해도를 높이기 위하여 그림 설명을 대폭 보강했습니다.
   - 프로그램 코드에는 이해를 도와주는 설명을 막대 풍선의 형태로 보여주고 있습니다.
   - 실행 결과 화면에서 코드의 어떤 부분에 해당되는지 설명을 구름 풍선 형태로 보여줍니다.

4) 수업이나 실습이 보다 알차게 진행될 수 있도록 내용을 보완했습니다.
   - 본문의 일부 내용을 간결하게 나열식으로 보여주어 이해가 쉽도록 수정했습니다.
   - 일부 예제 및 코드를 내용 이해에 도움이 되는 방향으로 보완했습니다.
   - 각 장의 연습문제를 2~3개 정도씩 보충했습니다.

이 책으로 가르치거나 학습하는 분들께 최대한 도움이 되는 개정판이 되도록 노력하였으며, 이 책이 웹 프로그래밍 입문서로서 좋은 지침서가 되기를 계속 기대합니다.

2022년 6월

저자 일동

이 책의 활용

이 책은 HTML5 웹 프로그래밍을 처음 배우는 사람들에게 적합하도록 구성되어 있습니다. 각 절에서 기본 개념 설명 이후에 가급적 예제 위주로 설명이 진행되도록 하였습니다. 이 책에 나오는 모든 예제들을 누구나 직접 실행해 보고 소스코드를 확인할 수 있도록 웹 사이트를 구축하였습니다. (웹 사이트의 주소는 http://webclass.me/html5_3e 입니다.)

또한 이 책은 학습자의 환경에 따라 수준별로 다양하게 강의를 구성할 수 있습니다. 이론 위주의 설명에 실습은 과제 위주로 진행할 수 있도록 연습문제를 다양하게 구성하였습니다. 물론 실습 강의를 위한 실습문제도 보강하였습니다. 강의 로드맵 또한 다양하게 구성할 수 있는데 서버 프로그래밍 강의 여부에 따라 다음과 같이 크게 두 가지로 구성해 볼 수 있습니다.

〈기본 로드맵 – 실습 위주〉

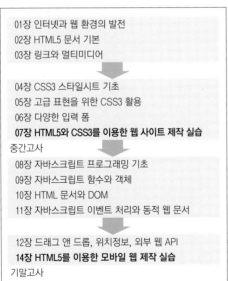

01장 인터넷과 웹 환경의 발전
02장 HTML5 문서 기본
03장 링크와 멀티미디어

04장 CSS3 스타일시트 기초
05장 고급 표현을 위한 CSS3 활용
06장 다양한 입력 폼
07장 HTML5와 CSS3를 이용한 웹 사이트 제작 실습
중간고사

08장 자바스크립트 프로그래밍 기초
09장 자바스크립트 함수와 객체
10장 HTML 문서와 DOM
11장 자바스크립트 이벤트 처리와 동적 웹 문서

12장 드래그 앤 드롭, 위치정보, 외부 웹 API
14장 HTML5를 이용한 모바일 웹 제작 실습
기말고사

〈고급 로드맵 – 서버 및 실습 병행〉

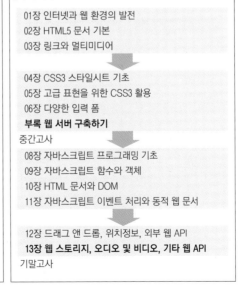

01장 인터넷과 웹 환경의 발전
02장 HTML5 문서 기본
03장 링크와 멀티미디어

04장 CSS3 스타일시트 기초
05장 고급 표현을 위한 CSS3 활용
06장 다양한 입력 폼
부록 웹 서버 구축하기
중간고사

08장 자바스크립트 프로그래밍 기초
09장 자바스크립트 함수와 객체
10장 HTML 문서와 DOM
11장 자바스크립트 이벤트 처리와 동적 웹 문서

12장 드래그 앤 드롭, 위치정보, 외부 웹 API
13장 웹 스토리지, 오디오 및 비디오, 기타 웹 API
기말고사

차례

CHAPTER 08 자바스크립트 프로그래밍 기초

CHAPTER 09 자바스크립트 함수와 객체

CHAPTER 01

인터넷과 웹 환경의 발전

HTML5 Web Programming

01 인터넷과 웹 환경의 발전

인터넷이란 단어는 우리의 일상생활에서 매우 낯익은 단어가 되었다. ITU의 보고서에 따르면 전세계 모든 국가들이 연결된 인터넷을 사용하는 인구 수가 2005년에 10억 명이 넘었고 2010년에는 20억 명을 넘었다고 한다. 웹(WWW, World Wide Web)이 보급된 지 채 20년이 지나지도 않았는데 이렇듯 널리 사용되고 있으며 우리의 일상생활에 큰 영향을 주고 있다.

웹 화면을 표현하는 기본 언어인 HTML은 그 동안 널리 보급되어 각종 웹 페이지 표현에 사용되어 왔으며 최근에는 새로운 기능을 대폭 확장한 HTML5가 등장하게 되었다. 이 장에서는 이러한 인터넷과 웹의 역사 및 HTML의 발전과정을 살펴보도록 한다.

1.1 인터넷의 역사

인터넷이 시작된 지 벌써 50년이 다 되어가지만 널리 확산된 것은 웹이 나온 이후 약 최근 20년 정도이다. 이미 인터넷은 우리 일상생활의 일부가 되었으며 PC뿐만 아니라 모바일 등의 다양한 기기에서 사용되고 있다. 이 절에서는 이러한 인터넷과 웹의 역사에 대해 알아본다.

1.1.1 인터넷의 발전과정

인터넷은 세계 최대의 컴퓨터 통신망(network)으로서, 1950년대 말 구 소련의 스푸트니크(Sputnik) 인공위성 발사를 계기로 미 국방성이 군사정보의 공유를 목적으로 구축한 ARPANET에서 시작되었다. 인터넷이란 용어는 전 세계 컴퓨터들을 하나로 연결한다는 의미의 인터-네트워크(inter-network)라는 단어에서 유래되었다.

■ ARPANET의 탄생

미국 국방성에서 유사시 군사적 통신정보의 공유를 목적으로 1969년 미국 내 4개 대학에 있는 컴퓨터를 연결하여 ARPANET이라는 명칭의 네트워크 시스템을 구축하였다. ARPANET은 컴퓨터간의 데이터 전송을 위하여 IP(Internet Protocol) 전송 규약을 사용하였다.

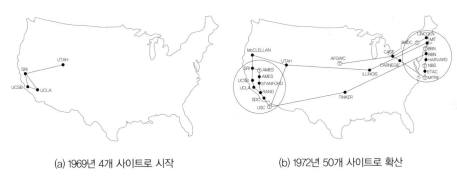

(a) 1969년 4개 사이트로 시작   (b) 1972년 50개 사이트로 확산

| 그림 1-1 초창기 인터넷 사이트의 연결

■ TCP/IP 프로토콜의 발전

ARPANET이 구축된 지 약 10여 년 후에는 컴퓨터 기술의 발전에 따라 이더넷(Ethernet) 방식의 LAN(Local Area Network)기술과 TCP/IP(Transmission Control Protocol/Internet Protocol) 프로토콜의 통신 기술이 발전하여 LAN의 구축이 활발해지기 시작했다. 당시 워크스테이션 시스템의 특징 중 하나는 텍스트 형식의 전자메일을 송수신 하는 기능이었으며, 송수신 시 신뢰성을 높이기 위하여 통신규약으로 TCP/IP 프로토콜을 사용하였다. TCP/IP는 1982년 인터넷의 표준 프로토콜로 제정되어 여러 군데에 산재되어 있던 네트워크들을 하나의 통신망으로 연결할 수 있었다.

■ NSFNET의 구축

이더넷(Ethernet) LAN이 점차 확산되는 1986년 미국과학재단(NSF, National Science Foundation)에서 5곳의 슈퍼컴퓨터를 TCP/IP 프로토콜로 연결하여 학술 정보망인 NSFNET을 구축하였다. 슈퍼컴퓨터 간에는 케이블망으로 연결하여 백본

(backbone) 역할을 하고 각 슈퍼컴퓨터는 인근 지역의 대학과 회사의 LAN과 연결하여 이들 상호간에 인터넷 통신이 가능하게 되었다. 이러한 NSFNET은 미국 내 인터넷의 기초망으로 사용되며 이를 중심으로 인터넷이 성장하게 되었다.

■ 웹과 브라우저의 출현

1989년 팀 버너스리(Tim Berners-Lee)가 웹(WWW, World Wide Web)을 처음 제안하고 1994년 웹 컨소시엄(W3C, WWW Consortium)이 결성되면서 많은 웹 서비스들이 개발되었다. 이전까지는 인터넷에서 작업을 하려면 텍스트 방식의 인터페이스에서 직접 명령을 입력해야만 했다. 그러나 1993년 GUI(Graphic User Interface) 방식의 인터페이스를 지원하는 모자익(Mosaic)이라는 웹 브라우저가 개발되고, 1994년 상업용 웹 브라우저인 넷스케이프 내비게이터(Netscape Navigator)가 제공되면서 인터넷의 보급에 매우 큰 기여를 하였다.

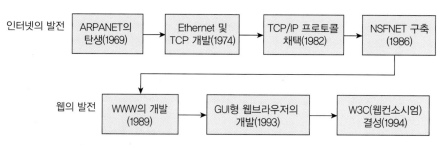

| 그림 1-2 인터넷의 발전과정

1.1.2 웹의 발전

WWW(World Wide Web) 혹은 W3라고도 불리는 웹(Web)은 스위스의 유럽입자물리연구소(CERN)에서 개발되었다. 본래 목적은 유럽 각지에 흩어져 있는 CERN 소속의 연구원들이 다양한 유형의 정보를 공유하기 위한 것으로, 이를 위해 이전에 선보였던 하이퍼텍스트란 개념을 채택하였다. 하이퍼텍스트는 연관된 여러 데이터를 링크로 연결하여 사용자가 필요한 정보를 탐색할 수 있게 도와주는 정보탐색 구조를 말한다.

■ 웹(WWW)의 탄생

1989년 유럽입자물리연구소(CERN)에서 근무하던 팀 버너스리는 인터넷에서 정보교환을 위한 하이퍼텍스트 시스템을 구축하는 프로젝트를 제안하였다. 이 프로젝트는 서로 다른 기종의 컴퓨터에서 서로 다른 유형의 파일이나 데이터를 교환하는 것이 목적이었다. 즉, 하이퍼링크를 이용하여 필요한 정보를 탐색해 나갈 수 있도록 자료의 송수신 및 표현방법을 정했던 것이다.

웹은 인터넷 서비스 중의 한 가지 방법으로서 하이퍼링크 개념과, 그래픽 환경의 GUI를 제공하고, 멀티미디어 정보를 다룰 수 있다는 점이 가장 큰 특징이다. 팀 버너스리는 하이퍼링크 개념을 중심으로 몇 가지 표준 기술을 개발하였다. 인터넷 상의 정보를 표현하는 언어로 HTML(HyperText Markup Language)을 개발하였고, 웹 페이지 정보를 사용자 컴퓨터에 전송하기 위한 HTTP(HyperText Transfer Protocol) 프로토콜을 개발하였다. 또 하나의 특징적 기술로 URL(Uniform Resource Locator)이라는 표준 주소표기 방식을 이용하였다.

■ 웹 브라우저의 보급

웹 브라우저란 사용자가 컴퓨터 화면에서 웹 정보를 볼 수 있도록 만든 프로그램이다. 1993년 미국 일리노이 대학의 연구원인 마크 안드리센(Marc Andreessen)과 에릭 비나(Eric Bina)가 모자익(Mosaic)이라는 웹 브라우저를 개발한 이후, 넷스케이프 내비게이터(Netscape Navigator)와 인터넷 익스플로러(Internet Explorer) 등 상업용 브라우저가 개발되어 많은 사람들이 편리하게 인터넷을 이용하게 되었다. 웹 브라우저의 편리한 사용성 때문에 인터넷 사용자가 폭발적으로 증가하면서 웹을 대중화하는데 커다란 기여를 하였다.

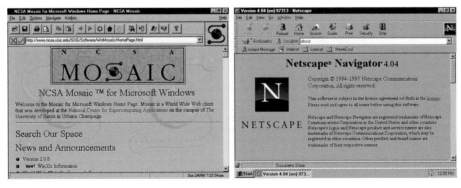

| 그림 1-3 모자익과 넷스케이프 내비게이터 웹 브라우저(출처: 위키피디아)

■ WWW 컨소시엄(W3C)의 결성

팀 버너스리는 인터넷 사용을 위한 웹 방식의 서비스를 처음으로 제안하고 HTTP, HTML 등 관련 기술을 개발하는 등 웹의 확산과 표준화를 위해 노력하였다. 그 후 웹이 전세계적으로 널리 사용하기 위한 노력의 일환으로 팀 버너스리를 중심으로 여러 관계자 들이 모여 웹 관련 표준안을 제정하고 이를 기술적으로 확산하기 위한 컨소시엄을 1994년 10월 결성하였다. 이 단체의 명칭은 'World Wide Web Consortium'으로 보통 웹 컨소시엄 혹은 줄여서 W3C라고 호칭한다.

웹 컨소시엄에서는 미국 MIT 대학교, 유럽 INRIA 연구소, 일본 게이오 대학 세 곳에 메인 호스트 서버를 설치하고 전세계의 네트워크를 연결하여 운영하고 있다. 그리고 웹 컨소시엄에서는 각 지역의 거점역할을 하는 지역 사무국을 운영하고 있으며, 우리나라의 경우에는 한국전자통신연구원(ETRI)에서 W3C 대한민국 사무국을 운영하고 있다.

웹 컨소시엄에서 제정하는 표준안은 임의 단체의 표준이지만 웹에 관련한 분야에서는 W3C 표준이 국제공인 표준과 동등하게 중요한 기준으로 인정받고 있다. 표준안의 개발 이외에도 웹 개발자나 사용자를 위한 정보를 공유하고 신기술에 대한 모델을 개발하여 시험하는 등 다양한 웹 관련 소프트웨어의 개발 및 교육에도 많은 노력을 하고 있다. 또한 웹의 각종 기술에 관하여 토론할 수 있도록 1994년 이래 매년 봄에 정기적인 WWW 컨퍼런스를 개최하고 다양한 포럼을 운영하고 있다. 웹 컨소시엄의 창립을 주도하고 W3C 의장을 맡고 있는 팀 버너스리는 지금까지도 W3C의 여러 가지 기술발전을 주도하며 활발히 활동하고 있다.

| 그림 1-4 W3C 로고와 팀 버너스리(출처: W3C)

1.2 HTML의 발전

팀 버너스리는 인터넷 상에 있는 다양한 형태의 정보를 하이퍼텍스트 형태로 연결하여 볼 수 있도록 WWW 방식을 제안하고, 1991년 웹에서 하이퍼텍스트를 구현하기 위한 문서 형식으로 HTML(HyperText Markup Language) 언어를 제시하였다. HTML 언어에서 각 태그는 웹 브라우저에 보여질 문자의 속성을 정의하거나 여러 가지 미디어 파일에 하이퍼링크를 연결하는데 사용된다.

1.2.1 마크업 언어 및 HTML 언어의 역사

▪ 마크업 언어

마크업 언어라는 용어는 [그림 1-5]에서 보듯이 예전의 활자 시대에 인쇄 교정지에 펜으로 표시하는 수기형태의 주석을 뜻하는 '마크-업(mark-up)'에서 유래 하였다. 즉, HTML에서는 문서의 속성을 설정하기 위한 마크업을 태그의 형태로 표시하며, 웹에서 사용되는 대표적인 마크업 언어로는 SGML, HTML, XML 등이 있다. HTML 언어는 SGML 표준에 따라 정의되었으며, 일반 텍스트 형식의 파일로 저장되며 확장자는 ＊.html 또는 ＊.htm이다.

```
<li><font size="12pt">마크업(Mark-Up)의 유
래 :</font>
<br><font size="10pt">활자의 식자를 위한 수기
형태의 주석</font></li>
<li><font size="12pt">마크업 언어 :</font>
<br><font size="10pt">문서의 구조와 내용에 추
가적인 의미를 부여하는 마크업 규칙을 규정하는 언
```

| 그림 1-5 마크업의 예와 HTML 문서의 예

▪ SGML(Standard Generalized Markup Language)

HTML의 기반이 되는 SGML은 다양한 형식의 전자문서들의 구조와 내용을 기술하기 위해 제정된 국제표준이다. 1980년대 PC의 보급에 따라 다양한 종류의 문서작성기가 보급되면서 이에 따라 여러 가지 형식의 문서가 작성되어 서로 호환이 되지 않는 불편함이 있었다. 이에 시스템 및 응용프로그램에 독립적으로 문서를 호환하여 사용하기 위하여 1986년 국제표준기구인 ISO에서 SGML을 개발하였다. SGML은 주로 전자도서, 전자상거래 문서 및 거래 기록 등 다양한 문서의 형식을 정의하는데 사용되었으며, HTML은 SGML로 정의된 문서 형식 중의 하나로서 주로 웹 문서를 작성하는데 사용되고 있다.

■ HTML(HyperText Markup Language)

HTML 언어는 매우 간단하여 배우기 쉽고 사용하기 편리하여 인터넷의 대중화에 큰 기여를 하였다. 웹 컨소시엄(W3C)이 결성되던 1994년 HTML 버전 2.0이 제정되었으며, 1997년 HTML 4.0 버전이 제정되었다. HTML은 사용하기 간편한 반면에 사용 가능한 태그가 제한적이고 정교한 페이지를 표현하기에는 기능이 부족하였다. 따라서 HTML 4.0에서는 동적 HTML(Dynamic HTML) 문서를 표현하기 위해 스타일시트를 지정하는 CSS 기능과 상호작용을 코드로 표현하기 위한 자바스크립트(Javascript) 언어가 포함되었다.

■ XML(eXtensible Markup Language) 및 XHTML

웹에서 단순히 문서를 표현하는데 그치지 않고 문서나 자료의 교환이 필요한 경우 HTML 언어로는 기능이 부족하여 새로운 언어가 필요하게 되었다. 이러한 이유로

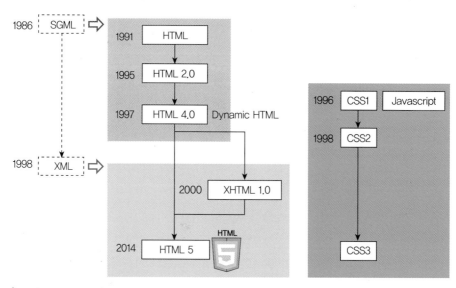

| 그림 1-6 HTML의 발전 역사

SGML을 간소화한 XML이 1998년 제정되었고, 사용자들은 XML 언어를 이용하여 자신이 원하는 문서 형식을 정의하여 다양한 정보를 표현하고 교환할 수 있게 되었다. 이러한 추세에 따라서 HTML 언어도 XML에 기반한 XHTML및 HTML5로 발전하였다.

■ HTML5

모질라, 애플, 오페라 등 몇몇 웹 브라우저 개발사 들이 주도하여 2006년 결성한 웹 하이퍼텍스트 워킹그룹(WHATWG, Web Hypertext Application Technology Working Group)이 HTML 후속모델 개발에 상당한 성과를 만들어냈다. 이에 영향을 받아 W3C에서 WHATWG과 공동으로 HTML을 발전시키기 위해 2007년 HTML5 워킹그룹을 신설하였다. HTML5는 그동안의 웹 기술 발전을 많이 반영하여 모바일을 포함한 차세대 웹 애플리케이션 개발의 주요 기술로 주목받고 있다. 표준 사양 개발에 많은 논의를 거쳐 2014년 10월 28일에 최종 표준안이 확정되었다.

1.2.2 HTML5 언어의 특징

HTML 4.0 이후 웹환경에서 웹메일과 같은 애플리케이션의 활용이 많이 증가 하면서 다양한 인터페이스를 구현하기 위해 HTML을 비롯한 XML, CSS, 자바스크립트와 같은 웹 표준 기술을 사용하자는 시도가 많이 부각되고 있다.

이러한 추세에 맞추어 HTML5의 사양은 마크업 태그에 보다 의미를 부여하고 스타일은 가급적 분리하여 CSS3를 많이 활용하도록 하였다. 인터랙션(interaction) 기능을 지원하기 위해 자바스크립트를 포함하도록 하였다. 또한 웹 애플리케이션을 편리하게 개발하기 위하여 다양한 API를 별도로 제공하여 HTML5에서 사용할 수 있도록 하였으며, 특히 위치 관련 및 오프라인 등 모바일 환경까지 고려한 API를 제공하고 있다.

| 그림 1-7 HTML5 언어의 특징

(1) 강화된 마크업 요소

■ 의미 부여가 가능한 구조화 마크업 요소[1]

페이지 단위의 문서 구조를 표현할 수 있는 구조화 마크업 요소를 추가하여 다양한 형태의 페이지를 설계하고 출력 스타일을 지정할 수 있게 되었다. 본문의 구성을 <article>과 <section> 요소로 구성할 수 있을 뿐 아니라, 머리글과 꼬리말 외에 메뉴 내비게이션까지 표현할 수 있게 되었다.

■ 다양하고 편리한 폼(Form) 입력 기능[2]

HTML5는 편리한 사용자 인터페이스 개발을 위해 개발자의 수고를 덜어 줄 폼 입력 기능을 대폭 개선하였다. <input> 요소에 date, number, color, file 등 각종 type 속성이 추가되어 입력 인터페이스를 매우 편리하게 작성할 수 있도록 다양한 폼입력 기능을 제공해 준다.

■ 웹 미디어 기능의 강화[3]

HTML5에서 주목받는 기술 중에 하나가 멀티미디어 및 그래픽스 관련 기능의 추가이다. <video> 요소와 <audio> 요소가 추가 되어 동영상 애플리케이션을 쉽게 작성할 수 있게 되었다.

(2) CSS3의 지원[4]

스타일시트(Stylesheet)는 웹에서 작성된 문서의 외형 스타일을 좀더 손쉽고 빠르게 지정하는 언어로서 HTML 문서에서 적용되는 스타일시트로는 일반적으로 CSS(Cascading Style Sheet)가 사용된다.

HTML5에서는 기존의 CSS1 및 CSS2 뿐 아니라 CSS3를 완전히 지원하는 것을 기본으로 하고 있다. 기존의 CSS에서는 주로 텍스트, 폰트, 배경 및 색상, 목록, 박스모델 등에 관련된 속성을 다루고 있으며, CSS3에는 더욱 다양한 스타일 설정 기능을 포함하고 있다.

---

1) 제2장을 참조할 것.
2) 제6장을 참조할 것.
3) 제3, 13장을 참조할 것.
4) 제4~5장을 참조할 것.

(3) 자바스크립트를 통한 다양한 API 지원[5]

HTML5에서는 웹 애플리케이션 개발에 많은 도움을 줄 수 있는 다양한 API(Application Programming Interface)를 제공한다. `<video>`와 `<audio>` 요소를 제어하는 API 및 드래그 앤드롭 API 이외에도 다양한 API를 지원하며 넓은 범위에서 보면 이들 모두가 HTML5의 기능이라고 볼 수 있다. 웹 페이지 내에 이러한 API를 이용하여 자바스크립트로 구현하면 매우 다양하고 강력한 기능의 웹 사이트 혹은 웹 애플리케이션을 구현할 수 있다.[6]

(4) 모바일 웹 환경을 고려[7]

모바일 환경을 위한 HTML5의 특별한 기능으로는 기존의 HTML에서는 고려하지 못하였지만 모바일 환경을 고려하여 몇 가지 새로운 기능이 작성되었다. 대표적으로 위치정보 API를 통하여 구한 데이터는 모바일 환경에서 애플리케이션 개발에 최적으로 활용될 수 있으며, 오프라인 애플리케이션 API 기능은 모바일 환경에서 접속이 끊기거나 트래픽을 최적화 하는데 매우 긴요하게 활용될 수 있다. 오프라인이 될 경우에 로컬 스토리지, 웹 데이터베이스, 애플리케이션 캐시 등이 유용하게 사용된다. 또한, 새로운 유형의 다양한 입력 폼을 지원하므로 모바일 애플리케이션의 사용자 인터페이스의 개발 및 사용이 더욱 편리해졌다.

1.3 인터넷의 기본 개념

인터넷은 컴퓨터 네트워크의 일종이지만 특정 전송규약을 적용하여 전세계의 컴퓨터를 대상으로 다양하고 방대한 정보를 교환하고 있다. 이 절에서는 인터넷에서 가장 기본적인 개념인 클라이언트–서버 모델과 인터넷에 적용된 TCP/IP 규약과 URL 주소체계에 대하여 설명한다.

---

5) 제12~13장을 참조할 것.
6) 자바스크립트는 제8~11장을 참조할 것.
7) 제12~14장을 참조할 것.

1.3.1 클라이언트-서버 모델

인터넷은 클라이언트-서버 모델(Client-Server Model)을 기반으로 한다. 서버란 제공하고자 하는 서비스에 적합한 정보들을 자신의 하드디스크에 보관하고 이를 외부에 공개해주는 컴퓨터를 지칭하며, 서버에서 제공하는 정보를 받아보기 위해 사용자가 작동시키는 컴퓨터를 클라이언트라고 한다. 일반적으로 인터넷에서는 여러 가지 정보들을 서버에서 관리하고, 일반 사용자들은 자신의 컴퓨터를 이용하여 서버에 접속하여 여러 가지 정보들을 이용하게 된다.

통상적으로 하나의 호스트 컴퓨터는 여러 가지 서버의 역할을 겸하는데, 서버 역할을 하기 위해서는 서버 프로그램이라고 부르는 특정한 프로그램들이 필요하다. 또한 일반 사용자 입장에서도 서버에 접속하여 서비스를 이용하려면 클라이언트 프로그램이 요구된다. 예를 들어, 웹(WWW)을 이용하려면 서버에는 아파치(Apache) 또는 IIS라는 명칭의 웹 서버 프로그램이 있어야 하고, 클라이언트 프로그램으로는 크롬(Chrome)이나 익스플로러(Explorer)와 같은 웹 브라우저 프로그램이 있어야 한다.

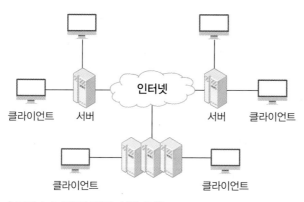

| 그림 1-8 클라이언트-서버 모델

1.3.2 인터넷의 전송방식

■ TCP/IP 통신 프로토콜

전세계 컴퓨터를 연결해 놓은 인터넷에서는 컴퓨터의 종류가 매우 많을 뿐 아니라 운영체제나 데이터의 형식이 서로 다른 경우도 많다. 이와 같이 다양한 종류의 컴퓨터들을 연결한 인터넷에서는 모든 컴퓨터에 IP 주소를 할당하며, 데이터를 주고받기 위하여 TCP/IP 통신 프로토콜을 적용하고 있다. 통신 프로토콜이란 컴퓨터간의 통신 규약으로서 컴퓨터 사이에 정보를 전달하기 위하여 필요한 규칙 및 약속의 집합을 말한다. TCP(Transmission Control Protocol)는 데이터의 흐름을 제어하고 데이터가 정확한지 확인하는 역할을 한다. 즉, TCP의 주된 기능은 데이터를 여러 개의 작은 조각으로 나누어 패킷(Packet)이란 정보단위를 생성하고 패킷이 제대로 전송되는지 확인하는 것이다. 한편, IP(Internet Protocol)는 데이터를 이동시킬 목적지를 지정하는 역할을 한다.

▪ IP 주소

IP(Internet Protocol)는 주어진 패킷을 어떻게 목적지까지 보낼 것인가에 대한 전송 프로토콜로서 우체국에서 편지를 보내기 위한 우편규칙과도 유사하다. IP에서는 정보를 전송하기 위한 주소체계를 가지고 있는데 주소를 숫자로 표현한 것을 IP 주소(IP Address)라 하며 인터넷에 접속되어 있는 모든 호스트 컴퓨터들은 고유한 IP 주소를 가지고 있다. IPv4 주소는 4개의 바이트(Byte)로 구성되어 있으며, 각각의 바이트는 222.122.84.200와 같이 ' . '으로 구분하여 표현한다. 각 바이트에서 0과 256을 제외하여 254×254×254×254, 즉 약 42억개의 주소를 컴퓨터에 사용할 수 있다. 최근에는 사물인터넷 시대가 도래하면서 우리 주변의 모든 기기에 인터넷 IP 주소를 할당해야 하는 필요에 따라 기존의 4바이트 체계가 아닌 16바이트 체계를 제안하였다. IPv6라고 불리는 16바이트 체계에서는 $2^{8 \times 16} = 2^{128}$개의 충분한 개수의 주소를 사용할 수 있다.

▪ HTTP 서비스 프로토콜

TCP/IP 전송 프로토콜은 인터넷에 연결되어 있는 시스템 사이에 데이터를 송수신하는데 필요한 통신규약이다. 한편, 다양한 인터넷 애플리케이션 서비스가 이루어지려면 서버와 클라이언트 컴퓨터 사이에 서비스를 위한 데이터 통신 규약이 필요하다. 이와 같은 역할을 하는 인터넷 서비스 프로토콜로는 HTTP, FTP, Telnet, Mailto 등이 있다. 이 중 HTTP(HyperText Transfer Protocol)는 웹에서 가장 기본적으로 사용하는 서비스 프로토콜로서 웹 서버와 웹 브라우저 사이에 하이퍼텍스트 문서를 주고 받기 위한 통신규약이다.

1.3.3 주소체계

■ 도메인 이름(Domain Name)

IP 주소는 숫자로 구성되어 있어서 사용자가 이용하거나 기억하기가 불편하므로 쉽게 기억할 수 있도록 문자로 대체한 도메인 이름이 널리 사용된다. 각 호스트 컴퓨터는 하나씩의 IP 주소와 도메인 이름을 가지며, 도메인 이름 서버(Domain Name Server)에서 도메인 이름을 IP 주소로 변환시켜준다.

도메인 이름은 컴퓨터가 속한 기관이나 국가에 따라서 계층적으로 구성되어 있다. 그구조는 "호스트이름.소속기관.단체성격.소속국가"의 4단계 형태를 가지고 있다. www.daum.co.kr의 경우 우리나라(kr)에 있는 다음(daum)이라는 회사(co)가 보유하고 있는 www라는 이름의 호스트 컴퓨터를 가리키고 있다. 인터넷이 미국에서 시작하였기 때문에 미국에서는 국가별 도메인이 아닌 "호스트이름.소속기관.단체성격"의 3단계 형태의 일반 도메인 방식을 사용하고 있다. 3단계인 일반 도메인은 www.yahoo.com의 예와 같이 최상위 도메인이 소속국가가 아니라 단체성격인 com이 된다.

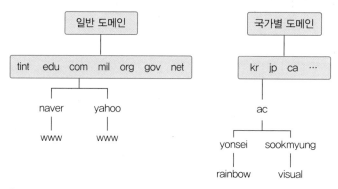

| 그림 1-9 도메인 이름 체계도

■ URL(Uniform Resource Locator)

URL은 웹 문서를 통해 각종 서비스를 제공하는 서버에서 각종 파일 등의 자원의 위치를 표시하는 표준이다. 일반적으로 웹 브라우저에서는 인터넷에서 제공하는 다양한 서비스를 지원하고 있어서 HTTP, FTP, Telnet, mailto 등의 서비스 실행이 가능하다. URL은 각 서비스를 지원하는 서버로부터 필요한 정보의 위치를 표시하는 주소체계이며, 일반적으로 "서비스프로토콜://도메인주소/폴더경로/파일이름"으로 구성된다.

1.4 웹 브라우저의 종류

일반 사용자가 인터넷을 사용하려면 대개의 경우 PC 혹은 모바일 기기에 있는 웹 브라우저를 통해 접속하게 된다. 웹 브라우저는 하이퍼텍스트를 탐색하는 도구로서 HTML로 작성된 웹 문서를 볼 수 있게 해주는 프로그램이다. 웹 브라우저는 어떤 프로그램을 사용하더라도 같은 내용의 웹 페이지를 볼 수 있어야 하지만 제품에 따라 보여지는 정보에 약간의 차이가 있을 수 있다.

1.4.1 웹 브라우저의 소개

웹 브라우저는 사용자 쪽의 클라이언트 소프트웨어로서 웹 서버에 저장되어 있는 하이퍼텍스트와 하이퍼미디어 정보를 사용자 기기의 화면에 보여주는 역할을 한다. 단순히 내용을 보여주는 것만이 아니라 하이퍼링크의 내비게이션(navigation)을 도와주는 기능도 포함하고 있는 도구이다. 웹 브라우저에서는 텍스트와 이미지 뿐만 아니라 하이퍼미디어 자료를 제공하는 웹의 특성상 멀티미디어 처리 기능까지 포함하고 있다. 인터넷과 웹이 지금과 같이 폭발적인 인기를 획득하는 데에는 컴퓨터 운영체제인 윈도우의 보급이 큰 역할을 했다. 윈도우의 특징인 그래픽 사용자 인터페이스(GUI)와 멀티미디어 정보처리 기능은 웹 브라우저가 필요로 하는 하이퍼미디어 기능을 쉽게 표현해 줄 수 있었기 때문이다.

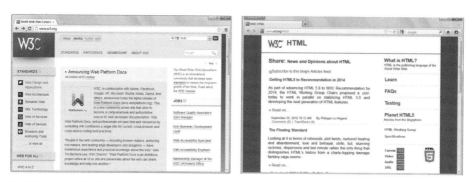

| 그림 1-10 크롬 웹 브라우저 및 파이어폭스 웹 브라우저 화면

인터넷 관련 기술 중에서도 웹은 기술의 발전 속도가 매우 빠른 분야이다. Dynamic HTML, HTML5, CSS, Javascript, DOM, XML, SVG, mobile Web 등이 모두 관련된 기술이다. 이들 기술은 표준안이 정착되기도 전에 새로운 기술이 개발되어 신속히 적용되기 때문에 웹 브라우저 프로그램은 출시된 버전에 따라서 제공되는 정보의 종류들이 달라진다.

웹 브라우저는 하이퍼텍스트를 탐색하는 도구이기 때문에 다른 서비스들과는 차이가 있는 몇 가지 기능들이 요구된다. 다른 서비스의 경우에는 접속하는 프로그램과 주소만 가지고 있다면, 이를 이용하여 접속한 후 계정을 입력하고 초기화면에서 원하는 작업을 수행하면 별다른 기능이 필요하지 않다. 그러나 웹의 경우에는 무수한 자원들이 있고, 이를 찾아가는 방법들도 다양하기 때문에 별도로 주소 관리 기능이 필요하다. 웹 브라우저가 제공하는 기본적인 기능들을 살펴보면 즐겨찾기, 웹 페이지의 저장 및 인쇄, 탭으로 여러화면 보기, 소스보기, 보안관리 등 여러가지가 있다. 물론 이외에도 브라우저에 따라 다양한 종류의 기능을 제공하고 있다.

1.4.2 대표적인 웹 브라우저들

1994년 출시되어 웹의 대중화에 커다란 기여를 하였던 넷스케이프 내비게이터가 1998년 인터넷 익스플로러와의 시장경쟁에서 밀리면서 당분간 인터넷 익스플로러의 독점체제가 유지되었다. 그러나 2000년대 중반 이후 여러 경쟁 제품이 등장하여 현재 웹 브라우저 시장에서 치열한 점유율 경쟁을 하고 있다. 주요 웹 브라우저로는 크롬, 파이어폭스, 인터넷 익스플로러, 사파리, 오페라 등이 [그림 1-11]과 같은 시장점유율의 변화를 보이고 있다. 여기서는 대표적인 웹 브라우저들의 특징을 살펴보기로 하자.

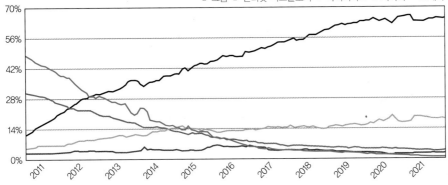

크롬 ━ 인터넷 익스플로거 ━ 파이어폭스 ━ 사파리 ━ 오페라

| 그림 1-11 주요 웹 브라우저의 전 세계 시장점유율(출처: http://gs.statcounter.com)

▪ 구글 크롬(Google Chrome)

구글에서 2008년 출시한 크롬은 오픈
소스 웹브라우저로서 간단하면서도 효
율적인 사용자 인터페이스를 제공하고

있다. 현재 모바일 안드로이드 환경과의 호환성으로 인하여 점유율이 대폭 상승하여
전세계 웹브라우저 시장에서 시장 점유율 선두를 차지하고 있다.

▪ 애플 사파리(Safari)

2003년 애플이 매킨토시용으로 개발한 웹브라우저로서 아
이폰과 아이패드 등 애플 계열 제품에서 동일한 브라우저를
사용할 수 있다는 장점이 있다.

▪ 인터넷 익스플로러(Internet Explorer; IE)

인터넷 익스플로러는 마이크로소프트
윈도우95 운영체제에 기본으로 포함되
어 제공한 후부터 사용자가 급격히 증가

하여, 2001년 발표된 6.0 버전은 시장점유율이 한때 95%를 상회하기도 하였다. 그러나
보안이나 표준 호환성이 매우 취약한 모습을 드러내면서 점유율이 하락하였고, 2022
년 6월 15일로 공식 서비스를 종료하였다. 이후 마이크로소프트사에서는 엣지(Edge)
브라우저의 사용을 권장하고 있다.

■ 모질라 파이어폭스(Mozilla Firefox)

비영리 단체인 모질라 재단에서 2004년 1.0 버전을 발표
하였고, 모든 개발 작업은 오픈소스 개발 자원자를 통해
이루어지고 있다. 파이어폭스는 다양한 운영체제에서 실
행이 가능하며, 웹표준의 표준 준수율이 매우 높은 편이다.

■ 오페라(Opera)

오페라 소프트웨어가 웹브라우저 초창기부터 발표된 제품으
로 작은 용량과 빠른 속도가 가장 큰 특징이다. 모바일 시장
이 확대됨에 따라 오페라 브라우저는 가볍고 속도가 빠르다
는 장점으로 모바일용 웹브라우저 시장에서 주목을 받고 있다.

1.5 작업환경 준비하기

HTML5 예제를 실행하기 위해서 필요한 작업 환경으로는 기본적으로 코드 편집기와
웹브라우저가 필요하다. 본 절에서는 편집기를 통해 제작한 HTML 파일을 웹브라우저
에서 실행해 보는 과정을 알아본다. 또한 현재 실행되고 있는 웹페이지의 HTML 코드
를 확인하기 위해 웹브라우저의 개발자 도구를 활용하는 방법도 소개한다.

1.5.1 코드 편집하기

코드 편집기는 코드를 작성하고 수정하기 위한 프로그램이다. 다양한 프로그램들이 무
료로 제공되고 있어 사용자의 선호에 따라 다운로드하여 사용하면 된다. 그중에서 가
장 기본이 되는 편집기로 시스템에서 제공하는 메모장을 활용할 수 있으며, 이밖에 비
쥬얼 스튜디오 코드(Visual Studio Code), 서브라임 텍스트(Sublime Text) 등의 코
드 편집기를 사용하면 여러가지 편리한 기능이 제공된다. 비쥬얼 스튜디오 코드는
https://code.visualstudio.com/에서 서브라임 텍스트는 https://www.sublimetext.
com/3 에서 다운로드 받을 수 있다.

 PC의 가장 기본 프로그램인 메모장으로 웹페이지를 제작하는 경우를 살펴보자. 먼저,
메모장을 실행하여 HTML 코드를 작성한다.

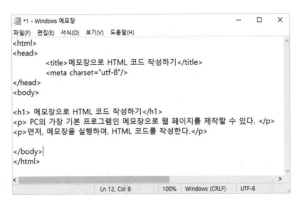

| 그림 1-12 메모장을 이용한 HTML 코드 작성

코드 작성이 완료되면 [파일] 메뉴에서 [다른 이름으로 저장]을 선택하면 팝업창이 나타난다. 저장할 [파일 형식]을 '모든 파일'로 선택하고, 반드시 파일명 뒤에 .html 또는 .htm이라고 확장자를 명시해 준다. 만약 HTML 코드 내에서 한글을 사용할 경우에는 하단에 있는 [인코딩]을 'UTF-8'로 설정해야 한다. 파일을 저장한 후 해당 폴더로 가보면, HTML 파일이 저장된 것을 확인 할 수 있다.

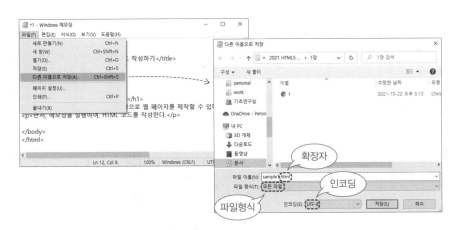

| 그림 1-13 메모장에서 HTML 파일의 저장

1.5.2 웹브라우저에서 실행하기

HTML 파일의 작성을 완료하였다면, 해당 파일을 실행해 보자. 파일을 실행하는 방법은 두 가지가 있다. 첫 번째 방법은 드래깅 혹은 더블클릭을 하여 직접 실행하는 방법이다. 실행하고자 하는 HTML 파일을 드래깅하여 바탕화면에 있는 웹브라우저 아이콘으로 가져다 놓거나 혹은 실행중인 웹브라우저 화면으로 드래깅하여 가져가도 된다. 또한, HTML 파일을 직접 더블클릭하여도 웹브라우저에서 실행이 된다.

| 그림 1-14 드래깅과 더블클릭을 이용한 HTML 파일 실행하기

두 번째 방법으로는 웹브라우저의 기능을 사용하는 HTML 파일을 여는(open) 방법이다. 웹브라우저에서 파일을 열려면 웹브라우저의 주소창에 파일의 경로와 이름을 직접 입력하거나 웹브라우저의 [파일열기] 메뉴를 이용하는 방법이 있다. 웹브라우저에서 HTML 파일을 열면 자동으로 HTML 파일 내에 있는 코드가 실행되어 화면에 나타난다. [파일열기] 기능은 웹브라우저마다 지원하는 상황이 다를 수 있으니 확인하고 사용하면 된다.

| 그림 1-15 웹브라우저 기능을 이용한 HTML 파일 실행하기

1.5.3 웹브라우저 개발자 도구 사용하기

웹브라우저의 개발자 도구는 HTML, CSS, 자바스크립트 등의 코드를 개발하면서 생기는 문제를 웹브라우저에서 빠르게 확인하고 수정할 수 있도록 돕는 기능이다. 개발자 도구를 사용하는 방법은 키보드 단축키 F12를 누르거나, 마우스 우클릭 → [검사] 또는 [도구 더보기] → [개발자 도구] 메뉴를 선택하여 실행한다.

개발자 도구를 실행하면 가장 많이 사용하는 [Element(요소) 도구]가 기본화면으로 나타난다. 이 도구는 현재 웹페이지의 소스를 보여주고, 수정하려는 태그 위에서 마우스 오른쪽 버튼을 눌러 [Edit as HTML]을 선택하면 소스 코드의 수정도 가능하다. 수정된 내용은 웹페이지 화면에 실시간으로 반영되어 보여준다. Element(요소) 도구 내에서 하단부에 있는 Styles, Computed, Layout, Event Listeners 등의 탭에서는 다양한 기능을 제공하고 있다. 특히, CSS코드나 자바스크립트 코드의 디버깅에 편리하게 사용할 수 있다(8장 참조).

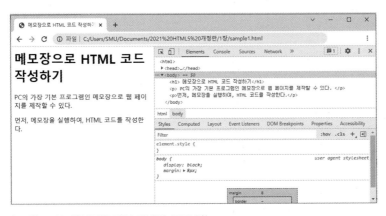

| 그림 1-16 웹브라우저의 개발자 도구 기능

연습문제

■ 다음 괄호 안에 올바른 단어를 넣으시오.

1 인터넷은 미국 국방성이 군사정보의 공유를 목적으로 1969년 미국 내 4개 대학의 컴퓨터를 연결하여 구축된 (　　　)이란 네트워크 시스템에서 시작되었다. 세계 최초로 패킷교환 방식에 의한 데이터 전송을 위하여 (　　　) 통신 프로토콜을 채택하였다.

2 WWW(World Wide Web) 혹은 웹은 1989년 (　　　)가 처음 제안하였으며 인터넷 상의 정보교환을 위해 흩어져 있는 다양한 유형의 정보를 공유하기 위해 이를 연결하는 (　　　)란 개념을 채택하여 정보탐색을 할 수 있게 되었다.

3 웹 관련 다양한 기술 발전에 대해 논의하고 기술 표준안을 개발하는 (　　　)은 W3C라고 호칭하기도 한다. 현재 전 세계의 300여 개 단체가 소속되어 활동하고 있다.

4 사용자가 웹 정보를 편리하게 볼 수 있도록 만든 프로그램인 (　　　)는 1993년 모자익(Mosaic)이 개발되고, 1994년 (　　　)가 상용화되어 널리 보급되면서 웹을 대중화하는 데 크게 기여하였다.

5 (　　　) 언어는 예전 활자인쇄 시대에 인쇄 교정지에 펜으로 표시하는 수기형태의 주석에서 유래하였으며, HTML에서는 문서의 속성을 설정하기 위하여 태그의 형태로 표시한다.

6 HTML5는 다양한 인터페이스를 구현하는데 필요한 기능을 강화하였다. 인터랙티브 웹페이지를 만들기 위해서 (　　　) 언어와 CSS 스타일시트와 같은 웹 표준 기술을 적극 활용하고 있다. 또한 웹 애플리케이션을 편리하게 개발하기 위하여 다양한 (　　　)를 별도로 제공한다.

■ 다음 보기 중에서 질문의 답으로 가장 알맞은 것을 고르시오.

7 인터넷의 특징에 대한 설명으로 틀린 것은?
　① 전 세계를 대상으로 컴퓨터를 하나로 연결한 글로벌 네트워크이다.
　② 인터넷은 상업적인 목적으로 개발되었다.
　③ 통신규약으로 TCP/IP 프로토콜을 사용한다.
　④ 인터넷은 1960년 말에 시작되었다.

8 다음 중 인터넷에 적용된 표준 기술이 아닌 것은?
　① HTTP　　　　② HTML　　　　③ CERN　　　　④ URL

9 다음 중 마크업 언어가 아닌 것은?

　① SGML　　　　② HTML　　　　③ XML　　　　④ HTTP

10 HTML5에 대한 설명으로 틀린 것은?

　① 2006년 웹 하이퍼텍스트 워킹그룹에서 주도하여 HTML 후속 모델에 대해 논의하였다.
　② 표준안 개발에 대다수 웹 브라우저 개발사가 참여하였다.
　③ 처음부터 W3C와 함께 협력하여 개발하였다.
　④ 그동안의 웹 기술 발전을 많이 반영하여 차세대 기술로 주목받고 있다.

11 HTML5에 대한 특징이 아닌 것은?

　① 문서 구조화 요소 및 속성을 강화　　　② Javascript를 통한 다양한 API 제공
　③ 데스크탑 웹 환경을 주로 고려　　　　④ CSS3 완전 지원

12 다음 중 웹 브라우저의 설명으로 틀린 것은?

　① 파이어폭스: 모든 개발 작업은 오픈소스 개발 자원자를 통해 이루어지고 있다.
　② 인터넷 익스플로러: 웹 표준 호환성이 뛰어나다.
　③ 크롬: 모바일 안드로이드 환경과의 호환성으로 점유율이 상승하였다.
　④ 오페라: 웹 브라우저 초창기부터 지금까지 명맥을 유지하고 있다.

13 다음 중 한글이 포함된 HTML 파일을 저장하려면 해야 하는 일이 아닌 것은?

　① 파일명 뒤에 확장자를 "*.html" 이라고 명시하여 저장한다.
　② 파일명 뒤에 확장자를 "*.htm" 이라고 명시하여 저장한다.
　③ 파일 형식을 "텍스트 문서"로 선택하여 저장한다.
　④ 인코딩을 "UTF-8" 형식으로 저장한다.

14 다음 중 HTML 파일을 웹브라우저에서 실행시키는 방법으로 틀린 것은?

　① 원하는 HTML파일을 바탕화면의 웹브라우저 아이콘으로 드래깅하여 가져다 놓는다.
　② 원하는 HTML 파일을 드래깅하여 열려있는 웹브라우저 화면위에 가져다 놓는다.
　③ 웹브라우저 주소창에 HTML 파일 경로 및 인코딩 형식을 입력한다.
　④ 웹브라우저의 메뉴 중에서 [파일 열기]를 실행하고 원하는 HTML 파일을 선택한다.

■ 다음 질문에 간단히 답하시오.

15 인터넷 사용을 위한 웹 방식의 서비스를 처음으로 제안하고 웹의 확산과 표준화를 위해 노력한 사람은?

16 프로토콜, 호스트 주소, 디렉토리로 구성된 것으로 웹 사이트나 웹 페이지에 포함되어 있는 정보의 위치를 알려주는 주소표기 방식은 무엇인가?

17 전자문서들의 구조와 내용을 기술하기 위해 제정된 국제표준으로 HTML의 기반이 된 마크업 언어인 이것은 무엇인가?

18 웹에서 작성된 문서의 외형 스타일을 좀 더 손쉽고 빠르게 지정하는 언어로 HTML 문서에 스타일을 적용하기 위해 사용되는 것은 무엇인가?

19 HTML 등 웹 관련 표준안을 제정하고 이를 기술적으로 확산하기 위한 단체의 이름은 무엇인가?

20 다음 용어는 무엇의 약자인가? 원래 명칭을 적으시오.
   (1) HTML
   (2) HTTP
   (3) TCP/IP
   (4) URL

CHAPTER 02
HTML5 문서 기본

HTML5 Web Programming

contents

02
HTML5 문서 기본

문자, 이미지, 멀티미디어 등으로 구성된 웹 문서를 작성하는 데 이용되는 HTML 문서형식은 웹 브라우저에서 보여지는 문자열과 이를 감싸고 있는 태그(tag)로 이루어진다.

태그는 문자열이 웹 브라우저에서 어떻게 보이게 할 것인가를 지정하고 있다. 이를 이용하여 문장의 단락이나 텍스트의 형식은 물론 목록 및 표의 표현 형식까지 결정해 줄 수 있다. HTML의 특징은 태그를 적절히 활용함으로써 다양한 웹 문서를 만들 수 있도록 하는 것이다. 이 장에서는 이러한 HTML 문서에 사용되는 기본적인 태그와 문서의 구조화에 필요한 태그에 대해 설명한다.

2.1 기본 문서 만들기

HTML 문서 파일은 헤더와 본문으로 구성되며, 이들은 다시 메타정보, 제목, 문단, 표 등 다양한 구성요소로 이루어진다. 이 절에서는 HTML 파일의 기본적인 구성과 그 구성요소를 표현하는 태그와 속성에 대하여 이해하도록 한다.

2.1.1 HTML 요소와 속성

HTML은 HyperText Markup Language의 약자이다. 앞 장에서 설명했듯이 HTML은 웹(WWW)을 위한 하이퍼텍스트 문서를 작성하는 언어로서 웹 브라우저를 통하여 사용자에게 보여지는 문서 내부형식을 규정한다. HTML5 형식의 파일은 [예제 2-1]에서 보듯이 항상 첫 줄에 문서형식(DOCTYPE)을 선언하고 다음 줄부터 문서의 구조를 표현하기 위한 요소들(elements)의 모음으로 구성된다. HTML 파일은 기본적으로 일반 텍스트 문서와 마찬가지이며, 확장자로 *.htm 혹은 *.html을 사용한다.

예제 2-1 HTML 시작하기 (html5start.htm)

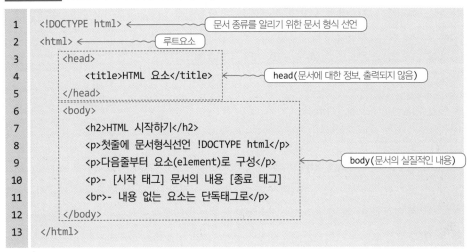

```
1    <!DOCTYPE html>          문서 종류를 알리기 위한 문서 형식 선언
2    <html>          루트요소
3        <head>
4            <title>HTML 요소</title>          head(문서에 대한 정보, 출력되지 않음)
5        </head>
6        <body>
7            <h2>HTML 시작하기</h2>
8            <p>첫줄에 문서형식선언 !DOCTYPE html</p>
9            <p>다음줄부터 요소(element)로 구성</p>          body(문서의 실질적인 내용)
10           <p>- [시작 태그] 문서의 내용 [종료 태그]
11           <br>- 내용 없는 요소는 단독태그로</p>
12       </body>
13   </html>
```

| 실행결과 2-1

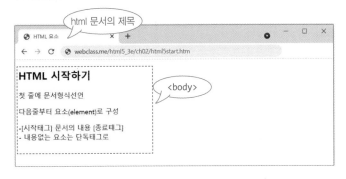

■ 문서형식 선언 〈!DOCTYPE〉

HTML 파일의 첫 줄에는 문서의 종류를 알리기 위하여 **<!DOCTYPE ...>**의 문서형식 선언으로 시작한다. 웹 문서를 표현하는 HTML 문서규약은 지속적으로 개선되며 새로 만들어지고 있으므로 동시에 여러 버전이 사용될 수 있다. 따라서 HTML 문서에 DOCTYPE 정보가 없으면 웹 브라우저에서 HTML 버전의 정보를 정확히 알 수 없으므로 웹 문서를 해석하는데 잘못 처리할 수 있다. 이 책에서 다루는 HTML5 문서규약에 맞춰 작성된 웹 문서를 올바르게 처리하기 위해서는 DOCTYPE을 간단하게 html로 선언하면 된다.

```
<!DOCTYPE html>
```

참고로, 예전 HTML 버전 4.01의 경우에는 문서형식을 다음과 같이 선언할 수 있다.

```
<!DOCTYPE HTML PUBLIC "-//W3C//DTD HTML 4.01//EN">
```

■ 요소(Element)와 태그(Tag)

HTML 파일에서 문서형식 선언문 이외의 모든 문서의 구성은 [예제 2-1]에서 보듯이 <html>, <head>, <body>, <h3>, <p> 등의 요소들로 표현된다. 이러한 요소(element)는 문서 내에서 "여기는 헤더 부분, 이것은 제목, 이것은 문단, 이것은 표, … "라는 식으로 문서 일부분의 특징을 지정하는 것으로 마크업 형식으로 된 일종의 명령어라고할 수 있다. HTML 문서의 요소는 내용(content)과 이를 둘러싼 태그(tag)로 구성되어있다. 일반적으로 태그는 시작 태그와 종료 태그로 구성되며 문서의 내용은 태그 사이에 있어야 한다. 시작 태그는 <태그이름 속성들 … >의 모양을 가지고, 종료 태그는 </태그이름>의 모양을 가진다. [그림 2-1]에서 요소의 구조를 보여주고 있다.

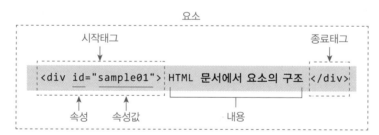

| 그림 2-1 요소의 구조

태그 이름은 공백이 있는 경우 속성으로 해석되므로 공백 없는 문자열로 작성해야 하며, HTML5에서는 태그 이름에 대소문자를 구분하지 않는다. HTML 문서에서 각 요소는 다른 요소와 중첩되지 않고 나열되거나 다른 요소에 완전히 포함되어야 한다. 만약 각 요소의 시작 태그와 종료 태그가 서로 엇갈려 중첩되는 경우에는 웹 브라우저에서 임의로 해석이 이루어져 원하지 않는 결과가 출력될 수 있다. 예를 들어, 아래 첫 줄과 같이 작성하면 웹 브라우저에서 결과를 제대로 예상할 수 없다.

```
<p> <h2> html 문단 </p> 제목 </h2> : 틀린 문장
<p> <h2> html 문단 제목 </h2> </p> : 옳은 문장
<h2> <p> html 문단 제목 </p> </h2> : 옳은 문장
```

한편, HTML의 요소는 시작 태그와 종료 태그 둘 다 써야 하지만 경우에 따라서는 시작 태그만 있더라도 웹 브라우저에서 적절히 해석해 줄 수 있다.

NOTE

단독태그: ⟨태그이름 /⟩

웹 브라우저에서 종료태그가 없더라도 있는 것으로 간주하여 문제없이 처리되는 요소도 있다. 요소의 내용이 없는 `<img>`나 `<br>`같은 경우에는 종료태그 없이 사용할 수 있지만 가급적 종료태그를 써주는 게 좋다. 이와 같이 내용이 없는 경우에는 시작태그에서 태그이름 뒤에 `/`를 표시하여 `<img />`, `<br />`, `<hr />`과 같은 형태의 단독태그로 만들어 주면 종료태그를 작성하는 번거로움을 줄일 수 있다.

■ **속성(Attribute)**

속성은 요소에 추가정보를 주기 위해서 사용한다. 추가정보에는 요소의 모양을 나타내 주거나 하이퍼링크의 링크 지점에 대한 정보 등이 있다. 속성은 아래와 같이 요소의 시작 태그 내에 나타나며 속성의 이름과 속성값의 쌍으로 구성되어 있다. 이름과 속성값 사이에는 '=' 문자가 나타나고, 속성값은 " " 문자나 ' ' 문자로 감싸서 나타낸다.

```
<table border="1"> … </table>
<a href="ch02.htm"> … </a>
```

하나의 요소는 여러 개의 속성을 가질 수 있으며, 이 경우 각 속성은 빈칸으로 구분되어야 한다.

```
<a href="ch02.htm" target="blank"> … </a>
```

2.1.2 HTML 문서의 기본 구조

HTML 파일에서 첫 줄의 `<!DOCTYPE html>` 다음에는 항상 `<html>` 요소가 나온다. 그 다음 문서의 다양한 내용을 표현하는 각종 요소는 `<html>`의 하위 요소로 나온다. 즉, [예제 2-2]에서 보듯이 모든 HTML 문서는 `<html>`이라는 하나의 루트 요소로 작성되어 있으며, `<html>`의 하부에는 문서에 대한 정보를 나타내는 `<head>` 요소와 문서의 실질적인 내용을 나타내는 `<body>` 요소로 구성되어 있다.

예제 2-2 HTML 문서의 기본구조 (html5basic.htm)

```
1   <!DOCTYPE html>
2   <html>
3       <head>
4           <title>HTML 기본구조</title>          ← 제목 요소
5           <meta charset="UTF-8">               ← 메타 요소
6           <meta authors="임순범 박희민">
7       </head>
8       <body>
9           <h2>HTML 문서의 기본 구조</h2>
10          <p>html 문서는 head 와 body 요소로 구성된다.</p>
11          <p>body에는 내용을 구성하는 여러가지 요소가 사용된다.</p>
12          <p>특수문자는 &amp;이름; 형식으로 표기<br>
13           - 예, 공백 &lt; &gt; &quot; &amp; (특수문자 이름: nbsp, lt, gt,
                quot, amp)<br>                    ← 특수문자 사례
14           - 예, &#169; &#x00a2; &#x00a3; &#x00a5; (특수문자 코드: #169;
                #x00a2; #x00a3; #x00a5)</p>
15          <!-- 설명문은 이렇게 작성 -->          ← 설명문(출력되지 않음)
16      </body>
17  <html>
```

| 실행결과 2-2

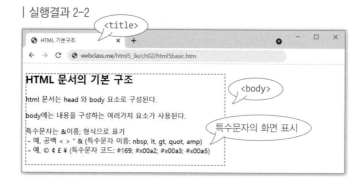

■ <head> 요소와 <title> 및 <meta> 태그

HTML 문서에서 <head> 요소에는 문서의 내용보다는 문서를 관리하거나 부가적인 기능을 처리하는데 필요한 정보를 기록하는 데 사용한다.

- <title>요소 : 문서의 제목을 나타낸다.
- <meta>요소 : 문서 관리를 위한 메타정보를 표기한다.
- <style>요소 : html 안에 스타일시트를 정의한다.
- <script>요소 : 자바스크립트 코드를 포함한다.

<meta> 요소에서 나타낼 수 있는 정보에는 문서 자체에 대한 정보나 키워드, 저자 정보, 문서에서 사용하는 언어, 문자 인코딩 정보 등을 표현할 수 있다. <meta> 요소는 일반적으로 name 속성과 content 속성을 이용하여 필요한 정보를 다음과 같이 작성할 수 있다.

```
<meta name="authors" content="임순범 박희민">
<meta name="description" content="HTML5 head 요소에 대한 설명">
<meta name="keyword" content="HTML5 head title meta">
```

한편 HTML5에서는 <meta> 요소를 name 속성과 content 속성을 이용하지 않고 다음과 같이 메타데이터 종류의 이름을 속성 이름으로 사용하여 간단히 작성할 수 있다. 이 외에도 문자 인코딩 정보는 charset 속성으로 표현할 수 있으므로 한글의 경우 UTF-8로 설정하는 것이 좋다.

```
<meta authors="임순범 박희민">
<meta description ="HTML5 head 요소에 대한 설명">
<meta keyword="HTML5 head title meta">
<meta charset="UTF-8">
```

NOTE

문자 인코딩: UTF-8(유니코드)와 EUC-KR(완성형코드)

HTML 파일을 저장할 때 문자 인코딩을 UTF-8로 지정하는 것이 좋다. UTF-8(유니코드) 인코딩은 1만 1,172자의 현대 한글뿐 아니라 한글 고어 및 각종 외국 언어의 문자를 처리할 수 있다는 장점이 있다. 반면, EUC-KR 인코딩은 흔히 말하는 완성형 코드로 현대 한글 1만 1,172자 중 완성형 코드에 있는 2,350자만 표현 가능하며, 외국의 시스템에서 사용할 때 한글코드가 보이지 않을 수 있다.

만약 **UTF-8**로 **charset**을 설정하였을 때 웹 브라우저에서 한글이 깨져 나온다면 문서 작성기나 파일 편집기에서 파일의 문자 인코딩도 **UTF-8**로 설정해야 한다. 혹은 `<meta>` 요소에서 다음처럼 설정하여 해결할 수도 있다.

```
<meta http-equiv="Content-Type" content="text/html; charset=utf-8">
```

■ 특수문자(Special Character)

HTML 문서 내에서 '<'나 '>' 문자는 태그의 시작과 끝을 표시하고, 따옴표 "는 속성값을 표현하는데 사용된다. 또한 HTML 파일 내에서 연속된 공백은 한 개의 공백으로만 간주되므로 공백을 구별해서 표시하고 싶을 때가 있다. 이와 같은 문자들은 엔티티(entity) 코드를 정의하여 사용하면 된다. 엔티티 코드는 '&' 문자로 시작하여 특수문자의 이름, 그리고 끝에 ';' 문자로 구성된다. 그리고, '&' 문자 역시 엔티티 코드를 표현하는데 사용되므로 HTML 문서 내에서 바로 사용될 수 없다. [표 2-1]에서 엔티티 코드로 표현해야 하는 주요 특수문자를 정리하였다.

| 표 2-1 주요 특수문자

특수문자	엔티티 표현	명칭
공백 문자		non-breaking space
<	&lt;	less than
>	&gt;	greater than
"	&quot;	quotation mark
&	&amp;	ampersand

위에서 설명한 5가지 특수문자 이외에 키보드에서 입력할 수 없는 ©, ¢, £, ¥ 등과 같은 특수문자들은 문자의 코드를 이용한 엔티티로 표현할 수 있다. [예제 2-2]에서 보듯이 '&' 문자 다음에 문자의 이름 대신에 # 이후에 문자의 코드 숫자를 다음과 같이 적어주면 된다. 10진수 코드는 그냥 적어주고 16진수 코드의 경우 **x**로 시작하면 된다.

```
&#169; &#x00a2; &#x00a3; &#x00a5
```

■ 설명문(Comment)

설명문은 작성자가 HTML 문서 내에 소스코드 이외에 코드에 대한 설명이나 필요한 정보를 기록해두기 위하여 사용한다. 설명문은 [예제 2-2]에서 보듯이 `<!--` 과 `-->` 사이에 작성하며 그 결과는 웹 브라우저에서 보이지 않는다.

```
<!-- 설명문은 이렇게 작성 -->
```

2.2 단락과 텍스트 꾸미기

HTML 문서의 `<body>` 요소에는 문서 내용을 표현하는 다양한 요소들로 구성되며, 기본적으로 문서의 내용은 단락으로 구성된다. 이 절에서는 문서의 기본적인 구성 단위인 단락, 제목, 줄바꾸기 등 단락 꾸미는 방법과 기본적인 텍스트 꾸미기 방법에 대하여 설명한다.

2.2.1 단락의 제목과 줄

■ 제목(Headline): `<h1>`~`<h6>` 요소

HTML 문서에서 단락의 제목을 지정할 때 헤드라인 1번부터 6번까지 원하는 크기에 따라 `<h1>`~`<h6>` 요소로 지정한다. [예제 2-3]에서 보듯이 헤드라인 1번인 `<h1>`이 가장 크고 번호가 늘어날수록 작아진다. 화면에서 다른 글자들보다 굵게 나타나며 제목 줄 다음에는 약간의 줄간격을 띄운다.

■ 단락(Paragraph): `<p>` 요소

HTML 문서에서 가장 기본적인 구성은 단락으로 이루어지며, 단락의 표현은 `<p>` 요소를 사용하여 작성한다. 웹 브라우저에서는 단락과 단락 사이에 약간의 줄간격을 띄워서 단락 사이 혹은 단락과 다른 내용 사이를 구분해준다.

■ 줄 바꿈(Line Break): `<br>` 요소

`<br>` 요소는 웹 문서의 단락 내에서 줄만 바꾸고자 할 때 사용한다. 즉, 줄바꿈은 단락을 구분하지 않지만, 앞 문장과 다른 문장 간에 줄간격은 띄우지 않고 줄만 바꾸고자 할 때 사용된다. `<br>` 요소는 종료 태그가 필요 없는 단독 태그 형태로 사용된다.

예제 2-3 단락의 제목과 줄 (headline.htm)

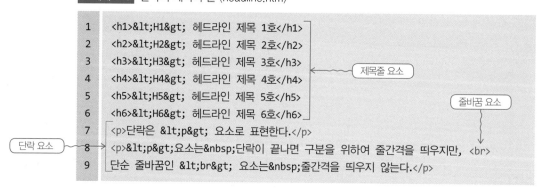

```
1   <h1>&lt;H1&gt; 헤드라인 제목 1호</h1>
2   <h2>&lt;H2&gt; 헤드라인 제목 2호</h2>
3   <h3>&lt;H3&gt; 헤드라인 제목 3호</h3>
4   <h4>&lt;H4&gt; 헤드라인 제목 4호</h4>
5   <h5>&lt;H5&gt; 헤드라인 제목 5호</h5>
6   <h6>&lt;H6&gt; 헤드라인 제목 6호</h6>
7   <p>단락은 &lt;p&gt; 요소로 표현한다.</p>
8   <p>&lt;p&gt;요소는 단락이 끝나면 구분을 위하여 줄간격을 띄우지만, <br>
9   단순 줄바꿈인 &lt;br&gt; 요소는 줄간격을 띄우지 않는다.</p>
```

제목줄 요소

줄바꿈 요소

단락 요소

| 실행결과 2-3

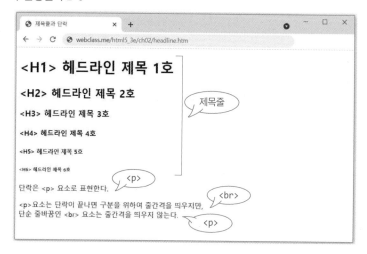

NOTE

예제의 코드

[예제 2-3]부터는 HTML 파일의 전체 코드를 보여주지 않고 `<body>` 요소에 포함되는 문서 내용에 해당되는 코드만 보여준다. 예제의 코드는 `<html>` 파일의 `<body>` 요소 안에 삽입하여 실행하면 같은 결과를 볼 수 있다.

2.2.2 단락 꾸미기

■ 가로줄(Horizontal Line): `<hr>` 요소

웹 문서에서 문단 간에 혹은 내용 사이에 구분을 확실히 하고자 할 때 `<hr>` 요소를 이용하여 [예제 2-4]에서와 같이 가로줄을 표시할 수 있다. 웹 브라우저 화면에서 가로줄

앞뒤로 줄이 바뀌며, 문서 내용의 주제가 바뀔 때 주로 사용한다.

■ 작성된 형식 유지(Pre-formatted Text): <pre> 요소

<pre> 요소는 HTML 파일에 입력한 텍스트 내용을 화면에 입력한 상태 그대로 보이고자 할 때 사용한다. 웹 문서에서 빈칸이나 탭, 줄바꿈 문자와 같은 공백문자(white-space character)는 연속으로 여러 개가 있어도 이를 공백문자 한 개로 취급한다. 따라서 소스코드와 같이 공백문자를 입력한 원문 그대로 웹 브라우저 화면에서 보이고자 할 때 <pre> 요소를 사용하면 된다.

■ 단락 인용(Block Quotation): <blockquote> 요소

<blockquote> 요소는 다른 글의 내용을 단락 단위로 인용하여 내가 작성하는 웹 문서에 포함시킬 때 사용한다. 웹 브라우저 화면에서는 인용된 내용을 들여쓰기로 구분하여 표시한다.

예제 2-4 HTML 단락꾸미기 (paragraph.htm)

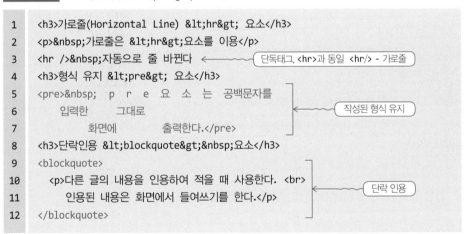

```
1    <h3>가로줄(Horizontal Line) &lt;hr&gt; 요소</h3>
2    <p> 가로줄은 &lt;hr&gt;요소를 이용</p>
3    <hr /> 자동으로 줄 바뀐다        ← 단독태그, <hr>과 동일 <hr/> - 가로줄
4    <h3>형식 유지 &lt;pre&gt; 요소</h3>
5    <pre>    p r e 요 소 는  공백문자를
6          입력한        그대로                       ← 작성된 형식 유지
7              화면에         출력한다.</pre>
8    <h3>단락인용 &lt;blockquote&gt; 요소</h3>
9    <blockquote>
10       <p>다른 글의 내용을 인용하여 적을 때 사용한다. <br>
11          인용된 내용은 화면에서 들여쓰기를 한다.</p>       ← 단락 인용
12   </blockquote>
```

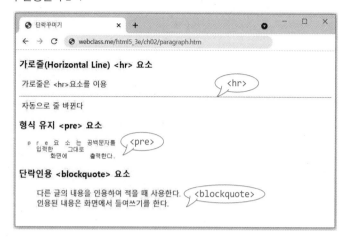

2.2.3 다양한 텍스트 표현

웹 문서 작성시 단락의 내용 중에서 텍스트 일부를 강조하거나 위아래 첨자와 같이 텍스트 일부의 성격이나 의미를 지정하고자 하는 경우가 있다. HTML5에서는 <em> 요소, <strong> 요소, <mark> 요소, <small> 요소, <sup> 요소, <sub〉 요소를 사용하여 단락 내의 텍스트에 의미나 성격을 표현할 수 있다.

■ 텍스트 강조(Emphasis): <em> 요소

<em> 요소는 문단 내에서 일부 텍스트를 다른 텍스트와 구분하여 강조하고자 할 때 사용된다. 웹 브라우저에는 기본 모양이 이탤릭과 마찬가지로 기울여진 모습으로 나타난다.

■ 강한 강조(Strong Emphasis): <strong> 요소

<strong> 요소는 문장 내의 특정 텍스트를 더욱 강하게 강조하고자 할 때 사용하는 요소이며, 웹 브라우저에서 다른 텍스트보다 진하게 표시된다.

■ 작은(Small) 글자: <small> 요소

<small> 요소는 웹 문서에서 보조 설명과 같이 주변의 다른 텍스트보다 주목을 받지 못하는 텍스트를 표시할 때 사용하며, 웹 브라우저에서는 약간 작은 글씨로 표시된다.

■ 하이라이트(Marked) 효과: <mark> 요소

<mark> 요소는 문장 내의 텍스트를 눈에 띄도록 마킹하고자 할 때 사용하며, 웹 브라우저에서는 형광펜으로 하이라이트 표시한 것과 같이 나타난다.

■ 위아래 첨자(Subscript & Superscript): <sub> 요소와 <sup> 요소

웹 문서 내에서 아래 첨자(subscript)는 <sub> 요소로 나타내며, 위 첨자(superscript)는 <sup> 요소를 이용하여 작성한다.

예제 2-5 HTML 텍스트 꾸미기 (text_deco.htm)

```
1    <h2>다양한 텍스트 표현</h2>
2    <p>텍스트의 성격을 지정해 주는 요소로 <em>강조(em)</em>,
3       <strong>강한 강조(strong)</strong><mark>하이라이트(mark)</mark>,
4       <small>작은글자(small)</small>, <sub>아래첨자(sub)</sub>,
5       <sup>위첨자(sup)</sup> 를 표현할 수 있다.</p>
6    <p><strong>책소개:</strong> <sup>소셜미디어 시대의</sup> <em>컴퓨터와 IT 기술의
7       이해</em>
8    <br><strong>저자</strong>: 최윤철, 한탁돈, 임순범</p>
9    <p><em>컴퓨터와 IT기술의 이해</em>는<mark>IT기술 전반</mark>에 대해 포괄적으로 이
10      해하고, 특히 <small>우리사회의 각 영역에서의</small> 활용과 미치는 영향을
11      이해하기 위해 <strong>매우 적절한 교재가 될 것이다.</strong></p>
```

| 실행결과 2-5

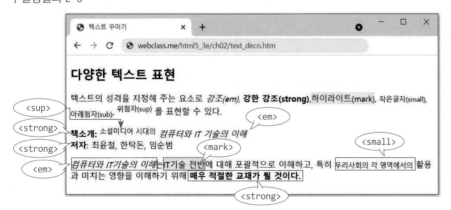

HTML5 비권장(deprecated) 요소 : 텍스트의 모양 관련 요소

HTML5 문서 규약에서 HTML 요소로는 가급적 문서의 구조나 의미가 있는 특성을 표현하고 문서의 출력 모양은 스타일시트를 사용하여 표현하도록 권장하고 있다. 이전의 HTML 문서 규약에서는 문서 출력 모양에 관련된 요소도 상당히 있었다. 대표적으로, 텍스트의 폰트 속성을 지정하는 <font> 요소, 가운데 정렬시키는 <center> 요소, 밑줄, 굵은 글자, 이탤릭을 표시하는 <u>, <b>, <i> 요소, 깜박임을 표시하는 <blink> 등의 요소가 있다. 최신 웹 브라우저에서 이전의 HTML 문서와의 호환성을 위해 이들 요소를 여전히 지원하고 있지만, 화면에서의 출력 모양과 관련된 요소는 가급적 사용하지 않고 스타일시트를 사용하도록 권장하고 있다.

2.3 목록 및 표 작성하기

웹 문서에서 내용을 묶어주는 가장 기본적인 단위는 단락이며, 그 다음으로 내용을 묶어주어 논리적 및 가시적인 구분을 하는 방법으로 목록과 표 형식이 있다. 이 절에서는 몇 가지 유형의 목록 표현과 기본적인 표의 표현에 대하여 알아본다.

2.3.1 목록 나열하기

웹 문서에서 목록을 표현하는 방법으로는 순서가 없는 목록을 작성하는 <ul> 요소와 순서 있는 목록을 작성하는 <ol> 요소, 그리고 사전과 같은 설명 목록을 작성하는 <dl> 요소가 있다.

■ 순서 없는 목록(Unordered List): <ul> 요소

<ul> 요소는 순서가 없는 목록을 만들기 위해 사용한다. 목록 내에 나열된 항목(list item)을 나타내는 데에는 하위 요소인 <li> 요소를 사용하고, <ul> 요소 안에 <li> 요소를 포함시킨다.

```
<p>순서 없는 목록</p>
<ul>
    <li>첫 번째 항목(list item)</li>
    <li>두 번째 항목(list item)</li>
    <li>세 번째 항목(list item)</li>
</ul>
```

[실행결과]

순서 없는 목록

- 첫 번째 항목(list item)
- 두 번째 항목(list item)
- 세 번째 항목(list item)

■ 순서 있는 목록(Ordered List): <ol> 요소

<ol> 요소는 순서를 숫자로 나타내는 목록으로 사용되며, 각 항목 앞에는 순서를 나타내는 숫자 혹은 기호가 나타난다. <ul>과 마찬가지로 목록의 항목을 나타내는 데 <li> 요소를 사용한다.

```
<p>순서 있는 목록</p>
<ol>
    <li>첫 번째 항목(list item)</li>
    <li>두 번째 항목(list item)</li>
    <li>세 번째 항목(list item)</li>
</ol>
```

[실행결과]

순서 있는 목록

1. 첫 번째 항목(list item)
2. 두 번째 항목(list item)
3. 세 번째 항목(list item)

■ 설명 목록(Description List 혹은 Definition List): <dl> 요소

<dl> 요소는 사전과 같이 용어나 단어를 설명하는 설명 목록을 만들기 위해서 사용한다. <dl> 요소 내에서 설명하고자 하는 용어(term)는 <dt> 요소에 적어주고, 그 설명 (description)은 <dd> 요소에 적어주면 된다.

```
<p>설명 목록</p>
<dl>
    <dt>항목1</dt> <dd>항목에 대한 설명1</dd>
    <dt>항목2</dt> <dd>항목에 대한 설명2</dd>
</dl>
```

[실행결과]

설명 목록

항목1
　　　항목에 대한 설명1
항목2
　　　항목에 대한 설명2

다음의 [예제 2-6]에서는 순서 없는 목록인 <ul> 요소 내부에 다시 순서 있는 목록인 <ol> 요소가 작성되어 있는 예제이다. 또한 용어 및 주의사항 설명을 위해 설명 목록인 <dl> 요소를 사용하였다.

예제 2-6 목록 나열하기 (lists.htm)

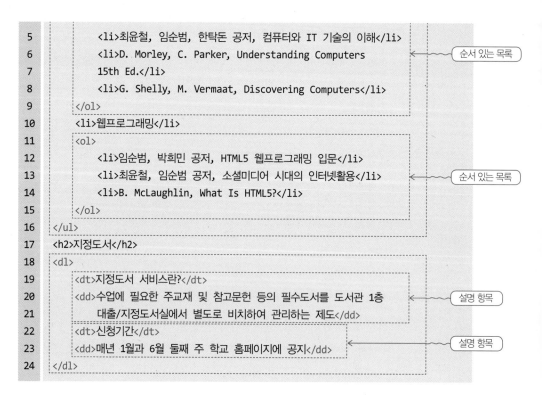

```
5              <li>최윤철, 임순범, 한탁돈 공저, 컴퓨터와 IT 기술의 이해</li>
6              <li>D. Morley, C. Parker, Understanding Computers          순서 있는 목록
7              15th Ed.</li>
8              <li>G. Shelly, M. Vermaat, Discovering Computers</li>
9        </ol>
10       <li>웹프로그래밍</li>
11       <ol>
12              <li>임순범, 박희민 공저, HTML5 웹프로그래밍 입문</li>
13              <li>최윤철, 임순범 공저, 소셜미디어 시대의 인터넷활용</li>   순서 있는 목록
14              <li>B. McLaughlin, What Is HTML5?</li>
15       </ol>
16  </ul>
17  <h2>지정도서</h2>
18  <dl>
19       <dt>지정도서 서비스란?</dt>
20       <dd>수업에 필요한 주교재 및 참고문헌 등의 필수도서를 도서관 1층   설명 항목
21       대출/지정도서실에서 별도로 비치하여 관리하는 제도</dd>
22       <dt>신청기간</dt>                                          설명 항목
23       <dd>매년 1월과 6월 둘째 주 학교 홈페이지에 공지</dd>
24  </dl>
```

| 실행결과 2-6

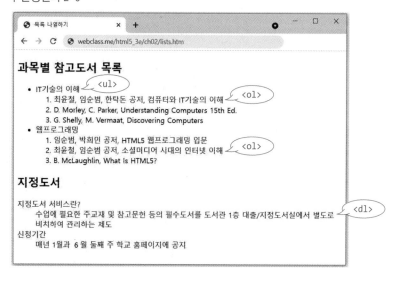

2.3.2 표의 기본 구성

웹 문서에서 표를 작성할 때는 미리 표의 기본적인 구성을 생각해두면 HTML 문서의 표를 작성하기 쉬워진다. 표는 [그림 2-2]에서 보듯이 기본적으로 여러 개의 행(row)으로 구성되어 있으며, 각 행은 다시 열(column)의 개수만큼 셀(cell)로 정의되어 있다. 이 때 첫 번째 줄의 행은 보통 표의 제목 줄로 사용되며, 이 경우 셀의 내용 대신 제목을 각각 칸에 적으면 된다.

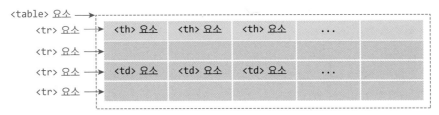

| 그림 2-2 표의 구성 요소

■ 표의 구성 요소: <table>, <tr>, <th>, <td>

웹 문서에서 표를 작성할 때에는 우선 **<table>** 요소를 선언하고 표와 관련된 모든 사항을 **<table>** 요소에 포함시킨다.

- **<table>** : 표를 나타내는 태그다.
- **<tr>** : 표의 각 행(table rows)을 나타낸다. 행의 내용은 〈tr〉 요소 내에 채운다.
- **<th>** : 표에서 각 열의 제목 줄(table header) 셀을 나타낸다. 제목 줄과 일반 줄을 구분하기 위해 제목 줄의 텍스트는 굵은 글씨, 가운데 정렬로 표현된다.
- **<td>** : 일반 줄의 경우 각 셀의 데이터(table data)요소를 나타낸다.

[예제 2-7]은 간단한 표를 만드는 HTML 문서의 예제이다.

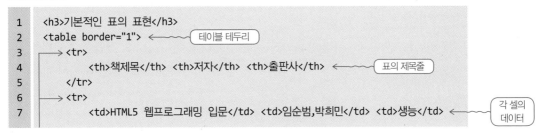

예제 2-7 기본적인 표의 표현 (table_basic.htm)

```
1   <h3>기본적인 표의 표현</h3>
2   <table border="1">        ←── 테이블 테두리
3   → <tr>
4         <th>책제목</th> <th>저자</th> <th>출판사</th>   ←── 표의 제목줄
5     </tr>
6   → <tr>
7         <td>HTML5 웹프로그래밍 입문</td> <td>임순범,박희민</td> <td>생능</td> ←── 각 셀의 데이터
```

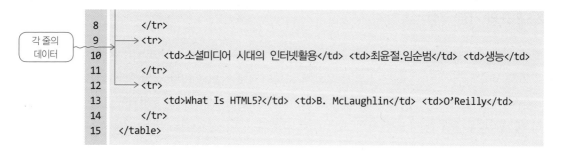

```
8          </tr>
9          <tr>
10             <td>소셜미디어 시대의 인터넷활용</td> <td>최윤절.임순범</td> <td>생능</td>
11         </tr>
12         <tr>
13             <td>What Is HTML5?</td> <td>B. McLaughlin</td> <td>O'Reilly</td>
14         </tr>
15     </table>
```

각 줄의 데이터

| 실행결과 2-7

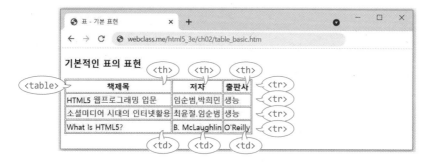

표의 모양 속성 지정하기

앞 절에서 텍스트 모양을 표현하는 방법을 설명한 바와 같이 최근의 웹 문서 작성 방법은 문서의 내용 작성과 출력 모양의 표현을 분리하고 있다. HTML 태그를 이용하여 주로 문서 구조나 내용을 작성하고 출력 모양은 CSS 등의 스타일시트를 이용하는 것이 바람직하다. 표에서도 마찬가지로 여기서는 표의 논리적인 구조와 내용을 표현하고, 표의 테두리, 굵기, 색상 등 출력 모양은 다음 장에서 설명하는 스타일시트를 이용하여 지정하면 된다.

2.3.3 표의 구조적 표현

■ 셀 합치기: rowspan 속성 및 colspan 속성

표 내에서 이웃한 셀들을 합치려면 <td> 요소에서 rowspan 속성과 colspan 속성을 사용하여 지정한다.

- rowspan : 셀의 개수를 값으로 적어주면 위아래 줄/행(rows)의 셀들이 합쳐진다.
- colspan : 셀의 개수를 값으로 적어주면 옆 칸/열(columns)의 셀들이 합쳐진다

```
<table border="1">
    <tr>
        <td rowspan="3">아래 줄(rows)<br>셀 합치기</td> <td>1행(row) 2열 </td>
    </tr>
    <tr>
        <!-- 2행 1열 없음 --> <td>2행(row) 2열</td>
    </tr>
    <tr>
        <!-- 3행 1열 없음 --> <td>3행(row) 2열</td>
    </tr>
</table>
```

아래 줄(rows) 셀 합치기	1행(row) 2열
	2행(row) 2열
	3행(row) 2열

```
<table border="1">
    <tr>
        <td colspan="3">옆 칸(cols)의 셀 합치기</td>
    </tr>
    <tr>
        <td>2행 1열(col)</td> <td>2행 2열(col)</td> <td>2행 3열(col)</td>
    </tr>
</table>
```

옆 칸(cols)의 셀 합치기		
2행 1열(col)	2행 2열(col)	2행 3열(col)

■ 표의 설명 제목: <caption> 요소

웹 문서에서 표를 설명하는 제목을 달고 싶으면 <table> 요소 내에 표 제목을 기술하는 <caption> 요소를 포함시켜 작성을 해주면 된다.

■ 표의 머리줄, 몸체, 꼬리줄 표현: <thead>, <tbody>, <tfoot> 요소

웹 문서에서 일반적인 표의 구조를 보면 제목줄에 해당하는 머리줄, 몸체, 그리고 꼬리줄 부분으로 나눌 수 있다.

- <thead> : <table> 요소 내에서 머리줄에 해당하는 행(rows)의 집합이다.
- <tfoot> : <table> 요소 내에서 꼬리줄에 해당하는 행의 집합이다.
- <tbody> : <thead>과 <tfoot>에 속하지 않는 나머지 몸체 부분 행의 집합이다.

이 때, <thead>, <tbody>, <tfoot>의 하위 요소로는 표의 각 행(rows)을 표현하는 <tr> 요소가 나오게 된다.

표의 길이가 클 경우 화면에서 스크롤을 하면 표의 제목줄이나 꼬리줄을 한눈에 볼 수 없지만 표를 이렇게 구조적인 구성으로 표현해 주면 제목줄이나 꼬리줄은 그대로 둔 채 몸체만 스크롤하는 것이 가능해진다. 다음의 [예제 2-8]은 과목별 추천도서 표에서 표 제목을 캡션으로 달고, 과목명과 합계는 셀을 합쳐서 표기하였다. 그리고 표의 제목 줄을 머리줄 **<thead>**로, 합계를 꼬리줄 **<tfoot>**으로, 나머지를 몸체 **<tbody>**로 구성 한 구조적 표현을 적용한 예제이다.

예제 2-8 표의 구조적 표현 (table_structured.htm)

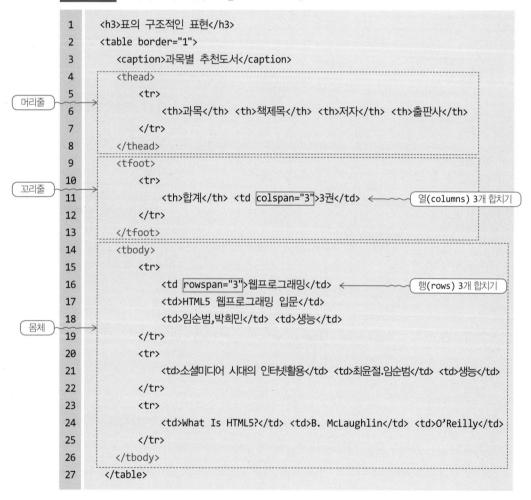

```
1    <h3>표의 구조적인 표현</h3>
2    <table border="1">
3        <caption>과목별 추천도서</caption>
4        <thead>
5            <tr>
6                <th>과목</th> <th>책제목</th> <th>저자</th> <th>출판사</th>
7            </tr>
8        </thead>
9        <tfoot>
10           <tr>
11               <th>합계</th> <td colspan="3">3권</td>
12           </tr>
13       </tfoot>
14       <tbody>
15           <tr>
16               <td rowspan="3">웹프로그래밍</td>
17               <td>HTML5 웹프로그래밍 입문</td>
18               <td>임순범,박희민</td> <td>생능</td>
19           </tr>
20           <tr>
21               <td>소셜미디어 시대의 인터넷활용</td> <td>최윤절.임순범</td> <td>생능</td>
22           </tr>
23           <tr>
24               <td>What Is HTML5?</td> <td>B. McLaughlin</td> <td>O'Reilly</td>
25           </tr>
26       </tbody>
27   </table>
```

머리줄 → (6)

꼬리줄 → (11)

몸체 → (18)

열(columns) 3개 합치기 → colspan="3"

행(rows) 3개 합치기 → rowspan="3"

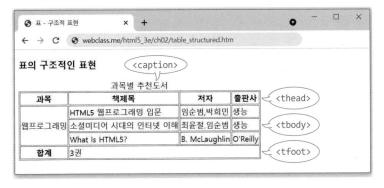

2.4 문서 구조화하기

예전의 HTML 문서 규약은 단순히 문단을 나열하는 방식이었다. 그러나 최근 웹 문서의 작성에서는 단순 나열보다는 구조적 표현을 강조하고 있으며, 이를 위해 HTML5에서는 문서 구조를 표현하는 다양한 요소들이 추가되었다. 이 절에서는 문서 구조화에 필요한 요소들을 설명하고 구조적 문서의 출력을 위해 스타일시트를 적용하는 간단한 예제를 살펴본다.

2.4.1 문서 구조화 요소

그 동안 웹 문서는 주로 웹 브라우저를 통해 정보를 보여주고 전달하는 용도로 많이 사용되어 특별히 구조에는 큰 관심이 없었다. 그러나 최근 검색엔진이나 반응형 레이아웃 등의 경우와 같이 같이 컴퓨터가 문서의 구조와 내용을 파악해야 하는 경우가 늘어나고 있다. 그러나, 문단의 위치나 화면에서의 모양만으로는 컴퓨터와 같은 기계에서 문서의 구성이나 내용을 파악하기 곤란하다. 사람들은 보통 문단의 글자 크기나 모양, 색상 등을 다르게 하여 내용을 구분할 수 있으나 기계는 문단에 대한 의미를 정확히 지정해 주어야 파악이 가능하다.

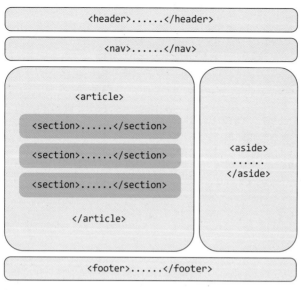

| 그림 2-3 웹 문서의 의미적 구조화 요소

따라서 html5에서는 웹 문서에서 문서를 구성하는 머리말, 꼬리말, 탐색 메뉴, 본문, 본문의 섹션, 옆줄 등 문서의 의미적인 구조를 표현할 수 있는 요소들을 추가 하였다. 웹 문서의 구조화 요소로는 [그림 2-3]에서와 같이 <header>, <footer>, <nav>, <article>, <section>, <aside> 요소가 있으며, 이들 구조화 요소는 의미적인 구분만 할뿐 화면 상으로는 모양이 구분되어 표시되지 않는다. 이들 요소를 그림에서와 같은 레이아웃을 보기 위해서는 스타일시트를 적용하여 출력 모양을 지정해 주어야 한다.

- 머리말: <header> 요소

<header> 요소는 웹 문서에서 페이지 혹은 섹션의 머리말 영역을 나타낼 때 사용하며, 머리말 영역에는 웹 문서의 제목, 소개 등 문서 관련 설명을 표기하는 요소를 포함하고 있다. 블로그와 같은 글에서는 블로그의 이름, 간단한 설명글 등이 온다.

- 탐색 메뉴: <nav> 요소

<nav> 요소는 웹 문서의 한 지점에서 다른 웹 문서나 문서 내의 다른 부분으로 이동하는 내비게이션 링크를 표현할 때 사용한다. <nav> 요소에 포함된 링크 항목들은 컴퓨터가 해석할 때 문서 이동에 관련된 링크 정보라는 것을 알 수 있어 이에 대한 적절한 처리를 할 수 있게 된다.

■ 독립된 본문: <article> 요소

<article> 요소는 웹 문서에서 주요 내용을 가진 독립된 본문을 나타낼 때 사용된다. 하나의 웹 문서에서는 여러 개의 <article> 요소가 나타날 수 있으며, 하나의 <article> 요소는 하나의 독립된 문서 내용을 나타낸다. 예를 들어, 하나의 신문에 여러 개의 기사가 나타날 수 있으며, 블로그의 경우에도 블로그 글이나 댓글 단위로 <article> 요소로 작성해 주면 좋다. 각 <article> 요소 내에는 별도의 제목, header, footer, 그리고 여러 개의 section 요소가 포함될 수 있다.

■ 문서내 섹션 그룹: <section> 요소

<section> 요소는 웹 문서 내에서 절 단위로 구분하거나 의미가 비슷한 그룹으로 문서를 구분하여 묶기 위해서 사용한다. 일반적으로 <article> 요소로 표현된 하나의 글은 여러 개의 <section> 그룹으로 구성할 수 있다. 그러나, 의미 없이 문서를 구분하는 데에는 사용하지 않는 것이 좋다.

■ 부수 정보: <aside> 요소

<aside> 요소는 본문의 내용과 구별되는 별개의 정보를 표현하기 위하여 사용된다. 이 곳에는 문서 내용과 관련된 여러 가지 부수적인 정보를 별도의 영역에 나타내는데 사용한다. 예를 들어, 블로그에서 최신 댓글 목록이나 토막상식, 웹 사이트의 배너 및 광고 등을 표현할 수 있다.

■ 꼬리말: <footer> 요소

<footer> 요소는 웹 문서의 꼬리말에 해당하는 저자 정보, 저작권 정보, 이용조건, 관련 링크 등을 나타내기 위해서 사용한다.

다음의 [예제 2-9]는 온라인 서점의 도서 안내를 하는 웹 문서를 구조화 요소로 표현한 것이다. 제목줄인 <header>와 탐색 메뉴인 <nav>가 있고, 도서 안내를 위한 본문인 <article> 요소에는 베스트셀러 소개와 추천 도서 소개의 두 개의 <section>으로 구성되어 있다. 그리고 이벤트를 알리는 <aside> 요소 및 저자 정보를 기록한 <footer> 요소가 있다.

예제 2-9 문서 구조화 (doc_structure.htm)

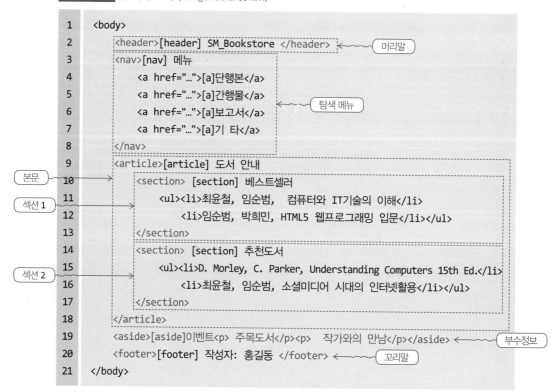

```
1    <body>
2       <header>[header] SM_Bookstore </header>        ← 머리말
3       <nav>[nav] 메뉴
4          <a href="...">[a]단행본</a>
5          <a href="...">[a]간행물</a>                   탐색 메뉴
6          <a href="...">[a]보고서</a>
7          <a href="...">[a]기 타</a>
8       </nav>
9       <article>[article] 도서 안내
10         <section> [section] 베스트셀러
11            <ul><li>최윤철, 임순범,  컴퓨터와 IT기술의 이해</li>
12               <li>임순범, 박희민, HTML5 웹프로그래밍 입문</li></ul>
13         </section>
14         <section> [section] 추천도서
15            <ul><li>D. Morley, C. Parker, Understanding Computers 15th Ed.</li>
16               <li>최윤철, 임순범, 소셜미디어 시대의 인터넷활용</li></ul>
17         </section>
18      </article>
19      <aside>[aside]이벤트<p> 주목도서</p><p>  작가와의 만남</p></aside>   ← 부수정보
20      <footer>[footer] 작성자: 홍길동 </footer>    ← 꼬리말
21   </body>
```

본문 → (10)
섹션 1 → (11)
섹션 2 → (15)

| 실행결과 2-9

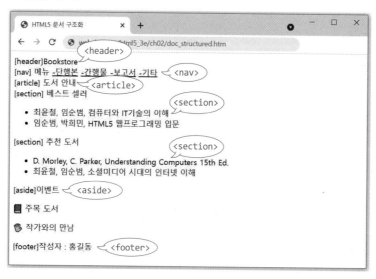

2.4.2 문서 구조에 스타일시트 적용하기

앞 절의 HTML 구조화 요소들은 본문의 의미적인 구성과 내용의 표현에 대해서만 기록을 했을 뿐 화면에서의 모양이나 배치 등 출력 스타일에 대해서는 전혀 언급이 없었다. 따라서 [실행결과 2-9]에서 보듯이 화면에서 출력 모습은 전혀 의미가 없이 배치되어 있다. 이는 최근 HTML5 규약에서 지향하는 바가 웹 문서에서 내용이나 구조의 표현과 출력 스타일의 표현을 분리하고자 하는 것에 기인한다. <b>, <i>, <font> 등 예전의 HTML 태그는 각 요소의 내용뿐 아니라 출력 모양까지 지정하고 있었지만, HTML5부터는 HTML 태그로는 내용만 작성해 주고 그 출력 모양은 CSS 등의 스타일시트로 지정해 주는 것을 강력히 권장하고 있다.

CSS 스타일시트에 대한 자세한 설명은 4~5장에서 하기로 한다. 여기에서는 우선 HTML 요소에 스타일시트를 적용하는 개념을 앞의 예제를 통해 간단히 소개한다. 앞의 [예제 2-9]에서 구조화된 문서로 작성된 도서 안내 페이지에 [예제 2-10]과 같이 CSS 스타일시트를 적용하여 [실행결과 2-10]과 같이 가독성이 높은 웹 문서 화면을 구성하였다. 이를 위해 우선 <head> 요소 내에 <style> 요소를 정의하고 여기에 각 HTML 태그에 대한 출력 스타일을 지정해 준다. <style> 요소 내에 나오는 CSS 스타일시트 지정 방법은 다음과 같다.

```
<style>
    HTML_태그명 { CSS_속성명: 속성값; … }
</style>
```

예를 들어, [예제 2-10]의 5째줄은 <header> 태그에 대해 스타일을 지정한 내역이다. 제목줄인 <header>는 배경(background-color)을 회색(#82828248)으로 하고, 제목 영역에 대해 바깥쪽 여백을 1px (margin: 1px) 두라고 지정했으며 제목 글자를 가운데 위치(text-align: center) 시킨 것을 [실행결과 2-10]에서 확인할 수 있다. 탐색 메뉴인 <nav>는 내용이 있는 부분의 테두리(border)를 두께 4px의 회색 단일 줄 (border: 4px solid gray)로 하고 너비(width)는 12%로 뒀으며 왼쪽에 정렬(float: left), 탐색 영역의 좌측 바깥쪽 여백을 10px(margin-left: 10px), 좌우 안쪽 여백을 10px(padding: 0px 10px)로 지정한 것이다. 이어서 각 HTML 태그에 대해 마찬가지 방법으로 출력 스타일을 지정해 놓았다. 더 구체적이고 다양한 CSS 스타일 속성과 속성값의 지정 방법은 4장과 5장에서 자세히 설명하고 있으니 여기서는 스타일시트의 개념을 간단히 소개하는 것으로 마친다.

예제 2-10 문서에 CSS 적용하기 (doc_stylesheet.htm)

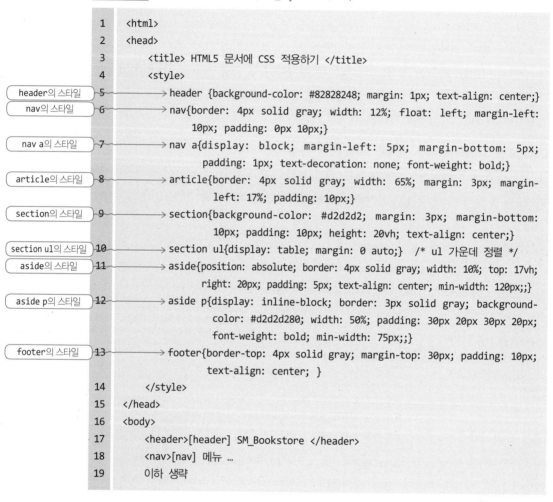

```
1   <html>
2   <head>
3       <title> HTML5 문서에 CSS 적용하기 </title>
4       <style>
5       header {background-color: #82828248; margin: 1px; text-align: center;}
6       nav{border: 4px solid gray; width: 12%; float: left; margin-left:
            10px; padding: 0px 10px;}
7       nav a{display: block; margin-left: 5px; margin-bottom: 5px;
            padding: 1px; text-decoration: none; font-weight: bold;}
8       article{border: 4px solid gray; width: 65%; margin: 3px; margin-
            left: 17%; padding: 10px;}
9       section{background-color: #d2d2d2; margin: 3px; margin-bottom:
            10px; padding: 10px; height: 20vh; text-align: center;}
10      section ul{display: table; margin: 0 auto;}   /* ul 가운데 정렬 */
11      aside{position: absolute; border: 4px solid gray; width: 10%; top: 17vh;
            right: 20px; padding: 5px; text-align: center; min-width: 120px;;}
12      aside p{display: inline-block; border: 3px solid gray; background-
            color: #d2d2d280; width: 50%; padding: 30px 20px 30px 20px;
            font-weight: bold; min-width: 75px;;}
13      footer{border-top: 4px solid gray; margin-top: 30px; padding: 10px;
            text-align: center; }
14      </style>
15  </head>
16  <body>
17      <header>[header] SM_Bookstore </header>
18      <nav>[nav] 메뉴 …
19      이하 생략
```

세로 주석: header의 스타일 · nav의 스타일 · nav a의 스타일 · article의 스타일 · section의 스타일 · section ul의 스타일 · aside의 스타일 · aside p의 스타일 · footer의 스타일

| 실행결과 2-10

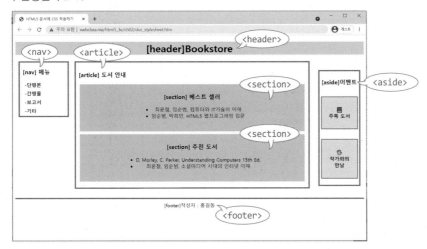

연습문제

■ 다음 괄호 안에 올바른 단어를 넣으시오.

1 (   ) 요소는 문서 제목 외에 문서에서 사용하고 있는 문자 인코딩 정보와 같은 다른 정보를 나타내기 위해서 사용한다.

2 웹 문서는 (   )로 표현되는 요소(element)로 구성되어 있다.

3 요소의 (   )은 요소에 추가 정보를 주기 위해서 사용한다.

4 목록 형식으로 표현하기 위해서 사용하는 요소에는 번호없는 목록을 위한 <ul> 요소와 번호 목록을 위한 (   )요소, 사전 목록을 위한 <dl> 요소가 있다.

5 (   )요소는 표를 표현하기 위해서 사용한다.

6 문서 구조화 요소 중 (   )요소는 웹 문서에서 머리말 영역을 나타낼 때 사용한다.

7 목록 내의 나열된 항목(list item)을 나타내는 데에는 하위 요소인 (   )요소를 사용한다.

■ 다음 보기 중에서 질문의 답으로 가장 알맞은 것을 고르시오.

8 다음 중 공백을 나타내는 특수문자는?
   ① "   ②   ③ <   ④ >

9 텍스트 표현 요소가 아닌 것은?
   ① <strong> 요소   ② <small> 요소   ③ <pre> 요소   ④ <mark> 요소

10 목록 나열을 위해 사용하는 요소 중 항목을 나타내기 위해 사용하는 요소는?
   ① <li> 요소   ② <dl> 요소   ③ <dt> 요소   ④ <dd> 요소

11 다음 중 표와 관련 없는 요소는?
   ① <thead> 요소   ② <tbody> 요소
   ③ <tcaption> 요소   ④ <tfoot> 요소

12 표에서 데이터가 표현되는 각 셀을 만들기 위한 요소는?
   ① <table> 요소   ② <td> 요소   ③ <tr> 요소   ④ <th> 요소

13 다음 중 문서 구조화 요소에 포함되지 않는 것은?

① \<head\> 요소　　② \<header\> 요소　　③ \<footer\> 요소　　④ \<nav\> 요소

14 표에서 옆 칸에 있는 셀들을 합치기 위해 사용하는 요소인 것은?

① \<rowspan\> 요소　② \<colspan\> 요소　③ \<columnspan\> 요소　④ \<trspan\> 요소

15 HTML 문서에서 소스코드 이외의 코드에 대한 설명이나 필요한 정보를 기록해기 위해 사용하는 설명문을 작성하는 방법을 모두 고르시오.

① /*　*/　　　② \<!-　-\>　　　③ \<!--　--\>　　　④ //

■ 다음 질문에 간단히 답하시오.

16 웹 문서는 웹 문서의 종류를 알려주는 문서 형식 선언으로 시작된다. 해당 파일이 HTML5 문서임을 표현하려면 어떻게 선언해야 하는지 적으시오.

17 개행문자('\n')와 \<br\> 요소를 비교하여 간략히 설명하시오.

18 \<pre\> 요소와 \<blockquote\> 요소는 사용 목적이 어떻게 다른지 설명하시오.

19 표에서 셀을 합치기 위해서 사용하는 두가지 속성에 대해 어떻게 사용되는 간략히 설명하시오.

20 HTML5에서는 표현과 관련된 요소의 사용하지 않는 것을 권장하고 있다. 그 이유를 \<em\> 요소와 \<i\> 요소를 사용하여 간략히 설명하시오.

21 문서 구조화를 간략히 설명하시오.

■ 다음 문제에 해당하는 HTML5 프로그램을 작성하시오.

22 간단히 자신의 취미를 소개하는 웹 페이지를 작성하시오. 단, \<html\>, \<head\>, \<title\>, \<body\>, \<h2\>, \<p\>, \<br\> 요소만 사용하여 작성하시오.

23 앞에서 작성한 자신의 취미 소개 페이지를 2.2절에 소개된 다양한 요소를 사용하여 보기 좋게 작성하시오.

24 자신의 취미 활동 소개를 목록으로 작성하시오.

25 `<table>` 요소를 사용하여 다음과 같은 문서를 작성하시오. (목요일 칸에는 공백글자가 여러 개 들어가 있다)

26 이번 학기에 수강하고 있는 실제 자신의 시간표를 작성하시오. (칸의 크기, 테두리 모양 등 표의 스타일은 CSS를 배운 다음 적용할 것이다. 여기선 표의 형태만 구현하도록 한다.)

CHAPTER 03

링크와 멀티미디어

HTML5 Web Programming

contents

03
링크와 멀티미디어

기존의 인터넷 서비스에 비교하여 웹 방식의 가장 두드러진 특징은 하이퍼링크와 멀티미디어 지원이다. 인터넷 상의 모든 자료가 HTML 문서 내의 하이퍼링크로 연결되어 있어 사용자는 웹 브라우저 화면에서 클릭만 하면 원하는 자료를 찾아갈 수 있다. 또한, 이미지뿐만 아니라 오디오나 비디오도 HTML 문서 내에 포함되어 웹 브라우저에서 바로 실행될 수 있다.

이 장에서는 HTML 문서에서의 하이퍼링크 개념과 문서에 링크를 연결하는 방법을 배우고 HTML 문서에서 사용이 가능한 이미지, 오디오, 비디오 등 멀티미디어의 종류와 이를 문서에서 이용하는 방법을 배운다.

3.1 링크 달기

HTML 문서에서 링크(link)란 웹의 기본 개념인 하이퍼링크(hyperlink)를 뜻하며, HTML 문서에서 마우스를 클릭하면 다른 웹 페이지로 이동하거나 다른 글자나 그림으로 연결되도록 만들어 놓은 것을 말한다. 링크는 서로 다른 문서 사이에서 해당 문서로 이동할 때 사용할 수 있고, 문서 내에서 특정 위치로 이동할 때에도 사용할 수 있다. 이러한 링크 기능은 HTML의 장점이며, 웹 브라우저에서 링크를 클릭하여 이동하면서 사용자가 원하는 정보를 찾아갈 수 있게 해준다.

3.1.1 하이퍼텍스트와 링크

HTML(HyperText Markup Language)이란 용어가 하이퍼텍스트의 마크업 언어를 의미하듯이 웹 문서에서 가장 기본 개념 중의 하나가 하이퍼텍스트(hypertext)이다.

하이퍼텍스트는 서로 연관된 문서나 텍스트 조각들을 연결하여 원하는 정보를 찾아갈 수 있도록 해주는 것이며, 하이퍼미디어(hypermedia)는 텍스트뿐만 아니라 이미지, 그래픽, 오디오, 비디오 등의 멀티미디어 정보가 서로 연결되어 있는 것을 말한다. 하이퍼텍스트 혹은 하이퍼미디어에서 각 정보의 조각은 링크로 서로 연결되어 있고 때에 따라 별도의 창으로 나타날 수도 있으며, 모든 정보의 접근은 반드시 연결 링크를 선택하여 내비게이션을 하게 된다. [그림 3-1]은 링크를 따라 멀티미디어 정보들이 서로 연결된 모습을 보여주고 있다.

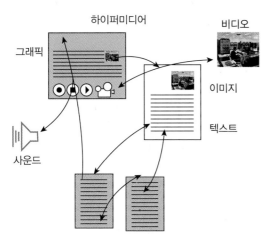

| 그림 3-1 하이퍼텍스트 및 하이퍼미디어의 구조

HTML 문서에서 하이퍼링크의 기본적인 개념은 노드와 링크로 표현된다.

- 노드 : HTML문서나 멀티미디어 정보를 표현하는 기본 단위
- 링크 : 노드를 연결하여 내비게이션이 가능토록하는 구성요소
- 앵커 : 노드에 해당하는 HTML 문서 내에서 링크의 출발점이나 도착점
- 앵커 영역 : 앵커가 설정되어 있는 영역

HTML 문서에서 사용되는 링크의 종류로는 특정 단어나 문장, 혹은 이미지에서 다른 문서로 이동하는 링크, 외부 URL로 연결하는 링크, 그리고 문서 내의 다른 지점으로의 링크 등이 있다.

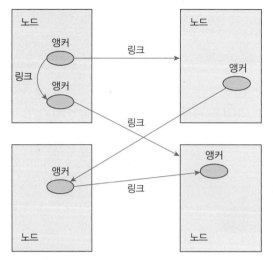

하이퍼텍스트 문서

| 그림 3-2 노드, 링크, 앵커의 개념

3.1.2 문서 간 이동

HTML 문서에서 다른 웹 사이트의 문서로 이동하거나 혹은 자신의 웹 사이트에서 다른 문서로 이동하기 위해 일반적으로 링크를 사용한다. 링크의 시작점 앵커를 표현하는 데에는 <a> 요소를 이용하며, 이동하고자 하는 목적지 문서를 href 속성을 사용하여 지정한다. 다른 문서로 이동하려면 다음과 같이 <a> 요소의 href 속성에 이동하고 싶은 파일의 주소(URL)를 적어주면 된다. <a> 요소의 title 속성에는 말풍선 창에 나올 설명을 기재하고, target 속성에는 링크 결과가 나타날 장소를 지정한다.

```
<a href="파일이름 혹은 URL 주소" title="설명" target="장소"> 링크 텍스트 </a>
```

■ href 속성

href 속성에서는 이동하고자 하는 문서의 위치를 지정하며, 위치 지정 방법에는 두 가지가 있다. 첫 번째는 절대 주소를 이용한 위치 지정이다. 다른 웹 사이트의 문서로 이동하기 위해서는 이동하고자 하는 페이지의 http://로 시작하는 URL 형식의 인터넷 주소를 href 속성에 적어서 문서의 위치를 표시하는 방법이다. 두 번째는 상대 주소를 이용한 위치 지정이다. href 속성의 값이 http://로 시작하지 않을 경우 브라우저는 현재의 문서와 같은 폴더의 위치에서부터 상대주소로 링크된 것으로 간주한다. 다음은 절대 주소와 상대 주소를 이용하여 문서를 링크시키는 방법의 예이다.

```
<a href="http://www.w3c.org">W3C 홈페이지 방문</a>          <!-- 절대 주소 -->
<a href="booklist.html">책 목록</a>                       <!-- 상대 주소 -->
```

위의 첫 번째 예에서 사용자가 "W3C 사무국(kor) 방문"이라는 하이퍼링크를 클릭하면
브라우저에서 보여주는 화면은 지정된 페이지로 이동한다. 하이퍼링크가 적용된 기본
스타일 형식은 다음의 [그림 3-3(a)]와 같으며 이를 클릭하면 [그림 3-3(b)]와 같이 화
면이 바뀐다.

| (a) 처음 화면 | (b) 클릭 후 화면 |

| **그림 3-3** 하이퍼링크의 기본 형식과 링크 결과

■ title 속성

<a> 요소에서 **title** 속성은 하이퍼링크
에 대해 설명을 하고 싶을 때 사용한다.
이 속성을 사용한 경우, 하이퍼링크 위에
마우스를 가져가면 말풍선에 설명이 나타
난다. **title** 속성의 사용법과 **title** 속
성의 사용 결과는 다음의 [그림 3-4]에서
확인할 수 있다.

| **그림 3-4** 〈a〉 요소의 title 속성과 말풍선 설명

```
<a href="http://www.w3c.org" title ="W3C 홈페이지">W3C 홈페이지 방문</a>
```

■ target 속성

<a> 요소의 **target** 속성에 사용할 수 있는 값으로는 **_blank, _self, _parent, _ top,** 또는 프레임 이름이 표기될 수 있다

- **_blank** : 새로운 창에 링크 결과가 나타난다.
- **_self** : 현재 창에 링크 결과가 나타난다.
- **_parent** : 부모 창에 링크 결과가 나타난다.
- **_top** : 최상위 창에 링크 결과가 나타난다.
- 프레임 이름 : 사용자가 지정한 특정 프레임에 링크 결과가 나타난다.

■ 링크 예제 (1): 문서 간 이동하기

HTML 문서 내에서 <a> 요소를 사용하여 도서의 정보가 포함된 사이트로 이동하는 예를 작성해 보자. <a> 요소의 **href** 속성을 사용하여 각 전공별 도서 목록 페이지의 주소를 지정하였다. **title** 속성에는 "컴퓨터 공학과", "IT공학과" 등 해당하는 전공학 과의 이름을 추가하였다. 이 문서의 출력 결과와 링크를 클릭한 결과는 다음의 [실행결 과 3-1]과 같다.

예제 3-1 문서 간 이동 링크 (link_external.html)

```
1   <!DOCTYPE html>
2   <html>
3   <body>
4       <h3> 도서 목록 페이지로 이동</h3>
5       <p> 분야를 클릭하면 해당 도서목록 페이지로 이동합니다.</br>
6           전공 분야 위에 마우스를 올리면 해당 전공학과의 이름을 볼 수 있습니다.</p>
7       <ul>
8           <li> <a href="" title="컴퓨터 공학과"> 컴퓨터 </a> </li>
9           <li> <a href="link_internal.html" title="IT공학과"> IT공학 </a> </li>
10          <li>전자공학</li>
11          <li>인간공학</li>
12      </ul>
13  </body>
14  </html>
```

<small>빈 링크 / 말풍선(하이퍼링크 설명) / 외부 링크 / 말풍선</small>

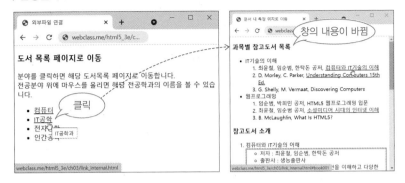

3.1.3 문서 내 특정 위치로 이동

여기에서는 <a> 요소를 이용하여 다른 문서가 아니라, 동일한 문서 내에서 특정 지점으로 연결하는 방법에 대해서 알아본다. 목적지인 특정 지점은 이해하기 쉽게 책갈피 링크라고 생각하면 된다. 도서를 예로 생각해 보자. 목차의 항목과 대응하는 페이지에 책갈피를 해 놓으면, 긴 본문의 내용을 순서대로 펼쳐볼 필요 없이 목차를 선택했을 때 원하는 위치로 바로 갈 수 있게 하는 기능이다. 이 방법은 문서가 길 경우 사용하면 효과적이다. 이러한 문서 내 링크를 작성하려면 목적지 앵커와 시작점 앵커를 다음과 같이 설정해야 한다.

```
<a id="고유아이디"> 문서 내 이동할 목적지 </a>
<a href="#고유아이디"> 시작점 - 링크가 설정된 '고유아이디'의 위치로 이동</a>
```

■ 링크의 목적지 앵커 지정: <a id="...">

<a> 요소의 **id** 속성은 문서 내의 원하는 위치에 목적지 앵커를 설정할 때 사용한다. 이것을 사용하면 특정 지점의 정확한 위치를 가리키는 목적지 앵커를 만들 수 있다. **id** 속성에는 고유한 이름을 지정해야 하고, 이름을 지정한 후 종료태그 **</a>**를 반드시 포함시킨다. 목적지 이름만을 지정하는 것이기 때문에 <a> 태그와 </a> 태그 사이에는 아무런 텍스트도 필요하지 않다.

```
예) <a id="book001"></a> <li> 컴퓨터와 IT기술의 이해 </li>
```

id 속성 사용

이전 버전의 HTML에서는 목적지 앵커를 표현하는데 name 속성을 사용하였다. HTML5에서는 name 속성 대신 id 속성을 사용하도록 권장하고 있다.

■ 시작점 앵커에서 링크 연결: `<a href="#...">`

아이디를 부여한 특정 위치로 이동하기 위해서 **href** 속성에 목적지 앵커의 아이디를 지정해준다. 목적지 앵커에서 아이디를 설정할 때는 이름만 적어주지만 아이디를 이용할 때는 #으로 시작한다. 즉, 링크 주소가 #으로 시작하면 목적지가 현재 문서 내에 위치한다는 것을 의미한다. [예제 3-2]에서 사용자가 책 제목을 클릭하면 브라우저 화면이 책의 개요가 설명되어 있는 위치로 이동한다.

> 예) `<li>`최윤철, 임순범, 한탁돈 공저, `<a href="#book001">`컴퓨터와 IT기술의 이해`</a>` `</li>`

■ 링크 예제 (2) : 문서 내 특정 위치로 이동

과목별 참고도서 목록과 각 참고도서의 개요 소개가 포함된 HTML 문서이다. `<a id="...">` 요소를 사용하여 참고 도서의 개요 소개 박스 앞에 목적지 앵커를 설정하였다. "컴퓨터와 IT기술의 이해"의 개요 소개 앞에는 "book001"이라는 아이디를 지정하고, "Understanding Computers, 15th Ed." 책의 소개 앞에는 "book002"이라는 아이디를 지정하였다. 참고도서 목록에서는 `<a href="#...">` 요소를 이용하여 각각의 시작점 앵커를 지정해 주었다. 소스코드와 실행결과는 다음과 같다.

예제 3-2 문서 내 이동 링크 (link_internal.html)

```
2   <body>
3      <h3>과목별 참고도서 목록</h3>
4      <ul>
5         <li> IT기술의 이해 </li>
6         <ol>                              앵커 ①지점으로 링크
7            <li>최윤철, 임순범, 한탁돈 공저, <a href="#book001">
8               컴퓨터와 IT기술의 이해</a></li>
9            <li>D. Morley, C. Parker, <a href="#book002">Understanding
10              Computers 15th Ed.</a></li>   앵커 ②지점으로 링크
```

```
11          <li>G. Shelly, M. Vermaat, Discovering Computers</li>
12      </ol>
13    <li>웹프로그래밍</li>
14    <ol>
15          <li> 임순범, 박희민 공저, HTML5 웹프로그래밍 입문 </li>
16          <li> 최윤철, 임순범 공저, <a href="#book003">소셜미디어 시대의 인터넷 이해</a> </li>
17          <li>B. McLaughlin, What Is HTML5?</li>
18      </ol>
19  </ul>
20
21  <h3>참고도서 소개</h2>
22  <ol>
23      <a id="book001"></a> <li>컴퓨터와 IT기술의 이해</li>
24      <table border="1">
25          <tr><td>
26      <ul><li> 저자 : 최윤철, 임순범, 한탁돈 공저</li>
27          <li> 출판사 : 생능출판사</li>
28          <li> 책소개 : 급변하는 IT기술의 발전을 이해하고 다양한 사회영역과
29              복합적으로 작용하는 패러다임의 변화를 수용하기 위해 과거와
30              다른 개념과 방식에 기반한 컴퓨터 개론서로 구성한 책이다.</li>
31        </ul>
32        </td></tr>
33      </table>
34
35      <a id="book002"> </a> <li>Understanding Computers, 15th Ed.</li>
36      <table border="1">
37          <tr><td>
38      <ul> <li> 저자 : D. Morley, C. Parker</li>
39          <li> 출판사 : Cengage Learning</li>
40          <li> 책소개 : Thoroughly Updated for the Latest Advances in Multimedia
41              Learn the fundamental concepts and essential skills required
42  ... 생략 ...
```

앵커 ③지점으로 링크

목적지 앵커 ①

목적지 앵커 ②

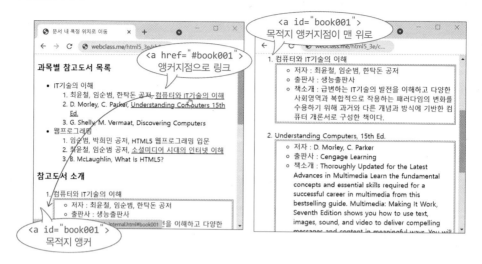

3.2 이미지 사용하기

웹 페이지에서 가장 많이 사용하는 요소가 이미지이다. 만약 HTML 문서가 텍스트만 포함하고 있다면, 가독성이나 사용자의 이목을 끌기에 많이 부족할 것이다. 그렇기에 대부분의 홈페이지에서는 여러 가지 이미지를 활용하여 다양하고 풍성한 웹 페이지를 만든다. 또한 이미지에 직접 링크를 연결하여 이미지를 클릭하면 연관된 정보 페이지가 나타나도록 하기도 한다.

3.2.1 이미지 파일 종류

웹 페이지에 사용하는 이미지는 다양한 브라우저에서 공통적으로 볼 수 있도록 표준 형식을 적용해야 한다. 웹 브라우저에서 공통적으로 사용할 수 있는 이미지 파일 형식 에는 GIF, JPEG, PNG가 있으며 각각의 특징은 다음과 같다.

● GIF(Graphic Interchange Format)
GIF 형식의 이미지는 JPEG, PNG보다 파일 크기가 작다. 그러나 표현 가능한 색상이 256가지이므로 자연스러운 장면의 표현에는 적합하지 못하다. 따라서 사진이 아닌 클 립아트나 드로잉 같은 종류의 이미지에 적합하다.

● JPEG(Joint Photographic Experts Group)

JPEG 형식의 이미지는 24비트의 컬러를 사용하므로 수백만 개의 색상을 표현할 수 있다. 따라서 복잡한 그림이나 사진 등 색상을 많이 사용하는 이미지에 적합하다.

● PNG(Portable Network Graphic)

PNG 형식의 이미지는 GIF와 JPEG 형식의 장점을 따르고 비압축 형식인 BMP 형식의 장점도 고려하였으며, 24비트(또는 32비트) 컬러를 사용한다.

GIF와 JPEG 형식의 압축방식이 다르므로 이미지의 종류에 따라 다른 압축률을 보인다. 일반적으로 사진과 같이 색상의 개수가 많은 이미지를 다룰 때는 JPEG 형식이 더 적합하다. 그러나 이미지 크기에 비하여 색상의 개수가 적거나 간단한 도형으로 이루어진 경우에는 GIF가 압축률이 높다. [표 3-1]에서는 두 가지 종류의 이미지 파일 형식에 따른 압축률의 차이를 볼 수 있다.

| 표 3-1 이미지 파일 형식의 비교

이미지	BMP 포맷	GIF 포맷	JPEG 포맷	PNG 포맷
	419KB (317x451픽셀)	8.01KB (압축률 52.3)	17.9KB (압축률 23.4)	22.8KB (압축률 18.4)
	414KB (352x402픽셀)	49.7KB (압축률 8.33)	27.2KB (압축률 15.2)	206KB (압축률 2.07)

3.2.2 이미지 삽입

HTML에서 이미지를 삽입하려면, 우선 사용할 이미지 파일을 HTML 파일과 동일한 폴더 또는 하위 폴더에 저장한다. 이미지를 표시하고자 하는 위치에 `<img>` 요소에 `src`와 `alt` 속성을 사용하여 입력한다. 사용하고자 하는 이미지 파일이 HTML 파일과 같은 폴더에 위치한다면 `<img>` 요소의 형식은 다음과 같다.

```
<img src="파일이름" width="크기" height="크기" alt="대체 텍스트">
```

■ 〈img〉 요소의 src, width, height 속성

src 속성에는 이미지 파일의 이름을 지정하며, width와 height 속성은 크기를 조정하고 싶을 때 사용한다. width와 height 속성을 지정해주지 않으면 이미지의 본래 크기로 화면에 나타난다. 이미지 파일이 HTML 문서와 같은 폴더에 있지 않다면 src 속성에 파일의 경로를 적어주면 된다. 예를 들어, 이미지 파일이 images라는 폴더에 저장되어 있다면 다음과 같이 작성하면 된다. width나 height를 지정하지 않으면 원래 크기에 비례하여 크기를 결정해준다.

```
<img src="images/IT_intro.jpg"> IT기술의 이해
<img src="images/IT_intro.jpg" width="75" height="100"> IT기술의 이해
<img src="images/IT_intro.jpg" width="75" height="50"> IT기술의 이해
```

| 그림 3-5 〈img〉 요소에서 width 및 height 속성의 적용

■ <img> 요소의 alt 속성

alt 속성에는 이미지에 대한 설명 텍스트를 지정한다. alt 속성은 "alternate text(대체 텍스트)"의 약어로, 웹 페이지 화면에 이미지를 로드하지 못할 경우 그 위치에 지정한 텍스트가 이미지 대신 출력 된다. 이미지 파일의 주소가 잘못되었거나, 인터넷 연결이 너무 느려서 미처 데이터가 전송되지 않아서 이미지를 표시하지 못하는 경우에 대체 텍스트를 사용한다. 다음의 [그림 3-6]은 파일을 찾지 못하여 이미지 위치에 alt의 텍스트를 보여주는 간단한 예이다.

```
<img src="IT_intro.jpg" alt="책표지 이미지"> IT기술의 이해
```

IT기술의 이해 　🖼️책 표 지 이미 지 　IT기술의 이해

| 그림 3-6 〈img〉 요소에서 alt 속성의 적용

■ HTML5에서 추가된 이미지 요소 : 〈figure〉, 〈figcaption〉 요소

이미지 관련 요소 중 HTML5에 새로 추가된 **<figure>** 요소는 그림, 사진, 다이어그램과 텍스트 등의 콘텐츠를 함께 묶어서 하나의 독립된 단위로 취급하고 싶을 때 사용한다. 이 요소는 독립적으로 위치하므로 제거하더라도 콘텐츠 흐름에 영향을 주지 않는다. 사용법은 다음과 같다.

```
<figure>
    <img src="IT_intro.jpg" alt="책표지 이미지">
</figure>
```

새로 추가된 또 하나의 요소는 **<figcaption>**이다. 이 요소는 **<figure>** 요소를 위한 제목을 표현하는 요소이며, **<figure>** 요소 내에 위치하면 된다. 다음은 **<figure>** 요소 안에 **<img>** 요소와 텍스트를 포함하고 **<figcaption>** 요소를 이용하여 제목을 붙인 간단한 예이다. [그림 3-7]에서 결과 화면을 확인할 수 있다.

```
<h3>참고도서 목록</h3>
<figure>
   <table> <tr>
        <td><img src="IT_intro.jpg" alt="책표지 이미지" width="75"></td>
       <td>IT기술의 이해<br>최윤철, 임순범<br>생능출판사</td>
   </tr> </table>
    <figcaption>[그림 1] 책 소개</figcaption>
</figure>
```

참고도서 목록

 IT기술의 이해
최윤철, 임순범
생능출판사

[그림 1] 책 소개

| 그림 3-7 〈figure〉, 〈figcaption〉 요소의 사용

■ 이미지에 하이퍼링크 연결하기

HTML 문서에서 텍스트에 링크를 연결하는 경우가 많이 있지만 텍스트 이외에도 이미지 등의 멀티미디어 요소에도 링크를 연결할 수 있다. 이미지에 링크를 설정하려면 기존의 하이퍼링크 연결방법과 같이 <a href="..."> 요소에 링크할 곳의 주소를 지정하고, 링크가 연결될 텍스트 대신에 <img> 요소를 삽입하면 된다.

```
<a href="링크할 곳의 파일이름"> <img src="이미지 파일이름"> </a>
```

■ 이미지 삽입 예제

다음의 예제는 도서의 정보가 테이블로 정리된 HTML 문서이다. <img> 요소를 사용하여 책 제목 칸에 책표지의 이미지를 삽입하고 <figure>와 <figcaption> 요소를 사용하여 책의 제목을 기재하고 하나의 콘텐츠로 묶었다. 또한, 책 표지와 책 제목이 <a> 요소로 링크가 연결되어 있어서 이를 클릭하면 해당 책 정보 검색 페이지로 이동한다.

예제 3-3 이미지 삽입 (image_link.html)

```
1   <html>
2   <body>
3      <h3> 참고도서 목록 </h3>
4      <table border="1">
5         <tr>
6            <th>책제목</th> <th>저자</th> <th>출판사</th>
7         </tr>
8         <tr>
9            <td>
10              <figure>
11                 <a href="http://book.naver.com/bookdb/book_detail.nhn?bid=5339292">
12                    <img src="IT_intro.jpg" alt="책표지 이미지" width="75"><br>
13                    <figcaption> IT기술의 이해 </figcaption></a>
14              </figure>
15           </td>
16           <td> 최윤철, 임순범, 한탁돈 공저 </td>
17           <td> 생능출판사 </td>
18        </tr>
19        <tr>
20           <td>
21              <figure>
22                 <a href="http://book.naver.com/bookdb/book_detail.nhn?bid=6746965">
23                    <img src="steve.jpg" alt="책표지" width="66" height="90"><br>
24                    <figcaption> 스티브 잡스</figcaption></a>
25              </figure>
26           </td>
27           <td> 월터 아이작슨 저 </td>
28           <td> 민음사 </td>
29        </tr>
30     </table>
31  </body>
32  </html>
```

이미지 대체 텍스트

그림 묶음

이미지에 링크 연결

figure 제목

그림 묶음

이미지에 링크 연결

figure 제목

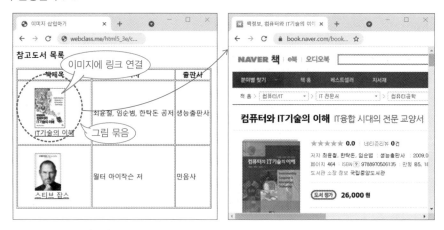

3.3 오디오와 비디오 다루기

HTML5 이전까지는 오디오나 비디오의 재생을 위해서 <embed> 혹은 <object> 요소를 사용하여 외부객체로 표현하였다. HTML5에서는 오디오나 비디오를 콘텐츠의 일부로 표현할 수 있도록 <audio> 및 <video> 요소가 추가되었다. 이전에는 웹 브라우저에 어도비 플래시와 같은 별도의 플러그인을 설치하거나, ActiveX를 이용한 플레이어를 설치하여야 오디오와 비디오를 재생할 수 있었다. 그러나 HTML5는 플러그인의 설치 없이 웹 브라우저에서 오디오와 비디오 파일을 직접 제어할 수 있게 되었다.

3.3.1 지원하는 오디오/비디오 파일 형식

동영상은 연속된 화면을 보여주는 비디오와 소리를 들려주는 오디오로 구성되어 있는데 이 둘을 하나로 묶어 놓은 것이 동영상 파일이다. 그러나 대개 동영상이나 비디오라는 단어를 정확히 구분하지 않고 혼용하여 사용하고 있다. 웹에서 주로 사용하는 오디오 및 비디오 파일의 형식에는 다음과 같은 것이 있다.

● MP3(*.mp3)
MPEG-1의 오디오 규격으로 개발된 오디오 형식(MPEG Audio Layer-3)으로 대중적인 음악 파일로 널리 사용되고 있다.

● Wave(*.wav, *.wave)

PC에서 오디오를 재생하기 위해 마이크로소프트와 IBM이 개발한 비압축 방식의 오디오 형식이다.

● MPEG4(*.mp4, *.m4v)

영상과 음성을 디지털 데이터로 전송하고 저장하는 규격의 하나로 mp4와 m4v는 MPEG-4의 part14에서 규정된 비디오 파일 형식이다. MPEG-4는 재생을 위해 H.264 코덱을 사용한다.

● Ogg(*.ogg, *.ogv)

스트리밍 방식의 멀티미디어 표현을 위한 오픈소스 기반의 파일형식이다. Vorbis나 FLAC와 같은 오디오 코덱과 오그 테오라(Ogg Theora)와 같은 비디오 코덱을 사용한다.

● WebM(*.webm)

구글이 HTML5의 동영상에 사용하기 위해 최근에 개발한 오픈소스 방식의 멀티미디어 파일 형식이다.

웹 브라우저에서 오디오와 비디오를 재생하기 하기 위해서는 해당하는 파일 형식의 코덱을 브라우저에서 지원해 주어야 한다. 각 브라우저가 지원하는 코덱의 사양이 다르므로 HTML5의 멀티미디어 요소를 사용하기 위해서는 자신이 사용하는 브라우저에서 해당하는 코덱의 지원 여부를 확인해야 한다. 다음 [표 3-2]에는 각 브라우저별로 주요 오디오 및 비디오 코덱의 지원현황을 정리하였다.

| 표 3-2 웹 브라우저에서 오디오/비디오 코덱의 지원 현황

코덱	웹 브라우저				
	크롬 (버전6 이상)	파이어폭스 (버전3.6 이상)	익스플로러 (버전5 이상)	사파리 (버전5 이상)	오페라 (버전0.6 이상)
mp3	지원	지원	지원	지원	지원
Wav	지원	지원	미지원	지원	지원
Ogg Theora	지원	지원	미지원	미지원	지원
mp4(H.264)	지원	지원	지원	지원	지원
WebM	지원	지원	미지원	지원	지원

출처: developer.mozilla.org/en-US/docs/Web/HTML/Supported_media_formats

3.3.2 오디오 삽입하기

HTML5에서 <audio> 요소를 사용하여 웹 브라우저에서 바로 음악을 재생할 수 있으며, 다양한 기능을 제공하는 속성들이 있다. <audio> 요소의 사용법은 다음과 같다.

```
<audio controls loop src="재생할 사운드 파일 이름">
```

■ <audio> 요소의 속성

기본적으로 사용할 속성으로는 src 속성이 있고 그 외 주요 속성으로는 controls와 loop가 있다

- src : 사운드 파일 이름을 지정한다.
- controls : 브라우저에서 기본적인 미디어 제어기를 표시할 지 여부를 지정한다.
- loop : 사운드를 반복 재생시킬지 여부를 지정한다.

■ 오디오 예제 (1): <audio> 요소 사용하기

아래의 예제에서는 HTML 문서 내에서 <audio> 요소를 사용하여 음악 song.mp3 파일을 삽입해 보았다. 이 음악은 반복 재생되어야 하고, 브라우저의 기본적인 미디어 제어기를 사용하도록 지정하였다. 브라우저에서 <audio> 요소를 제대로 지원하는 경우

실행 결과에서 보듯이 제어기가 나타나며, 제어기 버튼을 사용하여 오디오를 재생할 수 있다. 만약 브라우저에서 지원하지 않는 경우 **<audio>** 요소 내에 적어놓은 대체 텍스트만 나타난다.

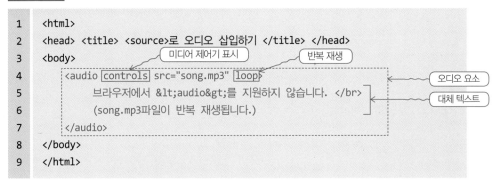

예제 3-4 오디오 삽입 1 (mm_audio1.htm)

```
1  <html>
2  <head> <title> <source>로 오디오 삽입하기 </title> </head>
3  <body>
4     <audio controls src="song.mp3" loop>
5        브라우저에서 &lt;audio&gt;를 지원하지 않습니다. </br>
6        (song.mp3파일이 반복 재생됩니다.)
7     </audio>
8  </body>
9  </html>
```

| 실행결과 3-4

▪ 〈source〉 요소와 같이 사용하기

일반 사용자가 이용하고 있는 웹 브라우저가 모든 오디오 타입을 지원하지는 않는다. 브라우저에서 지원을 하지 않거나 코덱이 설치되지 않아 오디오 파일이 지원되지 않는 경우가 발생한다. 이런 경우를 최대한 방지하려면 **<audio>** 요소 내에 **<source>** 요소를 이용하여 같은 내용을 여러 형식으로 작성한 오디오 파일들을 지정해 줄 수 있다.

```
<audio controls>
    <source src="song.mp3" type="audio/mp3">
    <source src="song.ogg" type="audio/ogg">
</audio>
```
하나만 선택(순서대로 확인)

<source> 요소에서 오디오 파일의 이름은 **src** 속성에서 지정하며, **type** 속성에는 오디오 파일의 MIME 형식을 지정한다. MIME 형식이란 멀티미디어 파일에 대한 형식을 종류별로 구분하도록 한 표기로서 오디오 파일의 경우 "audio/mp3", "audio/ogg", "audio/wav"와 같이 지정한다. <source> 요소에서 MIME 형식을 지정해 주면 웹 브라우저는 오디오 파일을 로드하지 않고도 일단 재생할 수 있는지 여부를 확인할 수 있으므로 **type** 속성의 지정도 중요하다. 웹 브라우저는 가장 앞에 지정된 파일의 형식부터 시작하여 재생이 가능한지 확인하는데, 실행 가능한 파일을 찾으면 더 이상 확인하는 작업을 중단한다.

▪ 오디오 예제 (2): <audio>와 <source> 요소 사용하기

아래의 예제에서는 같은 내용의 오디오 파일을 각각 mp3, ogg, wav 파일 형식으로 작성하여 HTML 문서에서 <audio> 요소 내에 <source> 요소로 순서대로 지정하였다. 만약 브라우저에서 지원하는 오디오 형식이 있으면 실행결과의 (a)와 같이 미디어 제어기가 나타나서 song.mp3 음악 파일이 실행되며, 만약 세 가지 파일 형식이 모두 지원되지 않는다면 (b)와 같이 대체 텍스트가 나타난다.

예제 3-5 오디오 삽입 2 (mm_audio2.htm)

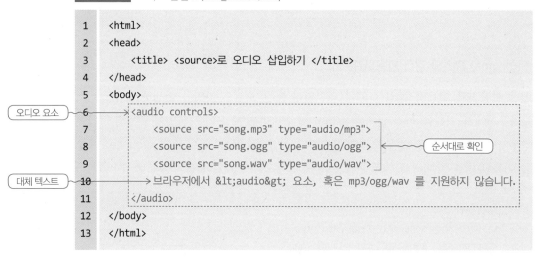

```
1   <html>
2   <head>
3       <title> <source>로 오디오 삽입하기 </title>
4   </head>
5   <body>
6       <audio controls>
7           <source src="song.mp3" type="audio/mp3">
8           <source src="song.ogg" type="audio/ogg">
9           <source src="song.wav" type="audio/wav">
10      브라우저에서 &lt;audio&gt; 요소, 혹은 mp3/ogg/wav 를 지원하지 않습니다.
11      </audio>
12  </body>
13  </html>
```

오디오 요소 — 6
순서대로 확인
대체 텍스트 — 10

| 실행결과 3-5

(a) 정상실행　　　　　　　　　　　　　　　(b) 대체 텍스트

■ **<audio> 요소의 preload 속성: 미리 다운로드 하기**

<audio> 요소에는 앞에서 소개한 속성 이외에 페이지가 오디오가 해당 페이지로 미리 로드되어야 하는지의 여부를 지정하는 **preload** 속성이 있다. **preload** 속성값에는 **auto, metadata, none**이 있으며 값을 지정할 경우 다음과 같이 작동된다.

- **auto**(기본값) : 웹브라우저가 페이지를 로드하고 바로 오디오 파일을 다운로드 한다.
- **metadata** : 사용자가 재생시키기 전까지는 오디오의 크기, 관련 정보 등과 같은 메타데이터만 다운로드 한다.
- **none** : 사용자가 재생을 시작하기 전까지 오디오 파일을 다운로드 하지 않는다

3.3.3 비디오 삽입하기

HTML5에서 **<audio>** 요소를 사용하여 오디오 파일을 삽입하듯이 **<video>** 요소를 사용하여 비디오 파일을 삽입할 수 있다. **<audio>** 요소와 마찬가지로 비디오를 HTML5 문서에서 삽입하는 방법은 간단하다. 비디오를 포함하려면 우선 **<video>** 요소를 선언하고 재생할 비디오 파일의 이름을 명시한다. 삽입한 비디오는 자동으로 재생되지 않기 때문에 비디오 화면에 제어기 막대를 추가하여 재생 단추를 표시하거나 자동 재생이 되게 해야 한다.

```
<video controls src="재생할 비디오 파일 이름" width="폭" height="높이" >
```

■ <video> 요소의 속성

HTML의 <video> 요소는 <audio> 요소와 매우 흡사한 속성을 포함하지만, 몇 가지 속성을 추가로 제공한다. src, controls, loop 속성은 <audio> 요소의 속성들과 동일하다. 추가된 것은 width와 height, videoWidth, videoHeight, poster, preload 속성이다.

- width, height : 화면에서 비디오 콘텐츠가 표시될 영역의 크기를 설정
- videoWidth, videoHeight : 비디오 자체의 너비와 높이를 반환
- poster : 동영상 데이터가 로딩되고 있을 때 보여줄 이미지를 지정
- preload : 브라우저가 미리 동영상을 로딩할지 지정

■ 비디오 예제 (1): 비디오 삽입하기

다음 예제에서는 HTML 문서 내에 <video> 요소를 사용하여 가로 360픽셀, 세로 240픽셀인 비디오 "movie.mp4" 파일을 삽입하는 경우를 보여준다. 미디어 제어기는 [실행결과 3-6]에서 보듯이 비디오가 종료하거나 혹은 마우스 커서가 비디오 위로 올라갔을 때 나타난다.

예제 3-6 비디오 삽입 1 (mm_video1.htm)

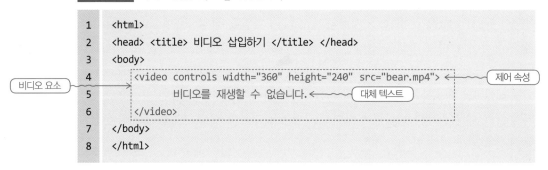

```
1   <html>
2   <head> <title> 비디오 삽입하기 </title> </head>
3   <body>
4       <video controls width="360" height="240" src="bear.mp4">      ← 제어 속성
5           비디오를 재생할 수 없습니다.      ← 대체 텍스트
6       </video>
7   </body>
8   </html>
```

비디오 요소 →

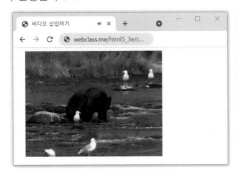 

■ 비디오 미리 로딩하기

비디오를 미리 로딩하면 사용자들이 재생 버튼을 눌렀을 때 초기에 지연되는 것을 어느 정도 방지할 수 있으므로, 미리 로딩 작업을 관리하는 것은 중요하다. HTML5의 <video> 요소에서는 preload 속성이 있어서 사용자가 동영상을 실행하기 전에 페이지가 로드될 때 비디오를 미리 다운로드 하는 기능을 설정할 수 있다. 그러나 사용자가 비디오를 보지 않는 경우가 많다면 네트워크 대역폭을 낭비할 수도 있으므로 상황을 잘 예측하여 적용하여야 한다. preload 속성은 다음의 세 가지 값을 지정할 수 있다.

- auto(기본값) : 웹브라우저가 페이지를 로드하고 바로 비디오 파일을 다운로드 한다.
- metadata : 사용자가 재생시키기 전까지는 비디오의 크기, 첫 프레임, 비디오 관련 정보 등과 같은 메타데이터만 다운로드 한다.
- none : 사용자가 재생을 시작하기 전까지 비디오 파일을 다운로드 하지 않는다.

■ 비디오 예제 (2): 비디오 미리 로드하기

HTML 문서 내에 비디오 2개를 삽입하고 재생하는 예를 보기로 하자. 이때, 첫 번째 비디오는 사용자가 재생하기 전까지는 비디오를 다운로드 하지 않도록 설정하고, 두 번째 비디오는 첫 프레임만 사용자에게 보이도록 설정하였다. 페이지가 로드되었을 때 preload 속성이 none인 경우는 비디오 파일이 화면에 나타나지 않지만, preload 속성이 metadata인 경우는 비디오의 첫 프레임이 나타남으로써 비디오를 구분하는데 충분한 정보를 보여주고 있다. 두 경우 모두 실행버튼을 눌러야 전체 비디오 파일이 다운로드 되고 비디오가 실행된다.

비디오 삽입 2 (mm_video2.htm)

```
1    <html>
2    <head> <title> 비디오 프리로드 </title> </head>
3    <body>
4        <video width="360" height="240" src="bear.mp4" controls preload="none">
5            비디오를 재생할 수 없습니다.
6        </video>
7        <video width="360" height="240" src="bear.mp4" controls preload="metadata">
8            비디오를 재생할 수 없습니다.
9        </video>
10   </body>
11   </html>
```

> 페이지로드 시 처음엔
> 비디오가 안 나타난다.

> 페이지 로드 시 처음
> 부터 비디오가 나타남

| 실행결과 3-7

둘 다 실행버튼을 눌러야
전체 비디오 파일 다운로드
& 비디오 실행

3.4 객체 포함하기

HTML 문서에서는 다른 HTML 파일이나 이미지, 멀티미디어 파일 등 다양한 외부 객체를 포함할 수 있다. 이미 앞 절에서 이미지나 오디오, 비디오 파일을 포함하는 `<img>`, `<audio>`, `<video>` 요소를 소개하였다. 이 절에서는 다른 문서를 포함해 화면에 보여줄 영역을 설정해주는 `<iframe>` 요소, 일반적인 플러그인을 포함시키는 `<object>` 및 `<embed>` 요소, 그리고 특수한 형식의 파일을 포함시키는 `<canvas>`, `<svg>`, `<math>` 등의 요소를 소개한다.

3.4.1 `<iframe>`으로 다른 문서의 내용 표시하기

링크된 문서의 내용을 보려면 브라우저 화면이 해당 페이지로 바뀌든지 새로운 창이 열려서 해당 문서의 내용을 볼 수 있다. 그러나 `<iframe>` 요소를 사용하면 새로운 브라우저 페이지로 이동하지 않고 한 화면에서 링크로 연결된 내용을 같이 볼 수 있다. 즉, 브라우저 페이지 내에 또 다른 브라우저 페이지 프레임을 삽입하여 여기에 링크된 문서의 내용을 확인할 수 있도록 하였다.

■ `<iframe>` 요소의 속성 : src, width, height, name

iframe 요소의 중요한 속성으로는 `src`, `name`이 있고 그 외에 `width`, `height` 속성이 있다.

- `src` : 내부 브라우저 내부 프레임에 출력할 파일의 url을 지정한다.
- `width`, `height` : 삽입 될 브라우저 프레임의 폭과 높이의 크기를 지정한다.
- `name` : 브라우저 프레임의 이름을 지정한다.

```
<iframe src="내부 프레임에 출력할 파일의 URL" width="폭" height="높이" name="이름"> </iframe>
```

다음의 예제에서는 앞 절의 비디오 파일을 `<video>` 요소 대신에 `<iframe>` 요소를 이용하여 문서에 삽입해 보았다. 프레임의 크기를 비디오 파일의 화면 크기보다 크게 하여 비디오 화면 주변에 검은색의 프레임 공간을 볼 수 있다. 또한 텍스트 파일도 `<iframe>` 요소에 포함시켜 화면에 나타나도록 하였다. 이 예제처럼 비디오 파일 뿐 아니라 텍스트 파일, 애니메이션 파일, html 등 모든 파일을 **\<iframe\>** 요소로 화면에 포함시킬 수 있다.

예제 3-8 iframe에 비디오 포함하기 (iframe_ex.htm)

```
1   <html>
2   <body>
3       <h3>iframe에 비디오 삽입</h3>
4       <iframe width="380" height="280" src="iframe_test.txt"> </iframe>   ← 텍스트 파일 삽입
5       <iframe width="520" height="280" src="bear.mp4"> </iframe>   ← 비디오 파일 삽입
6   </body>
7   </html>
```

| 실행결과 3-8

■ 〈iframe〉으로 다른 문서를 링크로 연결하기

과목별 참고도서 목록이 포함된 HTML 문서이다. 도서 제목에 **\<a href="..."\>** 요소를 사용하여 해당하는 도서정보 페이지에 링크를 설정하고, **target** 속성에 "intro"라는 이름을 지정하여 링크된 페이지가 "intro"라는 내부 프레임에서 볼 수 있도록 설정하였다. "intro"라는 프레임은 과목별 참고도서 목록 아래에 **\<iframe\>** 요소를 사용하여 가로 420px, 높이 400px 크기로 생성하였다. 처음에는 빈 화면이 나오도록 **\<iframe\>** 요소의 파일 경로인 **src** 속성값을 지정하지 않았다. 내부 프레임에 빈 화면이 나오는 초기 화면과 링크를 클릭하여 해당 도서정보가 내부 프레임에 나타난 결과 화면을 아래 예제에서 확인할 수 있다.

예제 3-9 링크 결과를 iframe에서 보기 (iframe_link.html)

```
1   <body>
2       <h3>과목별 참고도서 목록</h3>
3       <ol>
4           <li>IT기술의 이해</li>
5           <ul>
6               <li>최윤철, 임순범, 한탁돈 공저,
7                   <a href="http://book.naver.com/bookdb/book_detail.nhn
8                   ?bid=5339292" target="intro">
9                   컴퓨터와 IT기술의 이해</a> </li>
10              <li>D. Morley, C. Parker, Understanding Computers 15th Ed.</a>  </li>
11              <li>G. Shelly, M. Vermaat, Discovering Computers</li>
12          </ul>
13          <li>웹프로그래밍</li>
14          <ul>
15              <li>임순범, 박희민 공저, HTML5 웹프로그래밍 입문</li>
16              <li>최윤철, 임순범 공저,
17                  <a href="http://book.naver.com/bookdb/book_detail.nhn
18                  ?bid=7413144" target="intro">
19                  소셜미디어 시대의 인터넷 이해</a></li>
20              <li>B. McLaughlin, What Is HTML5?</li>
21          </ul>
22      </ol>
23
24      <iframe src ="" name="intro" width="480" height="400"> </iframe>
25  </body>
```

- 프레임에서 열기 (line 5~8)
- 프레임에서 열기 (line 18)
- 프레임 이름 (name="intro")
- 처음에는 빈 프레임 (src="")

| 실행결과 3-9

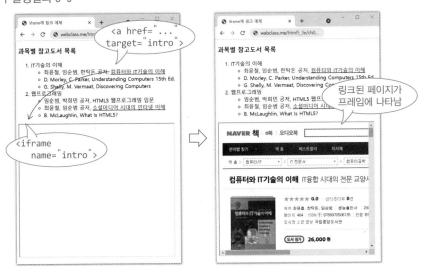

- `<a href="..." target="intro">`
- `<iframe name="intro">`
- 링크된 페이지가 프레임에 나타남

3.4.2 <embed>로 외부객체 포함하기

앞 절에서 설명한 **<iframe>**은 html 파일을 포함한 다양한 외부 리소스를 포함하는데 사용하도록 고안되었다. HTML5 이전까지는 외부객체를 삽입하는데 주로 **<object>** 요소나 **<embed>** 요소를 사용하였는데, 이들 **<object>** 혹은 **<embed>** 요소는 주로 HTML 파일이 아닌 비디오, 오디오, 애니메이션 등 외부의 애플리케이션 파일을 포함 하는데 사용되었지만, 실제 실행하는 데에는 세 가지 요소가 큰 차이가 없다. 이 절에 서는 간단히 사용할 수 있는 **<embed>**에 대해서만 설명하도록 한다.

■ <embed> 요소의 속성: src, width, height

<embed> 요소에서는 **<iframe>**과 마찬가지로 src, width, height 등의 속성을 가진다.

```
<embed src="삽입할 파일의 URL" width="폭" height="높이"> </embed>
```

앞 절의 예제에서 **<iframe>** 요소를 사용하여 외부 텍스트 파일과 비디오 파일을 현재 화면에 삽입하였는데, 다음의 [예제 3-10]에서는 이들 텍스트 파일과 비디오 파일을 **<embed>** 요소를 사용하여 화면에 포함했다. [실행결과 3-10]에서 같은 결과가 나타나는 것을 볼 수 있다.

예제 3-10 〈embed〉로 파일 삽입하기 (embed.htm)

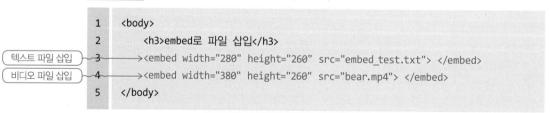

```
1   <body>
2       <h3>embed로 파일 삽입</h3>
3       <embed width="280" height="260" src="embed_test.txt"> </embed>      ← 텍스트 파일 삽입
4       <embed width="380" height="260" src="bear.mp4"> </embed>            ← 비디오 파일 삽입
5   </body>
```

| 실행결과 3-10

다음의 [예제 3-11]에서는 결과 화면에 유튜브 파일을 화면에 삽입시켰다. 이 역시
<iframe>과 <embed> 요소를 사용하여 같은 결과를 보여줄 수 있다.

NOTE

유튜브 동영상 삽입하기

유튜브 사이트에서 원하는 동영상을 찾은 후 "공유 ⇒ 소스코드" 메뉴를 클릭하면 [예제 3-10]의 6번 라인과
같이 파일의 URL을 포함한 <iframe> 소스코드가 화면에 나타난다. 이 코드를 [예제 3-10]처럼 원하는 웹 페
이지에 삽입하면 유튜브 동영상이 화면에 삽입된다. 또한 이 코드에서 7번 라인과 같이 <iframe>을 <embed>
로 바꾸어도 같은 결과가 화면에 나타난다.

예제 3-11 youtube 파일 삽입하기 (embed_youtube.htm)

```
1   <body>
2     <h3>Youtube 파일 삽입<br>
3         &lt;iframe&gt; 으로 삽입하기,   …   &lt;embed&gt; 로
          삽입하기</h3>
4     <iframe width="560" height="315"
        src="https://www.youtube.com/embed/9bZkp7q19f0" frameborder="0"
        allowfullscreen></iframe>
5     <embed width="560" height="315"
        src="https://www.youtube.com/embed/9bZkp7q19f0" frameborder="0"
        allowfullscreen></embed>
6   </body>
```

<iframe>으로 유튜브 파일 삽입

<embed>으로 유튜브 파일 삽입

프레임 경계선 지정 여부

지정 영역에서 전체화면 허용 여부

3.4.3 특정 콘텐츠 요소 포함하기

HTML5는 XML과 호환이 되므로 XML로 작성된 다양한 문서를 웹 페이지에 바로 포함시킬 수 있다. 그중에서도 HTML5에서는 웹 페이지 구성에 필요한 몇 가지 종류의 특별한 콘텐츠 요소를 포함하도록 하였다. 비트맵 그래픽스의 표현을 위한 <canvas> 요소, 벡터 그래픽스를 표현하는 <svg> 요소, 수학 공식을 표현하는 <math> 요소가 HTML5 규약에 포함된 것이다. 이들 요소의 자세한 사용법은 별도로 배우고, 여기에서는 간단한 예제만 살펴보기로 한다.

■ <canvas> 요소로 그림 그리기

<canvas> 요소는 비트맵 그래픽스(bitmap graphics) 방식으로 그려진 그림을 화면에 나타내고자 할 때 사용한다. 우선 그림을 나타내고자 하는 화면 영역을 <canvas> 요소로 정의하고 난 후, 정의된 이 영역에 자바스크립트 API를 이용하여 그림을 그리면 된다. <canvas> 요소에 그림을 작성하는 방법은 11장에서 자세히 배울 수 있다.

```
<canvas id="아이디" width="가로크기" height="세로크기"> </canvas>
<script type="text/javascript">
    // 아이디로 canvas 찾아서 context 생성하기
    // context에 그림 그리기, 예, context.rect(0,0,80,80); 크기 80짜리 사각형
</script>
```

■ <svg> 요소로 벡터 그래픽스 그리기

<svg> 요소는 벡터 그래픽스 방식으로 정의된 그림을 표현하고자 할 때 사용하며, SVG는 Scalable Vector Graphics의 약자이다. 그림을 그리고자 하는 영역의 크기를 <svg> 요소로 정의하고 원하는 벡터 그래픽스 요소를 하위에 포함시키면 된다. 즉, 원하는 그림을 <circle>, <rect>, <path> 등의 그래픽 요소로 표현하고 이를 <svg> 요소 내에 포함시킨다. <svg>의 자세한 내용은 이 책에서의 범위에 벗어나므로 필요한 경우 별도로 배우도록 한다.

```
<svg width="가로크기" height="세로크기">
        <!-- <circle>, <rect>, <path> 등 벡터 그래픽스를 표현하는  요소  -->
</svg>
```

■ <math> 요소로 수학 공식 표현하기

<math> 요소는 수학 공식을 표현하기 위한 표준규약인 mathML(math Markup Language)에서 정의되어 있으며 HTML5에 표준 규약으로 포함되었다. 수학 공식을 이미지로 표현하는 것이 아니라 수식을 구성하는 각 항목을 별도의 요소로 표현하여 필요할 때 그 의미를 파악하여 처리할 수 있도록 하였다. <math> 요소 내에 각 변수, 상수, 연산자 등을 분리하여 <mi>, <mn>, <mo> 등의 요소로 표현한다. 역시 자세한 내용이 필요한 경우 별도로 배우도록 한다.

```
<math>
        <mrow> … mi, mn, mo 등의 요소로 수식 항목 표현 … </mrow>
        <mrow> … </mrow>
        <annotation> … mathML 지원 안할 때 화면에 표시할 텍스트 … </annotation>
</math>
```

[예제 3-12]에서는 한 문서 내에 <canvas>와 <svg>, 그리고 <math>가 같이 사용된 예를 보여준다. 결과에서 보듯이 줄이 바뀌지 않고 그림이 나타나며, <canvas> 요소에서는 영역의 테두리와 함께 속이 빈 사각형과 속이 찬 사각형을 그렸고, <svg> 요소에서는 원 두 개와 사각형 하나를 그렸다. <math> 요소에서는 $y = \dfrac{b}{a} + 1$ 라는 수식을 표현하였다.

1	`<body>`
2	`<h3>HTML 문서 내에 canvas, svg, MathML이 포함</h3>`
3	`<p>텍스트와 그래픽이 같은 영역에 섞여 있다. `
4	`벡터그래픽은 svg로 표현되고, 비트맵그래픽은 canvas로 표현된다</p>`
5	`<p>canvas 예제는`
6	`<canvas id="mySample" width="80" height="80"> </canvas>` ← 캔버스 설정
7	`<script type="text/javascript">`
8	`var canvas = document.getElementById("mySample");`
9	`var context = canvas.getContext("2d");`
10	`context.rect(0,0,80,80);` ← 테두리 사각형
11	`context.rect(10,10,40,40);` ← 빈 사각형
12	`context.fillRect(20,20,40,40);` ← 채운 사각형
13	`context.stroke();`
14	`</script>`
15	`이고, svg 예제는`
16	`<svg width="80" height="80">`
17	`<circle cx="40" cy="30" r="30" fill="green" />` ← 큰 원(나뭇잎)
18	`<circle cx="15" cy="40" r="10" fill="red" />` ← 작은 원(사각형)
19	`<rect x="35" y="50" width="10" height="30" fill="brown"/>` ← 사각형(줄기)
20	`</svg>`
21	`이다.</p>`
22	`<p> 수학 공식`
23	`<math>`
24	`<mrow>`
25	`<mi>y</mi><mo>=</mo>` ← y=
26	`<mfrac>`
27	`<mi>b</mi><mi>a</mi>` ← $\frac{b}{a}$
28	`</mfrac>`
29	`<mo>+</mo><mn>1</mn>` ← +1
30	`</mrow>`
31	`<annotation>y=b/a+1</annotation>`
32	`</math>`
33	`도 MathML을 이용하여 텍스트와 같이 쓸 수 있다.</p>`
34	`</body>`

캔버스에 그림 그리기 (10~13행)

svg 그림 (17~19행)

mathML 수학공식 (27행)

| 실행결과 3-12

(a) 크롬(Chrome) 브라우저

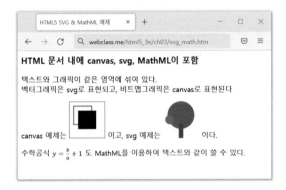

(b) 파이어폭스(Firefox) 브라우저

연습문제

■ 다음 괄호 안에 올바른 단어를 넣으시오.

1 HTML 문서에서 링크의 출발점이나 도착점을 의미하는 (   )는 문서 내 원하는 위치를 지정할 때 설정한다.

2 링크로 연결된 문서를 새로운 브라우저 화면으로 이동하지 않고 같은 화면 내에서 보려면 브라우저 페이지 내에 다른 웹 페이지를 삽입하여 주는 (   )요소를 사용한다.

3 <a> 요소에서 (   ) 속성은 이동하고자 하는 목적지 문서의 주소를 표기하는데 사용되고, (   ) 속성은 하이퍼링크에 대해 설명을 하고자 할 때 사용한다.

4 <img> 요소의 (   ) 속성은 웹 페이지 화면에 이미지를 로드하지 못할 경우 그 위치에 지정한 텍스트가 이미지 대신 출력된다.

5 <audio> 요소 내에 (   ) 요소를 이용하여 여러 형식의 오디오 파일을 지정해서 웹 브라우저에서 재생 가능한지 확인을 한다.

6 비디오를 미리 로딩하여 초기에 지연되는 것을 방지하도록 하는 (   ) 속성은 사용자가 동영상을 실행하기 전 페이지가 로드될 때 미리 다운로드한다.

■ 다음 보기 중에서 질문의 답으로 가장 알맞은 것을 고르시오.

7 문서 간의 이동을 하기 위해 사용되는 <a> 요소의 속성으로 틀린 것은?
① href 속성은 이동하고자 하는 목적지 문서의 URL 주소를 지정한다.
② href 속성은 절대 주소와 상대 주소를 사용하여 위치를 지정할 수 있다.
③ id 속성은 링크에 대한 제목을 나타낸다.
④ title 속성은 하이퍼링크에 대해 설명을 하고 싶을 때 사용한다.

8 다음 중 하이퍼링크를 만들기 위한 올바른 표기는 어느 것인가?
① <a>http://www.sookmyung.ac.kr</a>
② <a url="http://www.sookmyung.ac.kr">Sookmyung Women"s University</a>
③ <a name="http://www.sookmyung.ac.kr">Sookmyung Women"s University</a>
④ <a href="http://www.sookmyung.ac.kr">Sookmyung Women"s University</a>

9 하이퍼링크를 작성할 때 연결된 문서를 새로운 창에서 열기 위한 target의 속성값은?
① _blank   ② _self   ③ _parent   ④ _top

10 다음 중 HTML5의 설명으로 틀린 것은?

① HTML5 이전에는 오디오와 비디오를 삽입할 수 없었다.

② 새롭게 <audio> 및 <video> 태그가 추가되었다.

③ HTML5는 플러그인의 설치 없이 오디오와 비디오 파일을 제어할 수 있다.

④ 웹 브라우저에서 오디오와 비디오를 재생하기 위해 코덱을 지원해 주어야 한다.

11 다음 중 <audio> 요소에서 파일이 로드되자마자 자동으로 재생시켜주는 속성값은?

① loop　　　　② autoplay　　　③ controls　　　④ src

12 동영상 데이터가 로딩되고 있을 때 보여줄 이미지를 지정해주는 속성값은?

① videoWidth　② metadata　　③ poster　　　④ img

13 외부 객체를 삽입하는데 사용되는 태그가 아닌 것은?

① <iframe>　　② <object>　　③ <external>　　④ <embed>

14 다음 중 특수한 형식의 파일을 포함시키는 태그가 아닌 것은?

① <math>　　　② <svg>　　　③ <iframe>　　④ <canvas>

■ 다음 질문에 간단히 답하시오.

15 HTML 문서의 하이퍼링크에서 외부 문서가 아니라 문서 내의 특정 위치로 연결하고자 할 때, 문서 내 연결 지점인 목적지 앵커를 지정하는 방법은 무엇인가?

16 문제 13에서와 같이 문서 내 특정 위치로 연결하기 위해 목적지 앵커를 지정한 이후 시작점 앵커를 표현하는 <a> 요소에서 목적지를 설정하는 방법은 무엇인가?

17 HTML5에 새롭게 추가된 요소로 그림, 사진, 다이어그램과 텍스트 등의 콘텐츠를 묶어서 하나의 독립된 단위로 지정하고 싶을 때 사용하는 요소는 어느 것인가?

18 오디오와 비디오를 삽입할 때 기본적인 미디어 제어기를 표시할지 여부를 지정하는 속성값은 무엇인가?

19 웹 브라우저에서 모든 오디오 및 비디오 파일 형식을 지원하지 않으므로 <audio> 및 <video> 요소 내에서 여러 가지 파일 형식을 지정하기 위하여 사용하는 요소의 이름은 무엇인가?

20 하이퍼링크를 표현할 때 <a> 요소의 href 속성에서 연결할 문서의 위치를 절대 주소 혹은 상대 주소를 이용하여 지정한다. 이때 문서의 위치지정 방법으로 절대 주소와 상대 주소에 대해 간단히 설명하시오.

■ 다음 문제에 해당하는 HTML5 프로그램을 작성하시오.

21 자신의 취미를 소개하는 웹 페이지에서 관련 사이트로 링크를 연결하여 링크를 클릭하면 새로운 창에 나타나도록 하시오.

22 다음의 화면과 같이 현재 페이지 내에서 위치 이동을 하는 웹 페이지를 만드시오. 목차의 3가지 항목에 각각 위치 이동을 위한 앵커를 달아서 목차를 클릭하면 해당 내용으로 가도록 하시오.

23 자신의 취미와 관련된 유튜브 동영상 한 개를 <embed>를 사용하여 화면에 삽입하시오.

24 다음과 같이 "고양이의 하루"라는 웹 사이트를 만들고자 한다. 사이트에 들어가면 고양이 울음소리가 나오는 오디오 파일이 재생되고 동영상 초기 화면이 나타난다.

25 다음의 화면과 같이 "고양이의 모습"이라는 슬라이드 쇼가 나타나는 웹 사이트를 만들고
자 한다. 상단 이미지 메뉴를 클릭하면 아래쪽 프레임에 해당 이미지가 나타난다. (상단
이미지 메뉴는 각 셀 크기가 가로 150px, 세로 100px인 테이블로, 아래쪽 프레임은 가로
520px, 세로 390px인 iframe으로 한다.)

CHAPTER 04

CSS3 스타일시트 기초

HTML5 Web Programming

contents

04
CSS3 스타일시트 기초

HTML5에서는 기존의 CSS1 및 CSS2 뿐 아니라 현재 개발 중인 CSS3를 완전히 지원하는 것을 기본 목표로 하고 있다. 기존의 CSS1 및 CSS2에서는 주로 텍스트, 폰트, 배경 및 색상, 목록, 박스모델 등에 관련된 속성을 다루었으며, 현재 개발 중인 CSS3에는 각종 효과, 2D/3D 변환, 장면 전환, 애니메이션 등 더욱 다양한 스타일 지정 기능을 포함하고 있다.

이 장에서는 스타일시트 및 CSS(Cascading Style Sheet)의 개념과 기본적인 기능을 주로 설명하고, 다음 장에서는 CSS의 고급 개념과 CSS3에서 추가된 다양한 효과를 주는 기능을 주로 설명한다.

4.1 CSS3 시작하기

CSS를 제대로 알기 위해서는 우선 스타일시트의 개념과 CSS 버전별 특징을 알아야 한다. 이 절에서는 이에 대한 설명을 먼저 하고, CSS 속성을 정의하는 기본 형태를 소개한다. CSS 속성을 정의하는 방법을 체계적으로 정리하여 설명하기에 앞서 이 절에서는 가장 기본적인 스타일시트 사용방법 몇 가지를 소개하도록 한다.

4.1.1 스타일시트와 CSS3 기본 개념

■ 스타일시트란?

스타일시트(Stylesheet)는 웹에서 작성된 문서에서 PC 화면이나 모바일 단말기 화면에 출력될 외형 스타일을 좀 더 다양하면서 손쉽고 빠르게 적용하기 위하여 사용된다. 일반적인 HTML 태그를 사용할 경우에는 원하는 모양의 외형을 세세한 부분까지 모두 다 지정하기에는 부족함이 많지만, 스타일시트를 이용하면 웹 문서의 구성요소에 크기, 색상 등의 스타일을 일괄적으로 적용할 수 있을 뿐만 아니라 글자 간격, 문단 간격, 위치 등 자세한 부분까지 제어할 수 있다.

또한 스타일시트를 사용하면 콘텐츠의 내용과 디자인의 분리가 가능해진다는 점이 큰 장점이다. 웹 문서에서 마크업 요소는 구조적 내용에 더욱 치중할 수 있으며 디자인 요소는 별도로 작성하여 다수의 개발자가 동시에 하나의 웹 사이트를 개발할 수 있다. 따라서 웹 사이트를 더 쉽게 유지 보수할 수 있게 된다. 결과적으로 웹 문서의 파일 용량도 작아지며 웹 사이트의 성능도 향상될 수 있다.

■ CSS의 특징

HTML 문서에서 적용되는 스타일시트로는 일반적으로 CSS(Cascading Style Sheet)가 사용된다. CSS는 웹 컨소시엄에서 웹 문서에 적용하기 위해 개발한 스타일시트 언어로서 기능의 복잡도에 따라 레벨1, 레벨2, 레벨3으로 나뉜다. 1996년 CSS 레벨1이 제정되었고 1998년 CSS 레벨2인 CSS2가 제정되었으며, 레벨3인 CSS3는 모듈별로 구분하여 개발되고 있으며 2005년 이후 현재까지 개발 중이다.

CSS3의 가장 큰 차이점은 모듈 기반으로 개발되고 있다는 점이다. 이는 각종 디바이스에 따라 CSS3에서 원하는 모듈만을 탑재하거나 필요한 모듈만을 빠르게 업데이트할 수 있게 한다. 또한 CSS3는 화려하고 동적인 스타일을 작성할 수 있도록 하여 기존의 플래시나 그래픽 디자인 도구에 의존하던 부분이 CSS3 스타일시트만을 이용해도 상당 부분 가능하게 되었다.

NOTE

CSS3의 호칭

CSS 사양들은 이전 표준과 역호환(backward-compatibility)되므로 CSS3를 지원하면 CSS2와 CSS1은 당연히 지원되는 것이다. 따라서 이 책에서는 경우에 따라 CSS1, CSS2, CSS3를 굳이 구분하지 않고 간단히 CSS로 표기하기로 한다.

4.1.2 HTML 요소에 CSS 스타일 속성 설정

HTML 문서에서 CSS 스타일시트를 설정하는 가장 기본적인 방법은 문서에서 사용된 HTML 태그에 원하는 출력 스타일을 지정해 주는 것이다. 이 절에서는 가장 기본적인 방법인 HTML 요소에 CSS 속성을 설정하는 방법부터 설명을 시작한다.

▪ CSS 기본 문법

HTML 문서에서 CSS 스타일 속성(style attribute) 설정의 기본적인 개념은 특정 요소 혹은 그 일부분에 대해 외형의 스타일을 설정하는 것이다. CSS 스타일시트 선언은 선택자(selector)와 선언(declaration)으로 구성되어 있다. 선택자는 HTML 문서 내에서 스타일을 설정할 대상을 의미하며, 선택자를 지정하는 가장 기본적인 방법은 스타일 설정 대상이 되는 태그를 선택하는 것이다. 선택자는 여러 개 나열될 수 있으며 이 경우 콤마(,)로 구분한다. 스타일 속성 선언은 스타일 속성(style attribute)과 속성값(value)으로 구성되며, 속성과 속성값은 콜론(:)으로 구분하고 각각의 속성 선언은 세미콜론(;)으로 끝난다. 아래의 예에서는 <h3> 태그에 대해 원래의 스타일 속성에 추가로 빨간 글자색과 이탤릭 속성을 설정하는 선언이다.

```
선택자(Selector) 속성선언(Declaration)
    선택자 { 속성:값; 속성:값; ... }
    예) h3 {color:red; font-style:italic; }
```

NOTE

요소의 속성과 스타일의 속성

HTML 요소(element)의 시작 태그에는 요소의 이름 다음에 추가 정보를 표현할 수 있는 속성(attribute)이 나올 수 있다. <a href="..."> 또는 <image src="...">와 같이 href 및 src가 각 요소의 속성(attribute)이다. 한편, CSS 스타일시트 설정에서도 위와 같이 스타일 속성(style attribute)을 선언해 준다. 비록 같은 용어로 정의되어 있지만 요소의 속성(element attribute)과 스타일의 속성(style attribute)은 다른 것이니 어느 상황에서 사용된 것인지 구분해서 보아야 한다.

■ CSS 시작 예제 (1): 스타일 지정이 없는 문서

HTML 문서 내에서 CSS 스타일시트를 설정하는 예를 보기로 하자. 우선 다음의 예는 별도의 스타일시트 설정이 없는 HTML 문서이다. 제목은 <h3> 요소로 지정되어 있고, 설명은 두 개의 <p> 요소로 구성되어 있으며 CSS 글자에 <strong> 요소를 지정하였다. 이 문서의 출력 결과는 다음 화면과 같다.

예제 4-1 CSS 시작 예제 1 (style_start1.html)

```
1   <html>
2   <body>
3       <h3>스타일시트 이해하기</h3>              <strong> 요소 적용
4       <p>이 예제는 <strong>CSS</strong>의 개념을 설명합니다.</p>
5       <p>다음 예제로 이어집니다.</p>
6   </body>
7   </html>
```

| 실행결과 4-1

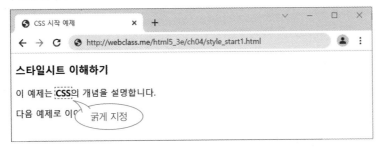

■ CSS 시작 예제 (2): 폰트 및 색상 지정

HTML 문서 내에서 CSS 스타일시트를 설정하는 가장 기본적인 방법은 <head> 부분에 있는 <style> 요소 내에 CSS 속성 선언을 설정하는 것이다. 이때 <style> 요소의 type 속성값을 "text/css"로 지정해 준다. 다음의 예제에서는 <h3> 요소에 이탤릭 속성을 추가하고, <p> 요소에 글자 크기를 10pt로 지정하는 속성을 추가하여 다음 화면과 같은 실행결과를 얻을 수 있다.

```
1   <html>
2   <head>
3       <style type="text/css">
4               h3 { font-style:italic }        ← <h3>요소 이탤릭 지정
5               p { font-size:10pt }            ← <p>요소 글자크기 10pt 지정
6       </style>
7   </head>
8   <body>
9       <h3>스타일시트이해하기</h3>
10      <p>이 예제는 <strong>CSS</strong>의 개념을 설명합니다.</p>
11      <p>다음 예제로 이어집니다.</p>
12  </body>
13  </html>
```

| 실행결과 4-2

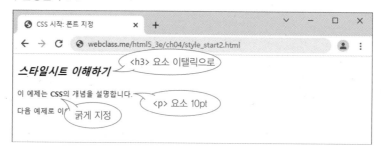

■ CSS 시작 예제 (3): 스타일 속성 누적하기

CSS 스타일시트의 가장 기본적인 개념은 스타일 속성의 설정이 누적(cascading)된다는 점이다. 다음의 예에서 <h3>는 원래의 글자 크기 설정에 추가하여 이탤릭 속성을 더 얹어준 것이다. <p> 역시 원래 스타일 속성에 글자 크기 속성과 글자 굵기 속성을 얹어주어 글자 크기가 작고 굵게 변경되었다. <strong>의 경우에는 이 요소가 속해 있는 <p> 요소의 스타일 속성을 상속(inheritance)으로 물려받고 본래의 글자 강조 속성을 가지고 있었다. 따라서 10pt 크기의 강조된 글자에 추가로 이탤릭과 밑줄 속성을 적용하여 다음 화면과 같은 결과를 얻는다.

CSS 속성 누적하기 (style_start3.html)

```
1   <html>
2   <head>
3       <style type="text/css">
4             h3 { font-style:italic; }
5             p { font-size:10pt; font-weight:bold }
6             strong { font-style:italic; text-decoration:underline }
7       </style>
8   </head>
9   <body>
10      <h3>스타일시트 이해하기</h3>
11      <p>이 예제는 <strong>CSS</strong>의 개념을 설명합니다.</p>
12      <p>다음 예제로 이어집니다.</p>
13  </body>
14  </html>
```

5번 줄 주석: <p>요소 10pt, 굵게 지정 추가
6번 줄 주석: <strong> 추가: 이탤릭, 밑줄 스타일 지정

| 실행결과 4-3

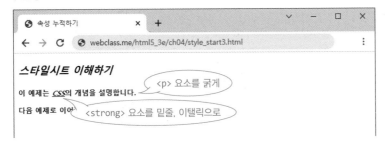

이처럼 HTML 문서에서 콘텐츠의 내용과 출력스타일을 분리하면 여러 가지 장점이 생긴다. 우선 콘텐츠 작성과 스타일 디자인 작업을 분리하여 웹 사이트 개발을 여러 명이 동시에 진행할 수 있으며, 개발된 웹 사이트의 유지 및 보수도 훨씬 쉽다. 또한, HTML 문서는 콘텐츠의 내용이 더욱 구조화되고 잘 정리된 마크업으로 표현하게 되어 더 많은 정보를 제공해 주며 검색엔진이나 기타 애플리케이션에서 문서처리 작업을 더욱 효과적으로 수행할 수 있다.

4.1.3 문서 일부분에 CSS 속성 설정

HTML 문서에서 일반적으로는 문서 내에 사용된 HTML 요소 단위로 CSS 스타일을 설정하지만, 때에 따라서는 문서 일부분이나 심지어 문장 일부분에 특정 모양의 스타

일을 지정하고자 할 때가 있다. 이러한 경우를 위해서 문서의 특정 부분을 구분해서 그룹화 해주는 <div> 및 <span> 요소를 이용하고 style 속성으로 CSS 스타일을 설정해 주면 된다.

■ <div> 요소 및 <span> 요소

HTML 요소 중에는 <h2>, <p>, <table>, <section> 등과 같이 줄이 바뀌는 블록 단위 요소(block-level element)가 있고, <a>, <img>, <th>, <td>와 같이 줄이 바뀌지 않는 인라인 요소(inline element)가 있다. 문서 내에서 그룹화하기 원하는 내용이 여러 문장, 즉 여러 개의 요소에 해당하는 경우에는 블록 단위의 <div> 요소를 사용하고, 줄 내에서 일부 단어만 그룹화하려면 <span> 요소를 사용한다.

다음의 예에서는 <h3> 요소와 이어지는 <p> 요소를 하나의 <div> 요소로 그룹화하였고, 두 번째 문장에서 단어 하나를 <strong> 대신에 <span> 요소로 지정하였다.

```
<div>
    <h3>스타일시트 이해하기</h3>
    <p>이 예제는 <span>CSS</span>의 개념을 설명합니다.</p>
</div>
```

<div> 요소나 <span> 요소는 그 자체로는 아무런 의미가 없이 단지 작성자가 원하는 만큼 문서의 일부분을 그룹화할 뿐이다. 그러나 웹 문서 작성 시 HTML 요소만으로는 의미를 충분히 표현할 수 없다면 <div> 나 <span> 요소를 설정하여 여기에 의미를 부가하면 훨씬 다양한 의도를 표현할 수 있게 된다. 대표적인 사례가 <div>나 <span>으로 그룹화된 문서의 특정 부분에 별도로 스타일을 지정하는 경우이다.

■ 요소의 공통속성인 style 속성 이용

<div> 요소나 <span> 요소에 스타일을 지정하는 가장 손쉬운 방법은 요소의 공통속성 중 하나인 style 속성(attribute)을 이용하는 것이다. 원래 style 속성은 HTML의 모든 요소에 적용할 수 있으며, style 속성의 속성값(attribute value)에 CSS 속성선언(style attribute declaration)을 적어주면 된다.

```
<태그이름 style=" CSS속성:값 … "> … </태그이름>
```

앞 절에서와 같이 <head>에서 HTML 태그에 스타일을 지정하는 경우에는 문서 내의 동일한 모든 태그에 스타일이 적용되지만, style 속성으로 스타일을 지정하면 해당 요소에서만 스타일이 적용된다. 다음의 [예제 4-4]에서는 <div>와 <span>요소에 style 속성을 이용하여 스타일을 지정한 결과를 보여준다. <h3> 요소로 지정된 제목과 첫 번째 단락은 <div> 요소로 묶여서 이탤릭 속성이 지정되었고, 'CSS'라는 단어는 <strong> 대신에 <span> 요소의 style 속성에서 굵고 밑줄이 있는 스타일 지정이 추가되었다.

예제 4-4 특정 부분 스타일 지정하기 (style_span.html)

```
1   <html>
2   <body>
3       <div style="font-style:italic;">          ← <style>속성으로 스타일 지정
4           <h3>스타일시트 이해하기</h3>
5           <p>이 예제는 <span style="font-weight:bold;
                text-decoration:underline"> CSS</span>의 개념을 설명합니다.</p>
6       </div>
7       <p>다음 예제로 이어집니다.</p>
8   </body>
9   </html>
```

| 실행결과 4-4

NOTE

HTML5에서의 인라인 스타일 사용

HTML5에서는 인라인 스타일로 문서에 직접 CSS 속성을 적용하는 것을 권장하지 않는다. 되도록 외부 스타일시트로 삽입하여 코드가 간결하고 일관성 있는 유지보수가 가능하도록 하는 것이 좋다.

▪ id 속성 및 class 속성 이용

`<div>` 요소 및 `<span>` 요소에 스타일을 지정하는 또 다른 방법은 **id** 속성이나 **class** 속성을 이용하여 CSS 스타일을 지정하는 것이다. 원래 **id** 속성은 문서 내에서 어느 특정 요소를 찾아갈 수 있도록 이름을 지정해 놓는 수단이다. 웹 문서 내에서 어느 요소든지 **id** 속성을 가질 수 있지만 **id** 속성의 값은 문서 내에서 구분되도록 각기 다른 값이어야 한다. **id** 속성은 스타일시트를 지정할 때 특정 id 값을 가지는 하나의 요소에만 스타일 지정을 하고 싶을 때 사용하거나, 자바스크립트 프로그램에서 문서 내의 특정 요소를 참조하고자 할 때 사용한다. 이에 반해 **class** 속성은 문서 내에서 하나의 요소가 아니라 유사한 성격을 가지는 여러 개의 요소를 같이 참조하고 싶을 때 사용한다.

다음의 [예제 4-5]는 앞의 예제와 동일한 결과를 보여주도록 **id** 속성과 **class** 속성을 이용하여 문서의 특정 부분에 스타일을 설정하였다. 고유 아이디 값으로 지정해 놓은 요소를 참조하려면 아이디 이름 앞에 **'#'**을 붙여서 사용하며, 클래스로 지정한 요소들을 참조하려면 클래스 이름 앞에 **'.'**을 붙여서 사용한다. 예제에서 **id**가 "intro"인 요소는 "#intro"로 참조하면 되고, 클래스 이름이 "term"인 요소는 ".term"으로 참조하면 된다. 이때, **id** 및 **class** 속성은 `<div>` 나 `<span>` 요소 이외에 어떤 요소든지 사용이 가능하다. **id** 속성 및 **class** 속성을 이용하여 스타일시트를 설정하는 방법(아이디 선택자 및 클래스 선택자)은 다음 절에서 다시 한번 정리하여 설명한다.

예제 4-5 id 및 class 속성으로 CSS 설정 (style_span_id.html)

```
1   <html>
2   <head>
3      <style type="text/css">
4          #intro {font-style:italic; }          ← 아이디 'Intro' 이탤릭으로
5          .term { font-weight:bold; text-decoration:underline }
6      </style>                                   ← 클래스 'term' 굵고 밑줄
7   </head>
8   <body>
9      <div id="intro">          ← 아이디 'intro'
10         <h3>스타일시트 이해하기</h3>
11         <p>이 예제는 <span class="term">CSS</span>의 개념을 설명합니다.</p>
12     </div>                                  ← 클래스 'term'
13     <p>다음 예제로 이어집니다.</p>
```

```
14    </body>
15    </html>
```

| 실행결과 4-5 앞의 실행결과 4-4와 동일하다.

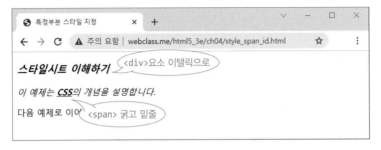

4.2 CSS 기본 사용법

이 절에서는 CSS 스타일시트 선언을 위해 기본적인 사용법을 설명한다. HTML 문서에서 CSS 속성을 어디에 기록해 놓는지에 관한 스타일시트를 선언하는 방법과 CSS 스타일시트 선언을 구성하고 있는 선택자의 다양한 종류에 대해 배운다.

4.2.1 HTML 문서에서 스타일시트 선언 방법

HTML 문서에서 스타일시트를 선언하는 방법으로는 내부 스타일시트로 선언하기와 외부 스타일시트 파일을 연결하는 방법이 있다. 앞 절의 시작하기에서 보여준 예제에서는 내부 스타일시트 형태로 CSS 속성을 지정하였다.

■ 내부 스타일시트 선언

내부 스타일시트는 앞의 [예제 4-2]와 마찬가지로 HTML 문서의 `<head>`에서 `<style>` 요소를 이용하여 선언하며, 설명문은 [예제 4-6]에서 보듯이 /* 와 */ 사이에 적어주면 된다.

```
<head>
<style type="text/css"> CSS 스타일 선언    /* 설명문 */ </style>
</head>
```

예제 4-6 　내부 스타일시트 선언 (css_internal.html)

```
1    <html>
2    <head>
3      <style type="text/css">
4          h3 {font-style:italic}      /* h3 폰트를 이탤릭으로 */
5          p {font-size:10pt}          /* p의 글자를 한 크기 작게 */
6      </style>
7    </head>
8    <body>
9      <h3>스타일시트 이해하기</h3>
10     <p>이 예제는 <strong>CSS</strong>의 개념을 설명합니다.</p>
11   </body>
12   </html>
```
〔내부 스타일시트〕

| 실행결과 4-6

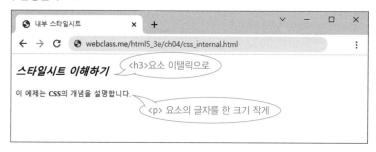

■ 외부 스타일시트 연결

스타일시트를 선언하는 분량이 많거나 여러 문서에서 자주 사용하려면 별도의 파일에서 스타일시트 선언을 해두고 원하는 HTML 문서에서 외부 스타일시트로 연결하여 사용하면 된다. 외부 스타일시트는 우선 CSS 파일을 별도로 작성한 후 HTML 문서의 <head>에서 <link> 요소를 이용하여 다음과 같이 정의하면 된다. [예제 4-7]은 앞의 예제와 동일한 결과가 나오도록 외부 스타일시트를 연결한 경우이다. 우선 앞의 예

제에서 스타일 선언 부분만 다른 파일로 작성한 후(이 예제에서는 extern.css) 이를
HTML 문서에서 **\<link\>**로 연결하였다.

```
<head>
    <link rel="stylesheet" type="text/css" href="CSS 파일 이름" />
</head>
```

예제 4-7 외부 스타일시트 연결 (css_external.html)

"extern.css" ← 외부 스타일시트 파일

```
1  /* 외부 스타일시트 */
2  h3 {font-style:italic}
3  p { font-size:10pt }
```

"css_external.html"

```
1  <html>
2    <head>
3        <link rel="stylesheet" type="text/css" href="extern.css"/> ← 외부 스타일시트에 연결
4    </head>
5    <body>
6        <h3><strong>스타일시트</strong> 이해하기</h3>
7        <p>이 예제는 <strong>CSS</strong>의 개념을 설명합니다.</p>
8    </body>
9  </html>
```

4.2.2 CSS 선택자의 종류

CSS 선택자를 지정하는 가장 일반적인 방법은 요소의 태그를 나열하는 것이다. 앞의
예에서는 \<h3\>, \<p\> 등의 태그를 선택자로 지정하였다. CSS에서는 일반적인 태그 이외
에도 클래스(class), 아이디(id), 가상클래스(pseudo class) 등 다양한 경우를 선택자
로 지정할 수 있다.

▪ 태그 선택자

태그 선택자는 반드시 하나만 나열되는 것이 아니라 여러 개의 다중 태그로 나열될 수
있으며 콤마(,)로 구분하면 된다. CSS 속성 선언이 여러 개 나오는 다중 속성의 경우

는 세미콜론(;)으로 구분하면 된다. 예를 들어, <h3>과 <strong>을 모두 빨간색과 이
탤릭 속성으로 설정하고 싶으면 아래같이 지정하면 된다. 다중 속성값은 속성값이 여
러 개 콤마로 구분하여 나열되는 경우로서 순서대로 가능한 속성값을 찾아서 적용한
다. 예를 들어, <p> 태그에 폰트를 지정하는데 우선 Palatino 글꼴이 있으며 설정하고,
없으면 Garamond 글꼴을 찾아보는 순서로 진행한다. 마지막에는 시스템에 항상 있는
serif 글꼴을 지정해 놓았다.

```
h3, strong { color: red; font-style: italic }
p { font: Palatino, Garamond, "Times New Roman", serif; font-size: small }
```

한편, 태그 선택자에 여러 개의 태그가 콤마 없이 나오는 선택자 조합의 경우는 더 구
체적인 하위 요소를 선택하기 위하여 사용한다. 예를 들어, 다음과 같이 두 개의 태그
명이 나열되어 있을 때 첫 줄의 선택자는 "<h3>에 속해 있는 <strong> 요소"로 해석되
고, 두 번째 줄의 선택자는 "<p>에 속해 있는 <strong> 요소"로 해석된다.

```
h3 strong { font-style: italic }   /* h3에 속하는 strong 요소 */
p strong { color: red }            /* p에 속하는 strong 요소 */
```

▪ 클래스 선택자

클래스 선택자는 같은 태그라도 다른 스타일을 적용하고 싶거나, 혹은 다른 태그라
도 특정 스타일을 공통으로 적용하고 싶을 때 사용한다. 즉, 태그 종류에 관계없이 여
러 개의 특정 태그에 같은 스타일을 적용하고 싶을 때 해당 태그에 같은 이름의 클래
스를 설정하면 된다. 클래스이름은 모든 태그에 적용되는 class 속성으로 <태그이름
class="클래스이름"> ... </태그>와 같이 지정하고, 클래스 선택자는 클래스이름 앞에
점(.)을 붙인다. 특정 태그에서 해당 클래스만 지정할 때는 "선택자.클래스이름"의 형태
가 된다. 아래의 예에서는 "under1" 클래스는 빨간색 이탤릭으로 설정하고, <strong>
요소의 "under1" 클래스는 12pt 글자 크기로 조정한다.

```
.under1  {text-decoration: underline; font-style: italic; }
strong.under1 {font-size: 12pt }
```

■ 아이디 선택자

HTML 문서 내에서는 문서 작성자가 한 군데에서만 아이디를 지정할 수 있다. 아이디 선택자는 해당 아이디로 설정된 태그에만 특정 스타일을 적용하고 싶을 때 사용한다. 원하는 태그에서 아이디는 <태그이름 id="아이디이름"> ... </태그>와 같이 지정하며, 아이디 선택자는 아이디이름 앞에 샵(#)을 붙인다. 다음의 예에서는 "next"란 아이디로 지정된 요소를 가운데로 정렬된 밑줄 글자로 출력하라고 지정한다. [예제 4-8]은 클래스 선택자와 아이디 선택자를 이용하여 스타일을 지정한 사례를 보여주고 있다.

```
#next { text-decoration: underline; text-align:center}
```

예제 4-8 클래스 선택자 및 아이디 선택자 (css_classID.html)

```
1   <html>
2   <head>
3       <style type="text/css">
4           p {font-size: 10pt}
5           .under1 {text-decoration: underline; font-style: italic; }      ← 클래스 under1는 밑줄 이탤릭으로
6           strong.under1 {text-decoration: underline; font-size: 12pt;}    ← <strong>요소 중 under1 클래스는 12pt 크기
7           #next { text-decoration: underline; text-align: center}         ← 아이디 next는 밑줄 가운데 정렬
8       </style>
9   </head>
10  <body>
11      <h3 class="under1">스타일시트 이해하기</h3>                          ← 클래스 under1
12      <p>이 예제는 <strong class="under1">CSS</strong>의 개념을 설명합니다.
13      <br><span class="under1">클래스</span>와 ID로 스타일을 지정합니다.</p>
14      <p id="next">다음 예제로 이어집니다.</p>                            ← 아이디 next
15  </body>
16  </html>
```

| 실행결과 4-8

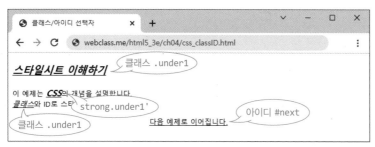

■ 가상클래스 선택자

가상클래스(pseudo class)는 콜론(:) 뒤에 요소를 선택할 수 있는 특별한 상태를 표현하는 예약어가 따른다. 예를 들어, 하이퍼링크 요소에 대해 a:link는 링크를 의미하고, 방문한 링크의 경우는 a:visited로 표현한다. :before와 :after 가상클래스의 경우에는 content 속성을 이용하여 특정 요소의 앞이나 뒤에 원하는 콘텐츠를 추가할 수 있다. 가상클래스에 사용되는 선택자에는 여러 종류가 있으며, [표 4-1]에서 소개하고 있는 대표적인 가상클래스는 [예제 4-9]에서와 같이 사용될 수 있다. <h3> 제목요소의 앞에는 content 속성을 이용하여 "◆" 문자를 삽입하였으며, 뒤에는 "(@sblim)" 문자를 삽입하였고, <a> 요소의 링크 색상을 지정하였다.

| 표 4-1 대표적인 가상클래스 선택자

구분	가상클래스 선택자	설명
하이퍼링크 관련	:link	하이퍼링크 요소를 선택한다.
	:visited	사용자가 방문한 링크를 선택한다.
마우스 관련	:active	사용자에 의해 활성화된 요소를 선택한다.
	:hover	마우스 커서가 위치한 요소를 선택한다.
	:focus	초점(focus)을 가진 요소를 선택한다.
콘텐츠 삽입	:before	선택된 요소의 앞에 지정한 콘텐츠를 삽입한다.
	:after	선택된 요소의 뒤에 지정한 콘텐츠를 삽입한다.

예제 4-9 가상클래스 선택자 (css_pseudo.html)

```
1   <html>
2   <head>
3       <style type="text/css">
4           p {font-size:10pt}
5           a:link { color: blue; }              /* a태그의 하이퍼링크 */
6           a:visited { color: green; }          /* 방문한 a태그의 링크 */
11          h3:before { content: "◆"; color: blue }   /* h3요소의 앞에 파란색 ◆
12                                                         문자 삽입 */
13          h3:after { content: "(@sblim)"; font-size:10pt    /* h3요소의 뒤에
14                                                         콘텐츠 삽입 */
15      </style>
16  </head>
```

가상 콘텐츠 선택자

```
17    <body>
18        <h3><strong>스타일시트</strong> 이해하기</h3>  ←───  <h3> 앞뒤에 콘텐츠 추가
19        <p>이 예제는 <strong>CSS</strong>의 개념을 설명합니다.</p>
20        <p>선택자에 <a href="http://www.w3c.org">가상클래스</a>와
21            <a href="http://mm.sm.ac.kr">선택자 조합</a>을 적용하여 스타일을 지정합
22        니다.</p>  ──  방문 전은 파란색, 방문 후는 초록색으로 변경
23    </body>
24    </html>
```

|실행결과 4-9

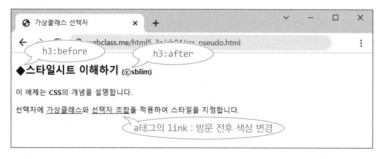

4.3 문자와 색상 지정하기

HTML로 작성된 웹 문서를 구성하는 제일 중요한 구성요소는 문자이므로, 문자의 스타일 속성을 지정하기 위한 폰트(font) 및 문자(text) 관련 CSS 속성을 제일 먼저 설명한다. 이어서 모든 요소에 적용될 수 있는 색상(color)과 배경(background)의 지정에 관련된 CSS 스타일 속성을 배운다.

4.3.1 폰트의 지정

■ 스타일 관련 태그의 사용

기존의 HTML에서는 본문 내에서 <font> 요소와 <b>, <i>, <u> 등의 요소를 사용하여 일반 문장의 폰트 관련 속성을 지정하였으나, HTML5에서는 내용과 스타일을 분리하기 위하여 본문 내의 <font>, <b>, <i>, <u> 등 출력 스타일을 지정하는 요소를 사용하지 말 것을 권장하고 있다. 본문 내에서는 구조나 의미 위주의 태그를 사용하고,

출력 스타일은 CSS 속성을 사용하면 훨씬 효율적인 방법으로 폰트에 관련된 모양을 지정해 줄 수 있다. [표 4-2]에서 보듯이 CSS 속성을 이용하여 선택된 요소에 대해 글꼴을 지정하고, 글자 크기, 폰트 굵기, 기울임 등 다양한 모양의 출력 스타일을 지정할 수 있다. 예를 들어, 본문에 사용된 <p> 요소와 <strong> 요소에 대해 원하는 폰트 설정을 다음과 같이 할 수 있다.

```
p {font-family: "맑은고딕", "돋움", san-serif; font-size: 10pt; }
strong { font-weight: bold; font-style: italic; }
```

■ 폰트 관련 CSS 속성

font-family의 경우 시스템에 폰트가 없는 경우를 대비하여 위의 예에서처럼 다중 속성값으로 지정하면 좋다. "맑은고딕" 폰트가 있으면 이를 적용하고, 만약 없으면 다음의 순서대로 폰트를 찾아본다. 뒤로 갈수록 널리 사용되는 폰트를 기재하고, 마지막에는 san-serif나 serif 등 시스템에 반드시 존재하는 폰트 이름을 적어주면 된다. font-size는 폰트의 크기로서 일반적으로 pt, px, % 등의 길이 값이나 small, large 등의 키워드를 사용하여 크기를 표현한다.

NOTE

CSS 길이값

길이값에 사용되는 단위 중에서 pt(포인트)는 인쇄에서 사용되는 단위로 1pt=1/72인치로 정의되어 있으며, px(픽셀)은 출력 화면에서의 점의 개수를 의미한다.

| 표 4-2 폰트 관련 CSS 속성

속성이름	허용 값	설명
font-family	〈글꼴이름〉	선택된 요소의 글꼴 지정
font-size	〈길이값(숫자+단위)〉 혹은 xx-small, x-small, small, medium, large, x-large, xx-large, larger, smaller	선택된 요소의 글자 크기 (예) 10pt, 30px, small
font-weight	bolder, bold, normal, lighter 혹은 수치값 100, 200, ~ 900	선택된 요소의 글자 굵기 • normal이 수치값으로 400이다.

font-style	normal, italic, oblique	글자의 기울임 모양 • italic은 영문 이탤릭체 • oblique는 원래 글꼴을 기울인 경사체
font-variant	normal, small-caps	영문 소문자의 표시방법 • small-caps는 소문자 대신 작은 크기의 대문자를 사용

■ 폰트 지정 예제

다음의 예제에서는 [표 4-2]에 나오는 폰트 관련 속성의 값들을 테스트해 보았다. CSS 속성의 적용 결과를 실행 화면에서 확인해 볼 수 있다.

예제 4-10 폰트 관련 CSS 속성 (tc_font.html)

```
1   <html>
2   <head>
3      <style type="text/css">
4          h3 { font-family:"맑은고딕" "돋움" san-serif; color: red }      ← <h3>요소 글꼴 설정 및 빨간색 적용
5          h3:after { content: "(@sblim)"; font-size: 10pt }              ← <p>요소 글꼴 설정 및
6          p { font-family:"Times New Roman" "돋움" serif; line-height: 10pt}    줄 간격 10pt 적용
7          #x-small { font-size:x-small }      ← 아이디 'x-small' 글자 크기 x-small 적용
8              /* 중간 생략 */
9          #v-normal { font-variant: v-normal }      ← 아이디 'v-normal' 소문자 표기
10         #small-caps { font-variant: small-caps }      ← 아이디 'small-caps' 작은 크기 대문자 표기
11     </style>
12  </head>
13  <body>
14     <h3>CSS 폰트 속성</h3>
15     <p>font-size : <span id="x-small">x-small</span>, <span id="small">
16        small</span>, <span id="medium"> medium </span>, <span id="pt12">12pt
17        </span>,
18     <!--중간 생략 -->
19     <p>font-variant : <span id="v-normal"> CSS normal , </span>
20     <span id="small-caps"> CSS small-caps , </span>
21  </body>
22  </html>
```

4.3.2 문자의 조정

■ 문자 관련 속성

문자 단락에서 폰트 속성 이외에도 단락 줄맞추기, 문자 및 줄 간격, 들여쓰기, 밑줄 등 다양한 문자를 장식해야 하는 경우가 있다. 이럴 때에도 [표 4-3]에서 보는 CSS 문자 관련 속성으로 지정해주면 출력 모양 꾸미기와 문서 관리를 효율적으로 할 수 있다. text-align은 문장의 정렬을 지정하는 속성이고, vertical-align은 세로 방향의 정렬을 지정해 준다. letter-spacing과 word-spacing은 문자 및 단어 간의 간격을 line-height는 줄 간격을 지정하며, text-indent는 들여쓰기나 내어 쓰기를 지정할 수 있다. 글자의 장식이나 변환 등 자세한 속성값은 [표 4-3]에서 볼 수 있다.

| 표 4-3 문자 관련 CSS 속성

속성이름	허용 값	설명
text-align	left, right, center, justify	문장의 정렬 (왼쪽, 오른쪽, 가운데, 양쪽)
letter-spacing	〈길이값〉, 〈백분율〉	문자와 문자 사이의 간격
word-spacing	〈길이값〉, 〈백분율〉	단어와 단어 사이의 간격
vertical-align	baseline, sub, super, text-top, text-bottom, top, bottom	문장의 세로 정렬 (기준선, 아래위, ...)
line-height	normal, 〈길이값〉, 〈백분율〉	문장과 문장 사이의 줄 간격 조정
text-indent	〈길이값〉, 〈백분율〉	들여쓰기 및 내어 쓰기 (각각 양수 및 음수값일 때)
text-decoration	none, underline, overline, line-through, blink	문자에 밑줄 등 장식 효과 (밑줄, 윗줄, 가운뎃줄, 깜빡임)

text-transform	capitalize, uppercase, lowercase	영어 대소문자의 변경 (첫 글자를 대문자로, 모두 대문자로, 모두 소문자로)
text-shadow	\<h-offset\> \<v-offset\> \<blur-size\> \<color\>	문자에 그림자를 추가: 〈가로 간격〉〈세로 간격〉〈그림자 크기〉〈색상〉

NOTE

길이값의 단위

CSS 속성값으로 사용되는 길이값의 단위에는 cm, mm, in, pc, pt, em, ex, px, 그리고 백분율(%)등 여러 가지가 있다. cm, mm, in는 우리 실생활에서 쓰이는 미터법 및 인치의 단위이며, pc 및 pt는 인쇄에서 사용되는 길이 단위이다. 1pc(파이카)는 12pt(포인트)이며, 1pt는 1/72인치로 정의되어 있다. em과 ex는 영문자 대문자 M과 소문자 x의 글자 높이에서부터 유래된 단위로 em은 일반적으로 한 글자 높이를 의미하고, ex는 소문자 높이를 의미한다. px(픽셀)는 출력화면에서의 점의 개수를 나타내고, %는 해당 요소가 차지할 수 있는 공간에서의 비율을 나타낼 때 사용된다.

■ 문자 조정 예제

다음의 예제에서는 [표 4-3]에 나오는 문자 관련 속성값들을 테스트해 보았다. 첫 번째와 두 번째 \<p\> 요소 문단에는 text-align, text-indent, letter-spacing, word-spacing 속성을 적용해 보았다. 문자 간격을 음수 값을 주면 문자 간격이 좁아지고, text-indent에 음수 값을 주면 내어 쓰기가 된다. 세 번째와 네 번째 문단에는 text-decoration과 text-transform 속성의 다양한 값을 적용해 보았다. 제목줄에서는 text-shadow 속성을 이용하여 그림자의 위치, 크기, 색상을 변화시켜 보았다.

예제 4-10 문자 관련 CSS 속성 (tc_text.html)

```
1   <html>
2   <head>
3     <style type="text/css">
4       h3 {font-family:"맑은고딕" san-serif; color:red; text-shadow:3px 3px
5            4px grey }          ← <h3>요소 글꼴 설정 및 빨간 글자 회색 그림자 적용
6       h3:after { content : "(@sblim)"; font-size:10pt; text-shadow: 1px
7            1px 12px green }    ← 글자 크기 12pt, 초록색 그림자
8       p { font-family:"Times New Roman" "돋움" serif; line-height: 10pt }  ← <p>요소 글꼴 설정 및 줄 간격 10pt
9       #first { text-align:left; letter-spacing: 2pt; word-spacing: 8pt }
10      #second { text-align:left; text-indent:2em; letter-spacing:-2pt;
11            word-spacing:2pt}    지정 id에 폰트 특징 적용
```

```
12        #third { text-align:right; }          ← 지정 id에 폰트 특징 적용
13        #fourth { text-align:center; }        ←
14            /* 중간 생략 */
15        #cap { text-transform: capitalize }   ← 지정 id 첫 글자 대문자
16        #upper { text-transform: uppercase }  ← 지정 id 전체 대문자
17        #lower { text-transform: lowercase }  ← 지정 id 전체 소문자
18      </style>
19    </head>
20    <body>
21      <h3><strong>CSS</strong> 문자관련 속성</h3>
22      <p id="first">왼쪽정렬, 문자간격 3pt, 단어간격 8pt </p>
23      <p id="second">왼쪽정렬, 들여쓰기 2글자, 문자간격 -2pt, 단어간격 2pt </p>
24      <p id="third">오른쪽정렬, text-decoration : <span id="under"> underline </span>,
25          <span id="over"> overline </span>, <span id="thru"> line-through </
26          span> </p>
27      <p id="fourth">가운데정렬, text-transform : <span id="cap"> capitalize
28      </span>, <span id="upper"> uppercase </span>, <span id="lower">
29      Lowercase </span></p>
30    </body>
31  </html>
```

| 실행결과 4-11

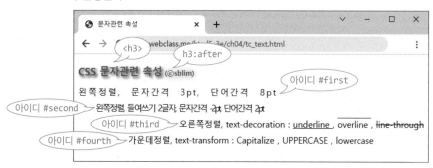

4.3.3 색상 및 배경의 지정

■ 색상의 표현

컴퓨터에서 색상을 표현하는 데에는 일반적으로 RGB 혹은 RGBA 모델을 사용하고 있다. 즉, 화면의 각 점(픽셀)은 보통 3바이트 혹은 4바이트의 메모리에 표현되며 각각 1바이트씩 RGB(Red, Green, Blue) 색상 값을 가진다. 따라서 각 RGB 색상은 0~255

까지의 값을 가지며 이들이 조합되어 수많은 색상의 표현이 가능해진다. 4바이트인 RGBA 모델의 경우에 마지막 바이트는 투명도를 표현하는데 사용된다.

HTML 문서에서 CSS 속성을 이용하면 문자의 색상이나 배경 색상을 지정할 수 있다. 문자의 색상은 color 속성으로 지정하고, 배경은 background-color 속성으로 지정한다. 이때 색상의 값은 여러 가지 방법으로 표현될 수 있으며, 주로 사용하는 방법은 앞에서 설명한 RGB 모델로 표현된 색상값을 아래의 예에서 보듯이 각각 16진수, 10진수, 혹은 비율(%)로 나타낸다. 투명색을 지정해야 하는 경우에는 transparent라는 키워드로 표현하면 된다.

- 16진수 표현: #RRGGBB 예) #ff0000, #080800
- 10진수(0~255) 표현 함수: rgb(R, G, B) 예) rgb(255, 0, 0), rgb(128, 128, 0)
- 백분율 표현 함수: rgb(R%, B%, G%) 예) rgb(100%, 0%, 0%), rgb(50%, 50%, 0%)
- 키워드표현: [표 4-4] 참조 예) red, olive

| 표 4-4 CSS 색상 이름 및 색상 값

	색상	키워드	16진수 값	10진수 값		색상	키워드	16진수 값	10진수 값
주 색상	빨강	red	#FF0000	(255,0,0)	기타 색상	짙은 파랑	navy	#000080	(0,0,128)
	밝은 녹색	lime	#00FF00	(0,255,0)		짙은 노랑	olive	#808000	(128,128,0)
	파랑	blue	#0000FF	(0,0,255)		짙은 청록	teal	#008080	(0,128,128)
2차 색상	노랑	yellow	#FFFF00	(255,255,0)		짙은 자홍	purple	#800080	(128,0,128)
	청록	aqua	#00FFFF	(0,255,255)	흑백 계열	검정	black	#000000	(0, 0, 0)
	자홍	fuchsia	#FF00FF	(255,0,255)		짙은 회색	gray	#800080	(128,128,128)
기타 색상	짙은 빨강	maroon	#800000	(128,0,0)		밝은 회색	silver	#C0C0C0	(192,192,192)
	짙은 녹색	green	#008000	(0,128,0)		흰색	white	#FFFFFF	(255,255,255)

■ 배경 관련 속성

HTML 문서에서 각 요소가 차지하고 있는 영역에 대해 배경색을 지정하거나 원하는
이미지를 바탕에 깔 수 있다. [표 4-5]에서 보듯이 배경색은 background-color 속
성으로 지정하고, 배경 이미지는 background-image 속성에서 이미지 파일 이름을
url(파일경로)로 기재한다. 배경 이미지가 그려야 할 영역보다 작을 경우 반복사용 여
부를 background-repeat 속성에서 지정하고, 화면이 스크롤될 경우 배경 이미지가
따라서 같이 스크롤할지 여부를 background-attachment 속성에서 지정한다. 배경
이미지의 시작위치는 background-position 속성으로 지정하면 된다. 배경관련 속성
을 각각 지정하지 않고 한번에 지정하려면 background 속성으로 지정하며, 이때 속성
값은 color, image, repeat, attachment, position 순서로 값을 기재한다.

| 표 4-5 배경관련 CSS 속성

속성이름	허용 값	설명
background-color	〈색상〉, transparent	배경색 지정
background-image	url(파일경로)	배경 이미지 파일 지정
background-repeat	repeat, repeat-x, repeat-y, no-repeat	배경 이미지의 반복사용 여부 (양쪽, x방향 반복, y방향 반복)
background-attachment	scroll, fixed	스크롤과 함께 이동 여부
background-position	〈길이값〉, 〈백분율〉 혹은 키워드 {left|center|right} {top|center|bottom}	배경의 시작 위치 〈가로〉〈세로〉 예) (0% 0%), (50% 100%) (left top), (center bottom)
background	<color> <image> <repeat> <attachment> <position>	배경 속성을 한 번에 모두 지정 (shorthand)

■ 배경 지정 예제

다음의 예제는 [표 4-5]에 나오는 배경 관련 속성값들을 테스트해 보았다. 제
목 줄에는 background-color 속성을 이용하여 배경색을 지정하였고, 표 안에는
background-image 속성으로 배경 이미지를 지정하였다. 첫 번째 칸에서는 repeat-x
로 이미지를 좌우로만 반복 사용하였고, 두 번째 칸에서는 상하좌우 모든 방향으로 반
복 사용하였으며, 마지막 칸에서는 반복 사용하지 않고 가운데 아래쪽에 이미지가 나
타나도록 하였다.

배경 관련 CSS 속성 (tc_background.html)

```
1   <html>
2   <head>
3       <style type="text/css">
4           h3 { color: red; background-color: #90ff90 }          ← 빨간 글자, 연두색 배경
5           h3:after { content: "(@sblim)"; font-size:10pt; background-color: white }   ← 흰색 배경
6           #first { background-image: url(flower.jpg); background-repeat:repeat-x; }   ← 좌우로만 반복
7           #second { background-image: url(flower.jpg); }        ← 상하좌우 반복(기본값)
8           #third { background-image: url(flower.jpg); background-repeat:no-repeat;   ← 반복 없음, 위치는
9                    background-position: center bottom }             가운데 아래
10      </style>
11  </head>
12  <body>
13      <h3> CSS 배경관련 속성</h3>
14      <table border="1">
15          <tr>
16              <td id="first"> 배경 이미지<br> • url(파일경로) <br><br> ... 생략 ... </td>
17              <td id="second"> 배경 이미지<br> • url(파일경로) <br><br> ... 생략 ... </td>
18              <td id="third"> 배경 이미지 <br><br>• background-repeat : <br> ... 생략
19                  . . . </td>
20          </tr>
21      </table>
22  </body>
23  </html>
```

| 실행결과 4-12

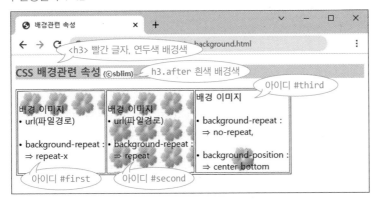

4.4 목록과 표 장식하기

이전 버전의 HTML에서는 목록이나 표 태그 내에서 구체적인 모양을 지정하였지만, HTML5에서는 될 수 있으면 스타일시트를 이용하여 모양을 설정하도록 권장하고 있다. HTML5 문서의 본문 내에서는 문서 구조나 내용에 관한 것만 기재하고 출력 모양에 관한 스타일을 별도로 작성하는 것이 문서관리에 훨씬 효율적이다. 이 절에서는 CSS 스타일 속성을 이용하여 목록과 표의 모양을 설정하는 방법을 배운다.

4.4.1 목록의 스타일 설정

■ 목록의 글머리 기호 설정: list-style-type

목록의 모양을 결정할 때 일반적으로 우선 하는 일은 목록의 글머리 기호를 정하는 것이다. CSS에서는 **list-style-type** 혹은 **list-style** 속성으로 목록의 글머리 기호 모양을 정할 수 있다. 순서 없는 목록과 순서 있는 목록에 따라 다음의 [표 6-1]과 같은 값들을 가질 수 있다.

| 표 4-6 list-style-type 속성값의 종류

구분	속성값	설명
순서 없는 목록 (unordered list)	disc circle square	● 속이 찬 둥근 기호 ○ 속이 빈 둥근 기호 ■ 속이 찬 네모 기호
순서 있는 목록 (ordered list)	decimal lower-roman upper-roman lower-alpha upper-alpha	정수 글머리 기호(1,2,3, …) 소문자 로마자 글머리 기호(i , ii , iii , …) 대문자 로마자 글머리 기호(I , II , III , …) 소문자 알파벳 글머리 기호(a, b, c, …) 대문자 알파벳 글머리 기호(A, B, C, …)

다음의 예제에서는 순서 있는 목록과 순서 없는 목록이 중첩되어 사용되고 있다. 우선 과목의 구분은 순서 있는 목록으로 하여 글머리 기호를 영문 대문자 A, B, C … 으로 지정하였다(ol li { list-style-type: upper-alpha }). 도서목록은 순서 없는 목록으로 하여 국내도서, 해외도서, 신규도서에 각각 클래스를 "kor", "usa", "renew"로 설정하고, 각 항목의 클래스별로(li.usa, li.kor, li.renew) 글머리 기호를 다르게 설정하였다.

```
1   <html>
2   <head>
3       <style type="text/css">
4           ol li { list-style-type: upper-alpha }      과목명은 대문자 A, B, C
5           li.usa { list-style-type: disc }            영문 도서는 검은색 원
6           li.kor { list-style-type: circle }          국내 도서는 반원
7           li.renew { list-style-type: square }        신간인 경우 검은색 네모
8       </style>
9   </head>
10  <body>
11      <h3>과목별 추천도서 목록</h3>
12      <ol>
13          <li>IT기술의 이해</li>
14          <ul>
15              <li class="kor">최윤철, 임순범, 한탁돈 공저, 컴퓨터와 IT 기술의 이해</li>
16              <li class="usa">D. Morley, C. Parker, Understanding Computers 15th Ed.</li>
17              <li class="usa">G. Shelly, M. Vermaat, Discovering Computers</li>
18          </ul>
19          <li>웹프로그래밍</li>
20          <ul>
21              <li class="kor">임순범, 박희민 공저, HTML5 웹프로그래밍 입문</li>
22              <li class="kor">최윤철, 임순범 공저, 소셜미디어 시대의 인터넷활용</li>
23              <li class="renew">B. McLaughlin, What Is HTML5? (신규) </li>
24          </ul>
25      </ol>
26  </body>
27  </html>
```

| 실행결과 4-13

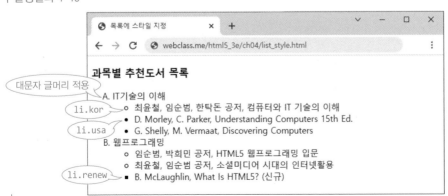

■ 목록의 글머리 기호에 이미지 사용: list-style-image:url("이미지 파일주소")

목록의 글머리 기호에 원하는 이미지를 사용하고 싶은 경우에는 **list-style-image** 속성의 값으로 해당 이미지의 URL을 지정해주면 된다.

■ 글머리 기호 위치 지정: list-style-position

list-style-position 속성을 이용하면 목록의 글머리 기호가 콘텐츠의 박스 모델 안쪽에 위치할지 아니면 바깥쪽(앞쪽)에 위치할지 지정할 수 있다. 속성값이 "inside"이면 안쪽, "outside"이면 바깥쪽이다.

| 표 4-7 글머리 기호 이미지 및 위치 속성

속성	속성값	설명
list-style-position	inside	– 글머리 기호가 콘텐츠 박스 안쪽에 위치
	outside (기본값)	– 글머리 기호가 콘텐츠 박스 바깥쪽에 위치

다음의 예제에서는 글머리 기호에 이미지를 사용하고 목록의 시작위치를 다르게 설정하였다. 각 항목의 클래스인 **"kor"** 및 **"usa"**에 따라 국기 아이콘이 글머리 기호로 나오게 하였으며, 첫 번째 과목의 목록 **ul.outside-list**는 본문의 위치보다 앞으로 나오게 하고(기본값), 두 번째 과목의 목록 **ul.inside-list**는 글머리 기호의 위치가 본문의 위치와 같도록 들여쓰기를 하였다. 여기서 과목명은 본문의 기준위치를 확인하기 위하여 목록으로 설정하지 않고 일반 문장으로 설정하였다.

예제 4-14 목록의 글머리 위치 지정하기 (list_pos.html)

```
1   <style type="text/css">
2       ul.outside-list { list-style-position: outside }  ←——— 내어쓰기
3       ul.inside-list { list-style-position: inside }  ←——— 들여쓰기
4       li.usa { list-style-image: url("flag_usa.gif") }  ←——— 미국기
5       li.kor { list-style-image: url("flag_kor.gif") }  ←——— 한국기
6       p { font-weight: bold }
7   </style>
                    . . .
8   <h3>과목별 추천도서 목록</h3>
9   <ul class="outside-list">
```

```
10          <p>IT기술의 이해</p>
11          <li class="kor">최윤철, 임순범, 한탁돈 공저, 컴퓨터와 IT 기술의 이해</li>
12          <li class="usa">D. Morley, C. Parker, Understanding Computers 15th Ed.</li>          ← 내어쓰기
13          <li class="usa">G. Shelly, M. Vermaat, Discovering Computers</li>
14      </ul>
15    <ul class="inside-list">
16          <p>웹프로그래밍</p>
17          <li class="kor">임순범, 박희민 공저, HTML5 웹프로그래밍 입문</li>
18          <li class="kor">최윤철, 임순범 공저, 소셜미디어 시대의 인터넷활용</li>          ← 들여쓰기
19          <li class="renew">B. McLaughlin, What Is HTML5? (신규) </li>
20      </ul>
```

| 실행결과 4-14

4.4.2 표의 스타일 설정

목록과 마찬가지로 표에 대해서도 HTML5 본문 내에서는 표의 구조만 지정하고 표의 출력 모양은 CSS 스타일로 지정해 줄 수 있다. 표의 구조는 앞의 2.4절에서 보았듯이 최소단위는 셀이고(<td>로 정의), 셀들이 모여 행(<tr>)이 되어 표의 본문(<tbody>)을 구성한다. 제목칸(<th>)으로 표의 제목부분(<thead>)을 구성하며 몇 개의 행으로 꼬리부분(<tfoot>)도 구성할 수 있다. 한편 표의 주위에 캡션(<caption>)도 작성할 수 있다.

■ 표 또는 셀의 폭 지정 방법: width, table-layout

표나 각 셀의 가로 길이, 즉, 폭의 크기는 width 속성으로 지정할 수 있다. 브라우저

창의 크기에 비례하여 %로 지정하거나 px, pt, in 등의 절대값으로 지정하면 된다. width 값이 없는 경우 브라우저에서 자동으로 계산해서 각 셀의 크기를 결정한다.

표의 레이아웃 스타일을 지정하는 table-layout 값을 지정하지 않거나 auto로 지정하면, 브라우저에서 표의 가로 길이, 즉, 폭의 크기를 자동으로 계산해 준다. 만약 브라우저 창의 크기가 표의 넓이보다 작으면 각 열의 넓이는 원래 넓기에 비례하여 줄어든다. table-layout 값을 fixed로 지정하면 표나 셀의 크기를 내용에 맞추어 계산해주는 것이 아니라 지정한 크기 그대로 각 셀과 표의 크기를 결정한다. 만약 표의 크기는 지정하고 열(혹은 셀)의 크기를 지정하지 않으면 각 열은 같은 크기를 가질 것이다.

| 표 4-8 표의 넓이 지정 관련 속성

속성	속성값	설명
width	〈길이값〉	표나 셀의 폭 크기를 지정
table-layout	auto (기본값)	– 표에서 각 열의 크기를 자동으로 계산한다.
	fixed	– 표에서 각 열의 크기를 지정한 대로 결정한다.

다음의 예제에서는 id가 "books"인 표의 넓이를 화면 크기의 90%로 설정하고 table-layout은 자동(auto)으로 설정하였으며, 캡션(#books caption) 모양도 지정하였다. [실행결과 4-15(a)]에서 보듯이 각 열의 크기는 글자의 길이에 비례하여 결정되어 있다.

예제 4-15 표의 레이아웃 방식 (table_layout.html)

```
1   <style type="text/css">
2   → #books { table-layout: auto; width: 90% }          표의 스타일
3   → #books caption { font-size: 14pt; font-weight: bold; margin: 0.5em }   캡션 스타일
4   </style>
    . . .
5   <table border="1" id="books">  ←  #books
6       <caption>추천 도서 테이블</caption>  ←  #books caption
7       <thead> /* 표의 머리글 */
8           <tr>
9               <th>작가</th>  <th>책제목</th>  <th>출판사</th>
10          </tr>
11      </thead> /* 표의 몸체 */
12      <tbody>
13          <tr>
```

```
14          <td>월터아이작슨</td> <td>스티브잡스</td> <td>민음사</td>
15      </tr>
16      <tr>
17          <td>최윤철, 임순범</td> <td>멀티미디어 배움터</td> <td>생능출판사</td>
18      </tr>
    … 생략 …
```

| 실행결과 4-15(a)

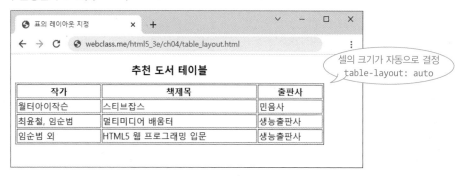

만약 **table-layout**을 fixed로 설정하면 [실행결과 4-15(b)]에서 보듯이 각 열이 일정
하게 같은 크기로 된다. 도서 제목이 긴 경우 두 줄로 출력되었음을 볼 수 있다.

| 실행결과 4-15(b)

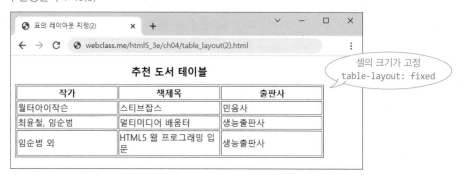

■ 셀의 테두리(border) 모양 지정: border-spacing, border-collapse, empty-cells

표에서 인접한 셀 간의 간격, 즉 셀 테두리의 굵기를 **border-spacing** 속성으로 지정
할 수 있다(1 또는 2의 값이나 길이값을 지정해 주면 된다.). 테두리를 분리하지 않고
한 줄로 그리려면 **border-collapse** 속성의 값을 **collapse**로 지정하면 되고, 간격을

띄워서 테두리를 그리려면 separate(기본값)라는 값을 주면 된다. 한편, 빈 셀의 테두리를 보여주지 않으려면 empty-cells 속성에 hide 값을 주면 다음 예제에서 보듯이 빈 공간으로 남게 된다.

| 표 4-9 셀의 테두리 모양 관련 속성

속성	속성값	설명
border-spacing	길이값	표나 셀의 폭 크기를 지정
border-collapse	collapse separate (기본값)	– 셀의 테두리를 분리하지 않고 한 줄로 그린다. – 각 셀의 테두리를 분리하여 그린다.
empty-cells	show (기본값) hide	– 빈 셀의 테두리를 그린다. – 빈 셀의 테두리를 그리지 않는다.
border	\<width>\<style>\<color>	5.1절 박스모델의 boder 속성과 동일

■ 캡션의 위치 지정 : caption-side

표의 제목이나 해설을 기재하는 캡션의 위치도 caption-side 속성을 통해 지정할 수 있다. 속성값으로는 top(기본값)과 bottom의 두 가지가 있다.

[예제 4-16]에서는 테두리의 굵기 조정과 캡션의 위치조정을 위해 속성을 설정하는 경우를 보여주고 있다. 첫 번째 예제는 border-collapse 속성값을 collapse로 지정하여 테두리 굵기를 무시한 경우이며, 이때 border-spacing은 의미가 없다. 두 번째 예제는 border-spacing을 8픽셀로 지정하고 border 속성을 이용하여 표의 테두리 모양을 지정하였다. 세 번째 예제는 empty-cell을 hide로 지정하여 빈 셀의 테두리를 없앴으며 표의 캡션이 아래쪽에 나오도록 지정하였다.

예제 4-16 표의 테두리 및 캡션 모양 지정하기 (table_border.html)

```
1   <style type="text/css">
2       #books { border-collapse: collapse; } ←———( 표의 스타일 )
3       #books caption { font-size: 14pt; font-weight: bold; margin: 0.5em }
4   </style>
5   중략 (예제 4-16의 <body>와 동일)
…   …
14              <td>월터아이작슨</td>  <td>스티브잡스</td>  <td></td> ←———( 빈 셀 )
…   생략 …
```

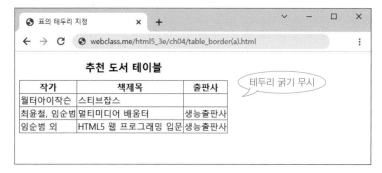

(a) #books { border-collapse: collapse; }인 경우

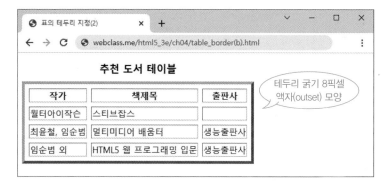

(b) #books { border-spacing: 8px; border: thick outset silver; }인 경우

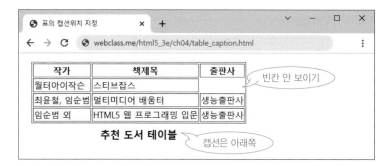

(c) #books { empty-cells: hide; caption-side: bottom; margin: 1em }인 경우

연습문제

■ 다음 괄호 안에 올바른 단어를 넣으시오.

1 CSS 스타일 시트의 선언은 HTML 문서 내에서 스타일을 설정할 대상을 의미하는 ( )와 속성과 속성값으로 구성되는 ( )으로 구성된다.

2 CSS 선택자에서 클래스 선택자는 클래스 이름 앞에 ( ) 기호를 붙이며, 아이디 선택자는 아이디 이름 앞에 ( ) 기호를 붙인다.

3 HTML 문서에서 CSS 속성을 이용하면 문자의 색상이나 배경 색상을 지정할 수 있다. 문자의 색상은 ( ) 속성으로 지정하고, 배경은 ( ) 속성으로 지정한다.

4 HTML 문서에 CSS 스타일 속성을 이용하여 목록의 스타일 설정을 지정할 수 있다. 목록의 모양을 결정할 때 일반적으로 우선 하는 일은 목록의 글머리 기호를 정하는데, 이때 목록의 글머리 기호를 설정하는 ( ) 속성을 사용한다.

5 표의 레이아웃 스타일을 지정하는 ( ) 속성값을 지정하지 않거나 "auto"로 지정하면, 브라우저에서 표의 가로길이 즉, 폭의 크기를 자동으로 계산한다.

6 표에서 인접한 셀 간의 간격, 즉 셀 테두리 굵기를 ( ) 속성으로 지정할 수 있다. 1이나 2와 같은 값이나 길이값을 속성값으로 지정한다.

■ 다음 보기 중에서 질문의 답으로 가장 알맞은 것을 고르시오.

7 HTML 문서에서 적용되는 스타일시트인 CSS의 선언에 대한 설명으로 틀린 것은?
① CSS 스타일시트의 선언은 선택자와 속성 선언으로 구성된다.
② 선택자는 스타일 설정 대상이 되는 태그 선택이 가능하다.
③ 선택자는 세미콜론(;)으로 구분된다.
④ 속성 선언은 속성(property)과 속성값(value)으로 구성된다.

8 CSS 선택자의 종류 중 가상클래스 선택자에 대한 올바른 설명은 어느 것인가?
① 가상클래스 선택자는 해당 아이디로 설정된 태그에만 특정 스타일을 적용하고 싶을 때 사용한다.
② 가상클래스 선택자는 아이디 이름 앞에 샵(#)을 붙인다.
③ 가상클래스는 세미콜론(;) 뒤에 요소를 선택할 수 있는 특별한 상태를 표현하는 예약어를 따른다.
④ :before와 :after 가상클래스의 경우에는 특정 요소의 앞이나 뒤에 원하는 콘텐츠를 추가할 수 있다.

9 폰트 관련 CSS 속성 중 선택된 요소의 영문 대소문자의 표시 방법과 관련된 속성은 어느 것인가?

① font-family   ② font-size   ③ font-style   ④ font-variant

10 다음 중 올바른 CSS 문법은?

① body:color=black   ② body {color:black;}
③ {body;color:black}   ④ {body:color=black}

11 다음은 목록에 스타일을 지정하는 속성이다. 다음 중 목록의 글머리 기호가 콘텐츠의 박스 모델 안쪽에 위치하게 만드는 속성으로 옳은 것은?

① css.image { list-style-image:url("이미지파일주소") }
② css.inside-list { list-style-position:inside }
③ css.inside-list = { list-style-position:inside }
④ {css.inside-list; list-style-position:inside }

12 표에 대해서도 HTML5 본문 내에서 표의 구조만 지정하고 표의 출력 모양은 CSS 스타일로 지정할 수 있다. 다음 중 표에서 각 열의 크기를 자동으로 계산하는 속성은 무엇인가?

① table-layout:auto   ② width
③ table-layout:fixed   ④ list-style-type:auto

■ 다음 질문에 대하여 간단히 답하시오.

13 다음은 CSS 선택자의 예이다. 각각에 대한 선택자의 종류가 무엇인지 말하시오. (예: 태그 선택자, 클래스 선택자, 아이디 선택자, 가상클래스 선택자)

① h3, strong { color : blue; font-style : italic }
② .red1 { color : red; font-size : 12pt }
③ a:link { color : blue; }

14 h3에 속하는 strong 요소에 빨간색(red)의 속성을 적용시키기 위해서는 h3 strong { color:red; }를 적용시킨다. 그렇다면 p에 속하는 strong 요소에 이탤릭체를 적용시키려면 어떻게 표현해야 하는가?

15 CSS 속성을 이용하여 선택된 요소에 대하여 폰트에 관련된 속성을 지정해 줄 수 있다. 폰트 관련 CSS 속성에서 선택된 요소의 글꼴을 지정하는 속성의 이름은 무엇인가?

16 문자 단락에서 폰트 속성 이외에도 문자 장식을 필요로 하는 경우가 있다. 문자 관련 CSS 속성에서 문자와 문자 사이의 간격을 지정하는 속성의 이름은 무엇인가?

17 표의 제목이나 해설을 기재하는 캡션의 위치는 어떤 속성을 통해 지정할 수 있는가? 또한, 해당 속성값으로는 무엇이 있는가?

18 HTML 문서에서 글머리 기호에 이미지를 사용하고 목록의 시작 위치를 다르게 설정하고자 한다. 이때 사용하는 속성은 무엇인가?

■ 다음 문제에 해당하는 HTML5 프로그램을 작성하시오.

19 앞 장에서 작성한 자신의 취미 소개 웹 페이지 파일에 CSS 스타일시트를 추가하여 문서를 장식하시오. 이때, 스타일시트를 외부 파일로 작성하지 말고 <head>의 <style> 요소 내에 스타일시트를 작성하시오.

20 오른쪽 예제 파일 myfont. html 문서에 외부 스타일시트인 myfont.css를 적용시켜, 다음의 실행결과가 출력되도록 HTML 파일과 CSS 파일을 작성하시오. 이때, 밑줄이 'style'에는 빨간색 글

자, 폰트는 휴먼매직체, 크기는 20포인트로 설정하고, 굵은 글자인 'CSS'와 '언어'는 파란색 글자, 폰트는 휴먼옛체, 크기는 20포인트로 설정한다.

21 앞 장에서 작성한 시간표를 아래와 같이 출력되도록 CSS 스타일시트를 적용하시오. 각 셀의 크기를 동일하게 설정하였고, 제목줄에는 하늘색 배경, 그리고 모든 글자는 가운데 정렬을 하였다.

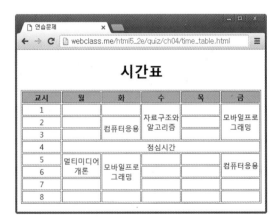

22 이번 학기 자신의 실제 수업 시간표를 작성하고 다양한 스타일을 적용하여 보기 좋은 강의 시간표를 작성하시오.

23 다음과 같이 출력되도록 구조화된 문서에 스타일시트를 적용하여 문서를 작성하시오.

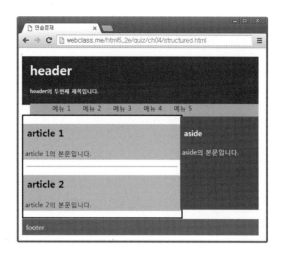

CHAPTER 05

고급 표현을 위한
CSS3 활용

HTML5 Web Programming

contents

05

고급 표현을 위한 CSS3 활용

앞 장에서는 HTML5 문서 내에서 CSS 스타일시트를 어떻게 작성하는가와 기본적인 사용방법에 대해서 배웠다. 이 장에서는 목록과 표의 모양 설정과 HTML 문서 요소를 원하는 위치에 배치하는 레이아웃 기능에 대한 CSS 스타일 지정방법을 배운다.

한편, CSS3에는 다양한 효과를 줄 수 있는 스타일 속성들이 많이 추가되었다. 박스 모델과 객체에 대해 다양한 효과를 내는 CSS 속성들을 알아보고, 전환 효과로 움직임을 표현하는 속성들도 배운다. 또한, 모바일기기 등 모든 기기의 크기에 맞추어 보여줄 수 있는 반응형 웹 제작방법에 대해서도 설명한다.

5.1 박스 모델 설정하기

HTML 문서 내에서 각 구성요소들은 자신의 공간을 차지하고 있다. 이들 공간이 직사각형 모양이며 여러 가지 공간 개념이 적용되어 있어서 박스 모델이라고 부른다. 이 절에서는 박스 모델의 공간 구성과 박스 모델의 다양한 유형에 대해 배운다.

5.1.1 영역설정을 위한 박스 모델

■ 배경 영역의 확인

HTML 문서가 브라우저에서 출력될 때 각 요소들은 제각기 자신의 공간이 필요하다. 많은 요소들은 몇 줄에 걸쳐서 줄 단위의 영역을 차지하고 어떤 요소들은 문장 내에서 글자 단위의 영역을 차지하고 있다. 다음의 예제에서와 같이 <h3>, <p>, <div>와 같은 요소들에 배경색을 지정하면 해당하는 줄만큼 배경에 색상이 나타나지만, **\<strong\>**이나 **\<span\>**과 같은 요소는 배경색을 지정하면 문장 내에서 줄이 바뀌지 않고 해당하는 글자들의 배경에만 색상이 나타난다. 또한 **\<table\>**이나 **\<img\>**와 같이 자신의 영역이 미리 결정되어 있는 경우도 있다.

예제 5-1 영역 확인하기 (box_model.html)

```
1   <html>
2   <head>
3       <style type="text/css">
4           p {font-size: 10pt}
5           h3 { text-decoration: underline; background-color: #90ff90 }    ← 회색 바탕, 밑줄
6           h3:after { content: "(©sblim)"; font-size:10pt; background-color: white; }    ← 흰색 배경, 글자 추가
7           strong, .under1{ background-color: silver }    ← 은색 배경
8           #next { text-align: center; text-decoration: underline;}    ← 밑줄, 가운데 정렬
9   </style>
10  </head>
11  <body>
12  <h3><strong>스타일시트</strong> 이해하기</h3>
13  <p>이 예제는 <span class="under1">박스모델</span>의 개념을 설명합니다.
14  <br><span class="under1">클래스</span>와 ID로 스타일을 지정합니다.</p>
15      <p id="next">다음 예제로 이어집니다.</p>
16  </body>
17  </html>
```

| 실행결과 5-1

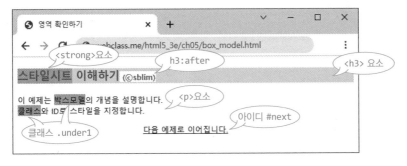

▪ 박스 공간의 구성

이처럼 HTML의 모든 요소들은 가시적으로 출력될 때 네모 박스 모양의 공간을 차지하며 이 영역은 배경색뿐 아니라 여백이나 테두리까지 표시할 수 있다. 이러한 요소가 차지하는 공간의 개념을 박스 모델(box model)이라 부른다. 박스 공간의 구성은 실제 요소가 차지하는 공간 이외에 내부 여백(padding)을 지정할 수 있어서 테두리(border)를 하는 경우 내부 여백은 테두리 박스 안쪽에 위치한다. 또한 테두리 바깥쪽으로 외부 공백(margin)을 지정할 수 있어서 이웃 요소나 부모 요소와 거리를 띄울수 있다. [그림 5-1]에서는 박스의 공간 구성을 그림으로 보여주고 있다.

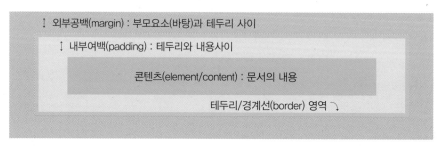

| 그림 5-1 박스 공간의 구성

▪ 박스 공간을 위한 스타일 속성

박스 공간을 구성하는 각 항목의 모양은 [표 5-1]과 같은 CSS 속성을 통해서 지정할 수 있다. 외부 공백의 크기는 `margin` 속성으로, 내부 여백의 크기는 `padding` 속성으로, 테두리의 두께는 `border-width` 속성으로 지정한다. 이때 상하좌우 방향의 크기를 다르게 지정하고 싶으면 속성 이름 뒤에 `-top`, `-right`, `-left`, `-bottom` 이 추가된 세부적인 속성을 사용하면 된다. 테두리의 스타일은 `border-style`로 지정하며 그 종류는 [그림 5-2]에서 보는 바와 같이 여러 가지가 있다. 한편, 테두리의 두께, 모양, 색상을 한 번에 지정하려면 예를 들어 `"border : thin solid silver;"`와 같이 `border`라는 속성에 축약하여 지정할 수 있다.

| 표 5-1 박스 공간의 CSS 속성

속성이름	허용 값	설명
`margin, margin-top, margin-right, margin-left, margin-bottom`	〈길이값〉	외부 공백의 크기

padding, padding-top, padding-right, padding-left, padding-bottom	〈길이값〉	내부 여백의 크기
border-width, border-top-width, border-bottom-width, border-left-width, border-right-width	thin, medium, thick 혹은 〈길이값〉	테두리/경계선의 두께
border-style	solid, dotted, double, inset, none	테두리의 모양 (실선, 점선, 이중선 등 [그림 5-2] 참조)
border-color	〈색상값〉	테두리의 색상
border	<width> <style> <color>	테두리 속성을 한 번에 모두 지정 예) border : thin solid silver;

border-style

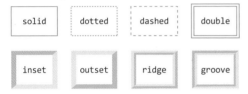

| 그림 5-2 테두리(border-style)의 종류

■ 박스 모델 확인 예제

다음의 예제에서는 앞의 예제에서 각 요소의 박스 공간 속성을 지정하고 테두리를 그려보았다. 제목 <h3> 요소에는 좌우로 외부 공백을 60픽셀을 지정하여 좌우 양쪽이 경계로부터 떨어지도록 하였다. <p> 요소는 내부 여백을 10픽셀을 주고 테두리를 중간 굵기의 점선으로 그리고, 마지막 <p> 요소는 왼쪽 외부 공백을 화면의 30% 크기로 하고 내부 여백은 8픽셀만큼 주고 테두리는 inset 스타일로 그리도록 하였다. 한편, <strong> 요소와 under1 클래스는 글줄 내에서 외부 공백 10픽셀, 내부 여백 6픽셀의 공간을 차지하도록 하였다.

예제 5-2 박스 모델 확인 (box_border.html)

```
1    <html>
2        <head>
3        <style type="text/css">
4            p {font-size: 10pt; line-height: 24pt}
```

```
 5          h3 { color: red; background-color:#90ff90; margin-left: 60px;
 6              margin-right: 60px }        ← 회색 바탕, 빨간 글자
 7          h3:after { content: "(©sblim"; font-size:10pt;}  ← 10pt 글자 추가
 8      → p { background-color: #ffff80; padding: 10px; border: medium dotted red }
 9          #next { line-height: 2pt; margin-left:30%; padding:8px; border: 4px inset blue }
10          strong, .under1 { background-color: silver; margin: 10px; padding:
11              6px; border: 1px solid black }  ← 은색 배경, 가운데 정렬
12      </style>
13    </head>
14    <body>
15      <h3> <strong>스타일시트</strong> 이해하기</h3>
16      <p>이 예제는 <span class="under1">박스 모델</span>의 개념을 설명합니다.
17      <br><span class="under1">클래스</span>와 ID로 스타일을 지정합니다.</p>
18      <p id="next">다음 예제로 이어집니다.</p>
19    </body>
20    </html>
```

은색 배경, 중간 굵기 빨간 점선

| 실행결과 5-2

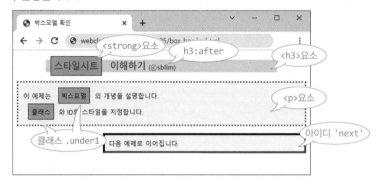

5.1.2 박스 모델 유형의 지정

■ 박스 모델의 유형과 display 속성

앞 절에서 HTML 문서 내의 각 요소들은 글줄 단위 혹은 글자 단위의 박스영역을 차지하고 있다는 사실을 보았다. 이때 <h3>나 <p>와 같이 글줄 단위로 영역을 차지하는 경우를 블록(block) 유형의 박스 모델이며 <strong>이나 <span>과 같이 글줄 내에서 영역을 차지하는 경우는 인라인(inline) 유형 박스 모델이라고 한다. <table>이나 <list> 요소의 경우에는 각각 표(table) 유형 혹은 목록(list-item) 유형의 박스 모델

이 적용된다. 또한
과 같이 출력되는 모양이 없는(none) 유형도 있다. CSS 스타일 속성 중에서 display 속성을 이용하면 요소들이 가지고 있는 원래의 박스 모델 유형을 변경할 수 있다. 스타일 속성을 지정할 때 display 속성값으로 원하는 유형의 값을 기재하면 된다. display 속성이 가질 수 있는 대표적인 속성값은 다음과 같다.

| 표 5-2 display 속성

속성값	설명
block	글줄(문단) 단위의 박스 모델로 지정된다. 즉, 마지막에 줄을 바꾼다.
inline	글줄 내의 글자 단위의 박스 모델로 지정된다. 즉, 줄을 바꾸지 않는다.
table	표 단위로 박스 모델을 지정한다.
list-item	목록의 열거 항목 단위로 박스 모델을 지정한다.
none	공간을 차지하지 않는다. 즉, 아무것도 출력되지 않는다.

■ display 속성 변경 예제

원래 HTML 문서에서 <p> 요소는 블록 유형의 박스 모델이며, <span> 요소는 인라인 유형이다. 다음의 예제에서는 이를 변경하기 위해 <p>와 #next 선택자의 display 속성을 inline으로, under1 클래스의 display 속성은 none으로 지정하였고, <strong> 요소의 display 속성은 block으로 지정하였다. 실행결과에서 보면 under1 클래스는 사라지고, <p> 요소들은 줄을 바꾸지 않고 이어서 출력되며, 오히려 <strong> 요소는 한 줄을 차지하고 있는 것을 볼 수 있다.

예제 5-3 display 속성 변경 (box_display.html)

```
1   <html>
2   <head>
3   <meta charset="utf-8"/>
4   <meta authors="임순범 박희민">
5   <meta copyright="본 예제는 [HTML5 웹프로그래밍 입문] 교재를 이용한 교육에만 사용
6   할 수 있음">
7   <title>display 속성 변경</title>
8   <style type="text/css">
9           p { font-size: 10pt; line-height: 24pt}
10          h3 { color: red; background-color: #90ff90; margin: 30px; }
11          h3:after { content: " (©sblim)"; font-size:10pt;}
```

```
12    p { display: inline; background-color: #ffff80;    padding:
13        10px; border: medium dotted red }
14    #next { display: inline;  line-height: 12pt; margin-left: 30%;
15            padding: 8px; border: 4px inset green }
16    strong { display: block; background-color: silver; margin:
17            10px;  padding: 6px; border: 1px solid black }
18        .under1{ display: none;  background-color: silver;  border: 1px
19            solid black }
20
21    </style>
22    </head>
23    <body>
24    <h3><strong>스타일시트</strong> 이해하기</h3>
25    <p>이 예제는 <span class="under1">박스모델</span>의 개념을 설명합니다.
26    <br><span class="under1">클래스</span>와 ID로 스타일을 지정합니다.</p>
27    <p id="next">다음 예제로 이어집니다.</p>
28    </body>
29    </html>
```

글자 단위 박스모델. 줄 바뀜 없음 (12, 13)

문단 단위 박스 모델. 마지막에 줄 바뀜 (16, 17)

숨김 (19)

| 실행결과 5-3

<strong>요소

<h3>요소

클래스 .under1 숨김

요소

아이디 #next

<p>요소

5.2 레이아웃 설정하기

브라우저 화면에서 출력될 때 각 콘텐츠는 작성된 순서대로 나열된다. 앞의 5.1절에서 설명한 콘텐츠의 박스 모델에 따라 **block**인 경우 줄을 바꾸기도 하고, 박스 모델의 크기에 따라 순서대로 나열되어 위치가 결정된다. 그러나 작성자가 콘텐츠가 나오는 순서대로가 아니라 원하는 위치에 임의로 배치하고 싶을 때가 있다. 이런 경우를 위해 위치를 임의로 지정하는 레이아웃 속성을 사용하면 된다.

5.2.1 콘텐츠의 위치 지정 방법

■ 위치 및 크기 지정: top, right, bottom, left, width, height

요소를 배치하기 위해 위치 지정을 하는 스타일 속성에는 top, right, bottom, left 가 있어서 [그림 5-3]과 같이 각 방향의 여백의 크기를 지정하여 위치를 결정한다. width와 height 속성으로 요소의 크기도 지정할 수 있다. 위치 및 크기 속성의 값으로는 길이값 외에 auto도 지정할 수 있다.

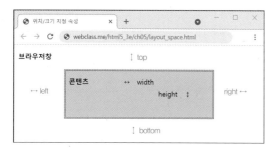

| 그림 5-3 위치 및 크기 지정 속성

■ 위치 값의 유형 지정: position

CSS 스타일시트에서 위치를 지정하는 방식에는 절대 위치와 상대 위치 등 네 가지 유형이 있다. CSS 위치 값의 유형은 position 속성으로 지정하며 static, absolute, relative, fixed의 네 가지 유형의 값을 갖는다.

| 표 5-3 list-style-type 속성값의 종류

속성	속성값	설명
position	static (기본값) absolute relative fixed	– 요소가 순서대로 배치된다. 즉, 위치지정이 필요 없다. – 문서 혹은 상위 요소 내에서의 절대 위치에 배치한다. – 직전 요소에 이어서 상대 위치에 배치한다. – 현재 보이는 브라우저 화면 내에서의 절대 위치에 배치한다.

[예제 5-4]에서는 5개의 아이콘 이미지를 다양한 방식으로 배치하였다. 먼저 두 개의 이미지(id가 w3C_static과 h5_static인 것)는 static으로 지정하여 순서대로 보여지도록 하였다. W3C 로고는 제목 <h3>에 포함되어 있으므로 제목줄 끝에 나타나고 HTML 로고는 문단 <p>에 포함되어 있으므로 로고부터 문단이 시작하고 있다.

그 다음의 약간 큰 CSS3 로고는 fixed로 지정되어 브라우저 창이 아닌 현재 보이는 브라우저 화면 내에서 항상 같은 위치(top: 20px; right: 30px)에 나타난다. 즉, fixed인 경우에는 [실행결과 5-4]의 (b)에서 보듯이 스크롤을 해도 화면의 같은 위치에 나타나고 있다.

예제 5-4 위치 값 유형에 따른 위치지정 (layout_position.html)

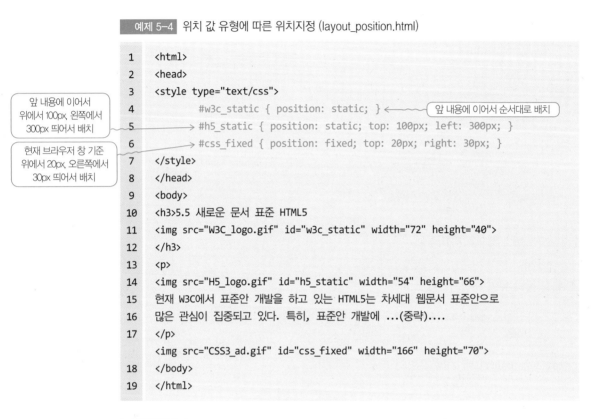

| 실행결과 5-4

(a)   (b)

[예제 5-5]에서 HTML5 글자 로고와 이미지 로고는 절대위치(absolute)로 지정하여 순서와 상관없이 브라우저 창 내에서 지정된 위치(글자 로고 top: 50px; left: 200px, 이미지

로고 top: 80px; left: 420px)에 나타나고, 마지막으로 CSS 로고는 상대위치(**relative**)
로 지정하여 원래의 위치에서 지정한 크기만큼(**left: 80px**) 떨어져서 나타난다.

예제 5-5 relative와 absolute 유형에 따른 위치지정 (layout_position(2).html)

```
1    <html>
2      <head>
3      <style type="text/css">
4              #css_relative { position: relative; left: 80px; }
5              #h5_absolute { position: absolute; top: 80px; left: 420px; }
6              #h5_text_absolute {position: absolute; top: 50px; left: 200px;}
7      </style>
8      </head>
9      <body>
10     <h3> 5.5.1 HTML5의 탄생 배경 및 특징
11     <img src="texthtml5.jpg" id="h5_text_absolute" width="100" height="36">
12     </h3>
13     <p>HTML 4.0이 1997년 발표된 이후 벌써 10년 이상이 경과되었는데, IT 업계에서
14        10년이면 매우 긴 시간이다. 그 사이에 웹 환경도 많은 변화가 …(중략)… </p>
15     <img src="H5_logo.gif" id="h5_absolute">
16     <img src="CSS3_logo.gif" id="css_relative" width="54" height="66">
17     </body>
     </html>
```

> 원래 위치 기준 왼쪽에서 80px 띄어서 배치

> 브라우저 창 기준 위쪽에서 80px, 왼쪽에서 420px 띄어서 배치

> 브라우저 창 기준 위쪽에서 50px, 왼쪽에서 200px 띄어서 배치

| 실행결과 5-5

(a)　　　　　　　　　　　　　　(b)

■ **앞뒤 순서 지정: z-index**

여러 개의 콘텐츠를 겹쳐서 배치할 때 앞뒤 순서를 결정해주는 속성이다. 화면상에서
배치는 (x,y) 좌표를 가지게 되고 앞뒤 순서는 z축에 놓이게 된다. 그러나 z축 상의 좌

표는 아니고 순서만을 지정하므로 **z-index**라고 한다. [예제 5-6]에서 보듯이 큰 수로 지정할수록 앞쪽에 보이게 된다.

예제 5-6 **z-index**로 앞뒤에 배치하기 (layout_zindex.html)

```
1    <style type="text/css">
2    →  #w3c_z1 { z-index: 1; position: relative; top: -20px; left: 80px;}
3    →  #h5_z2 { z-index: 2; position: relative; top: -5px; left: 45px; }
4    →  #css_z3 { z-index: 3; position: relative; top: 5px; left: 10px; }
5    →  #w3c_z9 { z-index: 9; position: relative; top: -20px; left: 80px; }
6    →  #h5_z8 { z-index: 8; position: relative; top: -5px; left: 45px; }
7    →  #css_z7 { z-index: 7; position: relative; top: 5px; left: 10px; }
8    </style>
9    ...
10   <h3>5.5 새로운 문서 표준 HTML5 </h3>
11   <img src="W3C_L.gif" id="w3c_z1" width="72" height="40">
12   <img src="H5_L.gif" id="h5_z2" width="54" height="66">
13   <img src="CSS3_L.gif" id="css_z3" width="54" height="66">
14   <img src="W3C_L.gif" id="w3c_z9" width="72" height="40">
15   <img src="H5_L.gif" id="h5_z8" width="54" height="66">
16   <img src="CSS3_L.gif" id="css_z7" width="54" height="66">
```

주석 (왼쪽 라벨):
- 가장 뒤에 지정 → 2
- 두 번째 지정 → 3
- 가장 앞에 지정 → 4
- 가장 앞에 지정 → 5
- 중간에 지정 → 6
- 가장 뒤에 지정 → 7

| 실행결과 5-6

5.2.2 플로팅 박스 배치하기

■ 플로팅 박스의 지정: float

특정 콘텐츠를 주변 콘텐츠와 별도로 분리하여 배치하고 싶을 때 **float** 속성을 이용하여 플로팅 박스를 구성한다. **float** 속성값은 플로팅 박스와 주변 콘텐츠와 배치 방법을 지정하며, 아래 [표 5-4]와 같이 **left**, **right**, **none**의 값을 가질 수 있다.

| 표 5-4 float 속성값

속성	속성값	설명
float	`left`	– 플로팅 박스가 왼쪽 경계에 배치되며 주변 콘텐츠가 오른쪽에 나타난다.
	`right`	– 플로팅 박스가 오른쪽 경계에 배치되며 주변 콘텐츠가 왼쪽에 나타난다.
	`none`	– (기본값) 플로팅 박스 적용 없이 순서대로 배치된다.

다음의 예제에서는 처음 두 개의 아이콘 이미지 "w3c_float"와 "h5_float"를 왼쪽 (left) 플로팅 박스로 지정하고 세 번째 이미지 "css_float"를 오른쪽(right) 플로팅 박스로 설정하였다. 일단 플로팅 박스가 배치되고 난 후 본문 텍스트가 그 자리를 피해 배치된 것을 볼 수 있다. 한편, 플로팅 박스는 여러 개가 연달아 지정될 수 있으며, 이 경우 예제에서 보듯이 지정된 순서대로 이웃하여 배치된다. 즉, 두 개의 플로팅 박스가 **left**로 지정되어 있다면 첫 번째 박스가 제일 왼쪽에 배치되고 다음 플로팅 박스가 바로 오른쪽에 배치되고 나서 주변 콘텐츠가 배치된다.

예제 5-7 플로팅 박스 (layout_float.html)

```
1    <style type="text/css">
2        #w3c_float { float:left; border: thin solid black; }        ← 플로팅 맨 왼쪽
3        #h5_float { float:left; top: 100px; left: 300px; }           ← 플로팅 다음 왼쪽
4        #css_float { float:right; border: thin solid black;}         ← 플로팅 오른쪽
5    </style>
6            ...
7    <h3>5.5 새로운 문서 표준 HTML5 </h3>
8    <img src="W3C_logo.gif" id="w3c_float" width="72" height="40">
9    <img src="H5_logo.gif" id="h5_float" width="54" height="66">     ← 각 id 별 크기 지정
10   <img src="CSS3_logo.gif" id="css_float" width="54" height="66">
11   <p>현재 W3C에서 표준안 개발을 하고 있는 HTML5는 차세대 웹 문서 ...(생략)....
```

| 실행결과 5-7

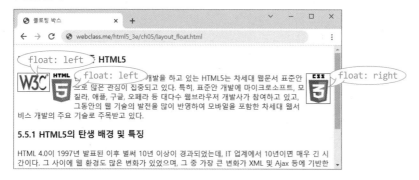

5.2.3 콘텐츠 박스의 크기 조정하기

■ 콘텐츠의 크기 조정: width, height

웹 문서가 출력될 때 브라우저에서는 각 콘텐츠의 박스크기를 계산하여 각각의 위치를 결정하게 된다. 반면, 웹 문서 작성자가 특정 콘텐츠에서 차지하는 공간 크기를 임의로 조정하기 원한다면, 콘텐츠 박스의 **width** 및 **height** 속성으로 가로 및 세로 크기를 지정할 수 있으며 최대 크기와 최소 크기도 지정할 수 있다.

| 표 5-5 크기 관련 속성

속성	값	설명
width, height	〈길이값〉, auto	박스 모델의 가로 및 세로 크기를 지정한다.
min-width, min-height	〈길이값〉, auto	박스의 최소 가로 및 세로 크기를 지정한다.
max-width, max-height	〈길이값〉, auto	박스의 최대 가로 및 세로 크기를 지정한다.

[예제 5-8]에서는 텍스트의 가로 크기를 50%, 최소 크기를 180px, 그리고 세로 크기를 110px로 지정하고, 이를 확인하기 위해 테두리를 설정하였다. 실행결과에서 보듯이 화면의 폭이 충분히 넓을 경우에는(a와 b의 경우) 텍스트 박스의 가로 크기가 화면 폭의 50%가 되지만, 화면 폭의 50%가 180px보다 작아지면(c, d의 경우) 텍스트 박스의 가로 크기는 더 이상 줄지 않고 180px로 고정된다.

예제 5-8 콘텐츠 박스의 크기 조정 (layout_size.html)

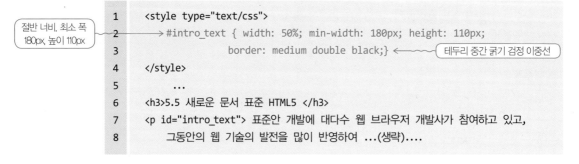

```
1   <style type="text/css">
2     #intro_text { width: 50%; min-width: 180px; height: 110px;
3                  border: medium double black;}
4   </style>
5     ...
6   <h3>5.5 새로운 문서 표준 HTML5 </h3>
7   <p id="intro_text"> 표준안 개발에 대다수 웹 브라우저 개발사가 참여하고 있고,
8       그동안의 웹 기술의 발전을 많이 반영하여 ...(생략)....
```

절반 너비, 최소 폭 180px, 높이 110px

테두리 중간 굵기 검정 이중선

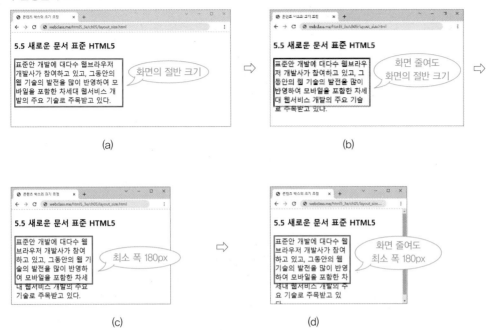

(a)

(b)

(c)

(d)

■ 오버플로우: overflow

앞의 예제에서 콘텐츠 박스의 크기보다 텍스트의 양이 많을 경우 텍스트가 초과된다. 이처럼 콘텐츠의 분량이 해당하는 요소의 박스 크기를 초과할 때의 처리방법을 overflow 속성으로 지정한다. 기본값인 **visible**인 경우 초과된 콘텐츠가 박스의 아래쪽에 이어서 나타나며, **hidden**은 잘려서 안 보이고, **scroll**이나 **auto**인 경우 스크롤 바를 이용해 볼 수 있다.

| 표 5-6 overflow 속성

속성	속성값	설명
overflow	visible (기본값)	– 박스 아래쪽에 초과된 콘텐츠가 계속하여 나타난다.
	hidden	– 박스 크기를 초과하는 콘텐츠는 잘려서 보이지 않는다.
	scroll	– 스크롤 바가 있어서 초과하는 콘텐츠를 볼 수 있다.
	auto	– 콘텐츠가 박스를 초과할 경우 스크롤 바가 나타난다.

다음의 예제에서는 4가지 방법으로 콘텐츠 박스의 **overflow** 처리방법을 지정하였다. [실행결과 5-9]의 (a)에서 **visible**로 설정한 콘텐츠 박스에서 초과된 텍스트는 이어서 보이고, **hidden**으로 설정한 콘텐츠 박스의 초과된 텍스트는 잘려서 보이지 않는 것을 알 수 있다. **scroll**과 **auto**의 경우 콘텐츠 박스의 크기가 작으면 스크롤 바가 양쪽 모두 나오지만, (b)에서 박스의 크기가 충분하여 **auto**의 경우 스크롤 바가 없어지지만, **scroll**의 경우 항상 스크롤 바가 있는 것을 볼 수 있다.

예제 5-9 콘텐츠 박스의 **overflow** 속성 (layout_overflow.html)

```
1    <style type="text/css">
2      #intro1 { overflow: visible; float:left; width: 24%; height: 140px;
                 border: medium double black;}
3      #intro2 { overflow: hidden; float:left; width: 24%; height: 140px;
                 border: medium double black;}
4      #intro3 { overflow: scroll; float:left; width: 24%; height: 140px;
                 border: medium double black;}
5      #intro4 { overflow: auto; float:left; width: 24%; height: 140px;
                 border: medium double black; }
6    </style>
7    ...
8    <h3>5.5 새로운 문서 표준 HTML5 </h3>
9    <p id="intro1">[visible] 표준안 개발에 대다수 웹 브라우저 ...(중략)... </p>
10   <p id="intro2">[hidden] 표준안 개발에 대다수 웹 브라우저 ...(중략)... </p>
```

넘쳐도 다 보여주기 → 2
넘치면 자르기 → 3
항상 스크롤바 보이기 → 4
넘치면 스크롤 바 보이기 → 5

| 실행결과 5-9

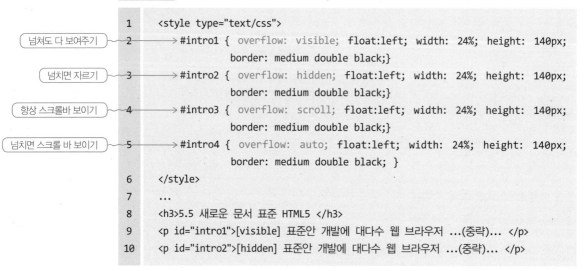

(a) overflow 속성의 유형

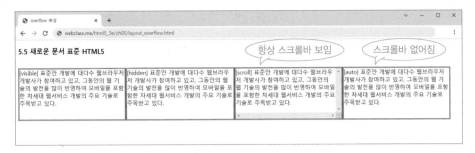

(b) 옆으로 늘렸을 때

5.3 전환 효과 설정하기

CSS3 스타일 사양의 특징 중에 하나가 정지된 효과가 아닌 움직이는 효과의 스타일을 지정할 수 있다는 것이다. 움직임 효과로는 객체모양을 점진적으로 바꾸는 전환(transition) 효과, 기하적인 좌표변환(transform), 그리고 키프레임(keyframe) 방식의 애니메이션(animation)이 있다. 아직 브라우저에서 이들 기능이 완전히 구현되어 있는 편은 아니지만, 이 절에서는 전환효과와 좌표변환 방식의 애니메이션을 표현하는 CSS3 속성에 대해 간단히 소개한다.

5.3.1 속성값 변경으로 전환 효과

■ transition : 〈style attribute〉〈duration〉

객체 모양이 변한다는 것은 객체의 CSS 속성(property) 값이 변한다는 것이다. 즉, 객체의 크기가 바뀌는 것은 객체 박스의 width나 height 속성값이 변하는 것이며, 마찬가지로 색상이나 테두리 모양도 바뀔 수 있다. 전환(transition)이란 객체의 속성 변화가 시간을 가지고 점진적으로 진행되는 것을 말한다. 이러한 전환효과를 표현하려면 우선 이벤트가 발생할 때 변화될 속성값을 설정하고, 그 중에서 점진적으로 변화될 속성들을 transition 속성을 이용하여 지정한다. transition 설정에서는 변화될 속성과 전환시간을 지정하면 되고, 더 이상의 복잡한 전환관련 속성값은 생략해도 된다.

| 표 5-7 전환효과 관련 속성

속성	속성값 구분	속성값	설명
transition	`<style attribute>`	none, all (기본값) CSS 속성명	전환효과가 적용될 CSS 속성을 지정
	`<duration>`	시간값	전환시간을 지정

다음의 [예제 5-10]에서 제목줄의 "HTML5"라는 단어는(id="title") 원래 모양이 **<h3>**으로 설정되어 있으나 마우스 커서가 글자위로 올라가면 (**#title:hover**) 실행결과에서 보듯이 글자가 커지며 이중 테두리가 나타나고 배경이 노란색으로 바뀐다. 또한 HTML 로고도 마우스 커서가 이미지 위로 올라가면 빨간 테두리가 나타나며 크기가 두 배로 바뀐다.

예제 5-10 이벤트 발생시 속성 변경 (transition0.html)

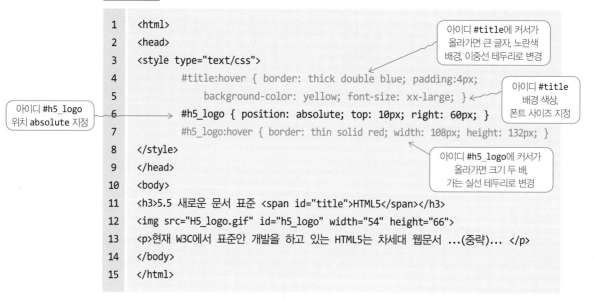

```
1    <html>
2    <head>
3    <style type="text/css">
4        #title:hover { border: thick double blue; padding:4px;
5            background-color: yellow; font-size: xx-large; }
6        #h5_logo { position: absolute; top: 10px; right: 60px; }
7        #h5_logo:hover { border: thin solid red; width: 108px; height: 132px; }
8    </style>
9    </head>
10   <body>
11   <h3>5.5 새로운 문서 표준 <span id="title">HTML5</span></h3>
12   <img src="H5_logo.gif" id="h5_logo" width="54" height="66">
13   <p>현재 W3C에서 표준안 개발을 하고 있는 HTML5는 차세대 웹문서 ...(중략)... </p>
14   </body>
15   </html>
```

아이디 **#title**에 커서가 올라가면 큰 글자, 노란색 배경, 이중선 테두리로 변경

아이디 **#title** 배경 색상, 폰트 사이즈 지정

아이디 **#h5_logo** 위치 absolute 지정

아이디 **#h5_logo**에 커서가 올라가면 크기 두 배, 가는 실선 테두리로 변경

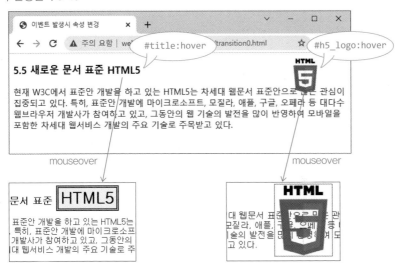

5.3.2 점진적으로 변하는 전환 효과

앞의 예제에 점진적으로 변하는 전환효과를 적용할 수 있다. 제목줄의 마지막 단어가 커지는 title:hover 속성에 테두리와 배경색이 각각 4초와 8초간 점진적으로 변하는 transition 속성값을 추가하였다. 또한 h5_logo:hover 속성에는 폭만 점진적으로 넓어지는 transition 속성값을 추가하였다. [실행결과 5-11]에서 제목줄 단어의 테두리와 배경이 점진적으로 변하고, HTML 로고의 높이와 테두리는 마우스 커서가 올라가는 순간 바로 변하지만 폭은 점진적으로 변하는 것을 볼 수 있다.

예제 5-11 점진적으로 변하는 전환효과의 설정 (transition1.htm)

```
1    <style type="text/css">
2        #title:hover { border: thick double blue; padding:4px;
3                       background-color: yellow; font-size: xx-large;
4                       transition: border 4s, background-color 8s; }  ←── 테두리는 4초간, 배경색은 8초간
5        #h5_logo { position: absolute; top: 10px; right: 60px; }
6        #h5_logo:hover { border: thin solid red; width: 108px; height: 132px;
7                         transition: width 4s; }  ←── 폭의 크기 4초간 변화
8    </style>
```

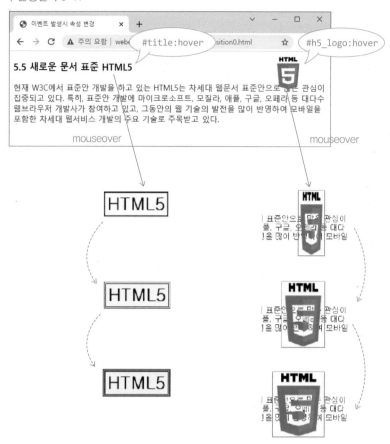

5.4 반응형 웹 제작하기

웹 사이트를 이용할 때 화면 크기의 변화에 따라 웹 페이지의 배치가 헝클어지는 경우가 있다. 반응형 웹이란 동일한 웹사이트를 다양한 화면 크기를 가진 디바이스에서 접속했을 때, 화면 크기에 따라서 적절히 배치된 페이지를 제공해 주는 방법이다. 반응형 웹을 적용하려면 다양한 유형을 판단할 수 있는 미디어 쿼리 명령과 화면의 배치를 지정하는 뷰포트를 설정해야 한다.

5.4.1 미디어 유형을 판단하기 위한 미디어 쿼리

미디어 쿼리는 미디어 장치의 유형과 속성을 감지하여 각 유형별로 다르게 처리하기 위한 일종의 선택문과 같은 역할을 한다. 웹 사이트에 접속하는 장치에 따라 웹 사이트의 레이아웃 형태가 바뀌도록 각각 해당하는 CSS 스타일을 정의할 수 있다. 미디어 쿼리는 필요한 미디어 유형을 명시하고, 원하는 미디어 속성과 값을 사용하여 해당 조건을 정의한다. 미디어 쿼리는 3가지 방법으로 작성할 수 있으며, 가장 대표적인 방법은 @media 선언문을 이용하는 것이다.

■ 미디어 쿼리 선언 형식

```
@media 미디어유형 [and 조건문] { CSS 선언문 }
```

@media 선언문은 <style> 요소 내에서 작성한다. @media 선언문에서 선언 가능한 "미디어 유형"은 일반적으로 all, 화면인 경우 screen을 주로 사용한다. 미디어 유형을 지정한 후 and 연산자와 조건문을 작성하며, 이어서 해당 조건이 충족될 때 수행될 {CSS 선언문}을 작성한다. 조건문은 일반적으로 "미디어 속성:값"으로 표현하며, and 연산자와 함께 반복적으로 작성할 수 있다. 예를 들어,

```
@media all and (max-width: 400px) {background: yellow;}
```

일 경우, 모든 미디어 장치가 해당되며 웹페이지의 최대 너비가 400px일 경우 (1~400px인 경우) 배경색을 노란색으로 설정한다. 미디어 쿼리의 조건문에서 사용 가능한 속성과 속성값은 다음의 [표 5-8]과 같다.

| 표 5-8 미디어 쿼리 조건문의 속성과 속성값

속성	설명
width	웹 페이지의 가로 너비
height	웹 페이지의 세로 높이
min-width / min-height	웹 페이지의 최소 가로 너비/세로 높이
max-width / max-height	웹 페이지의 최대 가로 너비/세로 높이
device-width	기기의 가로 너비

속성	설명
device-height	기기의 세로 높이
min-device-width / min-device-height	기기의 최소 가로 너비/ 세로 높이
max-device-width / max-device-height	기기의 최대 가로 너비/세로 높이
orientation	기기의 화면 방향

속성값은 숫자 %와 같이 모든 사용할 수 있는 모든 속성 값을 가지면, 화면 방향인 경우만 세로 portrait, 가로 landscape값을 갖는다.

미디어 유형을 지정한 후 조건문 앞에 **and** 연산자 외에도 콤마 연산자를 사용할 수 있다. **and** 연산자는 앞뒤 조건이 모두 사실일 경우, 콤마 연산자는 앞뒤 조건 중 하나만 사실일 경우 CSS 선언문을 실행한다. 예를 들어,

```
@media screen and (min-width: 300px), (max-width: 400px) {color: blue; font-weight: bold;}
```

인 경우, 미디어 유형이 **screen**이면서 웹페이지의 최소 너비가 300px이거나 최대 너비가 400px일 경우 글자를 파란색으로 굵게 설정한다.

NOTE

미디어 쿼리 설정 방법

미디어 쿼리를 설정하는 방법은 @media, <link>, @import로 세 가지 방법이 있다. 보편적으로 사용하는 @media 방법은 위의 본문에서 설명하였고, <link> 태그와 @import를 사용한 방법은 다음과 같다.

• <link>태그에 media 속성을 추가하여 디바이스 유형에 따라 스타일시트 지정한다. 이때, <link> 태그는 <head> 요소 내에 다음과 같이 작성한다.

```
<link rel="style sheet" type="text/css" media="미디어유형 and (조건문)" href="Screen-styles.css"
```

• @import를 이용하는 방법은 조건에 따라 스타일시트를 가져와 기존의 스타일 시트에 추가하는 방법이다. 이방법은 HTTP 요청이 증가함으로 가급적 사용을 지양한다. 작성 방법은 다음과 같다.

```
@import url("Screen-style.css") 미디어유형 and (조건문);
```

■ 미디어 쿼리 적용 예제 : 미디어의 크기에 따른 배경색 및 글자크기 변화

미디어의 유형과 크기에 따른 배경색 변화를 나타내는 간단한 예제이다. 미디어 유형은

all이며, 조건문을 이용하여 웹 페이지의 가로 너비가 최대가 600px 이하일 경우, 최소 600px에서 최대 1000px일경우, 최소 1000px 이상일 경우 각각 배경색과 글자크기를 변경하도록 한다.

예제 5-12 웹 페이지의 크기에 따른 배경색 및 글자 크기 변화 (mediaquery.html)

```
1   <html>
2   <head>
3     <style>
4       .example {padding: 20px; color: white;}
5       @media all and (max-width: 600px) {        ← 너비가 작은 웹 페이지
6           .example {background: blue; color:white;}}
7       @media all and (min-width: 600px) and (max-width:1000px) {   ← 너비가 중간인 웹 페이지
8           .example {background:yellow;}}
9       @media all and (min-width: 1000px) {        ← 너비가 큰 웹 페이지
10          .example {background: white; fontsize:20px}}
11    </style>
12  </head>
13  < body>
14    <h1>미디어의 크기에 따른 배경색의 변화</h1>
15    <p class="example">미디어의 유형과 크기에 따른 배경색 변화를 나타내는 예제이다.
        ...(생략).... </p>
16  </body>
17  </html>
```

| 실행결과 5-12

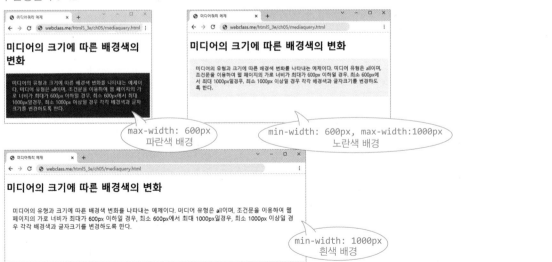

max-width: 600px
파란색 배경

min-width: 600px, max-width:1000px
노란색 배경

min-width: 1000px
흰색 배경

5.4.2 화면 영역을 지정하기 위한 뷰포트 설정

앞 절의 미디어 쿼리 예제를 PC환경에서 실행하면, 정의된 미디어 쿼리의 조건에 따라 설정한 스타일 대로 화면에 나타난다. 그러나 모바일 기기에서 실행하는 경우, 미디어 쿼리가 모바일 화면의 크기를 감지하지 못하여 그림에서 보듯이 의도한 CSS 스타일이 실행되지 않는다. [그림 5-4]에서 (a)는 PC 브라우저에서 실행한 화면이며, (b)는 모바일 기기에서 실행한 화면이다. 양 쪽의 웹 페이지 모두가 동일한 해상도에서 실행하였지만, 모바일 기기에서는 미디어 쿼리가 정확하게 적용되지 않은 것을 볼 수 있다.

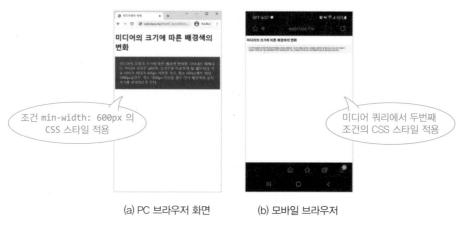

(a) PC 브라우저 화면   (b) 모바일 브라우저

| 그림 5-4 뷰포트 미적용시 PC 브라우저와 모바일 브라우저 비교

뷰포트는 사용하는 디바이스 화면에서 전체 콘텐츠 내용이 표시되는 영역을 지정하여 브라우저에서 크기를 감지할 수 있다. 뷰포트 설정이 필요한 또 다른 이유는 PC 화면에서 보이는 내용을 모바일 기기에서 볼 때 화면의 크기가 작아짐에 따라 콘텐츠의 일부분만이 보이는 경우가 있다. 이때 화면의 크기가 작아지더라도 콘텐츠 전체의 내용이 보여질 수 있도록 영역과 확대 및 축소 지정을 할 수 있도록 뷰포트 설정이 필요하다.

뷰포트를 설정하는 방법은 <head> 요소 내에서 <meta> 태그 사용 방법과 동일하게 작성한다. <meta> 요소의 name 속성에 viewport라고 지정하고, content 속성에 화면의 크기나 배율 등의 속성을 설정해 준다. 뷰포트를 설정하기 위한 다양한 속성과 해당값은 다음의 [표 5-9]와 같다.

```
<meta  name="viewport"  content="뷰포트 속성 지정">
```

| 표 5-9 뷰포트 설정을 위한 속성과 속성값

속성	설명	사용 가능한 값	기본 값
height	뷰포트 높이	device-height 또는 크기	브라우저 기본값
width	뷰포트 넓이	device-width 또는 크기	브라우저 기본값
initial-scale	초기 확대 및 축소 값	양수	1
minimun-scale	최소 확대/축소 값	양수	0.25
maximun-scale	최대 확대/축소 값	양수	5.0
user-scalable	확대/축소 가능 여부	yes 또는 no	yes

■ 뷰포트 예제 : 뷰포트 설정 유무 화면 비교

다음은 모바일 기기에서 뷰포트 설정 유무에 따른 화면을 비교하는 예제이다. 실행 결과 (a)는 뷰포트를 설정하지 않은 결과이며, 실행 결과 (b)는 **<meta>** 태그의 **name** 속성에 **viewport**로 지정하고, **content** 속성에 뷰포트의 넓이와 초기 배율의 값을 설정한 결과이다.

예제 5-13 뷰포트 설정 화면 비교(viewport.html)

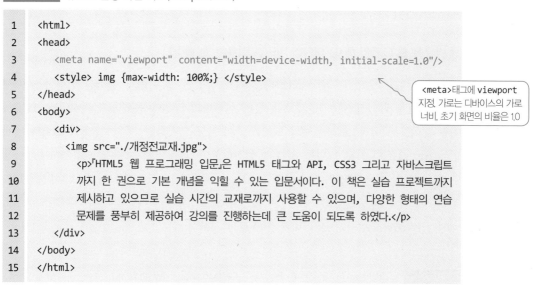

```
1   <html>
2   <head>
3     <meta name="viewport" content="width=device-width, initial-scale=1.0"/>
4     <style> img {max-width: 100%;} </style>
5   </head>
6   <body>
7     <div>
8       <img src="./개정전교재.jpg">
9         <p>『HTML5 웹 프로그래밍 입문』은 HTML5 태그와 API, CSS3 그리고 자바스크립트
10          까지 한 권으로 기본 개념을 익힐 수 있는 입문서이다. 이 책은 실습 프로젝트까지
11          제시하고 있으므로 실습 시간의 교재로까지 사용할 수 있으며, 다양한 형태의 연습
12          문제를 풍부히 제공하여 강의를 진행하는데 큰 도움이 되도록 하였다.</p>
13    </div>
14  </body>
15  </html>
```

> **<meta>**태그에 **viewport** 지정. 가로는 디바이스의 가로 너비, 초기 화면의 비율은 1.0

(a) 뷰포트 미적용   (b) 뷰포트 적용

5.4.3 미디어 쿼리를 이용한 반응형 웹 디자인

반응형 웹을 적용하면 모든 기기의 화면에 최적화된 웹 사이트를 제공할 수 있다. 따라서 PC와 모바일 버전의 웹 사이트를 각각 만들 필요 없이, 한 가지 버전의 웹 페이지로 다양한 디바이스의 화면 크기에 따라 자동으로 정의한 스타일을 적용할 수 있다. 뷰포트를 지정하면 모바일 기기에서도 미디어 쿼리가 적용될 수 있다.

■ **반응형 웹 디자인 예제: 미디어 쿼리를 이용한 웹 페이지 구조 변경**

미디어 쿼리를 이용하여 웹 사이트의 크기가 바뀌면 웹 페이지 구조를 변경하는 예제이다. 브라우저의 크기는 3단계로 분류하여 하나의 라인에 콘텐츠가 각각 1개, 2개, 4개씩 보이도록 한다. 브라우저의 크기가 최대 600px이하일 경우, 클래스 **align** 내에 있는 **div** 요소의 가로 너비를 80%로 설정하고, 브라우저의 크기가 최소 600px 이상 최대 1000px 이하일 경우에는 클래스 **align** 내에 있는 **div** 요소의 가로 너비를 40%로 설정한다. 마지막으로 브라우저의 크기가 최소 1000px 이상일 경우, 클래스 **align** 내에 있는 **div** 요소의 가로 너비를 20%로 설정한다.

예제 5-14   미디어 쿼리를 이용한 웹 페이지 구조 변경(reponsiveweb.html)

```
1    <html>
2    <head>
3        <meta name="viewport" content="width=device-width, initial-scale=1.0"/>
4        <style>
```

뷰포트 지정

```
1          .align{ display:inline-block; ...생략... }          /*스타일 관련 CSS 생략*/
2
3      @media all and (max-width: 600px) {  ←───────  웹 페이지 너비가 작은 경우
4                     .align div { width: 80%;}  }
5      @media all and (min-width: 600px) and (max-width:1000px) {  ←──  웹 페이지 너비가 중간인 경우
7                     .align div {width: 40%;}}
8      @media all and (min-width:1000px) {  ←───────  웹 페이지의 너비가 큰 경우
9                     .align div {width:20%;}}  ←──────  클래스 .align내에 있는 <div>태그
10     </style>
11   </head>
12   < body>
13      <div class="align">
14        ...생략...
15        <div>
16          <a href="html5_3e/index.html"><img src="./개정판교재.jpg"/></a>
17          <p><input type="submit" onclick="location.href='html5_3e/index.
18          html';" value="예제보기"></p>
19          <h3>HTML5 웹프로그래밍 입문 (개정판)</h3>
20          <p> 임순범/박희민 공저, 생능출판사, 2016.3 </p>
21        </div>
22        ...생략...
23      </div>
24   </body>
25   </html>
```

| 실행결과 5-14

(a) 브라우저의 폭이 1000px 이상

(b) 브라우저의 폭이 600px 이상 1000px 이하   (C) 브라우저의 폭이 600px 이하

연습문제

■ 다음 괄호 안에 올바른 단어를 넣으시오.

1. HTML 문서 내에서 각 구성 요소들은 자신의 공간을 차지하는데, 이들 공간은 직사각형 모양이며 여러 가지 공간 개념이 적용되어 있다. 이러한 요소가 차지하는 공간의 개념을 (   )이라고 부른다.

2. \<h3\>, \<p\>와 같이 글줄 단위로 영역을 차지하는 경우를 (   ) 유형의 박스 모델이라 부르며, \<strong\>이나 \<span\>과 같이 글줄 내에서 영역을 차지하는 경우는 (   ) 유형의 박스 모델이라고 한다.

3. 특정 콘텐츠를 주변 콘텐츠와 별도로 분리하여 배치하고 싶을 때 (   ) 속성을 이용하여 플로팅 박스를 구성한다. 속성값은 플로팅 박스와 주변 콘텐츠와 배치 방법을 지정하며, "left", "right", "none"의 값을 가진다.

4. 웹 문서가 출력될 때 브라우저에서는 각 콘텐츠의 박스크기를 계산하여 각각의 위치를 결정하게 된다. 이때, 웹 문서 작성자가 특정 콘텐츠에서 차지하는 공간 크기를 임의로 조정하기를 원한다면 콘텐츠 박스의 (   ) 및 (   ) 속성으로 가로, 세로 크기를 지정할 수 있다.

5. 전환 효과를 표현하려면 이벤트가 발생할 때 변화될 속성값을 설정하고, 그중에서 점진적으로 변화될 속성들을 (   ) 속성을 이용하여 지정한다.

6. PC, TV, 모바일 기기 등 다양한 크기의 화면을 가진 디바이스에 따라 최적화된 스타일의 웹 사이트를 제공하는 방법을 (   )웹 이라고 한다.

7. 미디어 쿼리로 다양한 화면의 크기를 감지해야 할 때 꼭 필요한 기술로 (   )를 설정해야 한다.

■ 다음 보기 중에서 질문의 답으로 가장 알맞은 것을 고르시오.

8. 영역 설정을 위한 박스 모델에서 박스 공간의 구성에 대한 설명으로 틀린 것은?
   ① 박스 공간의 구성은 요소가 차지하는 공간 이외에 내부 여백(padding)을 지정할 수 있다.
   ② 테두리(border)를 설정하는 경우, 내부 여백은 테두리 박스 바깥쪽에 위치한다.
   ③ 테두리 바깥쪽으로 외부 공백(margin)을 지정할 수 있다.
   ④ 외부 공백으로 이웃 요소나 부모 요소와 거리를 조절할 수 있다.

9   작성자가 콘텐츠가 나오는 순서대로가 아니라 원하는 위치에 임의로 배치하고 싶을 때
    사용하는 레이아웃 속성 중, 문서 혹은 상위 요소 내에서의 절대 위치에 배치하는 속성
    값으로 옳은 것은?

    ① { position:static; }   ② { position:relative; }
    ③ { position:fixed; }   ④ { position:absolute; }

10 여러 개의 콘텐츠를 겹쳐서 배치할 때 앞뒤 순서를 결정해 주는 속성은?

    ① z-coord   ② z-order   ③ z-axis   ④ z-index

11 콘텐츠 박스의 크기보다 텍스트의 양이 많을 경우, 텍스트가 초과된다. 이처럼 콘텐츠의
    분량이 해당하는 요소의 박스 크기를 초과할 때의 처리 방법을 지정하는 속성은?

    ① overflow   ② hidden   ③ scroll   ④ visible

12 CSS3 스타일 사양의 특징 중 하나가 정지된 효과가 아닌, 움직이는 효과의 스타일을 지
    정할 수 있다는 것이다. 움직임에 대한 설명으로 틀린 것은?

    ① 움직임 효과로는 객체 모양을 점진적으로 바꾸는 전환 효과와 좌표 변환 방식의 애니
       메이션이 있다.
    ② 전환 효과는 연속적인 키프레임 애니메이션을 실행시킬 수 있다.
    ③ 점진적으로 변하는 전환 효과는 transition 속성값을 이용하여 설정할 수 있다.
    ④ 전환 효과는 객체 모양이 변하는 것으로, transition 속성에서 property와
       duration 등의 속성값을 이용한다.

13 미디어 쿼리에 대한 설명으로 틀린 것은?
    ① 미디어 장치의 유형과 속성을 감지하기 위한 선택문의 역할을 한다.
    ② 미디어 쿼리의 조건문은 "미디어 속성:값"으로 표현한다.
    ③ 미디어 쿼리는 태그 내에서 작성한다.
    ④ 미디어 쿼리의 조건이 충족하면 CSS 선언문을 실행한다.

14 뷰포트의 역할과 속성에 대한 설명으로 틀린 것은?
    ① 뷰포트는 화면의 크기를 감지할 수 있도록 각각의 크기를 지정한다.
    ② 뷰포트의 문법은 메타 태그를 사용하며 name 속성에 viewport라고 값을 지정한다.
    ③ height 속성은 뷰포트의 높이를 width 속성은 뷰포트의 넓이를 지정한다.
    ④ 뷰포트의 초기값을 지정할 때는 initial-scale 속성을 사용한다.

    ■ 다음 질문에 대하여 간단히 답하시오.

15 HTML의 각 요소가 차지하는 공간에 대한 박스 모델에서 외부 공백(margin), 내부 여
    백(padding), 테두리(border)에 대해 간단히 설명하시오.

16 박스 모델의 유형을 지정하려면 display 속성을 사용한다. 이때 display 속성값이
    block과 inline인 경우는 콘텐츠의 영역이 어떤 유형에 해당하는지 설명하시오.

17 float 속성은 특정 콘텐츠를 주변 콘텐츠와 별도로 분리하여 배치할 때 사용한다. float 속성값에는 무엇이 있고 어떻게 출력되는지 간단히 설명하시오.

18 overflow는 콘텐츠의 분량이 해당하는 요소의 박스 크기를 초과할 때, 이를 처리하는 속성이다. 속성값으로 scroll을 사용하면 어떻게 출력되는지 설명하시오.

19 미디어 쿼리를 설정하는 3가지 방법에 대해 설정 방법과 특징을 간단히 설명하시오.

20 PC 환경과 모바일 환경을 비교하여 뷰포트를 설정하지 않은 경우 발생하는 현상에 대해서 설명하시오.

■ 다음 문제에 해당하는 HTML5 프로그램을 작성하시오.

21 아래의 예제 코드에서 <p> 요소에 내부 여백을 12픽셀로 주고, 테두리를 점선으로 그리고, 테두리 색을 파랑으로 지정하는 CSS 코드를 내부 스타일시트로 작성하시오. 즉, 오른쪽 결과 화면과 같이 실행되도록 예제 파일 "mybox.html"을 작성하시오.

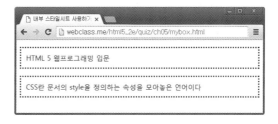

22 다음의 HTML 파일을 오른쪽 화면과 같이 실행되도록 CSS 코드를 내부 스타일시트로 포함하여 수정하시오. 실행결과에서 제목은 상대 위치로 지정되어 있으며, 왼쪽에서 10%, 폭은 60%, 내부 여백은 5픽셀이다. 테두리는 중간 굵기의 이중선이다. 오른쪽 W3C 로고는 플로팅 박스로 지정되어 있으며 내부 여백은 5픽셀이다.

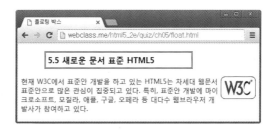

```
<body>
<h3 id="intro_title">5.5 새로운 문서 표준 HTML5 </h3>
<img src="W3C_logo.gif" id="w3c_float" width="72" height="40">
<p>
        현재 W3C에서 표준안 개발을 하고 있는 HTML5는 차세대 웹 문서 표준안으로 많은  관
        심이 집중되고 있다. 특히, 표준안 개발에 마이크로소프트, 모질라, 애플, 구글, 오페
        라 등 대다수 웹 브라우저 개발사가 참여하고 있다. </p>
</body>
```

23 바로 앞의 예제에 다음 설명과 같이 점진적으로 변하는 전환 효과를 설정하시오. 제목에 마우스 커서가 올라가면 테두리 선의 색상과 배경색이 점진적으로 변하고, W3C 로고 위에 커서가 올라가면 크기가 점진적으로 커지도록 하시오.

24 앞 장에서 작성한 자신의 취미 소개 웹 페이지 파일에 박스 모델과 레이아웃 기능, 전환 효과까지 포함한 CSS 스타일시트를 적용하여 보기 좋은 웹 페이지를 작성하시오.

25 다음 html 코드를 아래 화면과 같이 모바일에서 실행되도록 코드를 수정하시오. <div> 요소에 아래쪽 외부 공백을 3 픽셀로 주고, 웹 브라우저의 최대 너비가 600px일 경우에 1개의 라인에 1개의 <div> 요소가 보이며, 배경색은 흰색, 테두리는 점선이다. 웹 브라우저의 최소 너비가 600픽셀 이상 최대 너비가 1000픽셀일 경우, 1개의 라인에 2개의 <div>요소가 보이며, 배경색은 파랑색으로 지정하며, 브라우저의 최소 너비가 1000px 이상일 경우, 1개의 라인에 3개의 <div> 요소가 보이며, 배경색은 노란색이다.

```
<body>
    <div class="divgroup">
        <div>1번 영역</div>
            <div>2번 영역</div>
            <div>3번 영역</div>
            <div>4번 영역</div>
            <div>5번 영역</div>
    </body>
```

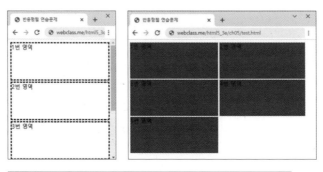

CHAPTER 06

다양한 입력 폼

HTML5 Web Programming

06
다양한 입력 폼

키워드 검색을 하거나 온라인 뱅킹 등 사용자의 입력정보를 필요로 하는 웹 애플리케이션을 사용할 때 사용자는 해당 애플리케이션에게 필요한 정보를 전달해 주어야 한다. 애플리케이션에 전달해 줄 사용자의 정보를 입력받기 위해 HTML의 폼(form) 요소를 이용하여 다양한 형식으로 입력 양식을 작성할 수 있다. 기존의 HTML에서는 간단한 형태로 제공하였으나, HTML5에서는 다양한 기능의 새로운 입력 유형을 제공함으로써 더욱 강력해진 입력 폼을 만들 수 있다.

이전에는 웹 애플리케이션이 주로 서버에서 작동되었으나, 최근 HTML5에서는 클라이언트 기기에서 실행되는 경우도 많이 생겼다. 이번 장에서는 기존의 입력을 위한 폼과 새롭게 추가된 입력 유형에 대해 설명하며, 설명의 편의를 위해 예제는 단말기 애플리케이션으로 국한하였다. 대신, 부록에서 입력폼을 통한 사용자 입력을 서버에서 처리하는 방법을 설명한다.

6.1 폼 이해하기

회원가입, 상품구매, 키워드 검색과 같이 사용자로부터 정보를 받을 때 <form> 요소를 사용한다. 사용자는 문자 입력 상자나 체크박스, 선택목록 등을 통해 원하는 내용을 입력하고 전송버튼을 통해 데이터를 보낸다. 입력한 데이터는 애플리케이션으로 전달이 되어 작업처리 후에 다시 사용자가 원하는 실행결과를 되돌려 준다. 이렇게 사용자와 애플리케이션이 상호작용할 수 있는 웹 페이지를 만들기 위해서 <form> 요소를 사용한다.

■ <form> 요소 내의 사용자 입력 요소

<form> 요소는 사용자가 입력하는 정보를 하나로 묶어서 애플리케이션에 전달할 수

있도록 다양한 입력 양식을 그룹화하고 전송방법을 설정하는 역할을 한다. `<form>` 요소 자체는 정보를 입력할 수 있는 영역만을 지정하므로 화면상에 직접 표시되는 것이 없다. 그 대신에 사용자의 정보 입력 양식은 `<form>` 요소 안에서 `<input>`, `<textarea>`, `<select>`, `<button>` 등의 입력 요소를 이용하여 작성한다. [예제 6-1]에서 보듯이 `<input>` 요소에서 다양한 형식의 사용자 입력을 받을 수 있으며, 긴 문장은 `<textarea>` 요소에서, 선택목록은 `<select>` 요소에서 입력받는다. 이들 각각의 입력 요소에 대해서는 다음의 6.2절에서 자세히 설명한다.

■ **다양한 입력 폼 예제**

HTML 문서 내에서 다양한 양식의 입력 폼을 작성하는 간단한 예제를 보기로 하자. `<form>` 요소 안에 `<input>` 요소를 삽입하여 텍스트를 입력할 수 있는 문자열 입력 필드, 한 개만 선택 가능한 라디오버튼 입력, 각 항목별로 여러 개 선택할 수 있는 체크박스 입력 필드를 만들었다. 그리고 긴 문장을 입력하는 `<textarea>` 요소와 선택목록 중에서 하나를 선택하는 `<select>` 요소도 사용하였다. 마지막으로 작성한 폼을 서버로 전송하기 위해 `<input>` 요소를 사용하여 신청 버튼과 취소 버튼을 삽입하였다.

예제 6-1 다양한 입력 폼 예제 (input_start.html)

```
1   <html>
2   <body>
3       <h3>다양한 입력 폼</h3>
4       <form method="get" action="form_app.js">
5           성명: <input type="text" name="person"/> <br>          ← 문자열 입력받기
6           성별: <input type="radio" name="gender" value="male"/>남성     ← 라디오 버튼 선택하기
7                 <input type="radio" name="gender" value="female"/>여성<br>   (name속성 동일)
8           직업: <select name="job" size="1">          ← 선택 목록 중 하나 고르기
9                   <option>학생</option> <option>회사원</option>
10                  <option>공무원</option> <option>기타</option>
11              </select>
12          <p>
13          구입희망분야(복수선택 가능)<br>
14          - 분야: <input type="checkbox" name="books" value="computer"/>컴퓨터   ← 체크박스
15                  <input type="checkbox" name="books" value="economy"/>경제      (복수 선택 가능)
16                  <input type="checkbox" name="books" value="common"/>상식<br>
17          비고: <br>
18                  <textarea name="comments" rows="4" cols="40"></textarea>   ← 긴 문장 입력받기
```

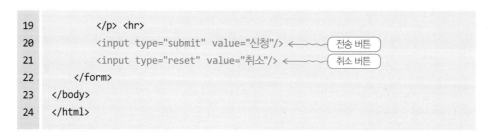

```
19          </p> <hr>
20          <input type="submit" value="신청"/>  ←————  전송 버튼
21          <input type="reset" value="취소"/>  ←————  취소 버튼
22      </form>
23  </body>
24  </html>
```

| 실행결과 6-1

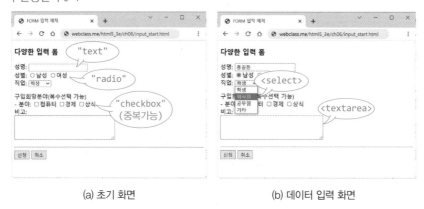

(a) 초기 화면   (b) 데이터 입력 화면

■ <form> 요소의 주요 속성

앞의 예제에서 <form> 요소의 속성으로 method와 action을 사용하였다.

- <form> 요소의 속성 : method, action
- method 속성 : 데이터들이 전송되는 방식을 지정한다.
- action 속성 : 데이터를 처리할 애플리케이션 프로그램의 주소를 지정한다. 웹서버 프로그램인 경우에는 URL 주소를 적으면 된다.
- name 속성: 암호화 키를 생성해 준다.

다음은 <form> 요소가 가지는 기본 형식이다.

<form name="폼의 이름" method="get 또는 post" action="애플리케이션 주소">

HTML 문서에서 <form> 요소의 가장 중요한 역할은 다양한 <input> 요소로부터 입력된 데이터를 애플리케이션 프로그램에 전달해주고 그 실행 결과를 받는 것이다. 애플리케이션 프로그램은 [그림 6-1]에서 보듯이 웹 서버에 ASP나 JSP, PHP 등의 서버 프로그램으로 작성되어 있거나, 혹은 서버용 자바스크립트 프로그램으로 작성되어 있기도 한다.

| 그림 6-1 폼 데이터의 전송

6.2 기본 형식으로 입력하기

우리가 쇼핑몰에서 원하는 상품을 검색할 때, 문자입력 창에 원하는 상품명을 입력하고 검색 버튼을 클릭하여 전송을 한다. 이는 HTML 문서에서 가장 기본적인 입력 폼의 형태로 <form> 요소 안에 <input>, <textarea>, <select>, <button> 등의 요소를 이용하여 만든다. 이 절에서는 사용자로부터 데이터를 받기 위해 기본적으로 제공하는 다양한 입력 방법에 대해서 설명한다.

■ <input> 요소의 속성

HTML 문서에서 사용자로부터 데이터를 입력받을 수 있는 가장 기본적인 방법은 <input> 요소를 이용하는 것이다. <input> 요소는 <form> 요소 내에서 사용되며 주요 속성으로는 type, name, value가 있다.

- type 속성 : 입력 폼의 유형을 결정하는 중요한 속성값으로 [표 6-1]에서와 같은 유형이 있다.
- name 속성 : 입력 요소의 이름을 지정하며 데이터 전송 시에 변수명으로 사용된다.
- value 속성 : 입력 요소의 값을 설정해 놓아 데이터 전송 시에 변수의 값으로 이용된다.

다음은 input 요소의 가장 기본적인 형식이다.

```
<input type="입력 형식" name="변수명" value="입력 값"/>
```

| 표 6-1 <input> 요소의 기본적인 type 속성

구분	입력 형식	설명
텍스트	text	문자열 입력 필드
	password	입력된 문자열이 '•'으로 표시되는 암호 문자열 입력 필드
선택	radio	단일 선택을 위한 라디오버튼 필드
	checkbox	복수 선택을 위한 체크상자 필드
버튼	submit	전송 버튼
	reset	초기화 버튼
	button	임의 기능의 버튼
	image	이미지를 전송 버튼으로 정의
기타	file	파일을 업로드하기 위한 입력 필드
	hidden	숨김 필드

이 외에도 텍스트 필드에 넣을 수 있는 문자 개수를 지정할 수 있는 size 속성, 최대치로 입력할 수 있는 문자 개수를 지정하는 maxlength 속성, 읽기 전용 상태로 하는 readonly 속성, 서식 요소를 사용 불가 상태로 지정하는 disabled 속성 등이 있다. HTML5에 새롭게 추가된 입력 형식과 속성은 6.3절에서 설명하도록 한다.

6.2.1 텍스트 입력

사용자가 로그인하기 위해서는 아이디와 비밀번호를 입력한다. 이렇게 아이디와 비밀번호를 입력할 수 있는 양식을 만들기 위해서는 <input> 요소의 type 속성을 "text" 및 "password"로 지정하여 한 줄 정도 입력할 수 있는 문자열 입력 창을 만든다. 만약 여러 줄에 걸치는 긴 문자열을 입력하려면 <textarea> 요소를 이용하면 된다.

■ 문자열 입력 필드: <input type="text" name="변수명" value="초기값"/>

한 줄의 문자열을 입력받는 가장 기본적인 입력 형식으로 문자열 입력 필드는 <input> 요소에서 type 속성값을 "text"로 지정한다. 문자열 입력 필드는 name 속성을 통해 애플리케이션에 전달될 변수명을 지정하고, 사용자로부터 입력받은 값을 value 속성으로 전달한다. 만약에 문자열 입력 창에 초기 문자를 보여주고 싶다면 value 속성에 값을 지정하면 된다.

■ 암호 입력 필드: <input type="password" name="변수명"/>

문자를 입력할 때에 비밀번호나 주민등록번호의 뒷자리같이 남에게 보여서는 안 되는 문자열이 있다. 이럴 경우에는 <input> 요소의 type 속성값을 "password"로 지정한다. 암호 입력 필드에서는 사용자가 입력하는 데이터가 남들이 볼 수 없도록 '●'으로 표시된다. 단, 화면에 표시되는 형식이 다르게 나타낼 뿐 더 이상의 보호 기능은 없다.

■ 텍스트 영역 필드: <textarea> 요소

문자를 입력할 때 여러 줄에 걸치는 텍스트를 입력하기 위해서는 <textarea> 요소를 사용한다. <textarea> 요소는 name, cols, rows의 속성값을 갖는다. name 속성은 <textarea> 요소의 이름을 지정한 속성값이다. cols 속성은 텍스트 영역에서 한 줄에 해당하는 문자 수로 열의 개수를 지정하며, rows 속성은 텍스트 영역의 행의 개수를 지정한다. 표시 영역보다 많은 텍스트를 입력한 경우에는 스크롤바가 나타난다. 만약에 텍스트 영역에 초기 문장을 적고 싶다면 다음의 기본 형식에서와 같이 <textarea>와 </textarea> 사이에 문자를 입력하면 된다.

```
<textarea name="이름" cols="열의 수" rows="행의 수">
    텍스트 영역에 표시되는 초기 문장
</textarea>
```

[예제 6-2]에서는 HTML 문서 내에서 로그인을 위해 아이디와 비밀번호를 입력하고 요청사항을 적을 수 있는 입력 양식의 예를 보여주고 있다. 아이디와 비밀번호를 입력하는 문자열 필드는 <form> 요소 안에 2개의 <input> 요소를 삽입하고 type 속성을 각각 "text"와 "password"로 지정하여 작성하였다. 초기 화면에서 아이디 입력 필드에 "…ID 입력…"이라는 문자열이 나오도록 하였다. 요청사항은 여러 줄에 걸쳐서 작성할 수 있도록 <textarea> 요소를 사용하여 한 줄에 40글자씩 5줄 크기의 텍스트 영역 필드로 작성하였다. <form> 요소 안에 <textarea> 요소를 삽입하고 40열 5행의 텍스트 영역을 생성하였다. 초기 화면에서 "전달하실 내용을 적으세요: "라는 문장이 나오도록 하였다.

예제 6-2 아이디와 비밀번호, 요청사항 입력 (input2_text.html)

```
1   <html>
2   <body>
3       <h3> 문자열, 암호 입력 및 텍스트 영역</h3>
4       <form method="post" action="form_app.js">        ← 문자열 입력
5           아이디 :   <input type="text" name ="id" value="…ID 입력…"> <br>
6           비밀번호: <input type="password" name="pwd">   ← 암호 입력
7           <p>요청사항: <br>
8               <textarea name="comment" cols="40" rows="5"> 전달하실 내용을 적
9               으세요: </textarea>   ← 텍스트 영역.
10          </p>
11      </form>
12  </body>
13  </html>
14
```

| 실행결과 6-2

(a) 초기 화면   (b) 데이터 입력 화면

6.2.2 선택항목의 입력

사용자가 직접 텍스트 입력을 통해서 정보를 받을 수 있지만, 이 외에도 다양한 방식으로 입력을 받을 수 있다. 여기에서는 여러 항목 중에서 사용자가 선택하여 해당 값을 전달하는 입력 양식인 라디오버튼, 체크박스, 선택목록을 소개한다.

■ 라디오버튼 선택: <input type="radio" name="변수명" value="선택값"/>

라디오버튼은 여러 항목 중에서 하나만 선택하도록 하는 입력 요소이다. 간단한 예로 성별을 선택할 때, 남자와 여자 중에서 하나만 선택하는 입력 양식을 구현할 수 있다. 라디오버튼을 생성하기 위해서는 <input> 요소의 type 속성을 "radio"로 지정하고, name 속성과 value 속성을 반드시 지정해야 한다. 이때, 동일한 그룹의 라디오버튼은 <input> 요소에서 name 속성이 같아야 한다. 즉, name 속성값이 같은 그룹에서 하나만 선택할 수 있으며, 선택된 라디오버튼의 value 속성값이 애플리케이션에 전달된다. 다음의 예에서는 회원여부와 성별의 선택을 요구하고 있다. 회원과 남자를 선택한 경우 "member=yes&gender=male"의 형태로 선택한 결과가 전달된다. checked 속성은 초기화면에서 미리 선택해 놓도록 설정하는 속성이다.

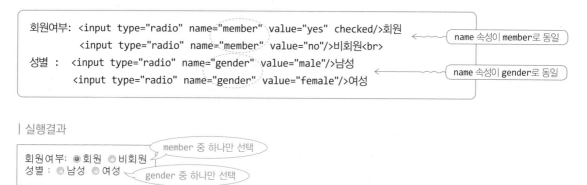

| 실행결과

체크박스 선택: <input type="checkbox" name="변수명" value="선택값"/>

여러 항목에 대하여 개별적으로 선택하기 위한 입력 형식으로 체크박스가 있다. 사용자는 하나 이상의 항목들을 선택할 수 있다. name 속성값은 모두 같은 값을 가지고 value 값은 고유한 값을 갖는다. 초기 화면에 기본적으로 체크를 해 놓고 싶다면 checked 속성을 사용하면 된다. 체크박스에 표시된 항목의 value 속성값 들이 애플리케이션으로 전송된다. 다음은 <input> 요소의 checkbox 형식을 사용한 예이다.

```
<input type="checkbox" name="hobby" value="read"/>독서
<input type="checkbox" name="hobby" value="movie" checked/>영화
<input type="checkbox" name="hobby" value="music"/>음악
<input type="checkbox" name="hobby" value="sports"/>스포츠
```

name 속성값이
"hobby"로 멀티값 가능

| 실행결과

취미(중복선택) : ☐ 독서 ☑ 영화 ☑ 음악 ☑ 스포츠

체크박스는 여러 개 선택 가능

■ **선택목록에서 선택: <select> 요소 내에 <option> 항목**

여러 개의 목록 중에서 하나를 선택할 수 있는 입력 방식으로 선택목록이 있다. <select> 요소는 아래로 펼쳐지는 드롭다운(drop-down) 형태의 선택목록 혹은 스크롤 박스(scroll-box) 형태의 선택목록에서 항목을 선택할 때 사용된다. 선택목록의 각 항목은 <select> 요소 내에서 <option> 요소를 이용하여 옵션 항목으로 정의한다. 옵션 항목의 수가 많을 때 선택목록이 유용하게 사용된다. <select> 요소는 name, size, multiple 등의 속성을 가진다. name 속성은 선택목록의 변수명을 지정해주고, size 속성은 사용자들에게 보여줄 항목의 개수를 지정한다. 만약 size 속성의 값이 1인 경우는 드롭다운 목록으로 나타나며, 2 이상인 경우에는 스크롤 박스의 크기를 의미한다. 또한, 하나 이상의 항목을 선택할 수 있게 하려면 multiple 속성을 적용하면 된다. 옵션항목은 <option>과 </option> 태그 사이에 작성하고, 각 항목을 구별하기 위한 value 속성 값을 지정해야 한다. 초기 화면에서 특정 항목을 기본값으로 지정하려면 selected 속성을 적용하면 된다.

다음은 선택목록의 간단한 예로서 실행결과 (a)는 size="1"인 경우이고 (b)는 size="4"이고 multiple 속성이 지정된 경우이다. (b)에서와 같이 선택했을 때 선택된 항목의 값은 "job=student&job=sales& ..."와 같은 형태로 애플리케이션에 전달된다.

```
<select name="job" size="1" >
    <option value="student" selected>학생</option>
    <option value="company">회사원</option>
    <option value="teacher">교사</option>
    <option value="sales">자영업</option>
    <option value="others">기타</option>
</select>
```

"job"이라는 name 속성값 아래
5개 value 값 중 하나가 선택됨

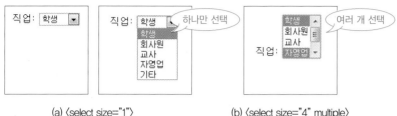

(a) 〈select size="1"〉   (b) 〈select size="4" multiple〉

6.2.3 버튼 입력

사용자가 입력한 값을 애플리케이션으로 전달하는 과정에서 전송이나 취소를 위한 버튼이 필요하다. 버튼은 입력된 값을 전송하기 위한 submit 버튼과 사용자가 입력한 값을 초기화시키는 reset 버튼, 그리고 일반적으로 사용할 수 있는 버튼이 있다. 기본적으로 제공하는 버튼 모양 이외에 멋있는 모양의 버튼을 사용하고 싶을 때는 image 버튼을 사용하면 된다.

■ 전송 버튼: <input type="submit" value="버튼라벨"/>

사용자가 입력한 값을 애플리케이션으로 전달하기 위한 전송 버튼이다. 이 버튼을 누르면 <form> 요소의 영역 안에 있는 모든 입력 데이터가 <form>의 action 속성에서 지정한 애플리케이션 프로그램으로 전송된다. 버튼에 표시하고 싶은 라벨은 value 속성의 값으로 지정한다.

■ 초기화 버튼: <input type="reset" value="버튼라벨"/>

<input> 요소의 type 속성을 "reset"으로 지정하면 사용자가 폼에 입력한 데이터 값들은 모두 초기화 시키는 버튼이 생성된다. 버튼에 표시할 라벨은 value 속성값으로 지정한다.

■ 일반 버튼: 〈input type="button" value="버튼라벨"/〉

다양한 용도로 사용할 수 있는 버튼으로 HTML 문서에 삽입하기 위해서는 <input> 요소의 type 속성을 "button"으로 지정하면 된다. 버튼에 표시할 라벨은 value 속성값으로 지정한다.

■ 이미지 버튼: `<input type="image" src="이미지 파일" alt="문자열"/>`

기존에 제공하는 버튼 모양이 맘에 들지 않는 경우에는 `<input>` 요소의 `type` 속성값을 `"image"`로 지정하여 버튼을 원하는 이미지로 대체할 수 있다. 이미지 버튼은 전송하기 위한 버튼으로 사용되며, 속성으로는 이미지의 경로를 나타내는 `src` 속성과 이미지에 문제가 있을 때 보여 줄 대체 텍스트를 적어주는 `alt` 속성이 있다.

다음의 [예제 6-3]에서는 다양한 버튼을 보여주고 있다. 체크박스와 스크롤 목록에서 선택한 결과를 애플리케이션에 전송되도록 전송 버튼을 작성하고, 사용자가 입력 도중 처음 상태로 되돌리고 싶을 때를 위해 초기화 버튼을 만들었다. "확인하기" 버튼은 일반 형식의 버튼으로 작성하고 클릭하면 실행결과 (b)와 같이 메시지 창이 나타나도록 하였다. 아직 자바스크립트에 대해 배우지 않았으므로 간단한 메시지만 보여주는 `alert()` 함수를 이용하여 구현하였다. 이미지 버튼은 전송버튼과 동일한 기능을 수행한다.

■ 예제 6-3 버튼 입력 예제 (input2_button.html)

```
1   <html>
2   <body>
3       <h3>버튼 입력</h3>
4       <form method="get" action="form_app.js">
5           <p>취미(중복선택) :
6               <input type="checkbox" name="hobby" value="read"/>독서
7               <input type="checkbox" name="hobby" value="movie" checked/>영화
8               <input type="checkbox" name="hobby" value="music"/>음악
9               <input type="checkbox" name="hobby" value="sports"/>스포츠
10          </p>
11          직업:
12          <select name="job" size="4" multiple>
13              <option value="student" selected>학생</option>
14              <option value="company">회사원</option>
15              <option value="teacher">교사</option>
16              <option value="sales">자영업</option>
17              <option value="others">기타</option>
18          </select>
19
20          <hr>
```

'hobby' 체크박스는 중복 선택 가능 → (6행)

다중 선택 가능한 선택목록 → (12행)

```
21          <input type="submit" value="전송하기"/>    ←── 입력한 값을 애플리케이션으로 전송
22          <input type="reset" value="초기화"/>    ←── 폼에 입력한 데이터 값 모두 초기화
23          <input type="button" value="확인하기" onClick="alert('입력값 확인')"/>    ←── 다양한 용도로 사용 가능한 일반 버튼
24          <input type="image" src="help.gif" alt="전송 버튼"/>  ←── 버튼 모양을 원하는 이미지로 지정 가능한 이미지 버튼
25      </form>
26  </body>
27  </html>
```

| 실행결과 6-3

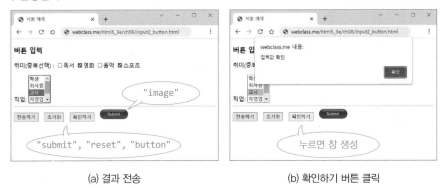

(a) 결과 전송   (b) 확인하기 버튼 클릭

NOTE

새로 추가된 <button> 요소

<input> 태그의 submit, reset, button 타입과 비슷하게 <button> 요소를 통해서 버튼을 생성할 수 있다.
<button> 요소 역시 type 속성으로 submit, reset, button을 갖는다. 버튼의 라벨을 지정하기 위해서는
<button>과 </button> 사이에 정의해서 사용한다. 두 양식의 차이점으로는 마크업 텍스트로 버튼의 라벨에
스타일을 지정할 수도 있다는 점이다. IE6와 같이 구버전의 브라우저에서는 <button> 요소에 이상한 기능이
포함되어 있어서 대부분의 사이트에서는 <input> 요소의 버튼을 사용하고 있다.
다음은 버튼요소를 사용한 예이다.

<button type="submit">전송하기</button>

6.2.4 기타 입력 필드

HTML에서 제공하는 폼 입력에는 텍스, 선택, 버튼 이외에도 파일을 업로드 하는 **file**
형식의 입력 필드나, 전송할 데이터의 입력 요소를 보이지 않게 하는 **hidden** 형식의 입
력 필드가 있다. 또한, **<label>** 요소를 이용하여 입력 필드에 텍스트 라벨을 부착할
수도 있다.

■ 파일 선택하기: `<input type="file"/>`

사용자가 폼 입력에서 파일을 선택하여 애플리케이션 프로그램으로 선택한 파일을 전송해야 하는 경우가 있다. 선택한 파일들을 업로드 하기 위해서는 **`<input>`** 요소의 **type** 속성을 **"file"**로 지정하면 된다. 초기 화면에는 파일의 경로를 보여줄 문자열 필드와 "파일 선택" 버튼이 나타나며, 버튼을 누르면 다음의 예와 같이 파일 선택창이 열린다. 파일을 선택하면 문자열 필드에 선택된 파일의 이름이 나타난다.

```
파일 업로드하기 <br>
<input type="file" name="myfile"/>
```

| 실행결과

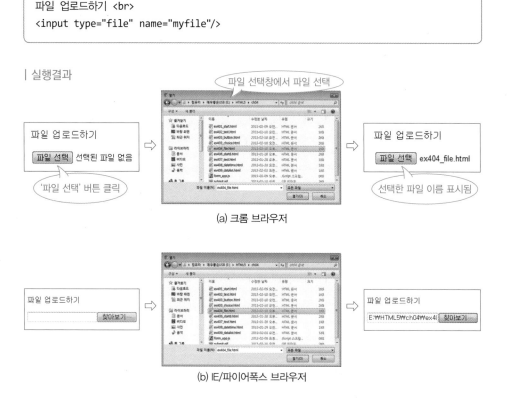

(a) 크롬 브라우저

(b) IE/파이어폭스 브라우저

■ 데이터 숨김: `<input type="hidden" name="변수명" value="값"/>`

사용자가 입력하거나 선택하는 데이터는 아니지만, 사용자가 알지 못하게 시스템에서 특정 데이터 항목을 입력받아 처리하고 싶은 경우가 있다. 예를 들어, 사용자의 IP 주소나 이미 넘겨받은 데이터를 다시 보여줄 필요가 없을 때 사용한다. **"hidden"** 형식은 **`<input>`** 요소는 화면에 아무것도 보여주지 않지만, **name**과 **value** 속성값을 애플리케이션으로 전달한다.

■ 텍스트 라벨: <label for="입력아이디">

사용자가 입력 양식을 좀 더 쉽게 구별할 수 있도록 <label> 요소를 사용하여 텍스트 라벨과 특정 입력 필드를 연결해 준다. 화면에 해당 글자를 보여주는 것 이외에 데이터 전달에는 영향이 없다. 그러나 선택 입력의 경우 라디오버튼이나 체크박스 아이콘 외에도 라벨 텍스트를 클릭해도 선택이 가능해지므로 입력 폼의 사용이 편리해진다. <label> 요소의 for 속성과 이와 연결되는 입력 양식의 id 속성에 같은 아이디 값을 적어야 한다. 다음은 <label> 요소를 사용한 예이다.

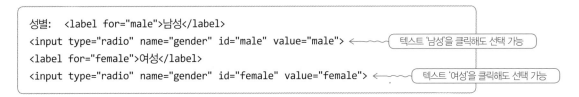

```
성별:   <label for="male">남성</label>
<input type="radio" name="gender" id="male" value="male">      ← 텍스트 '남성'을 클릭해도 선택 가능
<label for="female">여성</label>
<input type="radio" name="gender" id="female" value="female">   ← 텍스트 '여성'을 클릭해도 선택 가능
```

| 실행결과

6.2.5 입력 필드의 그룹화

사용자로부터 입력받는 양식이 많은 경우에는, 이를 알아보기 쉽게 그룹화를 할 필요가 생긴다. 화면에서 구분하여 보기 좋도록 <fieldset> 요소와 <legend> 요소를 이용하여 그룹화를 할 수 있다.

■ 그룹화: <fieldset> 요소

폼 양식을 그룹화하는 범위를 지정하는데 사용되는 <fieldset> 요소는 사용자의 시각적 편의를 위해서 제공한다. <fieldset> 요소로 묶은 입력 필드의 그룹 주위에 기본 스타일로 선을 그려준다. <fieldset> 요소의 속성으로는 그룹의 이름을 지정하는 name 속성, 폼과 연결하기 위한 form 속성, 그룹 내의 모든 하위 입력 요소들을 비활성화시켜서 사용 못하게 만드는 disabled 속성이 있다.

■ 그룹의 라벨: \<legend\> 요소

\<fieldset\> 요소가 여러 개일 경우 그룹을 구분하기 위한 제목 라벨을 붙일 필요가 있다. \<legend\> 요소는 \<fieldset\> 요소에 포함되는 첫 번째 자식 요소로서 한번만 사용된다. 그룹 라벨의 스타일은 그룹을 구분하는 선의 중간에 걸쳐서 표시된다.

■ 입력 양식 그룹화 예제

다음의 예제는 HTML 문서 내에서 입력 양식들을 그룹화한 사례이다. 도서 검색을 하기 위해 로그인하는 영역과 통합 검색을 하기 위한 영역으로 그룹을 나누어 2개의 \<fieldset\> 요소를 사용하고 \<legend\> 요소를 통해 그룹의 라벨을 지정했다. 각 \<input\> 태그와 같이 입력 양식에는 \<label\> 태그를 사용하여 사용자가 편리하게 입력하도록 하였다. 전송과 취소 버튼은 \<input\> 요소 대신에 \<button\> 요소를 사용하였다.

예제 6-4 도서 검색 예제 (input2_group.html)

```
1   <html>
2   <body>
3       <h3>도서 검색</h3>
4       <form method="post" action="form_app.js">
5           <fieldset>
6               <legend>로그인</legend>          ←  테두리 라벨을 '로그인'으로 하는 그룹
7               <label for="user_id">아이디 : </label>
8  문자열 입력 ─→ <input type="text" name="id" size="20" id="user_id"> <br>
9               <label for="user_pw">비밀번호 :</label>
10 암호 입력 ──→ <input type="password" name="pw" size="20" id="user_pw">
11          </fieldset> <br>
12
13          <fieldset>
14              <legend>통합 검색</legend>       ←  테두리 라벨을 '통합 검색'으로 하는 그룹
15              <label for="book_name">도서명 : </label>
16              <input type="text" name="book_search" size="50" id="book_name">
17              <br>검색범위 :
18 's-type' 라디오 버튼 ─→ <input type="radio" name="s_type" value="keyword" id="keyword">
   하나만 선택 가능
19              <label for="keyword">키워드</label>
20              <input type="radio" name="s_type" value="content" id="content">
21              <label for="content">본문내용</label>
22              <br>자료유형 :
```

```
23              <input type="checkbox" name="d_type" value="all">전체     ← ⌐'d-type' 체크박스
24              <input type="checkbox" name="d_type" value="book">단행본        중복 선택 가능
25              <input type="checkbox" name="d_type" value="paper">학술지
26              <input type="checkbox" name="d_type" value="non_book">비도서<br>
27          </fieldset> <br>
28
29          <button type="submit">검색</button>     ←  전송 버튼
30          <button type="reset">지우기</button>    ←  취소 버튼
31      </form>
32    </body>
33  </html>
```

| 실행결과 6-4

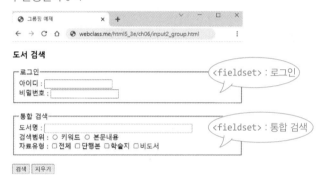

6.3 고급 형식으로 입력하기

HTML5에는 e-mail, URL, 숫자, 범위, 달력 등 일반적으로 많이 사용되는 다양한
입력 형태가 새롭게 추가되었다. 기존에 스크립트를 통해 처리하던 것을 스크립트 프
로그램 없이도 간편하게 사용자 인터페이스를 구현할 수 있게 된 것이다. 이 절에서는
HTML5에서 <input> 요소에 새롭게 추가된 **type** 속성과 추가된 입력 요소에 대해
설명한다.

■ <input> 요소에 추가된 입력 형식

기존의 **text, password, radio, checkbox, button** 외에도 새로운 양식이 추가되었
다. 전화번호나 이메일 주소, URL 등을 입력받는 형식이나 슬라이드 막대로 수의 범

위를 표시하는 형식, 컬러 값을 받기 위한 형식 등 사용자로부터 다양한 입력 값을 받을 수 있다. <input> 요소의 type 속성에 새롭게 추가된 입력 형식을 지정하면 된다. 새로 추가된 입력 형식은 [표 6-2]에 열거하였다.

| 표 6-2 <input> 요소에 추가된 type 속성

구분	입력 형식	설명
텍스트 관련	email	이메일 주소 입력을 위한 형식
	URL	URL 주소 입력을 위한 형식
	tel	전화번호 입력을 위한 형식
	search	검색 창을 입력하기 위한 형식
날짜와 시간	date	날짜를 입력하기 위한 형식
	month	연도와 월을 입력하기 위한 형식
	week	연도와 주를 입력하기 위한 형식
	time	시간을 입력하기 위한 형식
	datetime	UTC time zone으로 설정된 날짜와 시간을 입력하는 형식
	datetime-local	Time zone이 없는 날짜와 시간을 입력하기 위한 형식
색상 및 숫자	number	숫자를 입력하기 위한 형식
	range	일정 범위의 수를 입력하기 위한 형식
	color	색상 선택을 위한 입력 형식

<input> 요소에는 속성도 새롭게 추가되었다. 자동으로 사용자의 입력을 완성시켜주는 autocomplete 속성, 사용자가 넣어야 할 입력 값에 대한 설명을 희미하게 미리 표시해 주는 placeholder 속성, 사용자가 필수적으로 입력하도록 검증하는 required 속성, HTML 문서가 로드될 때 입력 영역에 마우스 커서를 표시해주는 autofocus 속성, 입력 필드의 숫자나 범위를 조절하는 단계를 지정하는 step 속성 등이 있다.

■ 추가된 입력 요소

지금까지 <input> 요소의 새로운 type 속성에 대해서 설명하였다. HTML5에서는 <input> 요소 이외에 다음과 같은 새로운 폼 양식을 지원한다.

• <output> 요소: 폼의 처리 결과를 나타낸다.
• <datalist> 요소: 입력 양식에 대한 내용을 미리 옵션 리스트로 제공한다.
• <keygen> 요소: 암호화 키를 생성해 준다.

▪ 유효성 검사

HTML5에는 사용자로부터 받은 입력값이 형식에 맞게 입력되었는지 검사하는 유효성 검사 기능을 추가하였다. 예를 들어, 이메일을 입력해야 하는 입력 필드에 다른 형식으로 입력했거나 필수적으로 입력해야 하는 필드에 대해서는 **required** 속성을 적용하면 오류가 발생 시 메시지를 표시하고 폼을 전송하지 않는다. HTML 문서에서 `<input>` 요소, `<select>` 요소, `<textarea>` 요소가 유효성 검사 대상이 된다. `<button>` 요소의 경우 `"submit"` 형식일 때만 유효성 검사 대상이 된다. 유효성 검사를 피하고 싶다면, **novalidate** 속성을 지정하면 유효성 검사 대상에서 제외된다.

6.3.1 서식이 있는 텍스트 입력

기존에 제공하던 `<input>` 요소는 간단한 형태의 문자열을 입력받았다. 따라서 문자나 숫자 등의 구분 없이 문자열을 입력할 수 있었다. 그러나 전화번호나 이메일 주소와 같이 정해진 서식이 있는 문자열을 입력받아야 하는 경우도 자주 있으므로 HTML5에서는 서식에 맞게 텍스트를 입력할 수 있는 고급 입력 양식을 추가하였다.

▪ 이메일 주소 입력: `<input type="email"/>`

사용자로부터 이메일을 입력받기 위한 입력 창을 생성한다. 폼 입력 데이터를 전송할 때 사용자가 입력한 이메일 주소의 형식이 `"****@***.***"`에 맞게 작성되었는지 확인하며, 이때 이메일 주소가 존재하는지 까지는 검사하지 않는다. 아래의 실행결과(b)와 같이 잘못된 이메일 주소를 입력하고 전송 버튼을 누르면 오류 메시지가 나타난다. 만약에 여러 개의 이메일 주소를 입력받고 싶다면 **multiple** 속성을 적용하여, 콤마로 구분된 여러 개의 이메일 주소를 입력할 수 있다.

| 실행결과

　　　　(a) 초기 화면　　　　　　(b) 잘못된 입력

▪ URL 주소 입력: <input type="url"/>

인터넷에서 웹 주소의 URL을 직접 입력하는 경우를 지원하기 위해서 <input> 요소의 "url" 형식을 제공한다. 기존에는 URL 주소를 간단히 텍스트로 입력받았지만 HTML5에서는 데이터를 전송할 때 실행결과(b)와 같이 인터넷 주소 표기 규정에 맞는 "http://" 형식으로 입력되었는지 확인한다. 이때 실행결과(c)와 같이 <input> 요소의 **value** 속성에 "http://"를 지정하여 입력 창에 미리 나타나도록 하면 사용자 실수를 줄일 수 있다.

| 실행결과

(a) 초기 화면   (b) 잘못된 입력   (c) value="http://"

▪ 전화번호 입력: <input type="tel"/>

전화번호를 입력할 수 있는 입력 창을 생성한다. 만약 사용자의 입력이 원하는 전화번호와 자릿수가 맞는지 검사하려면 **pattern** 속성에 유효한 패턴을 지정해주면 된다. **pattern** 속성은 텍스트나 숫자의 입력 패턴을 아래의 노트에서와 같은 정규 표현식으로 정의한다. 이는 자바스크립트 프로그램에서 사용하는 패턴과 표현 방식이 같다. 한편, **placeholder** 속성을 사용하여 입력할 자릿수를 표시해주면 사용자 실수를 줄일 수 있다. **placeholder** 속성은 단순히 보여주기만 하며 유효성 검사와는 상관없다. 다음은 전화번호 입력을 하기 위한 **"tel"** 형식을 사용한 예이다.

```
Tel : <input type="tel" placeholder="00*-000*-0000"
pattern="[0-9]{2,3}-[0-9]{3,4}-[0-9]{4}" />
```

| 실행결과

(a) 초기 화면   (b) 정상 입력   (c) 잘못된 입력

pattern 속성의 정규 표현식 예

pattern="[A-Za-z]{no}" : no개 만큼의 영문자를 입력

pattern="[0-9]{no}" : no개 만큼의 숫자를 입력

pattern="[A-Za-z0-9]{min, max}" : 영문자와 숫자를 min에서 max 만큼의 글자 수 입력

pattern="[0-9]+" : 숫자를 1개 이상 입력

■ 검색창 입력: <input type="search"/>

검색을 위한 문자열을 입력할 수 있는 입력 필드가 생성되며, 기존의 **"text"** 형식과 크게 다른 기능을 제공하지 않지만 외형적으로 사용자 인터페이스에 차이가 있다. 예로, 사용자가 검색어를 입력하면 입력 창 오른쪽에 'x' 표시가 나타나고 입력한 검색어를 취소할 수 있다.

| 실행결과

(a) 초기 화면   (b) 검색어 입력

6.3.2 날짜와 시간 입력

날짜와 시간은 사용자로부터 자주 입력받는 폼 중의 하나이다. 예를 들어, 도서 대출을 위해 예약을 하기 위해서는 날짜를 입력한다. 기존의 HTML문서 에서는 날짜와 시간을 입력받기 힘들었으나, HTML5에는 새롭게 날짜와 시간을 입력할 수 있는 폼을 제공하고 있다. 날짜와 시간을 입력하기 위한 <input> 요소의 **type**은 "date", "month", "week", "time", "datetime", "datetime-local" 등이 있다.

■ 날짜 입력(일, 월, 주): <input type="date", 또는 "month", 또는 "week"/>

사용자에게 날짜를 입력받기 위해 달력 양식을 제공한다. 다음은 날짜를 입력하기 위한 <input> 요소의 **type**이다.

· **"date"** : 연-월-일의 날짜를 입력 받을 수 있다.

· **"month"** : 연-월만 입력 받을 수 있다.

- "week" : 연–주를 입력 받으며, 주의 번호는 1월 첫 주를 "W01"로 하여 순서대로 번호를 갖는다.

속성으로는 입력 검증을 위해 최소값을 지정하는 min 속성과 최대값을 지정하는 max 속성, 입력 요소의 초기값을 설정하는 value 속성을 가진다. 속성값은 '연–월–일' 형식으로 날짜를 입력하면 된다. 다음은 날짜를 입력하기 위한 <input> 요소의 "date", "month", "week" 형식의 예이다.

| 실행결과

(a) type="date"   (b) type="month"   (c) type="week"

■ 시간 입력: <input type="time", 또는 "datetime", 또는 "datetime-local"/>

type 속성을 "time"으로 지정하면 시간을 입력할 수 있는 입력 폼이 생성된다. 사용자는 오른쪽에 있는 "위/아래(🔼)" 버튼을 통해서 시간과 분을 별도로 조정할 수 있다. "datetime" 형식은 날짜와 시간을 선택할 수 있는 입력 양식을 제공하며, 기본값으로 국제표준 시간대를 갖는다. 날짜 입력은 달력을 통해서 선택이 가능하다. "datetime-local" 형식은 국제표준 시간이 아닌 원하는 지역의 현지 시간을 입력하기 위해 사용한다. 다음은 <input> 요소의 "time", "datetime", "datetime-local" 형식의 예이다.

| 실행결과

type="time", type="datetime", type="datetime-local"

다음의 [예제 6-5]는 도서 대출을 하기 위해 예약 날짜와 시간을 입력하는 예이다. 사용자는 이름과 연락처를 입력하고 도서명, 예약희망일과 수령 시간을 입력한다. 연락처에는 앞 절에서 설명한 "email"과 "tel" 형식의 placeholder 속성을 사용하여 입력 글자에 대한 보조 정보가 나타나도록 하였다. 예약 희망일은 "date" 형식으로 작성하고 min 속성에 대출 가능한 날짜를 그 이후에 대출이 가능하도록 하였다. 날짜에 대한 드롭다운 양식에서 그 이전의 날짜는 선택이 되지 않는다. 수령시간은 "time" 형식으로 작성하였으며 min 속성과 max 속성에 근무 시작과 종료시간을 지정하여 근무시간 내에 도서를 수령하도록 하였다. 역시, 그 범위 내의 시간 만 입력이 가능하며, 시간 입력에서 범위가 벗어나면 전송 시 오류 메시지를 보여준다.

예제 6-5 날짜와 시간 입력 예제 (input3_reserve.html)

```
1   <html>
2   <body>
3       <h3>도서 예약 대출</h3>
4       <form method="get" action="form_app.js">
5           성명 : <input type="text" name="p_name"/> <br>          ← 문자열 입력
6           전화 : <input type="tel" name="p_tel" placeholder="00*-000*-0000"   ← 전화번호 입력 (형식 지정)
7                   pattern="[0-9]{2,3}-[0-9]{3,4}-[0-9]{4}" /> <br>
8           이메일 : <input type="email" name="p_mail" placeholder="***@***.***"/>   ← 이메일 입력 (형식 지정)
9           <p>
10          도서명 : <input type="text" size="25" name="book_title"/><br>   ← 문자열 입력
11          예약 희망일 : <input type="date" name="last_date" min="2013-01-30"> <br>   ← 날짜(date) 입력
12          수령 시간 : <input type="time" name="time_from" min="09:00" max="18:00">   ← 시간(time) 입력
13          에서 <input type="time" name="time_until" min="09:00" max="18:00">사이<br>
14          <hr>
15          <input type="submit" value="예약하기"/>
16      </form>
17  </body>
18  </html>
```

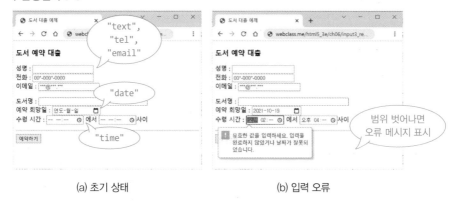

(a) 초기 상태   (b) 입력 오류

6.3.3 색상 및 숫자 입력

HTML5에서는 색상값을 입력받을 수 있는 입력 양식을 새롭게 추가하여 제공한다. 색 상값은 빨강, 녹색, 파랑의 RGB 색상의 조합으로 맨 처음 글자는 #으로 시작하고 각 각 16진수의 R, G, B 값으로 구성된다. HTML5에서는 이러한 숫자 입력 대신에 메 뉴에서 색상을 보고 선택하여 입력할 수 있는 <input> 요소의 "color" 형식에 대해 소개한다. 또한, 숫자를 입력할 수 있는 "number" 형식과 범위에서 선택할 수 있는 "range" 형식에 대해서 소개한다.

■ 색상 입력: <input type="color"/>

<input> 요소의 type 속성을 "color"로 지정하면 사용자가 직접 색상을 선택할 수 있 는 색상 선택메뉴를 제공해 준다. 다음은 크롬 브라우저에서 "color" 형식을 사용한 예 이다. 색상 입력 양식을 클릭하면 전체 색상을 보여주는 시스템 색상 메뉴가 나타난다.

| 실행결과

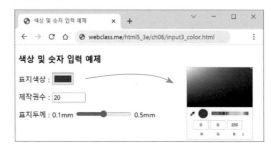

■ 숫자 입력: <input type="number"/>

type 속성을 "number"로 지정하면 화살표 버튼으로 숫자를 조정할 수 있는 입력 형식이 생성된다. "number" 형식의 속성값으로 최소값을 정의하는 min 속성과 최대값을 정의하는 max 속성으로 숫자의 범위를 지정할 수 있다. 또한, step 속성은 증가/감소 간격을 지정하고, value 속성을 통해 초기값을 설정할 수 있다. 다음은 "number" 형식을 사용한 입력 양식의 예이다.

```
제작 권 수 : <input type="number" min="0" max="100" step="10" value="20"/>
```

| 실행결과

제작권수 : [20 ⬍]

■ 범위 입력: <input type="range"/>

HTML5에서는 스크롤바를 움직여서 일정한 범위의 숫자를 입력할 수 있는 "range" 형식을 새롭게 추가하였다. min과 max 속성값으로 숫자의 범위를 지정할 수 있으며 막대가 움직이는 칸의 간격 값은 step 속성으로 지정한다. 다음은 <input> 요소에서 "range" 형식의 사용 예이다.

```
표지 두께 : 0.1mm <input type="range" min="1" max="5" value="3" /> 0.5mm
```

| 실행결과

표지 두께 : 0.1mm ━━━━━◻━━━━ 0.5mm

6.3.4 데이터 목록에서 선택

HTML5에는 <input> 요소 이외에도 새로운 폼 양식을 위해 몇 가지 요소를 추가하였다. 이 절에서는 폼 입력을 위해 새롭게 추가된 요소 중에서 <datalist> 요소에 대해서 소개한다.

■ 데이터 목록 기능: <datalist> 요소

요즈음 대부분의 검색 사이트에서는 가장 많이 검색한 항목을 미리 정의하여 목록으로 보여주는 검색어 자동완성 기능을 제공한다. 이전에 자동완성 기능을 구현하려면 자바스크립트 등의 프로그램으로 구현하였으나, HTML5에서는 <datalist> 요소를 추가하여 <input> 요소와 연결을 통해서 자동완성 혹은 제시어 기능을 구현할 수 있다. <datalist> 요소는 입력 창에 포커스가 들어오면 옵션 목록을 보여준다. <input> 요소의 list 속성값과 <datalist> 요소의 id 속성값을 동일하게 지정하여 데이터 목록의 옵션 항목들이 텍스트 입력 양식의 제시어 목록으로 사용된다. 다음은 <datalist> 요소를 사용하여 텍스트 입력의 제시어 기능을 구현한 예이다.

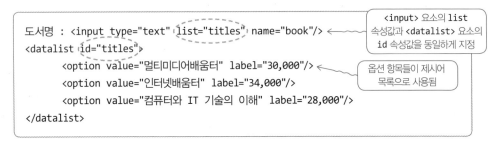

```
도서명 : <input type="text" list="titles" name="book"/>
<datalist id="titles">
        <option value="멀티미디어배움터" label="30,000"/>
        <option value="인터넷배움터" label="34,000"/>
        <option value="컴퓨터와 IT 기술의 이해" label="28,000"/>
</datalist>
```

<input> 요소의 list 속성값과 <datalist> 요소의 id 속성값을 동일하게 지정

옵션 항목들이 제시어 목록으로 사용됨

| 실행결과

[예제 6-6]은 도서 구입 요청을 하는 페이지이다. 사용자는 도서명을 입력하고, 책에 대한 선호도를 1에서 5까지 범위의 점수로 입력한다. 사용자가 책의 가격과 원하는 권수를 입력하면 자동으로 합계 금액이 계산된다. 도서를 선택하기 위한 제시어 기능은 <datalist> 요소를 이용하였고, <input> 요소의 type 속성을 "range" 형식으로 지정하여 선호도를 표현하였고, "number" 형식으로 가격과 권수를 입력하도록 하였다.

도서 구입 요청 예제 (input_purchase.html)

```
1   <html>
2   <body>
3       <form>
4           <h3>도서 구입 요청</h3>
5           도서명 : <input type="text" list="book" />        ← 문자열 입력
6           <datalist id="book">
7               <option value="멀티미디어배움터" label="30,000"/>   ← 데이터 목록
8               <option value="인터넷배움터" label="34,000"/>
9               <option value="컴퓨터와 IT 기술의 이해" label="28,000"/>
10          </datalist>
11
12          <p>선호도 : 1 <input type="range" min="1" max="5" value="3" /> 5 </p>     ← 범위 입력(1~5사이)
13          <p>가격 : <input type="number" name="price" min="0" step="100" value="10000"/> 원 </p>   ← 숫자 입력(0에서 100씩 증가)
14          <p>권수 : <input type="number" name="num" min="0" step="1" value="0" /> 권 </p>        ← 숫자 입력(0에서 1씩 증가)
15          <p><input type="submit" value="구입"/> </p>
16      </form>
17  </body>
18  </html>
```

| 실행결과 6-6

CHAPTER 6 다양한 입력 폼   203

연습문제

■ 다음 괄호 안에 올바른 단어를 넣으시오.

1 사용자와 정보를 교환하기 위한 (　　　) 요소는 HTML 문서 내에 사용자가 입력할 수 있는 양식을 제공한다.

2 한 줄 이상의 텍스트를 입력하기 위한 (　　　) 요소는 name, cols, rows의 속성 값을 갖는다.

3 사용자로부터 입력 값을 받을 때 여러 항목 중에서 사용자가 하나만 선택할 수 있도록 하려면 <input> 요소의 type 속성값을 (　　　)로 지정하면 된다.

4 여러 개로 구성된 목록에서 사용자가 하나 또는 여러 개를 선택할 수 있는 (　　　) 요소는 아래로 펼쳐지는 드롭다운 형태로 목록을 생성한다.

5 사용자로부터 입력받는 폼 양식이 많다면 이를 그룹화하여 쉽게 구별할 수 있도록 테두리 선을 그려주는 (　　　) 요소를 사용하여 구분하면 된다. 이는 화면에 해당 글자를 보여주는 것으로 데이터 전달은 하지 않는다.

6 HTML5에는 컬러값을 입력받기 위해 컬러 선택기를 제공하는 (　　　) 형식이 추가되었다. 이를 통해 사용자는 직접 원하는 컬러를 선택할 수 있게 되었다.

■ 다음 보기 중에서 질문의 답으로 가장 알맞은 것을 고르시오.

7 비밀번호나 주민등록번호와 같이 사용자가 입력하는 텍스트 값을 '•'로 표시하기 위한 type 형식은?

  ① reset   ② text   ③ password   ④ hidden

8 HTML5에 새롭게 추가된 <input> 요소의 type 속성이 아닌 것은?

  ① week   ② tel   ③ range   ④ checkbox

9 다음 중 <input> 요소의 속성에 대한 설명이 틀린 것은?

  ① type: 입력 형식을 지정

  ② maxlength: 최대로 입력할 수 있는 문자 수

  ③ disabled: 안 보여준다

  ④ name: 입력 요소의 이름 지정

10 시간을 입력하기 위해 사용하는 요소와 속성에 대한 설명으로 틀린 것은?

① type 속성을 "time"으로 지정하면 된다.

② 기본값으로 국제표준 시간대를 갖는다.

③ 웹 브라우저마다 제공되는 시간 양식은 모두 같다.

④ 위아래 버튼을 이용하여 시간과 분을 별도로 조정할 수 있다.

11 다음 중 pattern 속성에 대해 잘못 설명한 것은?

① pattern="[A-Za-z]{no}": no개 만큼의 영문자를 입력

② pattern="[0-9]{no}": no개 만큼의 숫자를 입력

③ pattern="[A-Za-z0-9]{min,max}": 영문자와 숫자를 min에서 max만큼의 글자 입력

④ pattern="[0-9]+": 숫자를 0개 이상 입력

12 그룹화된 입력 양식의 제목을 표시하기 위해 사용하는 요소는?

① file

② label

③ legend

④ fieldset

13 선택항목의 입력 양식에 대한 설명 중 틀린 것은?

① 라디오버튼 : 여러 항목 중에서 하나만 선택함

② 체크박스 : 각 항목에 대하여 개별적으로 선택함

③ 선택목록 : 여러 개의 목록 중에서 하나를 선택함

④ 이미지버튼 : 각 이미지 항목을 개별적으로 선택함

14 자동완성 혹은 제시어 기능을 위해 사용하는 요소와 속성에 대한 설명으로 틀린 것은?

① <datalist> 요소와 <input> 요소의 연결을 통해서 구현할 수 있다.

② 이전에는 자바스크립트 등의 프로그램으로 구현하였으나, HTML5에서 추가된 요소이다.

③ <datalist> 요소는 입력 창에 포커스가 들어오면 옵션 목록을 보여준다.

④ <input> 요소의 name 속성과 <datalist> 요소의 id 속성값을 동일하게 지정하여 사용한다.

■ 다음 질문에 간단히 답하시오.

15 사용자로부터 입력받을 수 있는 기본적인 요소인 <input> 요소에서 입력 형식을 지정하는 중요한 속성은 무엇인가?

16 폼 요소에서 사용자가 입력한 값을 서버로 전송하여 프로그램을 실행시키기 위해 URL 주소를 지정하는 속성이름은 무엇인가?

17 사용자가 넣어야 할 입력 값에 대한 설명을 희미하게 미리 표시해 주는 속성값은 무엇인가?

18 GET과 POST 방식에 대해서 설명하시오.

19 <input> 요소에서 날짜를 입력받기 위해 달력양식을 제공한다. 달력양식으로 사용되는 세 가지 유형에 대해 설명하시오.

20 <input> 요소에서 hidden 형식을 사용하는 사례에 대해 서술하시오.

■ 다음 문제에 해당하는 HTML5 프로그램을 작성하시오.

21 회원가입을 위해 사용자로부터 이메일 주소와 전화번호를 받기 위한 폼 양식을 만드시오. 이때, 각 입력 양식은 유효성 검사를 하며 전화번호 입력 양식에는 "– 빼고 입력하세요"라는 보조 문구가 나타나도록 한다.

22 다음 화면과 같이 수강과목 조사를 하는 폼 양식을 작성하시오. 학년은 하나만 선택이 가능하고, 과목은 중복선택이 가능하도록 하시오.

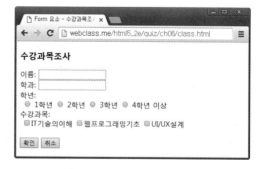

23 수강과목 조사를 하는 폼 양식을 다음과 같이 수정하시오. 학년은 선택목록에서 하나만 선택이 가능하고, 과목은 선택목록에서 중복선택이 가능하도록 하시오.

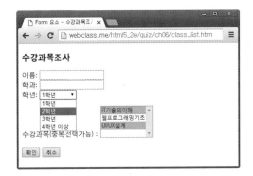

24 다음과 같은 설문조사를 하기 위한 폼 양식을 만드시오. 성별은 하나만 선택 가능하도록 하고, 나이는 숫자만 입력할 수 있도록 한다.

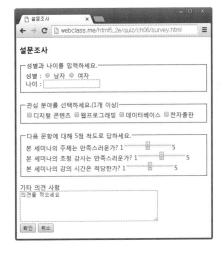

25 다음과 같이 레스토랑 예약을 하기 위한 폼 양식을 만드시오.

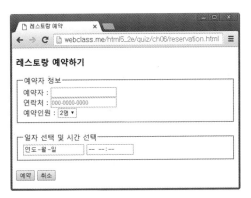

CHAPTER 07

HTML5와 CSS3를 이용한
웹 사이트 제작 실습

HTML5 Web Programming

contents

07

HTML5와 CSS3를 이용한 웹 사이트 제작 실습

이 장에서는 HTML5와 CSS3를 이용해 웹 사이트를 제작하는 예제를 통해 실습을 진행한다. 간단한 인터넷 서점 웹 사이트를 구축하는 과정을 제작 단계별로 실습을 하고자 한다. 우선 웹 사이트의 전체적인 구상을 통해 필요한 메뉴와 기능들을 먼저 정한다. 이후 각 기능과 메뉴를 웹 페이지별로 할당하고 HTML 태그와 콘텐츠를 이용해 웹 문서를 작성한다. 이후 CSS 스타일시트를 적용하여 요소들의 크기와 배치를 정하고 색상 등 스타일 효과를 적용하면 웹 사이트 제작이 완성된다.

7.1 웹 사이트 설계

웹 사이트를 제작하기 위해서는 웹 사이트 전체의 구성과 필요한 메뉴 결정, 그리고 각 메뉴의 기능은 어떤 방식으로 구현할지에 대한 설계를 미리 수행해야 한다. 별도의 웹 문서로 구현된 기능이나 메뉴의 경우에는 각 문서 간의 연결을 어떻게 할지에 대해서도 실제 웹 사이트 작성 이전에 미리 정하는 것이 좋다.

7.1.1 웹 사이트 전체 구성

웹 사이트 제작은 다음 [그림 7-1]에서와 같이 크게 세 단계에 따라 진행하는 것이 좋다. 웹 사이트 디자인과 콘텐츠 작성 등 눈에 보여지는 부분이나 실제 웹 문서 작성에 앞서 전체적인 구성에 대한 설계를 구체적으로 할수록 실제 구현 단계에서의 시행착오를 줄일 수 있다.

기능/메뉴 나열 필요한 자원 파악	웹사이트가 수행해야 하는 기능들을 나열한다. 웹사이트의 메뉴들, 기능들, 화면에 표시해야 할 정보들에 대해 나열하고 필요한 입력 데이터나 외부 자원에 대해 파악이 이루어져야 한다.
기능과 메뉴를 페이지별로 할당 HTML 문서작성	나열된 기능과 메뉴를 웹페이지별로 할당한다. 이때 웹페이지 구현은 스타일이나 레이아웃, 꾸미기 등은 고려하지 않고 HTML 태그와 콘텐츠만으로 구조화된 웹 문서를 작성하여 구현한다.
CSS스타일 적용 웹사이트 디자인	CSS 스타일을 적용하여 웹문서에 레이아웃 및 표현을 적용한다. 각 요소의 크기, 색상 및 배치 형태를 조절하게 된다. 웹사이트 디자인을 적용하는 단계이다.

| 그림 7-1 웹 사이트의 제작 단계

7.1.2 인터넷 서점 사이트 기능과 페이지 구상

■ 인터넷 서점 사이트의 기능

본 절에서는 인터넷 서점 웹 사이트를 위해 필요한 기능들을 파악하여 나열하도록 한다. 예를 들면 인터넷 서점 웹 사이트는 다음 [표 7-1]과 같은 기능들을 가지도록 할 수 있다.

| 표 7-1 인터넷 서점 웹 사이트의 기능들

기능	설명	구현 페이지
메인 화면	인터넷 서점 웹 사이트의 첫 메인 화면이다. 로고, 메뉴 및 로그인/회원가입 메뉴 등이 보여진다.	main.html
로그인	로그인 화면을 보여준다. 로그인 화면은 새로운 화면으로 이동하지 않고 메인 화면의 중간에 보여진다.	login.html
회원 가입	폼 위젯을 이용하여 제작된 회원가입 양식을 보인다. 새로운 화면으로 이동하여 보여준다.	signup.html
메뉴/국내도서	국내도서 서적 리스트를 이미지와 함께 보여준다. 새로운 화면으로 이동하지 않고 메인 화면의 중간에 보인다.	domestic_books.html
메뉴/해외번역도서	해외번역 서적 리스트를 이미지와 함께 보여준다. 새로운 화면으로 이동하지 않고 메인 화면의 중간에 보인다.	foreign_books.html
메뉴/음반/DVD	오디오, 비디오 자료를 이미지와 함께 보여준다. 미리듣기, 미리보기 기능을 제공한다.	music.html
주문하기	서적 주문을 위한 폼을 보인다. 주문한 서적에 대한 합계를 보일 수 있도록 테이블 형태의 주문 양식을 사용한다.	order.html

본 장에서는 1장에서 6장까지 학습한 내용만을 이용해서 웹 사이트 구현한다. 1장에서 6장까지는 주로 HTML5의 요소들과 CSS 스타일에 대해서만 학습하였다. 따라서, 자바스크립트나 API 등을 이용한 동적 웹 사이트 제작과 관련된 실습은 14장에서 다룬다. 본 장의 실습에서 구현한 일부 버튼에 대해서는 버튼의 배치만 구현해놓고 동작하지 않도록(disabled) 해 놓았다. 이러한 버튼들에 대해서는 이후 14장에서 사용하도록 한다.

▪ 메뉴와 기능의 페이지별 할당

[표 7-1]에서 파악된 웹 사이트의 각 메뉴와 기능을 페이지별로 할당한다. 또한, 각별 메뉴와 기능에 대해 어떤 기법을 이용하여 구현할지에 대해서도 구상하도록 한다. 물론, 본 단계에서 구상한 페이지 할당과 구현 기법은 이후 실제 구현 과정에서 변경될 가능성은 충분히 존재한다. 하지만, 초기 단계에서 미리 구현 기법에 대해 구상해 놓으면 이후 발생할 수 있는 시행착오를 줄이는 장점을 가질 수 있다. 다음 [그림 7-2]에 인터넷 서점 웹 사이트의 메뉴와 기능의 페이지별 할당과 구현 기법에 대한 다이어그램을 보인다.

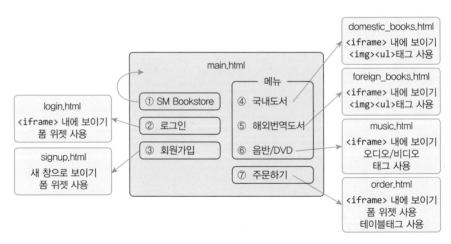

| 그림 7-2 웹 사이트의 기능과 주요 구현 기법

[그림 7-2]에 보인 바와 같이 main.html 파일을 포함하여 7개의 HTML 파일을 이용해서 웹 사이트를 구현하게 된다. HTML 파일들은 웹 문서의 구조와 콘텐츠만을 포함한다. 각 요소가 차지하는 영역의 크기 및 배치, 콘텐츠의 색상 등 표현 스타일에

대한 사항은 별도의 CSS 스타일 파일에 기술하도록 한다. 본 장의 실습에서는 CSS 스타일에 대해 크기, 배치, 표현을 각각 style-size.css, style-layout.css, style-presentation.css라는 파일에 기술하도록 하였다.

7.2 페이지별 구현

본 절에서는 HTML 태그를 이용하여 문서 구조와 콘텐츠만을 기술하여 각 페이지를 구현하였으며 현 단계에서는 문서의 스타일이나 레이아웃, 배치 등은 고려하지 않는다.

7.2.1 메인 페이지

■ 메인 페이지 문서 구조

인터넷 서점 웹 사이트의 메인 페이지의 문서구조는 [그림 7-3]에서와 같은 최종 형태를 염두에 둔 기본 문서 구조를 사용하고자 한다. 기본 문서 구조에 대한 설명은 2장을 참조하면 된다. [그림 7-3]에서는 각 요소들의 배치는 최종 레이아웃 형태를 고려하여 그려져 있지만 실제로는 CSS 스타일을 적용하기 전에 HTML5 문서 구조화 태그만을 사용하여 웹 문서를 작성하면 [실행결과 7-1]과 같이 파일 내의 요소 순서대로 화면에 순차적으로 표시된다.

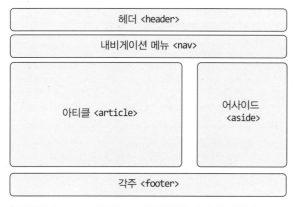

| 그림 7-3 문서 구조화 태그를 사용한 메인 홈페이지

[예제 7-1]에서와 같이 메인 화면을 작성한다. 메인 화면의 문서를 구조화하고 적당한 콘텐츠를 채워 메인 화면 페이지를 완성한다. 아직까지는 CSS 스타일을 추가하지 않았으므로 메인 화면은 [실행결과 7-1]과 같이 콘텐츠가 작성 순서대로 화면에 나타나게 된다.

예제 7-1 메인 페이지 (main.html)

```
1   <body>
2   <div class="wrap">
3   <header>              ◀── 헤더 : 기본 메뉴
4       <a id="logo" href="main.html"> SM Bookstore </a>
5       <span class="right" style="padding: 30px 10px;">
6         <a href="login.html" target="display_area">로그인</a>  |
7         <a href="signup.html" target="_blank">회원가입</a>
8       </span>
9   </header>
10
11  <nav>                 ◀── 내비게이션 : 메뉴
12      <ul>
13        <li><a href="domestic_books.html" target="display_area">국내도서14</a></li>
14        <li><a href="foreign_books.html" target="display_area">해외번역도서</a></li>
15        <li><a href="music.html" target="display_area">음반/DVD</a></li>
16        <li class="right"><a href="order.html" target="display_area">주문하기</a></li>
17      </ul>
18  </nav>
19
20  <hr/>
21
22  <article class="left">      ◀── 아티클 : 본문(이미지)
23      <iframe name="display_area" src="images/books.jpg"          iframe의 src 속성에
24          width="600px" height="500px"></iframe>                  표시하고 싶은 웹문서나
25  </article>                                                      이미지를 지정한다.
26
27  <aside class="right">       ◀── 어사이드 : 보조 메뉴
28      <button id="save_favorite" style="width:100px" disabled>관심도서등록</button><br/>
29      <button id="view_favorite" style="width:100px" disabled>관심도서보기</button><br/>
30      <button id="album_btn" style="width:100px" disabled>앨범만들기</button><br/>
31      <button id="location" style="width:100px" disabled>현재위치</button>
32  </aside>
33
34  <hr/>
35
36  <footer>              ◀── 각주 : SNS 링크
```

```
37        <div id="copyright">
38            Copyright (c) 2021 SM Bookstore Inc. All rights reserved
39        </div>
40        <div id="SNS">
41            <a href="http://facebook.com" target="_blank">
42              <img src="images/facebook.png" height="32" alt="Facebook">
43            </a>
44            <a href="http://twitter.com" target="_blank">
45              <img src="images/twitter.png" height="32" alt="Twitter">
46            </a>
47            <a href="http://instagram.com" target="_blank">
48              <img src="image/instagram.png" height="32" alt="instagram">
49            </a>
50        </div>
51    </footer>
52    </div>
53    </body>
```

| 실행결과 7-1

▪ 헤더

헤더에는 인터넷 서점의 이름과 로그인 관련 메뉴를 넣는다. 로그인과 회원가입 링크를 누르면 각각 login.html과 signup.html 문서로 이동하여 해당 페이지를 보여준다. 이 때 login.html 페이지는 새로운 창에 보여주는 것이 아니라 <article> 요소 내에 있는 <iframe> 요소에 보여지도록 한다. 이렇게 되면 새로운 창이 열리는 대신 메인 화면 내에서 보여지게 된다.

▪ 내비게이션 메뉴

헤더에 바로 이어서 여러 메뉴를 포함하는 내비게이션(<nav>) 요소를 포함하였다. 본 장에서 제작하고자 하는 인터넷 서점 웹 사이트에는 국내도서, 해외번역도서, 음반/DVD, 주문하기 메뉴를 포함하였다.

▪ 아티클

아티클 부분은 메인 페이지에서 보여주고자 하는 주요 내용을 표시하는 곳이다. 내비게이션 메뉴 중 하나를 누르면 해당 내용이 아티클에 나타나는 방식으로 동작하고자 한다. 본 절에서는 화면의 내용이 변경되는 동적 문서 프로그래밍 기법은 사용하지 않고 대신 모든 내용이 한꺼번에 표시되는 정적 방식으로 웹 사이트를 제작하도록 한다.

실습하기 7-1 〈iframe〉에 웹 페이지 표시하기 (main.html)

로그인 페이지 링크와 내비게이션 메뉴를 누르면 새로운 창을 띄워 페이지 내용을 보여주는 것이 아니라 메인 화면 내의 아티클 부분에 보여주고자 한다. 이를 위해 [예제 7-1]의 <a> 요소와 <iframe> 요소의 빈칸 채우기에 적당한 속성을 추가하시오.

```
6    <a href="login.html"  빈칸 채우기[실습 7-1]  >로그인</a>  |
:                                :
:                                :
13   <li><a href="domestic_books.html"  빈칸 채우기[실습 7-1]  >국내도서</a></li>
14   <li><a href="foreign_books.html"  빈칸 채우기[실습 7-1]  >해외번역도서</a></li>
15   <li><a href="music.html"  빈칸 채우기[실습 7-1]  >음반/DVD</a></li>
16   <li><a href="order.html"  빈칸 채우기[실습 7-1]  >주문하기</a></li>
:                                :
:                                :
22   <article class="left">
32     <iframe name="display_area" src="images/books.jpg"
24        width="600px" height="500px"></iframe>
25   </article>
```

■ 어사이드

어사이드 요소에는 아티클 콘텐츠를 위한 추가 메뉴를 구현할 수 있다. 인터넷 서점 웹 사이트에서는 "관심도서등록", "관심도서보기", "앨범만들기", "현재위치"와 같은 추가 메뉴를 어사이드 요소에 넣고자 한다. 메뉴 기능이기 때문에 `<button>` 요소를 이용하여 구현한다.

■ 각주

웹 사이트의 가장 하단에 위치하는 각주는 일반적으로 연락처, 저작권, 기타 정보 등 부수적인 정보를 나타내고자 할 때 사용한다. 인터넷 서점 웹 사이트에서는 저작권 표시와 페이스북, 트위터, 인스타그램으로 연결해주는 링크를 삽입하였다.

7.2.2 로그인 및 회원가입 페이지

로그인과 회원가입 페이지는 폼의 여러 가지 위젯을 이용해서 작성한다. 특히 회원가입 양식을 위해서는 HTML5에서 제공되는 날짜 선택 위젯과 색상 선택 위젯을 포함시켰다. [예제 7-2]와 [예제 7-3]에는 구현된 로그인과 회원가입 페이지를 보여주고 있다.

예제 7-2   로그인 페이지 (login.html)

```
1   <body id="login">
2      <form>
3         <a>회원가입</a>
4         <a>아이디/비밀번호찾기</a>
5         <fieldset>
6           <span>사용자 아이디</span>
7           <input id="username" type="text"/><br/>
8           <span>비밀번호</span>
9           <input id="password" type="password"><br/>
10          <span></span>
11          <input id="login_button" type="submit" value="로그인" disabled/>
12          <input id="reset" type="button" value="취소" disabled/>
13        </fieldset>
14     </form>
15  </body>
```

<figcaption><fieldset></figcaption>

예제 7-3 회원가입 페이지 (signup.html)

```
1   <body id="signup">
2     <form>
3       <fieldset>
4         <legend>회원가입</legend>
5         <span>사용자 아이디</span>
6         <input id="username2" type="text"/>
7         <input id="dup_check" type="button" value="중복체크" disabled/><br/>
8         <span>비밀번호</span> <input id="pass1" type="password"><br/>
9         <span>비밀번호 확인</span> <input id="pass2" type="password"><br/>
10        <span>이름</span> <input type="text"><br/>
11        <span>전화번호</span> <input type="tel"/><br/>
12        <span>이메일</span> <input type="email"><br/>
13        <span>생일</span> <input type="date"/><br/>
14        <span>연령대</span>
15        <select>
16          <option>10대 이하</option>
17          <option>20대</option>
18          <option>30대</option>
19          <option>40대</option>
20          <option>50대 이상</option>
21        </select><br/>
22        <span>관심분야</span>
23        <label>인문학 <input type="checkbox" value="humanity" name="interest"></label>
24        <label>교육 <input type="checkbox" value="education" name="interest"></label>
25        <label>예술 <input type="checkbox" value="art" name="interest"></label>
26        <label>컴퓨터 <input type="checkbox" value="computer" name="interest"></label>
27        <label>기타분야 <input type="checkbox" value="etc" name="interest"></label>
28        <br/>
```

<label> 태그를 이용해서 체크박스 뿐 아니라 글자를 클릭해도 체크박스가 선택됨

```
29          <span>배경 색상</span> <input type="color"/><br/>
30          간단한 자기소개<br/>
31          <textarea cols="30" rows="5">간단한 자기소개를 써 주세요.</textarea>
32        </fieldset>
33        <input id="signup_button" type="submit" value="회원가입" disabled/>
34        <input id="reset2" type="button" value="취소" disabled/>
35      </form>
36  </body>
37  </html>
```

| 실행결과 7-3

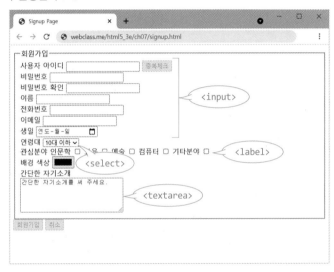

7.2.3 도서목록 페이지

■ 국내도서/해외번역도서 페이지

국내도서, 해외번역도서 메뉴는 각각 domestic_books.html과 foreign_books.html
파일에 구현하였으며 국내도서와 해외번역도서의 목록을 보여준다. 도서 목록을 보여
주기 위해 주로 사용한 HTML 요소는 <ul> 요소이다. 문서의 구성이 여러 도서를 보
여주는 나열식이므로 <ul>과 같이 목록을 표현하는 태그를 사용하였다. 목록의 항목
에는 각 도서의 표지 이미지와 간단한 설명을 표시하였다. [예제 7-4]에 국내도서목록
페이지(domestic_books.html)의 HTML 코드와 실행결과를 보인다. 해외번역도서 페
이지는 국내도서목록 페이지와 콘텐츠만 다를 뿐 웹 페이지 구현 기법은 동일하므로

예제는 생략한다. 본 절에서는 아직 CSS 스타일을 적용하지 않았기 때문에 도서목록의 배치가 순차적으로 배치되어 있다. 7.3절에서 CSS 스타일을 적용하면 보기 좋은 형태로 배치할 수 있다.

▪ 오디오/비디오 태그를 사용하는 페이지

음반/DVD 메뉴는 music.html 파일로 구현하였으며 멀티미디어 데이터를 포함하는 자료를 보여줄 수 있도록 구현한다. 음악, DVD와 같이 오디오와 비디오를 HTML5 요소를 이용해서 보여주게 된다. [예제 7-5]에 음반/DVD 페이지(music.html)의 HTML 코드와 실행결과를 보인다. 이미지의 크기나 비디오 플레이어의 크기 등은 이후 CSS 스타일에서 조정할 예정이지만 실행결과 화면에 보여지기 위하여 HTML 요소의 **width** 속성을 이용하여 조정하였다.

예제 7-4 국내도서목록 페이지 (domestic_books.html)

```
1    <body class="booklist">      ← 클래스 선택자를 이용한 CSS 스타일시트 적용
2        <div class="head">국내 도서</div>
3        <ul>
4            <li> <img src="images/book1.jpg"/><br/>
5                컴퓨터와 IT기술의 이해 [개정판-2판]<br/> 최윤철, 임순범, 한탁돈<br/> 생능출판사 | 27,000원
6            </li>      ← 각 목록 단위로 줄바꿈
7            <li> <img src="images/book2.jpg"/><br/>
8                (알기 쉬운) 알고리즘<br/> 양성봉<br/> 생능출판사 | 24,000원
9            </li>
10           <li> <img src="images/book3.jpg"/><br/>
11               선형대수학 Express<br/> 김대수<br/> 생능출판사 | 27,000원
12           </li>
13           <li> <img src="images/book4.jpg"/><br/>
14               루비 프로그래밍 언어<br/> 유하진, 김윤경, 김진석<br/> 생능출판사 | 29,000원
15           </li>
16           <li> <img src="images/book5.jpg"/><br/>
17               소셜미디어의 이해와 활용<br/> 임순범, 신은주 <br/> 생능출판사 | 21,000원
18           </li>
19           <li> <img src="images/book6.jpg"/><br/>
20               멀티미디어 배움터 2.0<br/> 최윤철, 임순범<br/> 생능출판사 | 25,000원
21           </li>
22       </ul>
23   </body>
```

예제 7-5 음반/DVD 페이지 (music.html)

```
1   <body class="booklist musiclist aerialview">
2     <div class="head">음반/DVD</div>
3     <ul>
4       <li>
5         <img height="200"
6           src="http://peach.blender.org/wp-content/uploads/poster_rodents_small.jpg"/>
7         <br/>
8         Big Buck Bunny - 4 - Death Becomes Fur<br/>
9         <audio   빈칸 채우기[실습 7-2]   >←——— 오디오 플레이어
10
11        </audio>
12      </li>
13      <li>
```

```
14        <img height="200"
15          src="http://www.sintel.org/wp-content/uploads/2010/05/title-Sintel.jpg"/>
16        <video height="200"   빈칸 채우기[실습 7-2]    > ←───  비디오 플레이어
17
18        </video>
19      </li>
20    </ul>
21  </body>
```

| 실행결과 7-5

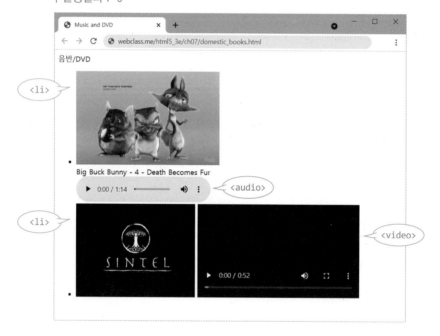

실습하기 7-2 오디오 비디오 태그 사용하기(music.html)

[실행결과 7-5]와 같이 나타나도록 [예제 7-5]의 <audio>와 <video> 태그의 속성값과 내용을 채우시오.
[예제 7-5]의 (9), (10), (16), (17) 줄에 적당한 구문을 채워 넣으면 된다. 이때 오디오 파일과 비디오 파일은
다음 URL을 이용하도록 한다.

> 오디오 파일 URL : http://media.w3.org/2010/07/bunny/04-Death_Becomes_Fur.mp4
> 비디오 파일 URL : http://media.w3.org/2010/05/sintel/trailer.mp4

7.2.4 주문 페이지

주문 페이지는 폼의 여러 가지 위젯과 테이블 태그를 이용해서 작성한다. 합계계산, 주문하기 등의 버튼이 있지만 본 실습에서는 아직 버튼의 기능은 동작하지 않게 되어 있다. [예제 7-6]에 주문 페이지 구현 결과를 보인다. 아직 CSS 스타일시트가 적용되지 않아서 표의 테두리 선이 나타나지 않는다. 7.3절에서 스타일시트를 통해 표의 테두리의 두께 색상 등을 지정하게 된다.

예제 7-6 주문 페이지 (order.html)

```
1   <body id="order">
2   <div class="head"> 서적 주문 양식 </div>
3   <form action="">
4       <p> 주문서 </p>
5       <table>
6           <tr> <th> 책 제목 </th> <th> 가격 </th> <th> 수량 </th> <th> 합계 </th> </tr>
7           <tr>
8               <td> 컴퓨터와 IT기술의 이해 [개정판-2판] </td> <td> 27,000원 </td>
9               <td> <input type="text" size= "2" value="0"/> </td>
10              <td> <input type="text" size= "6" value="0"/> 원</td>
11          </tr>
12          <tr>
13              <td> 소셜미디어의 이해와 활용 <td> 21,000원 </td>
14              <td> <input type="text" size= "2" value="0"/> </td>
15              <td> <input type="text" size= "6" value="0"/> 원</td>
16          </tr>
17          <tr>
18              <td> 비즈니스 정보 시스템 </td> <td> 28,000원 </td>
19              <td> <input type="text" size= "2" value="0"/> </td>
20              <td> <input type="text" size= "6" value="0"/> 원</td>
21          </tr>
22          <tr>
23              <td> 합계 </td> <td>   </td>
24              <td> <input type="text" size= "2" value="0"/> </td>
25              <td> <input type="text" size= "6" value="0"/> 원</td>
26          </tr>
27      </table> <br />
28      <input type="button" value="합계계산" disabled/>          계산 및 주문 버튼의
29      <input type="reset" value="초기화" disabled/>             기능은 아직 미구현
30      <input type="submit" value="주문하기" disabled/>
31  </form>
32  </body>
```

| 실행결과 7-6

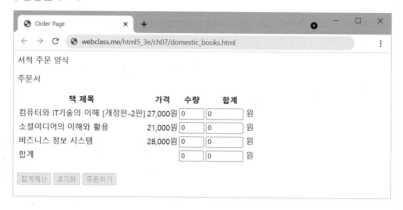

7.3 CSS3를 이용한 웹 사이트 스타일 설계

이전 7.2절까지는 HTML 요소들만을 이용해서 웹 문서를 구성하고 콘텐츠를 채워 넣는 기본적인 웹 페이지 구현을 하였다. 본 절에서는 CSS 스타일을 적용하여 웹 페이지에 요소들의 레이아웃 및 표현을 적용한다. 각 요소의 배치 방법, 위치, 크기, 색상 등을 조절하게 된다. 간단히 말하면 웹 사이트의 외형적인 디자인을 결정하는 단계이다. 따라서, CSS 스타일을 적용하는 단계에서는 웹 문서의 구조나 콘텐츠는 변경되지 않는다. 이해를 돕기 위해 요소의 크기 설정, 배치, 스타일 효과 적용의 세 단계로 구별하여 CSS 스타일을 적용한다.

■ CSS 스타일 파일 적용

웹 문서에 CSS 스타일을 적용하기 위해서는 스타일 규칙들을 지정해줘야 한다. 본 실습에서는 대부분 스타일을 외부 파일 참조 방식으로 지정하도록 한다. 외부 파일 참조 방식은 아래의 예에서와 같이 미리 CSS 파일들에 스타일 규칙들을 작성해 놓고 HTML 파일에서 참조하는 방식이다. 아래 문장을 **<head>** 요소 내에 삽입하도록 한다.

```
<link rel="stylesheet" type="text/css" href="style-size.css" />
<link rel="stylesheet" type="text/css" href="style-layout.css" />
<link rel="stylesheet" type="text/css" href="style-presentation.css" />
```

이 장의 웹 페이지 스타일시트의 대부분을 외부 파일에서 참조하기 때문에 인라인 스타일시트 지정 방법에 대해 간단히 실습해 보도록 한다.

실습하기 7-3 인라인 CSS 스타일시트 지정 실습 (main.html)

[예제 7-1]의 어사이드 메뉴 버튼들의 크기가 일정하지 않게 되어 있다. 인라인 스타일시트를 이용해서 어사이드 메뉴 버튼들의 가로 길이를 100픽셀로 설정하시오.

```
27    <aside class="right">
28    <button id="all"  빈칸 채우기[실습 7-3]  disabled>전체</button><br/>
29    <button id="best"  빈칸 채우기[실습 7-3]  disabled>베스트셀러</button><br/>
30    <button id="recommend"  빈칸 채우기[실습 7-3]  disabled>추천도서/button><br/>
31    <button id="memo"  빈칸 채우기[실습 7-3]  disabled>메모하기</button><br/>
32    <button id="location"  빈칸 채우기[실습 7-3]  disabled>현재위치</button>
33    </aside>
```

[인라인 스타일시트 적용 전]   [인라인 스타일시트 적용 후]

7.3.1 요소의 크기 설정

CSS 스타일을 이용해서 요소들을 적당한 위치에 배치하여 웹 페이지를 디자인하기 위해서는 먼저 각 요소를 적당한 크기로 조절해야 한다. 요소의 크기를 조절하기 위해서는 대표적으로 다음과 같은 속성들을 이용하게 된다.

```
width, height, min-height
```

[예제 7-7]에 각 요소들의 크기 조절을 위한 스타일시트를 보인다. 여기에서는 다양한 CSS 선택자들이 이용되었다.

요소 크기 지정을 위한 스타일시트 (style-size.css)

```
1    .wrap { width:715px; min-height:600px; }
2    header { height: 80px; }
3    nav { width: 715px; }
4    nav a { height:20px; }
5    footer { height:70px; }
6
7    #login fieldset span { width: 80px; }
8    #signup fieldset span { width: 90px; }
9    #order table td, th{ width: 150px; height: 30px; }
10
11   .booklist { height: 462px; }
12   .booklist ul li { width: 150px; height: 180px; }
13   .musiclist ul li { width: 530px; }
14   .booklist ul li img { height: 120px; }
15
16   빈칸 채우기[실습 7-4] { width: 330px; }
17   .booklist ul li video { height: 120px; }
```

크기를 나타내는 속성값에는 항상 단위가 명시 되어 있음에 유의할 것

실습하기 7-4 CSS 선택자 지정

음반/DVD 페이지 목록의 가로 크기를 지정하는 스타일시트를 완성하고자 한다. booklist 클래스 선택자로 지정된 요소 내에서 <ul> 태그 요소 아래의 <li> 요소에 속한 <audio> 혹은 <video> 요소의 가로 크기를 330픽셀로 지정하고자 한다. [예제 7-7]의 스타일시트 중 (16)행의 선택자를 채워 넣으시오.

7.3.2 요소의 배치

각 요소들의 크기가 설정되었다면 이제 요소들을 화면상의 적당한 위치에 배치하게 된다. CSS 스타일을 이용해서 요소들을 배치하기 위해서는 다음과 같은 속성들을 이용하게 된다.

```
position, left, top, text-align, margin, padding, float, vertical-align
```

[예제 7-8]에 CSS 스타일시트를 적용하여 요소들을 배치를 구현한 웹 페이지들을 보인다. 폰트의 크기나 라인간격 그리고 <ul> 요소의 리스트 스타일은 다음 절의 표현부분에 해당하지만 실행결과 화면의 시인성을 위해 [예제 7-8]에 미리 포함시켰다. [실

행결과 7-8]에서 볼 수 있듯이 각 요소들이 웹 페이지 상에 적당한 크기로 적절한 위치에 배치되었음을 알 수 있다.

예제 7-8 요소 위치 지정을 위한 스타일시트 (style-layout.css)

```
1   body { margin:0; padding:0; line-height: 1.2em; font-size: 0.75em; line-height: 1.2em; }
2   .wrap { margin:0; margin-right: auto; margin-left: auto; }
3   header { vertical-align: middle; }
4   .left { float: left; }
5   .right { float: right; }
6
7   #logo { float: left; vertical-align: middle; margin:30px 0 0 20px; }
8   .clear { clear:both; }
9   hr { clear: both; }
10
11  nav { margin:0 0 20px 0; float:left; }
12  nav ul li { float:left; margin:0 5px; list-style:none; }
13  nav a { display:block; padding:5px; }
14
15  footer #copyright { margin:20px 0 0 10px; float:left; }
16  footer #SNS { margin:10px 20px 0 0 ; float:right; }
17  aside { margin: 5px; }
18  article { margin:5px 0 10px 0; }
19
20  #login { margin: 30px; }
21  #login fieldset span { display: inline-block; }
22  #signup { margin: 30px; }
23  #signup fieldset span { display: inline-block; vertical-align: middle; }
24  #signup fieldset input { vertical-align: middle; }
25  #order { margin: 30px; }
26
27  .booklist { margin: 10px; padding: 5px; }
28  .booklist .head { margin: 15px 0 0 10px; }
29  .booklist ul li { 빈칸 채우기[실습 7-5]          list-style-type: none; }
```

> em은 현재 글꼴 크기를 뜻한다. 즉, 2em은 글자 2개의 크기를 뜻한다.

실습하기 7-5 요소 배치 CSS 스타일시트 실습(style-layout.css)

국내도서와 해외번역도서 목록을 화면에 보기 좋게 배치하기 위한 스타일시트를 작성해 본다. [예제 7-8]의 (29)행의 스타일시트 속성을 지정하시오. <li> 요소의 배치 방법을 지정하고 간격(margin)을 5~10픽셀 정도로 지정하도록 한다.

| 29 | `.booklist ul li {` 빈칸 채우기[실습 7-5] `list-style-type: none; }` |

[배치 스타일시트 적용 전]

[배치 스타일시트 적용 후]

| 실행결과 7-8

(a) 메인 화면(main.html)

(b) 음반/DVD 화면(music.html)

(c) 국내도서 화면(domestic_books.html)

(d) 회원가입 화면(signup.html)

(e) 로그인 화면(login.html)

7.3.3 스타일 효과 추가하기

HTML 요소들에 대한 크기 조절과 배치 등이 끝났으면 글자의 폰트, 색상, 꾸미기 효과 등을 지정하여 표현(presentation)에 관련된 CSS 스타일시트를 지정하게 된다. 다음과 같은 CSS 스타일시트 속성을 이용하여 꾸미기 등의 표현을 적용하게 된다.

```
font-family, font-weight, font-size, color, text-decoration,
border, border-color, border-style, border-width,
background-color, background-image, background-position, list-style-type
```

[실행결과 7-9]에서 볼 수 있듯이 각 요소들에 배경이미지, 배경색, 글자 색상과 크기 등이 지정되어 웹 사이트에 디자인이 적용됨을 알 수 있다. HTML 요소와 콘텐츠를 통

한 웹 문서를 작성한 후 크기, 배치, 효과 등의 CSS 스타일을 모두 적용한 최종 웹 사이트의 실행결과를 보인다. 예를 들면, 메인 화면의 내비게이션 메뉴는 마우스 커서를 올려놓으면 글자색이 변하고 밑줄이 생기는 효과를 주었다. 또한, 국내도서와 해외번역도서, 음반/DVD 화면에는 배경 이미지를 추가하였다. 주문하기 화면의 표에는 테두리 효과를 주어 눈에 잘 띄게 하였다.

■ 실습하기 7-6 ■ 요소 표현 CSS 스타일시트 실습

[예제 7-9]의 스타일시트 적용을 통해 음반/DVD 목록의 배경이미지를 지정하였다. 그런데 배경이미지의 색상이 짙어서 검은색 글자의 시인성이 떨어지는 문제점이 있다. 이를 개선하기 위해 음반/DVD 목록의 글자에만 밝은색의 그림자 효과를 지정하고자 한다. [예제 7-9]의 (36)행에 적당한 표현 스타일시트를 지정하여 글자의 그림자 효과를 설정하시오.

```
1    .musiclist ul li { font-size: 12px; font-weight: bold;
2        빈칸 채우기[실습 7-6]
3    }
```

[글자 그림자 스타일스트 적용 전]

[글자 그림자 스타일시트 적용 후]

```
1   body { background-color: gray; font-size: 0.75em; line-height: 1.2em; }
2   img { border:none; }
3   .wrap { text-align:left; background-color: white; }
4   a { text-decoration: none; }
5
6   #logo { color: darkblue; font-size: 48px; }
7   header .right a:hover { color: gray; }
8   input { color:blue; }
9
10  nav { background-color: aqua; }
11  nav ul { list-style:none; font-family: Verdana, Geneva, sans-serif; font-size: 14px;
12      font-weight: bold; color: #ff0099;
13  }
14  nav a { text-decoration:none; color:#000000; border-style: hidden hidden solid hidden;
15      border-color: transparent;
16  }
17  nav a:hover { color:#2b4480; border-color: blue; }
18
19  footer #copyright { font-family: consolas; }
20  footer #SNS a { text-decoration: none; }
21  #login, #signup, #order { background-color: #d8d8d8; }
22  #order .head { font-size: 16px; font-weight: bolder; }
23  #order table { border-collapse:collapse; }
24  #order table td, th{ text-align: center; }
25  #order table input { background-color: transparent; }
26  #order table td, th, tr{ border: 1px solid silver; }
27
28  .booklist { font-family: arial; background-color: #f0f0f0;
29      background-image: url(./images/cloud.jpg); background-repeat: no-repeat;
30      background-position: 0px 0px; border:solid 3px steelblue; border-radius:10px;
31  }
32  .aerialview { background-image: url(./images/aerialview.jpg); }
33  .booklist .head { font-size: 16px; font-weight: bolder; }
34  .booklist ul li { font-size: 12px; list-style-type: none; }
35  .musiclist ul li { font-size: 12px; font-weight: bold;
36      빈칸 채우기[실습 7-6]
37  }
38  .booklist ul li img { border: solid; border-color: lightgray; border-width: 1px; }
```

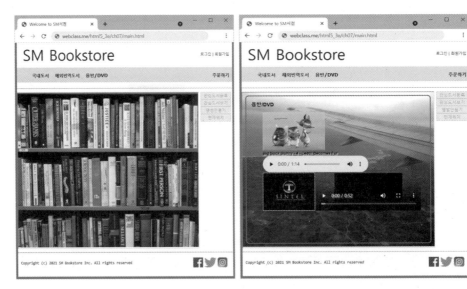

(a) 메인 화면(main.html)

(b) 음반/DVD 화면(music.html)

(c) 해외번역도서 화면(foreign_books.html)

(d) 주문하기 화면(order.html)

연습문제

1   7.2.4절의 주문 페이지(order.html)에서는 서적의 수량을 직접 입력하는 방식으로 구현되어 있다. order.html을 <select>나 <range> 요소를 이용해서 주문 서적의 수량을 입력하는 방식으로 수정하시오.

2   국내도서화면(domestic_books.html)에는 서적의 표지그림과 서적에 대한 간략한 설명이 표시되어 있다. 적당한 스타일시트 속성을 추가하여 국내도서화면이 다음과 같이 표시될 수 있도록 수정하시오.

- 기본화면: 서적의 표지그림만 화면에 표시되고 서적에 대한 간략한 설명은 표시되지 않는다.
  서적에 대한 간략한 설명: 서적 제목, 저자 이름, 출판사, 가격 등
- 마우스를 서적의 표지그림에 올려놓을 경우: 서적에 대한 간략한 설명이 화면에 나타난다.

3   내비게이션 메뉴에 [도서리뷰] 메뉴를 추가하시오. [도서리뷰]를 누르면 도서의 리뷰들이 테이블 형태로 나타나도록 review.html을 작성하시오.

4   국내 도서와 해외 번역 도서의 레이아웃을 리스트 형태가 되도록 CSS file을 수정하시오. 도서 사진의 크기를 줄이고 도서명, 저자 및 기타 정보가 도서 사진 우측 옆으로 나오는 형태로 만들도록 한다.

CHAPTER 08

자바스크립트
프로그래밍 기초

HTML5 Web Programming

contents

08
자바스크립트 프로그래밍 기초

자바스크립트의 기본 개념과 문법, 구조 및 프로그래밍에 대한 기초적인 내용을 다룬다. 동적인 웹 문서 제작과 웹 응용프로그램 개발을 위한 사용자 인터페이스 개발을 위해서는 자바스크립트 프로그래밍이 필수적이다. 자바스크립트는 C/C++나 자바 프로그래밍 언어에 비해서는 작성 및 실행이 매우 간편하기 때문에 웹 프로그래밍뿐 아니라 일반적인 프로그래밍 능력 배양에도 도움이 될 것이다.

8.1 자바스크립트 시작하기

일반적인 프로그래밍 언어인 C/C++와 자바는 프로그래밍 코드를 실행하기 위해서 코드를 해석해서 운영체제와 CPU나 자바 가상 머신(Java Virtual Machine)이 실행 가능한 기계어로 변환하는 컴파일이라는 과정을 거치게 된다. 하지만 자바스크립트는 웹 브라우저가 자바스크립트 코드를 읽어 들여 해석함과 동시에 실행하는 인터프리터(interpreter) 방식을 사용한다. 이러한 자바스크립트 언어의 특징과 실행 환경에 대해 살펴본다.

8.1.1 자바스크립트 개요와 특징

자바스크립트(JavaScript)는 웹 브라우저에서 사용자 인터페이스 지원과 동적 문서를 위한 프로그래밍 기능을 구현하기 위해 넷스케이프사에서 라이브스크립트라는 이름으로 개발되기 시작했으나 이후 1995년에 넷스케이프사와 썬(Sun, 현재는 오라클)사의 공동 개발을 통해 자바스크립트라는 이름을 가지게 되었다. 현재는 ECMA(European Computer Manufacturers Association)에서 ECMA-262 혹은 ISO 16262로 표준을 제정하고 있다. ECMA에서 자바스크립트 표준을 제정하기 때문에 자바스크립트를 ECMAScript라고 부르기도 한다.

■ 사용이 편리한 자바스크립트

자바스크립트를 이용하면 웹 브라우저에서 프로그램 기능을 구현할 수 있으므로 다양한 사용자 인터페이스 지원과 동적 문서를 작성하는 것이 가능하게 된다. 예를 들면, 자바스크립트를 이용해서 자바 애플릿(Java Applet)을 대체할 수 있으며 클라이언트에서 사용자와의 인터랙션이나 연산 처리가 가능하게 되었다. 자바스크립트의 장점으로 사용 편리성과 다양한 기능, 그리고 덜 까다로운 타입 검사, 확장성 등을 들 수 있다.

■ 객체기반의 자바스크립트 언어

자바스크립트는 AJAX(Asynchronous JavaScript and XML)의 주요 언어이기도 하며 HTML 폼을 통한 사용자와의 상호작용을 구현하기에 용이한 언어이다. 많은 경우 자바스크립트는 사용자로부터 혹은 시스템에서 발생하는 이벤트를 처리하는 이벤트 기반 연산을 구현하는데 이용된다.

| 표 8-1 자바스크립트와 자바와의 차이점

구분	자바스크립트	자바
실행 방식	웹 브라우저에서 바로 자바스크립트 코드를 해석하고 바로 실행 (스크립트/인터프리터 기반 언어)	자바 프로그램을 컴파일 후 변환된 오브젝트 코드(object code)를 자바 가상 머신에서 실행하는 방식 (컴파일 기반 언어)
성격	객체기반(object-based)	객체지향(object-oriented)
작성 형태	HTML 파일 내에 포함되어 작성됨	별도의 자바 프로그램 파일로 작성
변수형 선언 및 타입 검사	변수의 선언이 따로 필요 없으며 타입 검사도 매우 느슨함	변수의 선언이 필요하며 변수 타입의 검사가 매우 엄격함

자바스크립트는 개발 초기에 자바 언어의 영향을 받았고 문법적으로 비슷한 형태를 가지고 있으나 자바 언어와는 기본적으로 차이점을 가진다. 가장 큰 차이점은 자바스크립트는 컴파일 과정 없이 웹 브라우저 상에서 동작하는 인터프리터 기반 언어이며 변수 타입에 대한 검사가 덜 까다롭다는 점이다. 반면 자바 언어의 경우는 컴파일 과정을 거친 후 자바 가상 머신에서 실행되며 변수 타입의 검사가 매우 엄격하다. 자바 언어와

의 차이점을 [표 8-1]과 같이 간략히 비교할 수 있다.

자바스크립트는 웹 클라이언트, 즉 웹 브라우저 상에서 실행되는 스크립트 언어이므로 플랫폼 독립적이다. 즉, 컴퓨터나 운영체제의 종류에 관계 없이 실행된다. 오히려, 자바스크립트가 실행되는 웹 브라우저의 영향을 많이 받게 된다.

8.1.2 자바스크립트 작성하기

자바스크립트 코드도 일반 프로그래밍 언어와 마찬가지로 텍스트 형식의 파일로 작성하면 된다. 하지만, 실행 방법은 조금 차이가 있다. 자바스크립트 코드만으로는 독립적으로 실행될 수 없으며 반드시 HTML 파일 내에 포함되어 있어야 한다. 그 이유는 자바스크립트는 웹 브라우저상에서 실행되기 때문에 웹 브라우저가 해석하는 문서인 HTML 형식을 갖춰야 하기 때문이다. 자바스크립트 코드를 HTML 파일 내에 포함시키는 방식으로 이루어지며 그 방법은 다음과 같이 웹 문서 내장 방식과 외부 파일 참조 방식 두 가지가 있다.

- 웹 문서 내장 방식
- 외부 파일 참조 방식

■ 웹 문서 내장 방식

웹 문서 내장 방식은 아래와 같이 HTML 파일 내에 `<script type="text/javascript">`와 `</script>` 태그 사이에 자바스크립트 코드를 직접 작성하여 삽입하는 것이다. 자바스크립트 코드를 포함하는 `<script>` 요소는 웹 문서 내에 어느 곳에 위치해도 상관없다.

```
<!DOCTYPE html>
<html>
....
<script type = "text/javascript">    ←──  자바스크립트 포함의 시작을 알리는 <script> 태그
      // 자바스크립트 코드    ←──  실제 자바스크립트 코드들이 위치하는 곳
</script>    ←──  자바스크립트 포함의 끝을 알리는 클로징 태그
....
</html>
```

자바스크립트 주석

자바스크립트에서 주석(comment)은 다음과 같은 방법으로 삽입할 수 있다.

```
// 주석 (comment)
/* 주석1 (comment1)
   주석2 (comment2) */
```

■ 외부 파일 참조 방식

웹 문서에 직접 내장하는 방식과 달리 외부 파일 참조 방식은 아래와 같이 별도로 작성된 자바스크립트 코드 파일을 HTML 파일 내에서 **<script>** 요소의 **src** 속성으로 지정하면 웹 브라우저가 해당 요소를 해석 할 때 HTML 파일 내로 삽입되는 방식이다. 아래는 HTML 파일이 있는 같은 폴더 내에 myscript.js라는 이름의 자바스크립트 코드 파일을 불러오는 경우이다.

```
<!DOCTYPE html>
<html>
....
<script type = "text/javascript" src = "myscript.js">
</script>
....
</html>
```

> **<script>** 요소의 **src** 속성의 값으로 실제 자바스크립트 파일의 경로를 지정할 수 있다.

외부 파일 참조 방식의 경우에는 다른 웹 서버에 있는 자바스크립트 코드를 다음과 같이 URL 형식으로 지정하여 불러 올 수도 있다.

```
<!DOCTYPE html>
<html>
....
<script type = "text/javascript"
    src = "http://webclass.me/html5/ch8/remote_script.js" >
</script>
....
<!-- HTML documents... -->
```

> **<script>** 요소의 **src** 속성의 값으로 자바스크립트 파일이 위치한 URL 경로를 지정할 수 있다.

■ 간단한 자바스크립트 예제

자바스크립트 코드를 HTML 문서 내에 포함시키는 방법에 대해 알아보았으니 웹 브라우저 화면에 간단한 인사말을 표시하는 자바스크립트 기본 예제를 다음의 [예제 8-1]과 같이 작성해 본다.

본 [예제 8-1]에서는 자바스크립트 코드가 <body> 요소 내에 포함되었다. 자바스크립트 코드가 포함되는 위치는 HTML 파일 내에 어느 곳에 있어도 상관없으며 웹 브라우저가 해당 코드를 읽어 들이는 시점이 되어서 실제로 해석되고 실행이 된다. 따라서, 외부 파일 참조 방식으로 자바스크립트 코드를 포함시키거나 자바스크립트 함수의 경우는 대부분 <head> 요소 내에 위치시키고 웹 문서 본문에 직접 기술하는 것이 편리한 경우에는 <body> 요소 내에 포함시키게 된다. 자바스크립트 명령문들의 마지막에는 세미콜론(;)을 붙여 주어야 한다.

예제 8-1 자바스크립트 기본 예제 (welcomejavascript.html)

```
1   <!DOCTYPE html>
2   <!-- hello.html
3   간단한 인사말을 화면에 표시하는 HTML/자바스크립트 기본 예제
4   -->
5   <html>
6   <head>
7       <title> Welcome to the JavaScript </title>
8   </head>
9   <body>
10      <script type="text/javascript">
11          document.write("Hello, welcome to the JavaScript world!");
12      </script>
13  </body>
14  </html>
```

> 웹 브라우저에서 보여지는 문서상에 Hello, welcome to the JavaScript world!라는 문구를 출력하는 명령문

8.1.3 자바스크립트 실행 및 디버깅

■ 자바스크립트의 실행

위 자바스크립트 예제 HTML 파일을 웹 브라우저에서 읽어 들이면 [실행결과 8-1]과 같은 결과가 화면에 표시된다. 웹 문서에 문자열을 출력하는 **document.write()** 명령

문은 8.2.3절 화면 출력 및 키보드 입력에서 설명하도록 한다.

| 실행결과 8-1

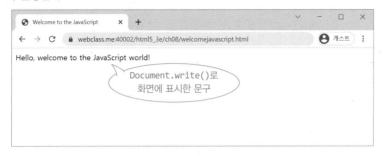

웹 브라우저가 자바스크립트가 포함된 HTML 파일을 읽어 들일 때 순수 HTML 부분은 HTML 태그와 콘텐츠로 해석하여 DOM을 구성하게 된다. DOM(Document Object Model)에 대해서는 10장에서 더 자세히 다루지만, 간단히 설명하면 문서의 구조와 내용을 객체 모델로 만들어 마치 프로그램 언어에서의 변수나 구조체와 같은 데이터로 처리할 수 있도록 하는 것이다.

HTML 파일 내에 자바스크립트 코드가 포함되어 있다면 웹 브라우저 내의 인터프리터를 이용하여 그 스크립트 코드를 실행한다. 스크립트는 계산식, 조건문, 실행문 등 일반적인 프로그래밍 언어의 기능을 가지게 된다. 만약, 자바스크립트를 이용해서 DOM의 내용을 읽어내거나 DOM의 내용을 변경시키는 작업을 수행하게 되면 동적 문서를 만들 수 있게 된다. 또한, 사용자로부터 키보드 입력을 받거나 마우스 위치를 알아내는 등 다양한 사용자 인터페이스를 구현할 수도 있다.

▪ 자바스크립트의 실행 시 오류 확인 방법

자바스크립트가 포함된 HTML 파일을 실행하는 동안 오류가 발생하더라도 실행을 중단할 만큼 치명적이지 않다면 기본적으로 웹 브라우저는 그 오류를 무시하고 진행하게 된다. 웹 문서의 개발이 완료되고 사용자에게 배포된 경우에는 어쩔 수 없이 오류를 무시하고 진행할 수 밖에 없겠지만 개발 단계에서는 자바스크립트 실행 시 발생한 오류를 개발자가 확인하고 수정할 수 있어야 한다.

다음과 같은 방법으로 자바스크립트 오류의 발생을 확인 할 수 있다. [그림 8-1]에서와 같이 예를 들면 크롬 웹 브라우저의 우측 상단에 위치한 [설정 및 관리] 버튼(⋮)을 누른 후 [도구 더보기] → [개발자 도구]→ [콘솔]을 눌러 자바스크립트 실행 시 발생하는 여러 오류 메시지를 확인할 수 있다.

| 그림 8-1 크롬 개발자 도구 실행 방법

8.2 자바스크립트 기본 문법

본 절에서는 자바스크립트 프로그래밍을 위한 기본 문법에 대해 살펴본다. 주로 기본 변수 타입, 변수의 사용, 기본 연산자, 키보드 입력과 화면 출력에 대해 알아본다. 제어 문, 반복문에 대해서는 8.3절과 8.4절에서 각각 다룬다.

* 자바스크립트 기본 변수
* 기본 연산자와 변수 형 변환
* 화면 출력 및 키보드 입력

8.2.1 자바스크립트 기본 변수

■ 자바스크립트 기본 변수 타입

자바스크립트는 인터프리터 기반 언어이므로 변수의 타입을 실행 전에 미리 확인하지 않는다. 따라서, 대부분의 경우 자바스크립트 변수는 사용 전에 미리 선언할 필요가 없으며 따라서 그 타입도 지정할 필요가 없다. 하지만, 자바스크립트 내부적으로는 변수의 형식은 존재하며 변수 값은 다음 다섯 가지 기본형 중 하나의 변수 타입을 가진다.

> Number, String, Boolean, Undefined, Null

변수를 선언하거나 값을 저장하여 변수를 생성하게 되면 해당 타입의 객체가 생성된다. 예를 들면 Number, String과 같은 형식의 객체가 생성되는 것이다. Number와 String의 경우에는 기본 변수 타입과 객체 간에 자동 형 변환을 제공한다. 즉, String "123"은 필요에 따라서 Number 123으로 자동 변환이 된다는 뜻이다. 숫자 값의 경우에는 아래와 같이 다양한 형태로 표기할 수 있으며 모든 숫자는 정수든 실수든 내부적으로는 모두 실수 형태로 저장된다.

> 125   1.25   0.125   .125   125.   12.e5   1.2e-5   12E5   12e5   .12e5

[표 8-2]는 각 기본형 변수 타입과 변수값에 대해 설명한다. 자바스크립트 변수형은 typeof() 연산자를 이용해서 확인할 수 있다. 예를 들면, typeof(123)은 "Number"를 반환하고 typeof("123")은 "String"을 반환하게 된다.

| 표 8-2 자바스크립트 기본형 변수 타입과 변수값

기본 변수 타입	변수값	비고
Number	정수, 실수 등 숫자 값을 가짐	숫자 (Number)와 문자열 (String) 타입 간에는 숫자 값에 대해 자동 형 변환을 제공한다.
String	연속된 글자들로 이루어진 문자열 (공백도 가능함). 문자열의 시작과 끝은 작은따옴표 (') 혹은 큰따옴표 (")로 지정	
Boolean	true 혹은 false	조건식에서 사용

Undefined	undefined만 가능	변수의 값이 아직 지정되지 않은 경우 undefined 값을 가진다
Null	null만 가능	

■ 자바스크립트에서의 변수 선언

자바스크립트에서는 변수를 사용 전에 미리 선언하지 않아도 사용상 문제는 없으나 전역 변수로 사용하고자 할 때는 미리 선언되어 있어야 한다. 변수 타입이 따로 없으므로 변수 선언 시 **var**로 선언한다. 대신, 선언된 변수가 실제로 사용될 때, 즉 변수에 어떤 값을 저장할 때 그 값을 고려해서 내부적으로 변수 타입이 정해지게 된다. 자바스크립트 코드 작성자 입장에서는 변수 타입을 고려하지 않고 선언해서 사용하면 되므로 편리하다. 물론, 변수 선언 없이 바로 변수를 사용하는 것도 가능하다. 다음의 [예제 8-2]에서는 변수 선언과 사용의 예를 보인다. 변수 c, d와 같이 선언 없이 바로 사용하는 것도 가능하다.

예제 8-2 자바스크립트 변수 선언 예제 (variable.html)

```
1    // 변수의 선언 방식, 대소문자를 구분함
2    // var 변수명
3    // 혹은
4    // var 변수명 = 변수값;
5
6    var index, name = "모바일 웹";
7    var start = 0, end = 100.0;
8    var message, condition, sender, receiver;
9
10   var a = "3";
11   var b = 2;
12   c = b + 3 + a;
13   d = a + b;
```

> 문자열, 정수, 실수 등 모든 변수 타입에 대해 **var**로 선언한다.

> 연산의 우선순위에서 b+3이 우선하므로 2+3은 5가 되고 이후 5+"3"이 수행된다. 5+"3"에서 "3"이 문자열이므로 '+' 연산자는 문자열 붙이기 연산자가 되어 5를 "5"로 형 변환한 후 "5"+"3" 연산을 수행한다. c값은 "53"이 됨.

8.2.2 기본 연산자와 변수 형 변환

자바스크립트에서도 다음의 [표-3]에서와 같이 기본적인 연산자를 제공한다. 사칙연산, 대입연산, **++**, **--**와 같은 증가, 감소 연산자, 그리고 논리 연산자 등을 제공한다. 모든 숫자 연산은 내부적으로는 실수 값으로 변환되어 처리되며 자바 언어와 동일한 수식 연산 기술 방식과 연산 우선순위를 가진다. 눈 여겨 볼 연산자는 '==='와 '!==' 비교 연산자이다. 이는 연산자 양편의 값과 타입을 모두 검사하여 비교를 수행하는 연산자이다. 반면 '=='와 '!=' 연산자는 값만을 비교한다. 예를 들면, 3=="3"은 true이지만, 3==="3"은 false가 된다.

| 표 8-3 자바스크립트 기본 연산자

종류	연산자	설명	비고
사칙연산	+ - * / %	더하기, 빼기, 곱하기, 나누기, 나머지	*, /, %가 +, - 보다 연산 우선순위가 높다
대입 연산자	+= -= *= /= %=	왼편 변수에 우측 값을 연산 후 왼편 변수에 대입	
증감 연산자	++ --	기존 변수 값에 +1 혹은 −1 연산 수행	
논리연산자	> >= <=	왼편의 값이 크다, 작다 왼편의 값이 크거나 같다, 작거나 같다	결과값이 true 혹은 false이다.
	== != === !==	양편이 같다, 다르다 (값만 비교) 양편이 같다, 다르다 (값과 타입 모두 비교)	
	! || &&	논리부정 (NOT), 논리합 (OR), 논리곱 (AND) 연산	

■ 문자열 붙이기 연산

기본적인 사칙 연산 외에도 자바스크립트에서 유용하게 사용되는 연산자로 문자열 붙이기(concatenation) 연산자가 있다. 문자열 붙이기 연산자는 [예제 8-2]에도 사용되었으며 다음과 같이 '+' 연산자를 이용해 두 문자열을 붙여서 하나의 문자열로 만드는 연산자이다.

```
var first_name = "Steve";
var last_name = "Jobs";

var full_name1 = first_name + " " + last_name;
// full_name1: "Steve Jobs"

var full_name2 = last_name + ", " + first_name;
// full_name2: "Jobs, Steve"
```

```
var address = "서울시 "+ "용산구 "+ "청파동";
// address: "서울시 용산구 청파동"
```

■ 변수 형 변환

문자열과 숫자 변수형 간에 형 변환(type conversion)을 위해서는 숫자형 변수에 **toString()** 메소드를 이용하거나 문자열 변수를 **parseInt()** 혹은 **parseFloat()** 함수에 입력시키는 방법을 이용하면 된다. 다음 [예제 8-3]에 형 변환에 대한 예제와 실행결과를 보인다.

메소드(method)란 객체에 미리 정의되어 포함되어 있는 함수를 뜻한다. 즉, **toString()** 메소드는 숫자형 객체의 내용을 문자열로 변환하고자 할 때 호출할 수 있는 숫자형 객체에 소속된 함수 중 하나이다.

<table>
<tr><td>예제 8-3</td><td colspan="2">자바스크립트 변수형 변환 예제 (typeconv.html)</td></tr>
</table>

```
1    var length = 123, length_num, length_str;
2
3    length_num = length + 10;
4    length_str = length.toString() + 10;
5
6    document.write("Length in Number: "+ length_num + "cm" + "<br />");
7    document.write("Length in String: "+ length_str + "cm" + "<br />");
8
9    var num = parseInt(length_str) + 20;
10   document.write("Length in Integer: "+ num + "cm");
```

> length의 값을 toString()이라는 메소드를 이용해서 문자열 형태로 변환한다. 숫자 **10**을 문자열 **"10"**으로 변환 후 문자열 붙이기 연산이 수행되어 결과 값은 문자열 **"12310"**이 된다.

> parseInt() 함수는 문자열을 숫자로 변환하므로 문자열 **"12310"**을 숫자 **12310**으로 변환한다. 다시 숫자 **20**과 더해지므로 결과값은 숫자 **12330**이 된다.

| 실행결과 8-3

Length in Number: 133 cm
Length in String: 12310 cm
Length in Integer: 12330 cm

8.2.3 화면 출력 및 키보드 입력

■ 화면 출력

자바스크립트 내에서 HTML 문서는 Document라는 객체로 모델링 되어 있다. Document 객체는 document라는 이름으로 접근할 수 있다. Document 객체는 write()라는 메소드를 제공하는데 앞의 예제에서도 사용하였듯이 document.write() 라는 메소드를 이용하면 HTML 문서 내에 콘텐츠를 삽입할 수 있다. 콘텐츠가 삽입된 HTML 문서의 내용이 화면에 출력되는 것이다. 이때 유의할 점은 document.write() 라는 명령어로 추가한 내용은 그대로 화면에 나타나는 것이 아니라 HTML 문서에 추가되는 것이다. 따라서, HTML 태그를 추가하면 그 태그의 내용이 해석되어 화면에 나타나게 된다. 예를 들면 다음 [예제 8-4]의 코드를 살펴보면 document.write() 메소드를 이용해서 HTML 형식의 텍스트들을 출력하고 있음을 알 수 있다. 이렇게 출력된 HTML 형식의 텍스트들은 자바스크립트 문장 전 후의 HTML 문서와 합쳐져서 웹 브라우저에 의해 해석되고 화면에 표시되는 것이다. 다음 [예제 8-4]에 자바스크립트 화면 출력 예제를 보여준다.

예제 8-4 자바스크립트 화면 출력 예제 (screenoutput.html)

```
1   <table border="1">
2   <script type="text/javascript">
3       var title1 = "컴퓨터와 IT기술의 이해 [개정판-2판]";
4       var title2 = "소셜미디어의 이해와 활용 ";
5       var title3 = "멀티미디어 배움터 2.0";
6
7       document.write("<caption> 베스트셀러 </caption>");
8       document.write("<tr>");
9       document.write("<th> 순위 </th>");
10      document.write("<th> 제목 </th>");
11      document.write("</tr>");
12      document.write("<tr> <td> 1 </td> <td> "+ title1 + "</td> </tr>");
13      document.write("<tr> <td> 2 </td> <td> "+ title2 + "</td> </tr>");
14      document.write("<tr> <td> 3 </td> <td> "+ title3 + "</td> </tr>");
15  </script>
16  </table>
```

> 문자열 변수를 선언하고 각 서적 제목으로 초기화하였다.

> document.write() 메소드로 삽입된 문자열은 모두 HTML 문서 안에 삽입되어 일반 HTML 문서처럼 해석된다. 위의 예제처럼 테이블을 만들기 위한 태그들 (예: <th>, <td> 등)을 사용하여 HTML 문서를 만들어 낼 수 있다.

| 실행결과 8-4

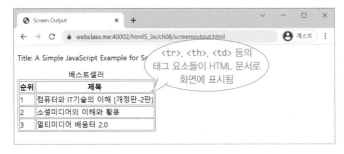

■ 대화상자로 화면에 메시지 출력하기

자바스크립트에서는 대화상자(dialog box)를 만들어 화면에 메시지를 출력하거나 키보드로부터 입력을 받을 수 있는 방법으로 alert(), confirm(), prompt() 세 가지가 제공된다.

- alert()
- confirm()
- prompt()

■ 경고 메시지 출력하기

alert() 명령은 사용자에게 경고 사항이나 메시지를 전달하기 위해 사용된다. 대화상자 내에 메시지를 표시하고 "확인" 혹은 "OK" 버튼을 표시한다. 버튼을 클릭할 때까지 대기하며 "확인" 버튼을 클릭하지 않으면 다음 문장은 실행되지 않는다. alert() 명령의 반환 값은 없다.

예제 8-5   alert() 예제 (alert.html)

```
1    alert("HTML5 프로그래밍  \n웹사이트로이동합니다.");
```

| 실행결과 8-5

■ 사용자로부터 확인 입력 받기

confirm() 명령어는 사용자에게 Yes/No 선택을 입력 받기 위해 사용하는 방식이다. 대화상자 내에 메시지를 표시하고 "확인" 혹은 "OK" 버튼과 "취소" 혹은 "Cancel" 버튼을 표시한다. 버튼을 클릭하거나 엔터키를 이용해 선택될 때까지 대기한다. 확인 버튼을 누르면 true, 취소 버튼을 누르면 false를 반환한다.

예제 8-6 confirm() 예제 (confirm.html)

```
1   var answer = confirm("주문한 서적을 결재하시겠습니까?");
2   document.write("Answer = "+ answer + "<br/>");
```

| 실행결과 8-6

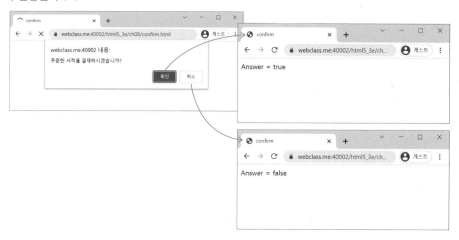

■ 키보드로부터 문자열 입력 받기

prompt() 명령어를 이용하여 사용자로부터 키보드를 통해 문자열을 입력 받을 수 있다. 대화상자 내에 메시지와 함께 입력 상자가 표시된다. 입력을 완료했을 때를 위한 "확인" 버튼과 입력을 취소하기 위한 "취소" 버튼도 함께 표시된다. "초기입력값"이 대화상자와 함께 표시되므로 기본 입력값으로 사용할 수 있다. 확인을 누르면 입력상자에 입력된 문자열, 취소를 누르면 **null**을 반환한다.

예제 8-7 prompt() 예제 (prompt.html)

```
1  var answer = prompt("서적 제목을 입력해 주세요.", "모바일 멀티미디어");
2  document.write("Answer = "+ answer + "<br/>");
```

| 실행결과 8-7

NOTE

prompt 입력값

prompt() 명령은 사용자로부터 문자열을 입력 받을 수 있는데, 이때 주의할 사항은 입력 받는 모든 값의 변수형이 문자열이라는 것이다. 즉, 숫자 값을 입력 받더라도 **prompt()** 명령이 반환하는 값의 변수형은 String이 된다. 즉, 문자열 값이 반환되는 것이다. 따라서, 일단 문자열로 입력 받아 저장한 후 이를 다시 숫자형으로 형 변환을 해서 사용해야 한다

8.3 자바스크립트 제어문

자바스크립트에서도 다른 프로그래밍 언어와 유사하게 제어문을 제공한다. 제어문은 복잡한 알고리즘을 프로그래밍 언어로 구현하기 위해서는 필수적인 사항이므로 잘 숙지할 수 있어야 한다. 제어문은 프로그램의 흐름과 실행 순서를 바꾸기 위해 사용된다. 자바스크립트 제어문으로 if-else문과 switch문이 있다.

8.3.1 if-else 문

자바스크립트 if문은 아래와 같이 사용할 수 있다. 만약 조건식의 값이 false일 때 실행할 문장이 없다면 else 이후의 문장은 생략할 수 있다. 조건식이 true 혹은 false일 때 실행될 문장이 한 개일 때는 { }를 생략할 수 있다.

```
if (조건식) {
    // 조건식의 값이 true일 때 실행될 문장
}
else {
    // 조건식의 값이 false일 때 실행될 문장
}
```

다음 [예제 8-8]에서는 if 문을 이용한 예제를 보여준다. 사용자로부터 숫자를 입력받아 if-else 문을 통해 비교하는 예제이다. 사용자가 숫자를 입력하더라도 "1", "2", "3"과 같이 문자열과 비교하는 이유는 prompt()가 반환하는 값이 문자열 형식이기 때문이다.

예제 8-8 자바스크립트 if 문 (ifexample.html)

```
1  <table border="1">
2  <script type="text/javascript">
3          document.write("<caption> 책 주문 입력 내용 </caption>");
4          document.write("<tr>");
5          document.write("<th> 제목 </th>");
6          document.write("</tr>");
7
8          var book1 = "1: 컴퓨터와 IT기술의 이해 [개정판-2판]";
9
```

```
9        var book2 = "2: 소셜미디어의 이해와 활용";
10       var book3 = "3: 멀티미디어 배움터 2.0";9
11
12       var book_list = book1 + "\n" + book2 + "\n" + book3;
13       var choice = prompt("책 번호를 입력하세요...\n" + book_list, "1");
14
15       if (choice == "1")
16            title = book1;
17       else if (choice == "2")
18            title = book2;
19       else if (choice == "3")
20            title = book3;
21       else {
22            alert("리스트에 없는 책을 선택하셨습니다.");
23            title = "";
24       }
25
26       document.write("<tr>");
27       document.write("<td>" + title + "</td>");
28       document.write("</tr>");
29   </script>
30   </table>
```

| 실행결과 8-8

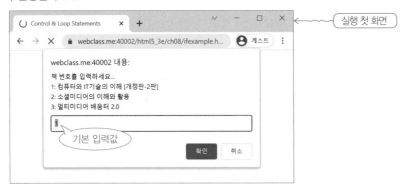

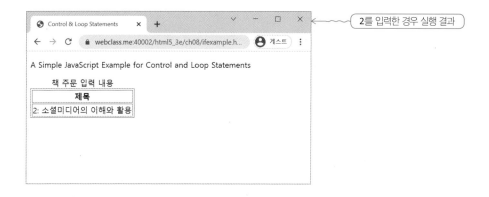

2를 입력한 경우 실행 결과

8.3.2 switch 문

자바스크립트 switch문은 아래와 같이 사용할 수 있다. expression의 값과 각 case의 값을 비교하여 값이 일치하는 case에 적힌 문장을 실행시켜준다. 각 case마다 실행될 문장 뒤에는 break 문을 넣어서 다음 case까지 연달아 실행되는 것을 막아주어야한다. 만약, expression의 값과 일치하는 case가 없다면 default에 적힌 문장이 실행된다. 자바스크립트 switch 문의 특징으로는 expression에 정수형 이외의 타입도사용할 수 있다는 것이다. 예를 들면 문자열 형식의 값을 사용할 수도 있다.

```
switch (expression)
case value_1:
    // expression값이 value_1일 때 실행될 문장
    break;
case value_2:
    // expression값이 value_2일 때 실행될 문장
    break;
case value_3:
    // expression값이 value_3일 때 실행될 문장
    break;
default:
    // case문에서 찾을 수 없을 때 실행될 문장
}
```

다음 [예제 8-9]에 switch문을 이용한 예제를 보인다. [예제 8-8]과 유사하지만 숫자대신 키워드를 입력 받아 비교하는 예제를 보인다. 여기서 알 수 있듯이 자바스크립트 switch 문에서는 숫자 이외의 다른 형식의 변수도 비교에 사용할 수 있는 편리함이 있다.

자바스크립트 switch 문 (switchexample.html)

```
1    <table border="1">
2    <script type="text/javascript">
3         document.write("<caption> 책 주문 입력 내용 </caption>");
4         document.write("<tr>");
5         document.write("<th> 제목 </th>");
6         document.write("</tr>");
7
8         var book1 = "IT: 컴퓨터와 IT기술의 이해 [개정판-2판]";
9         var book2 = "SNS: 소셜미디어의 이해와 활용";
10        var book3 = "Multimedia: 멀티미디어 배움터 2.0";
11
12        var book_list = book1 + "\n" + book2 + "\n" + book3;
13        var choice = prompt("키워드를 입력하세요...\n" + book_list, "");
14
15        switch (choice) {
16            case "IT":
17                title = book1; break;
18            case "SNS":
19                title = book2; break;
20            case "Multimedia":
21                title = book3; break;
22            default:
23                alert("리스트에 없는 책을 선택하셨습니다.");
24                title = "";
25        }
26
27        document.write("<tr>");
28        document.write("<td>" + title + "</td>");
29        document.write("</tr>");
30    </script>
31    </table>
```

실행 첫 화면

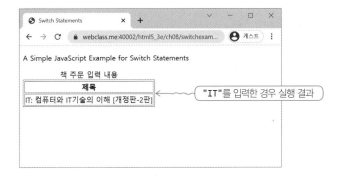

"IT"를 입력한 경우 실행 결과

8.4 자바스크립트 반복문

반복문은 주어진 조건에 맞추어 특정 작업을 반복적으로 수행하기 위해 사용된다. 자바스크립트에서도 다른 프로그래밍 언어와 비슷하게 while, for, do-while 문을 제공하며 C, C++, Java 등 언어의 반복문과 동일한 기능을 가진다.

- while 반복문
- for 반복문
- do-while 반복문

8.4.1 while 반복문

자바스크립트 while 반복문은 아래와 같은 형식으로 사용되며 반복 실행될 문장의 개수가 하나인 경우에는 { }를 생략할 수 있다.

```
while (조건식) {
    // 조건식의 값이 true일 동안 반복해서 실행될 문장
}
예를 들어 1에서 10까지 출력하고 싶을 경우 아래와 같이 사용할 수 있다.
num = 1;
while (num <= 10) {
    document.write(num + " ");
    num = num + 1;
}
```

다음 [예제 8-10]에 while 반복문을 사용하는 예제를 보인다. 피보나치 수열 값이 1000 보다 작을 동안 반복해서 출력하는 예제이다.

예제 8-10 자바스크립트 while 문 예제 (whileexample.html)

```
1   <table border="1">
2   <script type="text/javascript">
3       document.write("<tr>");
4       document.write("<td> Value </td>");
5
6       fib1 = 1;
7       fib2 = 1;
8       while (fib2 < 1000) {
9         document.write("<td>");
10        document.write(fib2);
11        document.write("</td>");
12        tmp = fib1 + fib2;
13        fib1 = fib2;
14        fib2 = tmp;
15      }
16      document.write("</tr>");
17   </script>
18   </table>
```

| 실행결과 8-10

A Simple JavaScript Example for While Loop

| Value | 1 | 2 | 3 | 5 | 8 | 13 | 21 | 34 | 55 | 89 | 144 | 233 | 377 | 610 | 987 |

결과값이 1000보다 작을 동안 출력

8.4.2 for 반복문

자바스크립트 for 반복문은 아래와 같은 형식으로 사용되며 역시 반복 실행될 문장의 개수가 하나인 경우에는 { }를 생략할 수 있다.

```
for (초기화 문장; 조건식; 증감문) {
   // 조건식의 값이 true일 동안 반복해서 실행될 문장
}
```

예를 들어 1에서 10까지 출력하고 싶을 경우 아래와 같이 사용할 수 있다.

```
for(num = 1; num <=10; num ++) {
      document.write(num + " ");
}
```

[예제 8-9]에 for 반복문을 추가한 예제를 [예제 8-11]에 보인다.

예제 8-11 자바스크립트 조건문 반복문 예제 (loopexample.html)

```
1    document.write("<h3> 책 주문 입력 내용 </h3>");
2
3    var book1 = "IT: 컴퓨터와 IT기술의 이해 [개정판-2판]";
4    var book2 = "SNS: 소셜미디어의 이해와 활용";
5    var book3 = "Multimedia: 멀티미디어 배움터 2.0";
6
7    var n = prompt("주문할 책 수량을 입력 하세요.","1");
```

```
8
9   for(i = 0; i < n; i++) {
10      var book_list = book1 + "\n" + book2 + "\n" + book3;
11      var choice = prompt("책 제목을 선택하세요...\n" + book_list, "");
12
13      if (choice == "IT")
14          title = book1;
15      else if (choice == "SNS")
16          title = book2;
17      else if (choice == "Multimedia")
18          title = book3;
19      else {
20          alert("리스트에 없는 책을 선택하셨습니다.");
21          title = "";
22      }
23
24      document.write("[" + (i+1) + "] " + title + "<br/>");
25  }
```

| 실행결과 8-11

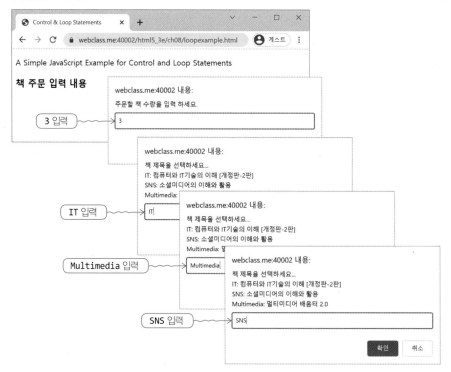

최종 실행 결과

8.4.3 do-while 반복문

do-while 반복문은 반복해서 실행되는 문장이 최소 1회이상 실행된다는 점 이외에는 while 반복문과 동일한 기능을 가진다. 이는 일단 반복해서 실행되는 문장을 실행한 후에 조건을 확인하는 방식이기 때문이다. 사용 형식은 아래와 같다.

```
do {
        // 조건식의 값이 true일 동안 반복해서 실행될 문장
} while (조건식)
```

예를 들어 1에서 10까지 출력하고 싶을 경우 아래와 같이 사용할 수 있다.

```
num = 1;
do {
    document.write(num + " ");
    num = num + 1;
} while (num <= 10)
```

[예제 8-12]는 while 반복문 예제인 [예제 8-10]을 do-while 반복문으로 구현한 예제이다. 실행결과 [8-12]에서 볼 수 있듯이 while 반복문 예제 [예제 8-10]과 동일한 결과를 보인다.

자바스크립트 do-while 예제 (dowhileexample.html)

```
1    <table border="1">
2    <script type="text/javascript">
3        document.write("<tr>");
4        document.write("<td> Value </td>");
5
6        fib1 = 1;
7        fib2 = 1;
8        do {
9          document.write("<td>");
10         document.write(fib2);
11         document.write("</td>");
12         tmp = fib1 + fib2;
13         fib1 = fib2;
14         fib2 = tmp;
15       } while(fib2 < 1000)
16       document.write("</tr>");
17   </script>
18   </table>
```

| 실행결과 8-12]

A Simple JavaScript Example for While Loop

| Value | 1 | 2 | 3 | 5 | 8 | 13 | 21 | 34 | 55 | 89 | 144 | 233 | 377 | 610 | 987 |

연습문제

■ 다음 괄호 안에 올바른 단어를 기입하시오.

1 자바 언어는 (   ) 지향 언어이며, 자바스크립트는 (   ) 기반 언어이다.

2 자바스크립트 코드는 독립적으로 실행될 수 없으며 (   )에 포함되어 기술되어야 하며 (   )와 (   ) 두 가지 방식에 의해 기술될 수 있다.

3 자바스크립트 코드는 웹 브라우저에서 읽어 들여 컴파일 과정 없이 바로 실행하는 방식이며 이러한 방식을 (   ) 방식이라 부른다.

4 자바스크립트 언어에서는 모든 숫자 값은 내부적으로 (   )형으로 변환되어 저장되고 처리된다.

5 자바스크립트 언어에서 변수를 미리 선언하기 위해 사용할 수 있는 변수형은 (   )이다.

■ 다음 보기 중에서 질문의 답으로 가장 알맞은 것을 고르시오.

6 자바스크립트에 대한 설명 중 틀린 것을 모두 고르시오.
① 웹 문서에 프로그래밍 기법을 적용하여 문서를 동적으로 만들 수 있다.
② 자바 언어와 문법이 완전히 동일하며 컴파일 기반 언어이다.
③ HTML 문서와는 별도로 작성해야 하며 HTML 문서 내에 포함될 수 없다.
④ 선언 없이도 변수 사용이 가능하며 필요할 때마다 자동 형 변환이 일어난다.

7 다음 중 외부 참조 방식으로 자바스크립트 코드를 삽입하는 올바른 방법은 무엇인가?
① <script type="text/javascript" name="javascriptfile.js">
② <script type="text/javascript" source="javascriptfile.js">
③ <script type="text/javascript" src="javascriptfile.js">
④ <script javascript = "javascriptfile.js">

8 다음 중 다른 값을 출력하는 자바스크립트 문장은 무엇인가?
① document.write("JavaScript is very useful")
② document.write("JavaScript is " + "very useful")
③ language = "JavaScript";
document.write(language + "is "+ "very useful")
④ language = "JavaScript";
document.write("language" + is + "very useful")

9 다음 자바스크립트 코드 실행결과로 출력되는 값은 무엇인가?

```
var num1 = 2.5;
var num2 = "10";
var num3 = "20";

result = num2 + num3;
result = result * num1;
document.write(result);
```

① 60   ② 75   ③ 2550   ④ 2040

10 전화번호를 입력 받는 대화상자를 띄우고자 할 때 올바른 자바스크립트 문장은 무엇인가? 이때, "010-123-4567"라는 기본 전화번호를 표시하고자 한다.

① phone_no = prompt("010-123-4567", "전화번호를 입력하세요.");

② prompt(phone_no, "010-123-4567", "전화번호를 입력하세요.");

③ phone_no = prompt("전화번호를 입력하세요.", "010-123-4567");

④ prompt("전화번호를 입력하세요.") = "010-123-4567";

■ 다음 질문에 간단히 답하시오.

11 변수의 타입, 즉 변수형을 알아내기 위한 연산자는 무엇인가?

12 문자열로 표현된 정수 값을 해석하여 숫자 형으로 변환해주는 메소드는 무엇인가?

13 숫자 형 변수 값을 문자열로 변환해주는 메소드는 무엇인가?

14 자바스크립트에서 주석(comment)을 삽입하는 방법은 무엇인가?

15 자바언어와 자바스크립트 언어의 차이점에 대해 간략히 서술하시오.

16 자바스크립트에서 숫자를 내부적으로 저장하고 처리하는 방식에 대해 간략히 서술하시오.

17 자바스크립트 언어의 switch 문의 특징은 무엇인가?

18 자신의 이름과 인사말을 출력하는 자바스크립트 코드를 작성하시오.

19 1에서 1000까지의 모든 3의 배수의 합을 구하는 자바스크립트 코드를 작성하시오. 세가 지 반복문(for, while, do-while)을 사용하여 각각 작성하시오. 즉, 자바스크립트 코드 세 개를 작성하시오.

20 요일 명을 영어나 한글로 입력하면 번역하여 출력하는 자바스크립트 코드를 작성하시오. 예를 들어 "Monday"라고 입력하면 "월요일"을 출력, "화요일"을 입력하면 "Tuesday"를 출력하는 것이다. 두 가지 조건문(if, switch)을 사용하여 각각 작성하시오. 즉, 두 개의 자바스크립트 코드를 작성하시오.

21 사용자로부터 두 번의 prompt()를 이용해 두 개의 정수를 입력 받는다. 입력 받은 수만 큼의 행과 열을 가지는 표를 그리는 자바스크립트 코드를 작성하시오. 첫 번째 수가 행, 두 번째 수가 열을 의미한다. 예를 들어 3과 4를 입력 받았다면 3행 4열의 표를 출력하 게 된다.

22 사용자로부터 두 번의 prompt()를 이용해 숫자 하나를 입력 받은 후 연산 기호 "+", "-", "*", "/" 중 하나를 입력 받는다. 그리고, 숫자 하나를 더 입력 받는다. 즉, 사용자로부터 세가지 입력을 받는다. 입력 받은 순서대로 연산을 수행한 결과를 출력하는 자바스크립트 코드를 작성하시오. 예를 들어, 사용자가 3, "*", 5를 입력했다면 15를 출력하면 된다.

CHAPTER 09

자바스크립트 함수와 객체

HTML5 Web Programming

contents

09

자바스크립트 함수와 객체

자바스크립트 함수, 내장 객체, 사용자 정의 객체에 대해 살펴본다. 일반적인 프로그래밍에서와 마찬가지로 자바스크립트 프로그래밍에서도 변수와 객체를 잘 사용하는 것이 중요하다. 자바스크립트 객체는 변수와 마찬가지로 타입을 지정하지 않아도 되는 등 사용하기에 간편한 방식을 제공한다. 모든 객체는 속성과 메소드를 가지며 객체의 속성 값으로 또 다른 객체를 가질 수 있기 때문에 계층적 구조를 가지게 된다.

9.1 자바스크립트 함수

자바스크립트 함수는 크게 두 가지로 나뉠 수 있다. 자바스크립트 언어에서 기본적으로 제공되는 내장 함수와 사용자가 정의해서 사용하는 사용자 정의 함수로 나뉠 수 있다.

- 자바스크립트 내장 함수
- 사용자 정의 함수

9.1.1 자바스크립트 내장 함수

자바스크립트 내장 함수는 특정 객체에 소속되지 않고 독립적으로 사용되는 함수이다. 자바스크립트의 대표적인 내장함수로는 [표 9-1]와 같이 eval(), parseInt(), parseFloat(), setTimeout() 등을 꼽을 수 있다. eval() 함수는 문자열 입력을 명령어로 입력했을 때와 동일한 결과를 반환하는 함수이다. 아래 예제에서 볼 수 있듯이

eval("var1")은 "var1"이라는 문자열을 입력했을 때와 동일한 즉, var1 변수의 값을 반환하고 있다. parseInt()와 parseFloat()는 문자열 값을 각각 정수와 실수로 변환하는 함수이다. 간단히 다음 예제와 같이 사용할 수 있다.

| 표 9-1 대표적인 자바스크립트 내장 함수

함수 이름	설명	예제
eval()	해당 문자열을 입력했을 때와 동일한 결과를 반환하는 함수	eval("1+2+3"); → 6을 반환 eval("var1"); → var1 변수 값을 반환
parseInt()	문자열을 해석하여 정수값으로 반환해 주는 함수	parseInt("123.45"); → 123을 반환
parseFloat()	문자열을 해석하여 실수값으로 반환해 주는 함수	parseInt("123.45"); → 123.45를 반환
setTimeout()	일정시간 후에 지정된 함수를 호출해주는 기능	setTimeout(myfunc, 1000); // 1초 후에 myfunc()를 호출

```
var var1 = "test variable";
document.write("evaluation eval('var1') = " + eval("var1") + "<br/>");
document.write("evaluation eval('1+2*3+4') = " + eval("1+2*3+4") + "<br/>");
document.write("value of \"123.45\" = " + parseInt("123.45") + "<br/>");
document.write("value of \"123.45\" = " + parseFloat("123.45") + "<br/>");
```

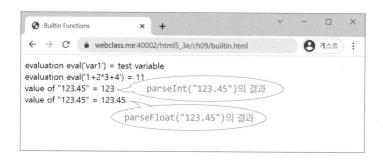

■ 시간 지연 함수

자바스크립트에는 지연 시간을 발생시키는 함수가 제공된다. setTimeout()은 지정된 시간 후에 매개 변수로 지정된 함수를 호출한다. 지연시간은 1,000분의 1초 단위로 지정할 수 있다. 사용 형식은 아래와 같다. 주의할 사항은 호출할 함수 이름 뒤에 ()를 붙이지 않는다는 것이다.

```
setTimeout(function_name, delay_time);
```

다음 [예제 9-1]에서 웹 문서를 오픈한 후 3초 후에 메시지를 표시하고 5초 후에 경고 창이 뜨는 예제를 보인다.

예제 9-1 시간지연함수 예제 (delay.html)

```
1   <script type="text/javascript">
2       function show_alert() {
3           alert("5 seconds passed...");
4       }
5
6       function show_message() {
7           document.write("3 seconds passed...");
8       }
9
10      setTimeout(show_alert, 5000);
11      setTimeout(show_message, 3000);
12  </script>
```

| 실행결과 9-1

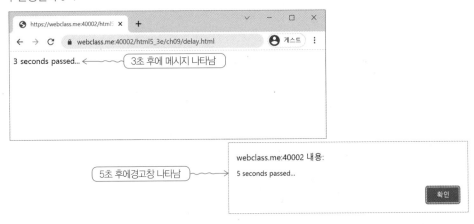

9.1.2 사용자 정의 함수

자바스크립트에서도 일반 프로그래밍 언어처럼 사용자 정의 함수를 작성할 수 있다. 함수의 작성 규칙은 다음과 같다. 함수는 실제 호출되기 전에는 실행되지 않으므로 보통 HTML 문서의 **<head>** 요소 내에 선언하게 된다.

```
// 함수의 선언 규칙
function function_name (함수의 인수들) {
    // 함수의 문장들
}

// 함수의 사용 예
function print_value(name, v) {
    document.write("Name: "+ name + ", ");
    document.write("Value: "+ v + "<br/>");
}
```

자바스크립트 함수는 일반 프로그래밍 언어의 함수와 몇 가지 차이점이 있다. 먼저, 매개변수와 인수의 변수형이 동일한지 검사하지 않는다. 또한, 매개변수의 개수와 함수의 인수의 개수가 같은지도 확인하지 않는다. 만약, 매개변수의 개수가 인수의 개수 보다 적다면 매개변수와 짝이 맞지 않은 인수의 값은 **undefined**로 설정되게 된다.

함수의 호출은 함수 이름이 **foo**라고 한다면 자바스크립트 코드 내에 **foo();** 와 같이 써주면 된다. 물론, 매개변수가 있다면 ()내에 포함시키면 된다. 간단한 함수 호출 예제를 [예제 9-2]에 보인다. [예제 9-2]에는 **print_value()**와 **add()**함수를 정의하고 호출하였다.

예제 9-2 자바스크립트 함수 예제 (functionexample.html)

```
1   function print_value(name, v) {
2       document.write("Name: "+ name + ", ");
3       document.write("Value: "+ v + "<br/>");
4   }
5
6   function add(a, b) {
7       return (a+b);
```

```
 8    }
 9
10    print_value("The title of this book", "HTML5 웹프로그래밍입문");
11    print_value("No name");
12    print_value("PI", 3.14);
13    print_value("A", "alpha", "ALPHA");
14
15    result1 = add(12, 34);
16    result2 = add(56, "78");
17
18    document.write("result1 = " + result1 + "<br/>");
19    document.write("result2 = " + result2 + "<br/>");
20    document.write("11+12 = " + add(11, 12) + "<br/>");
21    document.write("Steve + Jobs = " + add("Steave", "Jobs") + "<br/>");
22    document.write(add(2, 3, 4) + "<br/>");
```

| 실행결과 9-2

[예제 9-2]의 (11)행의 **print_value()** 함수 호출과 같이 매개 변수의 일부를 넘기지 않은 경우에는 짝을 찾지 못한 인수는 함수 내에서 **undefined**로 처리된다. 또한, 함수의 매개 변수의 수보다 많은 매개 변수를 이용해 함수를 호출하는 경우도 있다. 이렇게 매개변수의 수가 초과되어 호출 된 경우에는 함수 내에서는 해당 매개변수는 무시된다. 그리고, 함수의 결괏값을 되돌려 주고자 할 때에는 간단히 **return**(반환값); 이라고 적어주면 된다. 함수의 선언 시에 반환 값의 형식에 대해서 지정할 필요도 없다. 위 예제에서는 **add()** 함수가 반환 값을 가진 함수이다. 특히, **add()** 함수 호출 시 매개 변수의 형식이 동일하지 않더라도 함수 호출이 가능함을 할 수 있다.

9.2 자바스크립트 내장 객체 다루기

자바스크립트에서 제공되는 객체는 이미 내장되어 있어 기본적으로 제공되는 객체와 사용자가 정의한 객체로 크게 구분된다. 자바스크립트에 내장되어 기본적으로 제공되는 객체 중에 웹 브라우저가 제공하는 **window**와 **navigator** 등의 객체에 대해서는 9.2.3절에서 설명하도록 한다.

9.2.1 자바스크립트 내장 객체

자바스크립트의 대표적인 내장 객체에는 **Array**, **Date**, **Number**, **Math**, **String** 등이 있다. 이 중 활용도가 높은 **Date**와 **Math**에 대해 본 절에서 먼저 설명한다. **String**은 문자열을 다루기 위한 객체이다. 또한, **Array**(배열) 객체에 대해서는 다음 절에서 설명하도록 한다.

- Array
- Date
- Number
- Math
- String

▪ Date 객체

Date 객체는 사용자의 컴퓨터에서 제공되는 날짜와 시간을 알아내거나 설정하기 위한 객체이다. **Date** 객체가 제공하는 다양한 메소드를 이용하면 날짜와 시간 정보를 원하는 형식으로 알아 낼 수 있다. 다음 [표 9-2]에 **Date** 객체가 제공하는 주요 메소드들에 대해 설명한다.

| 표 9-2 Date 객체의 주요 메소드들

메소드 이름	기능
getFullYear(), getMonth(), getDate() getDay(), getHours(), getMinutes(), getSeconds(), getMilliseconds()	사용자 컴퓨터의 시계가 제공하는 현재 시간을 구하는 메소드들이다. 각각 연도, 월, 일, 요일, 시간, 분, 초, 천분의 1초 값을 반환한다.
getTime()	1970년 1월 1일 이후 현재까지의 시간을 천분의 1초 단위로 반환한다.

getTimezoneOffset()	표준시와 현지 시각 간의 시차를 분 단위로 반환한다.
setFullYear(), setMonth(), setDate() setDay(), setHours(), setMinutes() setSeconds(), setMilliseconds()	사용자 컴퓨터의 시계을 설정하기 위한 메소드들이다. 각각 연도, 월, 일, 요일, 시간, 분, 초, 천분의 1초 값을 설정하는 메소드 들이다.

자바스크립트에서 객체를 생성하기 위해서는 "new" 연산자를 사용해야 한다. Date 객체와 메소드는 다음과 같은 방법으로 사용할 수 있다. 맨 처음에는 Date() 생성자를 이용해 new Date();와 같이 Date 객체를 생성해야 한다. 객체를 생성한 후에는 아래와 같이 다양한 메소드를 이용해 날짜와 시간 정보를 얻어내거나 설정하면 된다.

```
var today = new Date();
var y = today.getFullYear();
var m = today.getMonth();
var d = today.getDate();
today.setMonth(10);
today.setDate(15);
```

▪ Math 객체

Math 객체는 수학 계산을 위해 자바스크립트에서 기본적으로 제공되는 객체이다. 정적으로 미리 정의되어 있기 때문에 별도의 선언이나 생성 없이 바로 사용 가능하다. 수학 계산에서 많이 사용되는 상수들은 Math 객체의 속성 값으로 제공되며 주요 수학 함수는 Math 객체의 메소드로 제공된다. 다음 [표 9-3]과 [표 9-4]에 Math 객체가 제공하는 주요 속성과 메소드들에 대해 설명한다.

| 표 9-3 Math 객체의 주요 속성들

속성 이름	설명
E	Euler 상수값 (약 2.718)
LN2	자연로그 2 (약 0.693)
LOG2E	$\log_2 e$ (약 1.442)
PI	원주율 (약 3.14)
SQRT2	$\sqrt{2}$ (약 1.414)

| 표 9-4 Math 객체의 주요 메소드들

메소드 이름	기능
cos(), sin(), tan()	삼각함수 코사인, 사인, 탄젠트 함수를 제공한다.
acos(), asin(), atan()	코사인, 사인, 탄젠트 함수의 역함수를 제공한다.
ceil(), floor(), round()	각각 올림, 내림, 반올림 값을 반환한다.
max(), min(), abs()	입력 인자 값들 중 최대, 최소, 절대값을 반환한다.
sqrt(x), pow(x, y)	각각 $\sqrt{x}$ 와 x^y값을 반환한다.
log(x), exp(x)	각각 $\log_e x$와 e^x값을 반환한다.

■ Date 객체와 Math 객체 사용 예제

다음 [예제 9-3]에 **Date** 객체와 **Math** 객체를 사용한 예제를 보인다. 먼저, 오늘 날짜를 연, 월, 일 형식으로 표시하였다. 이어서, 1에서 1,000,000까지 더하는데 걸리는 시간을 구하고 1,000분의 1초 (millisecond) 단위로 표시한다. 특정 작업을 수행하는데 걸리는 시간을 계산하는 방법은 다음과 같다. 먼저, 작업을 수행하기 전에 **getTime()** 메소드를 이용해 시간 값을 구한다. 작업을 수행한 후 다시 **getTime()** 메소드를 이용해 다시 시간 값을 구한다. 두 시간 값의 차이가 경과한 시간이 되는 것이다. **getTime()** 메소드는 1970년 1월 1일 이후부터 현재까지의 경과 시간을 1,000분의 1초 단위로 반환한다.

Math 객체를 사용한 예제에서는 삼각함수(**sin**), 올림(**ceil**), 내림(**floor**), 반올림(**round**)의 사용 예제를 보인다.

예제 9-3 Date 객체와 Math 객체 사용 예제 (datemath.html)

```
1    var today = new Date();
2    var y = today.getFullYear();
3    var m = today.getMonth() + 1;    ← getMonth() 메소드의 반환값이
4    var d = today.getDate();              0-11까지기 때문에 1을 더해주었음
5
6    document.write("오늘 날짜: "+ y + "년 "+ m + "월 "+ d + "일<br/>");
7
8    var start = new Date();
9    var t1 = start.getTime();
10
11   var sum = 0;
12   for(i=0;i<1000000;i++) {
```

```
13      sum = sum + i;
14    }
15
16    var end = new Date();
17    var t2 = end.getTime();
18
19     document.write("1에서  1000000까지  더하는데  걸린  시간: "+ (t2 - t1) +
20    "ms<br/>");
21     document.write("<br/>");
22     document.write("sin(60도) = "+ Math.sin(Math.PI/3) + "<br/>");
23     document.write("ceil(4.3) = "+ Math.ceil(4.3) + "<br/>");
24     document.write("floor(4.3) = "+ Math.floor(4.3) + "<br/>");
25     document.write("round(4.3) = "+ Math.round(4.3) + "<br/>");
```

360도 단위가 아닌 라디안 각도로 입력하는 것에 유의할 것

| 실행결과 9-3

오늘 날짜: 2021년 11월 6일
1에서 1000000까지 더하는데 걸린 시간: 18ms

sin(60도) = 0.8660254037844386
ceil(4.3) = 5
floor(4.3) = 4
round(4.3) = 4

9.2.2 배열 객체

자료의 개수가 많아서 여러 개의 데이터 요소를 묶어서 처리하고자 할 때는 배열 (array) 데이터 구조가 적합하다. 자바스크립트 배열은 일반 프로그래밍 언어와 크게 두 가지 차이점을 가지며 사용상 편리성을 제공한다. 일반 프로그래밍 언어에서의 배열 구조는 배열의 각 요소는 동일한 데이터 타입을 가지는 객체이어야 하고, 배열의 크기 는 컴파일 시에 미리 고정된 값으로 정해지거나 고정된 크기로 동적 할당을 통해 할당 되게 된다. 하지만, 자바스크립트에서의 배열의 요소는 다양한 타입의 객체를 가질 수 있다. 예를 들면, 하나의 배열에 숫자 형이나 문자열 요소를 동시에 가질 수 있다. 또 한, 배열의 크기도 언제라도 증가, 감소가 가능하다. 이는 자바스크립트의 변수형의 자 동 형 변환 특징과 객체의 동적 속성 추가 특징에 따른 장점이다.

■ 배열의 생성

자바스크립트 배열은 **Array()** 생성자와 **new** 연산자를 이용하거나 배열 리터럴을 이용해서 생성할 수 있다. 배열의 요소는 "배열이름[인덱스]"와 같이 각괄호 ([ ])를 이용해서 접근할 수 있다. 다음 예제 코드의 **book_arr1**과 **book_arr2**은 각각 **Array()** 생성자와 배열 리터럴을 이용해 생성한 배열이며 동일한 내용을 가지게 된다.

```
var book_arr1 = new Array("멀티미디어 배움터2.0", "생능출판사", "최윤철, 임순범", 25000, 442);

// 배열의 내용
// book_arr1[0]: "멀티미디어 배움터2.0"
// book_arr1[1]: "생능출판사 "
// book_arr1[2]: "최윤철, 임순범"
// book_arr1[3]: 25000
// book_arr1[4]: 442

var book_arr2 = ["멀티미디어 배움터2.0", "생능출판사", "최윤철, 임순범",  25000, 442];

var arr100 = new Array(100);  // 요소 갯수가 100인 배열 생성
```

배열의 각 요소를 접근하는데 사용되는 인덱스는 0에서부터 시작되며 마지막 인덱스는 (배열의 크기 − 1)이 된다. 위 예제와 같이 **new**나 배열 리터럴을 이용해서 배열을 생성하게 되면 인덱스 0에서부터 1씩 증가하며 채워지게 된다. 배열의 크기는 배열의 **length** 속성을 통해 알아낼 수 있다. 예를 들면, 위의 예제의 **arr100** 배열의 **arr100.length**의 값은 100이 된다. 배열의 크기보다 큰 인덱스 값으로 배열의 요소에 저장을 시도하면 일반적인 프로그래밍 언어에서처럼 실행 시 오류가 발생하는 것이 아니라 해당 인덱스까지 배열의 요소 객체를 할당하여 배열의 크기를 늘린 후에 값을 저장하게 된다. 예제 [예제 9–4]의 (4)–(6)행과 같이 현재 배열의 크기보다 큰 인덱스로 배열을 접근하여 값을 저장하게 되면 배열의 크기가 증가하게 된다. 즉, 자바스크립트에는 음수 인덱스를 사용하지 않는 한 인덱스를 잘못 지정해서 오류가 발생하지는 않는다. 존재하지 않는 인덱스로 배열을 접근하게 되면 아직 요소가 할당되지 않았다는 뜻으로 **undefined** 값을 반환한다. [실행결과 9–4]의 두 번째 행과 같이 아직 할당되지 않은 중간 인덱스 값의 배열 요소는 **undefined** 값을 가진다. 또한, **length** 속성 값을 증가시키거나 감소시키는 것으로 배열의 크기를 언제라도 바꿀 수 있다.

예제 9-4 자바스크립트 배열의 다양한 사용 예 (array.html)

```
1   var arr = new Array("one", 2, "3", 4, "five");
2   // arr 내용 = ["one", 2, "3", 4, "five"]
3
4   arr[6] = 6;
5   arr[7] = "seven";
6   arr[9] = "3+6";
7   // arr 내용: ["one", 2, "3", 4, "five", undefined, 6, "seven", undefined,
8   "3+6"]
9
10  document.write("length of array: "+ arr.length + "<br/>");
11
12  document.write("arr = [");
13  for(i=0;i<arr.length;i++) document.write(" "+ arr[i] + "");
14  document.write("] <br/> ");
15
16  arr.length = 3;
17  document.write("length of array: "+ arr.length + "<br/>");
18
19  document.write("arr = [");
20  for(i=0;i<arr.length;i++) document.write(" "+ arr[i] + "");
21  document.write("] <br/> ");
22
23  document.write("arr[" + 100 + "]: "+ arr[100] + "<br/>");
24  document.write("length of array: "+ arr.length + "<br/>");
25
26  arr[100] = 100;
27  document.write("arr[" + 100 + "]: "+ arr[100] + "<br/>");
28  document.write("length of array: "+ arr.length + "<br/>");
```

- 다양한 변수형의 값을 저장할 수 있다
- 값이 저장되지 않은 요소는 undefined 값을 가진다
- 배열의 길이 변경 가능
- 배열의 길이보다 큰 인덱스로 접근할 경우 undefined를 반환한다
- 배열의 길이보다 큰 인덱스에 저장할 경우 배열의 크기가 늘어난다.

| 실행결과 9-4

```
Array                    × +
← → C  🔒 webclass.me:40002/html5_3e/ch09/array.html        👤 게스트  ⋮

length of array: 10
arr = [ one 2 3 4 five undefined 6 seven undefined 3+6 ]
length of array: 3
arr = [ one 2 3 ]
arr[100]: undefined
length of array: 3
arr[100]: 100
length of array: 101
```

▪ 배열 객체의 메소드들

배열 객체는 다양한 기능의 메소드들을 제공한다. 유용하고 많이 사용되는 메소드들에 대해 [표 9-5]에 설명되어 있다.

| 표 9-5 배열 객체의 주요 메소드들

메소드 이름	기능
reverse()	배열 내 요소들의 순서를 반대로 바꾸는 기능이다.
sort()	배열 내 요소들의 순서를 오름차순으로 정렬하는 기능이다. 숫자도 문자열로 변환되어 정렬됨에 유의해야 한다.
join()	배열 내 요소를 모두 합쳐서 하나의 문자열로 만들어준다. 이때 요소 사이에 끼워 넣을 문자열을 지정할 수 있다.
concat()	배열의 뒤에 요소를 붙여서(concatenation) 배열의 내용을 추가하는 기능이다.
slice()	배열의 요소들 중 일부만을 배열로 만들어서 반환하는 기능. 사용 형식은 array.slice(첫 요소 index, 마지막 요소 index + 1)과 같다.

다음 [예제 9-5]에서는 배열 객체의 메소드 중 reverse()와 join() 메소드의 사용 예제와 실행결과 화면을 보인다. [예제 9-5]에서와 같이 배열의 각 요소의 값으로 문자열, 숫자 등 여러 타입의 값이 저장될 수 있음을 알 수 있다. [실행결과 9-5]에서 reverse() 메소드와 join() 메소드의 실행결과를 볼 수 있다. [예제 9-6]에서는 sort() 메소드를 이용한 정렬, concat() 메소드를 이용해 배열 내용 추가, slice() 메소드를 이용해 배열의 일부만을 선택해 내는 예제를 보인다.

예제 9-5 자바스크립트 배열 메소드의 사용 예제-1 (arraymethod1.html)

```
1   <script type="text/javascript">
2     function print_array(a, name) {
3       document.write("Size of array: " + a.length + "<br/>");
4       for(i=0;i<a.length;i++) {
5         document.write(name + "[" + i + "]: ");
6         if (typeof(a[i]) == "string")
7           document.write("\"" + a[i] + "\" <br/>");
8         else
9           document.write(a[i] + " <br/>");
10      }
11    }
```

```
12
13      var arr = new Array("zero", "one", 3, "25" );
14
15      document.write("Original Array: <br/>");
16      print_array(arr, "arr");
17
18      arr.reverse();  ←━━━━━━━  배열의 메소드를 호출하면 배열의 내용도 변경됨
19      document.write("<br/> After reverse: <br/>");
20      print_array(arr, "arr");
21
22      var str = arr.join(" = ");
23      document.write("<br/> After join: <br/>");
24      document.write("str: \"" + str + "\"<br/>");
25  </script>
```

| 실행결과 9-5

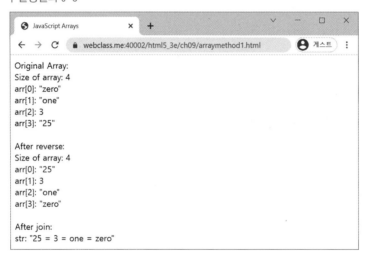

```
Original Array:
Size of array: 4
arr[0]: "zero"
arr[1]: "one"
arr[2]: 3
arr[3]: "25"

After reverse:
Size of array: 4
arr[0]: "25"
arr[1]: 3
arr[2]: "one"
arr[3]: "zero"

After join:
str: "25 = 3 = one = zero"
```

예제 9-6 자바스크립트 배열 메소드의 사용 예제-2 (arraymethod2.html)

```
1   <script type="text/javascript">
2       var arr = new Array("zero", "one", 3, "25" );
3
4       document.write("Original Array: <br/>");
5       print_array(arr, "arr");
6
7       arr.sort();  ←━━━━━━━  숫자도 문자열로 변환 후 문자열 기준으로 정렬됨
```

```
8       document.write("<br/> After sort: <br/>");
9       print_array(arr, "arr");
10
11      var new_arr = arr.concat(4, "five", 6);
12      document.write("<br/> After concatenation: <br/>");
13      print_array(new_arr, "new_arr");
14
15      var sliced_arr = arr.slice(2, 6);
16      document.write("<br/> After slice: <br/>");
17      print_array(sliced_arr, "sliced_arr");
18   </script>
```

| 실행결과 9-6

9.2.3 브라우저 제공 내장 객체

자바스크립트에서 사용하는 내장 객체 중에는 브라우저에서 제공하는 객체들이 있다. 대표적으로 navigator, window, document 객체가 있다. document 객체는 HTML 문서를 DOM 인터페이스를 통해 접근하기 위한 최상위 객체이며 10장과 11장의 여러 예제에서 사용되므로 본 절에서는 navigator와 window 객체에 대해서만 설명한다.

- document 객체
- window 객체
- navigator 객체

■ 윈도우 (window) 객체

window 객체는 현재 웹 브라우저에 열려 있는 창을 뜻한다. 따라서, 브라우저 창에 관련된 다양한 속성과 메소드를 제공한다. 대표적으로 새로운 창을 열수 있는 open(), 열려 있는 창을 닫는 close() 등의 메소드가 있다. 브라우저에서 사용자에게 경고창을 띄우거나 키보드 입력을 받아들이는 alert(), confirm(), prompt() 등도 window 객체에서 제공하는 메소드들이다. 다음 [예제 9-7]에서 사용자로부터 URL 주소를 입력받아 open() 메소드로 새로운 윈도우를 열고 또 close() 메소드로 그 윈도우를 닫는 예제를 보인다. window.open() 메소드 실행시 윈도우 열기에 성공하면 해당 윈도우의 참조값(reference)이 반환되고 윈도우 열기에 실패하면 null 값이 반환된다.

예제 9-7 윈도우 객체 예제 (window.html)

```
1  <script type="text/javascript" >
2      var win;
3      function open_window() {
4          var url = prompt ("원하는 URL 주소를 입력하시오");
5          if (url) win = window.open(url);
6      }
7  </script>
8
9  <button onclick="open_window();">Open a page with new window</button>
10 <button onclick="win.close();">Close the window</button>
```

■ 내비게이터 (navigator) 객체

현재 사용자가 사용하는 웹 브라우저의 종류와 버전을 알아내기 위해서는 **navigator** 객체를 이용하면 된다. **navigator** 객체는 자바스크립트가 기본적으로 제공하는 객체이며 대표적인 속성으로 **appName**, **appVersion**, **userAgent**가 있다. 웹 브라우저 종류마다 지원되는 기능이나 HTML 태그의 종류가 다를 수 있으므로 현재 웹 문서가 실행되고 있는 브라우저의 종류에 따라 다른 자바스크립트 코드를 실행 시킬 필요가 있을 때 활용하면 된다. [예제 9-8]에 **navigator** 객체의 **appName**, **appVersion**, **userAgent** 속성 값을 출력해 주는 예제를 보인다. 버튼을 누르면 **navigator. appName**, **navigator.appVersion**, **navigator.userAgent** 값을 텍스트 상자 안에 표시하게 된다.

```
1   <form>
2       <input type="button" value="Check Navigator appName"
3              onclick="document.getElementById('appName').value=navigator.appName;"/>
4       <br/>
5       <input id="appName" type="text" size="110"/>
6       <br/>
7       <input type="button" value="Check Navigator appVersion"
8              onclick="document.getElementById('appVersion').value=navigator.appVersion;"/>
9       <br/>
10      <input id="appVersion" type="text" size="110"/>
11      <br/>
12      <input type="button" value="Check Navigator userAgent"
13             onclick="document.getElementById('userAgent').value=navigator.userAgent;"/>
14      <br/>
15      <input id="userAgent" type="text" size="110"/>
16  </form>
```

큰 따옴표 안에 문자열을 표현
하기 위해서 작은 따옴표 사용

| 실행결과 9-8

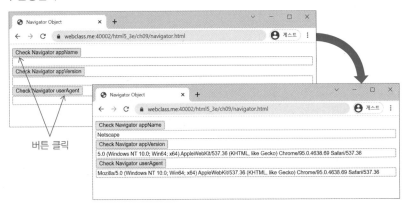

버튼 클릭

내비게이터 객체의 **appName** 속성은 브라우저의 이름을 나타내는데 마이크로소프
트 인터넷 익스플로러의 경우는 "Microsoft Internet Explorer", 오페라의 경우
"Opera"의 값을 가지지만 구글 크롬, 애플 사파리, 파이어폭스, 넷스케이프 등의 다른
웹 브라우저의 경우는 모두 "Netscape" 값을 가진다. 따라서, **appName** 속성만으로
는 정확히 어떤 웹 브라우저의 어떤 버전을 사용하고 있는지 파악하기가 어렵다. 대신,
appVersion 혹은 **userAgent** 속성을 확인하면 웹 브라우저에 대한 보다 자세한 정보
를 알아낼 수 있다.

9.3 자바스크립트 사용자 정의 객체 다루기

9.3.1 사용자 정의 객체 생성

사용자가 마음대로 속성과 메소드를 정의할 수 있는 사용자 정의 객체는 다음과 같이 Object 생성자와 new 연산자를 이용해서 생성할 수 있다.

```
var book = new Object();
```

새롭게 생성된 객체는 아직 아무런 속성을 가지지 않는 빈(blank) 객체이다. 객체 생성 후 속성 및 메소드를 다음과 같은 방식으로 언제라도 추가할 수 있다. 객체의 속성이나 메소드는 다음과 같이 객체 이름 다음에 점(".") 연산자를 붙여서 접근할 수 있다. 아래 예제에서는 book이라는 빈 객체를 만든 후, title, publisher, author, price, pages 등 여러 속성을 추가하고 속성값을 저장하는 것을 보인다. 속성 값의 형식은 문자열, 숫자 등 여러 가지 형식을 가질 수 있다.

```
var book = new Object();
book.title = "멀티미디어 배움터2.0";
book.publisher = "생능출판사";
book.author = "최윤철, 임순범";
book.price = 25000;
book.pages = 442;
```

위와 같이 객체의 속성의 이름이나 변수형을 미리 선언할 필요 없이 필요할 때 추가할 수 있다. 객체 속성 값의 변수형으로 문자열과 숫자형이 동시에 사용될 수도 있음을 알 수 있다. 또한, 아래와 같은 형식을 사용하면 변수를 초기화하듯이 한 번에 객체와 속성값을 생성할 수도 있다.

```
var book = {title: "멀티미디어 배움터2.0", publisher: "생능출판사", author: "최윤철,
임순범 ", price: 25000, pages: 442};
```

객체의 속성 값으로 또 다른 객체를 가질 수 있다. 즉, 객체의 구조를 다음과 같이 계층적으로 구성할 수 있다.

```javascript
var book = new Object();
book.title = "멀티미디어 배움터2.0";
book.publisher = "생능출판사";
book.author = "최윤철, 임순범";
book.price = 25000;

book.info = new Object();
book.info.pages = 442;
book.info.date = "2010년 1월 30일";
book.info.ISBN10= "8970506470";
book.info.size = "188mm*254mm";
```

■ 객체 내용 접근 (읽기와 수정)

객체의 속성과 메소드는 점(".") 연산자를 이용하거나 배열 표시 방식("[ ]")으로 내용을 읽어내거나 수정하기 위해 접근이 가능하다. 속성을 삭제하기 위해서는 delete라는 명령어를 이용하면 된다. 아래 예에서도 볼 수 있듯이 배열의 인덱스로 숫자가 아닌 문자열도 사용 가능함을 알 수 있다.

```javascript
// 객체의 속성 접근 방법
var property1 = book.title;
var property2 = book.info.price;
// 혹은
var property3 = book["title"];
var property4 = book.info["price"];

// 객체의 속성 삭제 방법
delete book.title;
delete book.info.price;
```

■ 개선된 for 문을 이용한 객체 내용 접근

객체에 포함된 속성의 개수나 이름을 모르더라도 객체 내의 모든 속성을 접근할 수 있는 방법이다. 다음 예제에서 개선된 for 반복문을 이용해 객체 내의 모든 속성에 접근하는 방법을 보인다.

```
// 개선된 for 문을 이용한 객체의 속성 접근 방법
for (var p in book) {
    document.write("Property name: "+ p + "Property value: "+ book[p] + "<br/>");
}
```

앞의 예제에서 **var p**에서 **p**는 객체 **book**에 속해 있는 각각의 속성을 나타내는 변수이며, 이들에 대해 한 번씩 접근하여 주어진 문장들을 수행하게 된다. 이때, 객체 접근 방식은 점(".")에 의한 접근은 불가능하고 대신 배열 방식("[   ]")을 이용해야 한다. 그 이유는 속성의 이름을 모르기 때문에 직접 지정할 수가 없기 때문이다. 여기서 **p**는 변수이기 때문에 속성 이름을 지정해야 하는 점연산자(".") 접근 방식은 사용할 수 없다. 대신, 배열 방식([p])을 사용하는 것은 가능하다. 다음 [예제 9-9]에서 계층적 객체 구조를 활용한 예제를 보인다. **if (typeof(book[p]) != "object")**에서와 같이 **book** 객체의 속성의 타입이 **object**인 경우에는 속성값이 또 다른 객체라는 뜻이므로 **book[p]**에 대해 다시 한 번 개선된 **for** 반복문을 수행하여 해당 속성값이 가지는 또 다른 객체 내의 속성들에 대해서 출력해준다.

예제 9-9 자바스크립트 객체의 생성, 수정과 접근 예제 (object.html)

```
1    <p> A Simple JavaScript Example for Using Objects <br/> </p>
2
3    <table border="1">
4        <caption> 서적 정보 </caption>
5        <tr> <th> 항목 (속성: property) </th> <th> 내용 (값: value) </td> </tr>
6
7        <script type="text/javascript">
8            var book = new Object();
9            book.title = "멀티미디어 배움터2.0";
10           book.publisher = "생능출판사";
11           book.author = "최윤철, 임순범";
12           book.price = 25000;
13
14           book.info = new Object();
15           book.info.pages = 442;
16           book.info.date = "2010년 1월 30일";
17           book.info.ISBN10= "8970506470";
18           book.info.size = "188mm*254mm";
```

```
19
20        for (var p in book) {
21          if (typeof(book[p]) != "object") {
22            document.write("<tr>");
23            document.write("<td> book." + p + "</td>");
24            document.write("<td> "+ book[p]);
25              if (p == "price") document.write("원");
26                document.write("</td>");
27                document.write("</tr>");
28          }
29          else {
30            for (var q in book[p]) {
31              document.write("<tr>");
32              document.write("<td> book." + p + "." + q + "</td>");
33              document.write("<td> "+ book[p][q] + "</td>");
34              document.write("</tr>");
35            }
36          }
37        }
38      </script>
39    </table>
```

2차원 배열
인덱스 사용법

| 실행결과 9-9

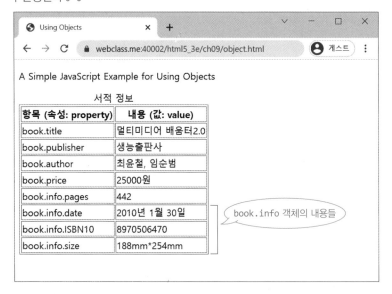

A Simple JavaScript Example for Using Objects

서적 정보

항목 (속성: property)	내용 (값: value)
book.title	멀티미디어 배움터2.0
book.publisher	생능출판사
book.author	최윤철, 임순범
book.price	25000원
book.info.pages	442
book.info.date	2010년 1월 30일
book.info.ISBN10	8970506470
book.info.size	188mm*254mm

book.info 객체의 내용들

9.3.2 객체 생성자

■ 생성자 함수

`Object()`나 `Array()` 생성자와 같이 객체를 생성하는 함수를 생성자(Constructor) 함수라고 한다. 사용자 정의 함수를 이용해서 객체를 생성해내는 사용자 정의 객체 생성자를 구현할 수 있다. 예를 들면 다음과 같이 서적 정보를 담고 있는 객체를 생성하는 Book 생성자 함수를 작성할 수 있다.

```
function Book (title_value, publisher_value, author_value, price_value, pages_value) {
    this.title = title_value;
    this.publisher = publisher_value;
    this.author = author_value;
    this.price = price_value;
    this.pages= pages_value;
}

var book_obj = new Book("멀티미디어 배움터2.0", "생능출판사", "최윤철, 임순범", 25000, 442);
```

생성자 함수를 작성할 때 함수 객체 자신을 지칭하는 키워드로 **this**를 사용한다. 함수 자체도 하나의 객체이므로 객체 자신을 지칭한 후에 점 (".") 연산자를 이용해서 속성을 추가할 수 있는 것이다. 객체를 생성하는 **new** 연산자를 이용해 객체가 만들어지고 해당 함수가 호출되면서 생성된 객체 내에 속성을 추가하는 방법으로 생성자가 수행된다.

■ 객체의 메소드 정의

객체는 속성과 메소드를 가질 수 있으며 객체의 속성값으로 함수를 저장할 수 있다. 이렇게 되면 그 함수는 객체에 소속되고 그 객체의 메소드가 되는 것이다. 아래 예제에서와 같이 Book 생성자에 `display()`라는 함수를 메소드로 추가할 수 있다. 이때 유의할 사항은 `this.display = display_book;`와 같이 함수 뒤에 ()를 붙이지 않고 함수 이름만 적어주어야 한다는 것이다.

객체의 메소드 정의 예제 (method.html)

```
1   function display_book() {
2       document.write("Title: "+ this.title + "<br/>");
3       document.write("Publisher: "+ this.publisher + "<br/>");
4       document.write("Author: "+ this.author + "<br/>");
5       document.write("Price: "+ this.price + "원 <br/>");
6       document.write("Pages: "+ this.pages + "<br/>");
7   }
8
9   function Book (title_value, publisher_value, author_value,
10                  price_value, pages_value) {
11      this.title = title_value;
12      this.publisher = publisher_value;
13      this.author = author_value;
14      this.price = price_value;
15      this.pages= pages_value;
16      this.display = display_book;
17  }
18
19  var book_obj = new Book("멀티미디어 배움터2.0", "생능출판사",
20                  "최윤철, 임순범", 25000, 442);
21
22  book_obj.display();
```

자기 자신 객체에 속성을 추가한다. → (line 11)

display_book함수를 display속성에 저장한다. ← (line 16)

| 실행결과 9-10

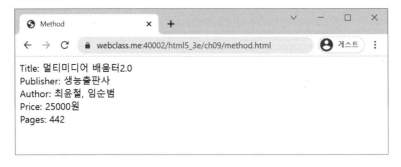

```
Title: 멀티미디어 배움터2.0
Publisher: 생능출판사
Author: 최윤철, 임순범
Price: 25000원
Pages: 442
```

연습문제

■ 다음 괄호 안에 올바른 단어를 기입하시오.

1 자바스크립트 언어에서 일정 지연 시간을 발생시키는 함수의 이름은 (   )이다.

2 자바스크립트 객체는 (   )과 메소드를 가지며 (   )에는 값을 저장하게 되며 메소드에는 함수를 지정할 수 있다.

3 자바스크립트에서 자신 객체를 지칭하기 위해 사용하는 키워드는 (   )이다.

4 자바스크립트의 대표적인 내장 객체에는 (   ), (   ), (   ), (   )이 있다. 각각, 날짜와 시간을 알아내는 객체, 수학 계산을 위해 제공되는 객체, 배열을 다루기 위한 객체, 문자열을 다루기 위한 객체이다.

5 자바스크립트에서 제공하는 내장 객체 중에는 브라우저에서 제공하는 객체들이 있다. 대표적으로 (   ), (   ), (   ) 객체가 있다. 특히, (   ) 객체는 HTML 문서를 DOM을 통해 접근하기 위한 최상위 객체이다.

6 브라우저 제공 내장 객체인 (   )를 이용하면 웹브라우저의 종류를 알아낼 수 있다. (   ) 객체의 (   ) 속성 (   ) 속성 값을 확인해 보면 웹 브라우저의 종류와 버전을 알 수 있다.

■ 다음 보기 중에서 질문의 답으로 가장 알맞은 것을 고르시오.

7 다음 자바스크립트 코드 실행결과로 출력되는 값은 무엇인가?

```
function getmax(a, b) {
    if (a > b) return a;
    else return b;
}
document.write(getmax(1, 2, 3));
```

① 1   ② 2   ③ 3   ④ undefined

8 다음 중 자바스크립트 배열을 올바로 사용한 예는 무엇인가?
① var arr = new Array("lim","park","yi")
② var arr = Array("lim","park","yi")
③ var arr = new Array="lim","park","yi";
④ var arr = Array="lim","park","yi";

9 다음 자바스크립트 코드 실행결과로 출력되는 값은 무엇인가?

```
document.write(Math.SQRT2 * Math.SQRT2);
```

① 0　　　　　　　② 1　　　　　　　③ 2　　　　　　　④ 4

10 다음 자바스크립트 코드 실행결과로 출력되는 값은 무엇인가?

```
arr = [0, 1, 2, 3];
arr[9] = 9;
document.write(arr.length);
```

① 3　　　　　　　② 4　　　　　　　③ 9　　　　　　　④ 10

11 다음 중 생성자 함수를 작성할 때 함수 객체 자신을 지칭하는 키워드는 무엇인가?
　① dom　　　　　② new　　　　　③ this　　　　　④ var

12 다음 중 객체의 속성을 삭제하기 위해 사용하는 명령어는 무엇인가?
　① remove　　　② clear　　　　③ delete　　　　④ exit

■ 다음 질문에 간단히 답하시오.

13 개선된 for 문에서 객체에 접근하기 위해 점(.) 대신 배열 접근 방식인 [ ] 연산자를 사용해야 하는 이유는 무엇인지 설명하시오.

14 배열 객체의 값을 읽어 낼 때 아직 존재하지 않는 인덱스 값으로 배열을 접근하거나 아직 값이 할당되지 않은 인덱스에 대해 접근할 경우 어떤 값이 반환되는가?

15 배열의 각 요소의 순서를 내림차순으로 정렬하려면 어떤 메소드를 사용해야 하는가?

16 student라는 이름의 사용자 정의 객체를 생성하고자 한다. student 객체는 name과 department라는 속성을 가진다. 이러한 사용자 정의 객체를 생성하는 자바스크립트 코드를 작성하시오.

17 브라우저 제공 객체 중 window 객체는 무엇인지 간략히 설명하시오.

18 브라우저 제공 객체 중 navigator 객체는 무엇인지 간략히 설명하시오.

19 세 수를 입력 받아 각각 최대값과 최소값을 반환하는 max3()와 min3() 함수를 작성하시오.

20 사용자로부터 prompt()를 이용해 하나의 수와 문자열을 입력 받는다. 입력 받은 수만큼의 시간(초)이 흐른 후 문자열을 alert()을 이용해 알림으로 알려주는 자바스크립트 코드를 작성하시오. 예를 들어 100과 "외출할 시간입니다"를 입력하면, 100초 후에 "외출할 시간입니다"라는 알림을 보여주는 것이다.

21 오늘의 날짜와 요일을 출력하는 자바스크립트 코드를 작성하시오.

22 getTime() 메소드만를 이용해서 현재 시간을 알아 낸 후 오늘의 날짜와 시간을 계산해서 출력하는 자바스크립트 코드를 작성하시오.

23 키보드로부터 여러 개의 숫자를 입력 받아 배열에 저장하고 그 숫자들 중의 최대값과 최소값을 출력하는 자바스크립트 프로그램을 작성하시오. 단, Math 객체의 max(), min() 메소드를 이용하도록 한다. 첫 번째 입력된 숫자가 이후로 입력할 숫자의 개수이다.

24 키보드로부터 여러 개의 단어를 입력 받아 오름차순과 내림차순으로 각각 정렬하여 출력하는 자바스크립트 코드를 작성하시오. 정렬할 단어의 개수를 맨 처음 입력하고 이 후로 단어들을 하나씩 입력한다. 단어의 입력이 완료되면 오름차순과 내림차순으로 정렬된 단어들이 화면에 출력된다.

CHAPTER 10

HTML 문서와 DOM

HTML5 Web Programming

contents

10 HTML 문서와 DOM

웹 브라우저가 HTML 문서를 읽어 들이면 이를 내부적으로 객체 모델로 생성한다. 이 객체를 이용해 자바스크립트는 HTML 문서를 다루게 되며 이를 DOM(Document Object Model)이라고 부른다. 자바스크립트는 HTML 파일 내에 포함되어 웹 브라우저에 의해 해석되고 실행된다. 지금까지는 자바스크립트를 HTML 문서나 웹 브라우저 입장에서 바라보고 처리하는 형식으로 설명하였다. 여기에서는 반대로 HTML 문서나 웹 브라우저를 자바스크립트 관점에서 바라보고 처리하는 방식에 대해 살펴본다.

10.1 DOM의 정의 및 문서 구조

웹 문서를 자바스크립트 입장에서 구조적 문서(document) 객체의 형태로 다루고 처리하는 모델을 DOM(Document Object Model)이라고 한다. 이 절에서는 DOM의 개념을 이해하고 자바스크립트에서 DOM 인터페이스의 사용법에 대해 알아본다.

10.1.1 DOM과 HTML 웹 문서의 관계

DOM 인터페이스는 자바스크립트가 HTML 문서의 요소와 콘텐츠를 구조적 형태로 구성하여 접근하고 해석해서 마치 프로그래밍 언어에서의 변수나 구조체와 같은 데이터로 처리할 수 있도록 해준다. HTML 문서를 DOM 모델로 만든 **Document** 객체는 **document**라는 이름의 객체로 접근이 가능하다. **document** 객체는 HTML 문서를 DOM 인터페이스를 통해 접근하기 위한 최상위 객체이다. HTML 문서는 웹 브라우저 내부에 DOM 형태로 저장 및 관리된다. 따라서, 자바스크립트에서 DOM 방식으로 접근한 문서 객체의 내용을 추가하거나 변경시킨다면 이는 HTML 문서의 태그나 콘텐츠가 변경되는 것과 동일한 효과를 가지게 된다. DOM의 내용이 변경되면 따라서 화면에 디스플레이 되는 내용도 변경되게 된다. 즉, 자바스크립트를 이용해서 HTML 문서의 내용을 동적으로 변경시키는 것이 가능하게 된다. 현재까지 DOM 표준은 2004년에 DOM3, 2015년에 DOM4까지 제정된 상태이다.

■ 트리 구조의 DOM

HTML 문서의 요소가 계층적으로 포함된 형태로 구성되므로 결국 DOM도 트리 구조의 형태를 가지게 된다. 트리의 각각의 노드는 HTML 요소가 되며 각 노드 마다 속성과 속성값을 가지게 된다. 다음 [예제 10-1]과 같은 HTML 문서에 대해 DOM 트리 구조를 예를 들어 설명한다.

예제 10-1 DOM 트리 구조 예제 (domtree.html)

```
1   <!DOCTYPE HTML>
2   <html>
3   <head>
4       <meta charset="utf-8"/>
5       <title> DOM Tree </title>
6   </head>
7   <body>
8       <article>
9         <h3>베스트셀러</h3>
10      <ol>
11          <li id="book1"> 컴퓨터와 IT기술의 이해 [개정판-2판] </li>
12          <li id="book2"> 모바일 멀티미디어 </li>
13          <li id="book3"> 소셜미디어의 이해와 활용</li>
14      </ol>
15    </article>
16  </body>
17  </html>
```

[예제 10-1]의 DOM 방식의 **document** 객체 구조를 다음 [그림 10-1]과 같은 트리 형태로 그려 볼 수 있다. 이런 방식으로 자바스크립트에서는 HTML 문서를 데이터 객체로 접근하는 것이다.

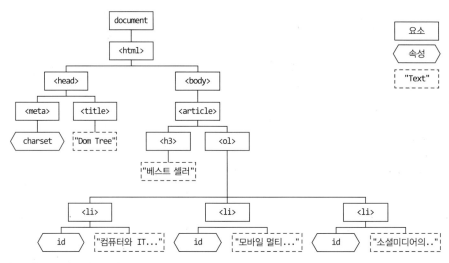

| 그림 10-1 [예제 10-1]의 DOM 트리 구조

자바스크립트가 DOM을 이용해 HTML 문서에 접근하게 되면 여러가지 작업을 수행할 수 있다. 대표적으로 자바스크립트로 다음과 같은 기능들이 가능해진다.

- HTML 문서의 요소를 변경할 수 있다.
- HTML 문서의 요소의 속성을 변경할 수 있다.
- HTML 문서의 요소의 스타일 속성을 변경할 수 있다.
- HTML 문서의 요소를 삭제하거나 속성을 삭제할 수 있다.

- 새로운 HTML 요소나 속성을 생성해서 기존의 DOM에 추가할 수 있다.

10.1.2 DOM 메소드와 속성

HTML 문서를 DOM 객체로 접근하게 되므로 객체의 특성인 메소드와 속성을 가지게 된다. 메소드는 그 객체가 실행할 수 있는 작업이며 속성은 그 객체가 가지고 있는 값이 된다. 객체의 속성은 자바스크립트를 이용해 읽어 내거나 변경이 가능하다. HTML 요소는 document 내 객체로 요소의 속성은 해당 객체의 속성으로 각각 표현된다. HTML 요소에 포함된 다른 요소는 객체 내에 소속된 객체 형태로 표현된다. 즉, 하위 객체가 되는 것이다.

```
<input type="text" name="username"/>
```

위의 예제에서는 `<input>` 요소 전체가 하나의 객체로 표현되며 `type`과 `name`은 `<input>` 요소 객체의 속성이 된다. "text"와 "username"은 각각 `type`과 `name`의 속성 값이 된다.

NOTE

개발자 도구를 이용한 DOM 구조의 확인

DOM 구조는 웹브라우저에서 바로 확인해 볼 수 있다. [예제 10-1]의 웹 문서를 (a)에서와 같이 [도구] → [개발자 도구] 메뉴를 이용하면 (b)와 같이 DOM 구조와 DOM 객체와 속성의 내용을 확인해 볼 수 있다.

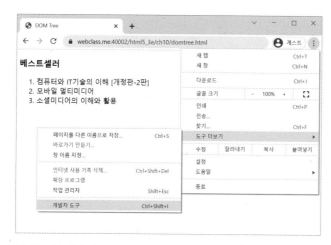

(a) 웹브라우저의 개발자 도구

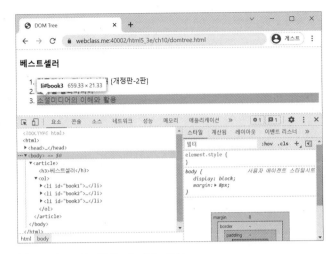

(b) 개발자 도구를 이용한 DOM 구조 표시

10.2 DOM을 통한 HTML 문서 접근

자바스크립트 입장에서는 웹 브라우저 환경과 HTML 문서를 모두 객체로 바라보고 처리한다. 즉, 일반 프로그래밍에서처럼 객체에 접근해서 값을 읽어내거나, 저장하고 수정하는 작업을 수행함으로써 웹브라우저나 HTML 문서에 대한 처리를 수행하는 것이다. 예를 들면, window라는 이름으로 미리 정의된 객체는 자바스크립트가 실행되고 있는 웹 브라우저 창을 나타낸다. window 객체에는 미리 정의된 다양한 속성들이 있는데 그 중 대표적인 것이 document와 frames이다. document 속성은 HTML 문서 전체를 나타내는 객체이며 frames 속성은 웹 브라우저 화면이 여러 개의 frame으로 구성되어 있을 경우 이를 frame의 배열 형태로 나타내게 된다. document 속성은 다시 forms, images 등의 여러 가지 속성을 가지며 이는 HTML 문서에 포함된 다른 객체를 나타내게 된다.

10.2.1 DOM 접근 방법

자바스크립트에서 DOM 인터페이스를 통해 HTML 문서를 접근하는 방법은 크게 다음 세가지 방식이 있다.

- forms나 images 속성을 이용해서 접근하는 방법
- getElementsByTagName(), getElementsByClassName() 메소드를 이용해 태그나 클래스 이름으로 접근하는 방법
- getElementById()의 메소드를 이용해서 요소의 id로 접근하는 방법

forms나 images 속성을 이용한 접근 방식은 문서 내에 포함된 폼과 이미지 요소들을 읽어 낼 수 있는 방식이다. 이는 읽기 전용이므로 요소의 내용에 대한 수정이 불가능하다. getElementsByTagName(), getElementsByClassName(), getElementById() 세 가지 메소드는 document 객체가 제공하는 메소드들이다. 이 중 본 장에서는 가장 사용이 쉽고 많이 사용되고 방법인 getElementById() 메소드를 이용해서 접근하는 방법을 중심으로 설명하고자 한다.

[예제 10-2]에서는 <input> 요소 객체를 getElementById() 메소드를 이용해 "recommend"라는 id를 통해 접근하고 <input> 요소의 value 속성 값을 바꾸는 예를 보인다.

예제 10-2 간단한 DOM 예제 (simpledom.html)

```
1   <form>
2         추천도서: <input id="recommend" type="text" size="50">
3   </form>                     ← <input> 요소에 "recommend"라는 id를 부여해서
4                                  DOM을 통해 접근할 때 식별이 가능하도록 한다.
5   <script type="text/javascript">
6       dom = document.getElementById("recommend");  ← <input> 요소 객체 접근
7       dom.value = "컴퓨터와 IT기술의 이해 [개정판-2판]";
8   </script>        ← <input> 요소 객체의 value 속성 값 변경
```

| 실행결과 10-2

DOM 인터페이스를 이용하면 웹 문서 내 요소 객체의 속성 값을 읽어 내거나 수정할
수 있다. 사용자로부터 입력 받은 값을 요소 객체 속성에 저장하는 것도 가능하다. 다
음 [예제 10-3]에 사용자로부터 입력 받은 문자열 값을 <input> 요소 객체의 value
속성에 저장하여 웹 문서의 내용을 변경시키는 예제를 보인다.

예제 10-3 DOM 접근 방법 (domaccess.html)

```
1   <form action="">
2       <input id="username" type="text" value="Name of User" />
3   </form>
4
5   <script type="text/javascript">
6       var dom = document.getElementById("username");
7       alert(dom.value);
8       var newValue = prompt("Type new value of text box", "");
9       dom.value = newValue;
10  </script>
```

<input> 요소에 "username"라는 id를 부여해서
DOM을 통해 접근할 때 식별이 가능하도록 한다.

dom 변수에는 <input> 요소
객체의 참조값이 반환된다.

value 속성은 dom.value과 같은 방식으로 값을 읽어내거나 수정이 가능하다.

다음 [실행결과 10-3]에서와 같이 <input> 요소의 value 속성 값을 자바스크립트에
서 dom.value와 같은 방법으로 읽어 내고 있다. 또한, dom.value = newValue;와 같
이 dom.value에 newValue 변수값을 대입함으로써 <input> 요소의 value 속성 값을
변경시킬 수 있다. 이러한 방법을 이용하면 HTML 문서의 내용을 자바스크립트를 이
용해서 동적으로 변화시키는 것이 가능하다. 다음 스크린샷의 두 번째 웹 브라우저 화
면에서 웹 문서의 내용(콘텐츠)이 "New HTML5 User"로 변경되어 있음을 알 수 있다.

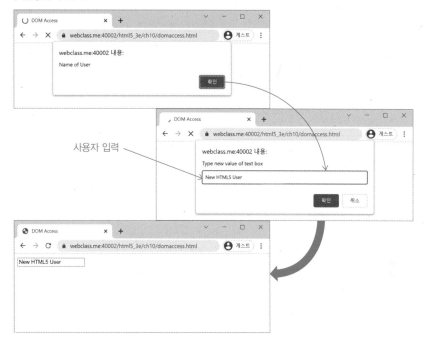

10.2.2 태그 이름이나 클래스 이름으로 DOM에 접근하는 방법

태그 이름이나 클래스 이름으로 DOM에 접근할 수도 있다. 아래와 같은 메소드를 이용하면 된다. 같은 태그나 클래스 가진 요소가 여러 개이므로 배열 형태로 DOM에 대한 참조 값을 반환하게 된다. **innerText** 속성은 요소 내의 텍스트를 나타내는 속성으로 이를 수정하면 요소의 콘텐츠가 변경되게 된다.

```
document.getElementsByTagName("태그이름")
document.getElementsByClassName("클래스이름")
```

예제 10-4 태그 이름이나 클래스 이름으로 DOM 접근 예제 (domtagclass.html)

```
1    <p> &lt;p&gt; 첫번째 태그 </p>
2    <p> &lt;p&gt; 두번째 태그 </p>
3    <p class="myclass"> myclass </p>
4    <input type="button" value="내용 바꾸기" onclick="changecontent();"/>
5    <script type="text/javascript">
6        function changecontent() {
```

<p> 요소와 my_class 클래스를 모두 찾아 준다.

```
7    p_elements = document.getElementsByTagName("p")
8    myclass_elements = document.getElementsByClassName("myclass")
9        p_elements[0].innerText = "<p> 첫번째 요소 내용 바꾸기";
10       p_elements[1].innerText = "<p> 두번째 요소 내용 바꾸기";
11       myclass_elements[0].innerText = "myclass 내용 바꾸기";
12   }
13   </script>
```

배열 형태로 접근한다

| 실행결과 10-4

10.2.3 메소드를 이용한 DOM 속성 접근 방법

DOM 인터페이스를 이용하면 웹 문서 내 요소 객체의 속성 값을 읽어 내거나 수정할 수 있다. 속성 값을 직접 접근하거나 메소드를 이용하는 두가지 방법이 있다. 앞의 예 제에서는 주로 value나 innerText 속성 값을 읽어 내고 수정하는 것을 보였다. 이러한 속성 이외에도 해당 요소가 가진 다양한 속성에 접근이 가능하다. 속성값을 읽어내거나 수정하기 위해서는 메소드를 이용한 방법도 있다. 다음 getAttribute()와 setAttribute() 메소드를 이용할 수 있다.

- getAttribute(): 속성 값을 읽어내는 메소드
- setAttribute(): 속성 값을 수정하는 메소드

getAttribute()와 setAttribute() 메소드는 HTML 요소 내에 설정된 속성 값

을 읽거나 수정하는데 사용될 수 있다. 다음 [예제 10-5]에서 **href** 속성 값을
getAttribute()와 **setAttribute()** 메소드로 읽어내고 수정하는 예제를 보인다.

예제 10-5 getAttribute와 setAttribute 예제 (domattribute.html)

```
1   <a id="link" href="http://www.google.co.kr"> 링크 </a>
2   <br/><br/>
3   <input type="text" id="text"></input><button id="btn">href 속성 바꾸기</button>
4   <br/><br/>
5   <p id = "curr_href"></p>
6
7   <script type="text/javascript">
8       function changehref() {
9           new_href = document.getElementById("text").value;
10          document.getElementById("link").setAttribute("href", new_href);
11          document.getElementById("link").innerText = new_href;
12      }
13      document.getElementById("btn").onclick = changehref;
14      document.getElementById("curr_href").innerText =
15          "기존 href = " + document.getElementById("link").getAttribute("href");
16  </script>
```

> setAttribute() 메소드를 이용해서 href 속성 값을 수정하거나 getAttribute() 메소드를 이용해 속성 값을 알아낼 수 있다.

| 실행결과 10-5

사용자 입력

10.2.4 DOM을 통한 스타일 속성 접근 방법

DOM 인터페이스를 이용해 HTML 요소의 스타일 속성에 접근이 가능하다. 스타일 속성에 접근하기 위해서는 **dom.style**과 같은 방식을 이용하면 된다. 즉 HTML 요소내 **style**이라는 속성에 스타일 속성이 저장되어 있는 것이다. 스타일 속성에 접근해서 동적 웹문서를 만드는 방식에 대해서는 11장에 좀더 자세히 다루기로 하고 본 절에서는 간단한 예제를 보인다. 다음 [예제 10-6]에 스타일 속성 중 폰트 크기와 글자 색상을 변경하는 예제를 보인다. (5)행과 (8)행과 같이 DOM을 통해 객체에 접근한 후 **style. fontSize = "24px"**와 같은 방식으로 폰트 크기 스타일 속성을 변경할 수 있다. (14)행에서는 **style.color** 속성을 변경함으로써 글자 색상을 변경하게 된다.

예제 10-6 DOM 인터페이스를 이용한 스타일 접근 방법 (domstyle.html)

```
1   <p id="text" style="font-size: 12px;"> 마우스 커서를 올리면 글자 크기가 커집니다.
    클릭하면 색상이 바뀝니다.</p>
2
3   <script type="text/javascript">
4       function largefont() {
5           document.getElementById("text").style.fontSize = "24px"
6       }
7       function normalfont() {
8           document.getElementById("text").style.fontSize = "12px"
9       }
10      function changecolor() {
11          r = Math.round(Math.random() * 255);
12          g = Math.round(Math.random() * 255);
13          b = Math.round(Math.random() * 255);
14          document.getElementById("text").style.color = "rgb(" + r + "," + g + "," + b + ")";
15      }
16      document.getElementById("text").onmouseover = largefont;
17      document.getElementById("text").onmouseout = normalfont;
18      document.getElementById("text").onclick = changecolor;
19  </script>
```

> DOM 객체에 style.fontSize라는
> 접근을 통해 스타일 속성값을 변경한다.

10.3 자바스크립트를 이용한 DOM의 생성, 수정 및 삭제

자바스크립트를 이용해서 DOM 요소를 생성해 내거나 교체 및 삭제하는 것이 가능하다. HTML 원래 문서에는 존재하지 않았지만 자바스크립트를 이용해 동적으로 요소를 생성하는 것이 가능하며 물론 요소를 삭제하는 것도 가능하다. 대표적인 메소드로 createElement(), removeChild() 등이 있으며 HTML 요소의 자식 요소들 중 첫번째 요소를 가리키는 firstChild 속성도 살펴본다. 요소의 firstChild 속성은 해당 요소의 자식 요소들 중에 첫번째 요소를 가리키는 DOM 참조 값이다.

- createElement(): HTML 요소를 생성해 내는 메소드
- removeChild(): 자식 요소를 삭제하는 메소드
- replaceChild(): 자식 요소를 교체하는 메소드
- firstChild: 자식 요소들 중 첫번째 요소를 가리키는 속성 값

createElement() 메소드를 이용해 원하는 HTML 요소를 생성할 수 있다. 예를 들어 <div> 요소를 생성하고 싶다면 아래와 같은 문장으로 <div> 요소의 생성이 가능하다.

```
new_div_element= document.createElement("div");
```

이렇게 생성된 요소는 아직 HTML 문서에 포함되어 있지 않고 동떨어진 채 생성되어 객체로만 존재하게 된다. 따라서, 기존의 HTML 문서내 적당한 곳에 삽입되어야 화면에 반영이 될 수 있다. 따라서 아래와 같은 appendChild() 메소드를 이용해 적당한 요소 아래 삽입되게 된다. my_area라는 id를 가진 요소 아래 삽입한 예시이다.

```
document.getElementById("my_area").appendChild(new_div_element);
```

[예제 10-7]에 자바스크립트를 이용해 DOM 요소를 생성해 내거나 삭제하는 예제를 보인다. 먼저, [버튼 요소 생성] 버튼을 누르면 button_append() 함수를 호출하여 입력한 텍스트를 이용해 버튼을 생성하고 button_area 요소의 자식 요소로 붙여 넣는다. 이때 createElement() 메소드와 appendChild() 메소드가 이용된다. 또한, [firstChild 요소 삭제] 버튼을 누르면 delete_first() 함수가 호출 되고 button_area 요소의 자식 요소 중에서 첫 번째 요소를 찾아 삭제하는 기능이 구현 되었다. 첫 번째 요소는 DOM 요소의 firstChild 속성 값을 참조하면 얻어 낼 수 있다. [실행 결과 10-7]에 차례로 버튼 네 개를 생성한 예제를 보인다. 버튼을 클릭하면 (22)행의 removeChild() 메소드를 이용해 해당 요소를 삭제하게 된다.

예제 10-7 JavaScript를 이용한 DOM 생성 및 수정 방법 (dommodify.html)

```
1   <!DOCTYPE html>
2   <html>
3   <head>
4      <title> DOM 생성 및 삭제 예제 </title>
5      <script type="text/javascript">
6         function button_append() {
7            btn = document.createElement("button");
8            btn.innerText =  document.getElementById("button_name").value;
9            btn.onclick =  remove_self;
10           document.getElementById("button_area").appendChild(btn);
11        }
12
```

```
13          function delete_first() {
14              first_child = document.getElementById("button_area").firstChild;
15              if (first_child) {
16                  document.getElementById("button_area").removeChild(first_child);
17              }
18          }
19
20          function remove_self(event) {
21              btn = event.target;
22              document.getElementById("button_area").removeChild(btn);
23          }
24      </script>
25  </head>
26  <body>
27      <h3> DOM 생성 및 삭제 예제 </h3>
28      생성된 버튼 클릭 시 삭제됩니다.
29      <br/>
30      <input id="button_name" type="text"><button onclick="button_append();">
        버튼 요소 생성 </button>
31      <button onclick="delete_first();"> firstChild 요소 삭제| </button>
32      <div id="button_area" style="border: solid; height: 300px;"></div>
33  </body>
34  </html>
```

| 실행결과 10-7

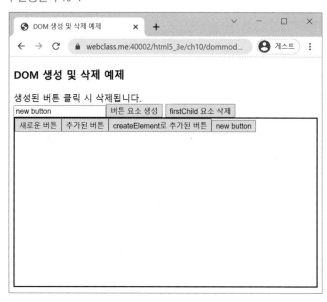

연습문제

■ 다음 괄호 안에 올바른 단어를 기입하시오.

1 HTML 요소의 아이디(id)를 이용해서 DOM을 접근하기 위해서 사용하는 대표적인 메소드는 (   )이다.

2 요소의 CSS 스타일을 변경하고 싶으면 요소의 (   ) 속성 값에 접근하여 해당 스타일 값을 수정하면 된다.

3 (   ) 객체는 HTML 문서를 DOM 인터페이스를 통해 접근하기 위한 최상위 객체이다.

4 input 요소에 입력된 값을 알아내기 위해서는 (   ) 속성 값을 참조하면 된다.

5 DOM은 웹 문서를 자바스크립트 입장에서 구조적 문서 객체의 형태로 다루고 처리하는 모델이며 (   )의 약자이다.

6 DOM에서 HTML 자식 요소 중 첫번째 자식 요소를 가리키는 속성 값은 (   ) 이다.

■ 다음 보기 중에서 질문의 답으로 가장 알맞은 것을 고르시오.

7 다음 중 DOM 접근을 위해 getElementById() 메소드를 올바로 사용한 예는 무엇인가?
   ① dom = document("id_name");
   ② dom = getElementById("id_name");
   ③ var dom = document.getElementById();
   ④ dom = document.getElementById("id_name");

8 다음 중 <div> 요소 생성을 위해 createElement() 메소드를 올바로 사용한 예는 무엇인가?
   ① dom = document.createElement(div);
   ② dom = document.createElement("div");
   ③ dom = div.createElement();
   ④ dom = document.getElementById("div").createElement();

■ 다음 질문에 간단히 답하시오.

9 다음 HTML 요소를 DOM 인터페이스로 접근하려고 한다. 이때 객체, 속성과 속성값은 무엇인지 설명하시오

```
<input type="radio" name="department" value="CS">
```

10 HTML 요소를 생성하고 삭제하는 메소드의 이름은 각각 무엇인가?

11 다음과 같이 〈p〉 요소를 DOM을 통해 접근하였다. 첫번째 〈p〉요소의 폰트 크기를 32px로 변경하고자 한다. 이를 위한 자바스크립트 코드를 작성하시오.

```
dom = document.getElementByTagName("p");
```

12 DOM에서 클래스 이름으로 HTML 요소를 접근하기 위한 메소드는 무엇인가?

■ 실습문제

13 다음 요소를 DOM 인터페이스를 통해 접근해서 name 속성값을 알아내 출력하는 자바스크립트 코드를 작성하시오.

```
<input id="dept" type="text" name="department" value="web programming">
```

14 다음과 같은 버튼 2개를 〈input〉 요소 형태로 생성해서 다음 〈div〉 요소에 삽입하는 자바스크립트 코드를 작성하시오.

> 자바스크립트에 의해서 동적으로 생성 및 삽입되었음 (1)

> 자바스크립트에 의해서 동적으로 생성 및 삽입되었음 (2)

```
<div id="button_area"> </div>
```

15 다음과 같은 HTML 코드가 주어진다. 자바스크립트 코드를 추가하여 버튼을 누르면 버튼이 삭제되는 코드를 완성하시오.

```html
<div id="button_area">
    <input type="button" value="button 1"/>
    <input type="button" value="button 2"/>
    <input type="button" value="button 3"/>
</div>
```

16 다음과 같은 HTML 코드가 주어진다. 자바스크립트 코드를 추가하여 버튼을 누르면 버튼의 숫자 값이 1씩 증가되는 코드를 완성하시오.

```html
<div id="button_area">
    <input type="button" value="1"/>
    <input type="button" value="2"/>
    <input type="button" value="3"/>
</div>
```

CHAPTER 11

이벤트 처리와
동적 웹문서

HTML5 Web Programming

contents

11
이벤트 처리와 동적 웹문서

사용자로부터 받는 키보드, 마우스 입력 등을 모두 이벤트라고 할 수 있다. 이러한 이벤트가 입력되었을 때 자바스크립트를 이용해서 처리하는 방식에 대해 살펴본다. DOM을 통한 접근과 이벤트 처리를 통해 사용자 입력 등으로 웹 문서가 맨 처음 웹 브라우저에서 열린 이후에 다른 형태로 변경되는 동적 웹 문서의 구현이 가능하게 된다.

11.1 이벤트 처리하기

사용자가 웹브라우저를 사용하는 중에 키보드, 마우스 등을 이용해 어떤 입력을 주게 되는데 이를 이벤트라고 한다. 이러한 이벤트가 입력되었을 때 미리 작성된 자바스크립트 코드를 수행시키는 것을 이벤트 처리라고 한다.

11.1.1 이벤트 처리 개요

이벤트 처리를 위해서는 1) 반응할 이벤트 선정, 2) 이벤트 핸들러 코드 작성, 3) 원하는 요소에 이벤트 등록 이렇게 세 가지 작업을 해주어야 한다.

- 반응할 이벤트 선정
- 이벤트 핸들러 코드 작성
- 원하는 요소에 이벤트 등록

이벤트가 발생할 때마다 호출되는 자바스크립트 코드를 이벤트 핸들러라고 부르며 이벤트와 이벤트 핸들러를 연결시키는 과정을 이벤트 등록(registration)이라고 부른다 다음 [예제 11-1]에 간단한 이벤트 처리 예제를 보인다. 화면에 [Yes], [No] 두 개의 버튼이 있으며 버튼을 눌러 클릭 이벤트가 발생하면 alert() 함수를 호출하여 화면에 경고창을 띄우는 예제이다. 클릭 이벤트가 발생하면 실행될 수 있도록 onclick 속성에 이벤트 핸들러 코드를 기술하는 방식을 이용하였다.

예제 11-1 간단한 이벤트처리 예제 (event_simple.html)

```
1    <body>
2      <form>
3        <input type="button" value="Yes" onclick="alert('You pressed Yes');"/>
4        <input type="button" value="No" onclick="alert('You pressed No');"/>
5      </form>
6    </body>
```

> 클릭 이벤트에 반응하여 alert() 함수를 호출하는 부분

| 실행결과 11-1

11.1.2 이벤트의 종류

웹 브라우저 상에서 어떤 변화가 일어나거나 입력이 일어날 때 이벤트가 발생하게 된다. 예를 들면, 키보드를 누르거나 마우스를 움직일 때도 이벤트가 발생되며 화면이 로드 되는 변화에도 이벤트가 발생하게 된다. 이벤트는 다음 표와 같이 다양한 종류가 있으며 한 가지 변화가 있을 때 이에 대응하는 여러 개의 이벤트가 동시에 발생하게 된다.

동적 웹 페이지를 구축할 때에는 어떤 이벤트를 이용할지 설계 단계에서 미리 구상하는 것이 좋다. 사용자의 한 가지 입력에 대해서도 여러 가지 이벤트가 발생하므로 특정 동적 웹 문서를 만들기 위해서 활용될 수 있는 이벤트의 종류는 다양하게 된다.

이벤트 등록은 이벤트 핸들러를 해당 이벤트의 태그 속성에 지정하는 과정으로 이루어진다. 다음 표에는 이벤트 종류와 해당 이벤트를 등록시키기 위한 이벤트 속성을 나열하였다. 예를 들면, 클릭(click) 이벤트가 발생했을 때에는 요소의 **onclick** 속성에 지정된 이벤트 핸들러가 실행되는 방식이다.

■ 마우스 이벤트

이벤트 이름	이벤트 속성	설명
click	onclick	HTML 문서 내의 요소를 클릭했을 때 발생한다.
dblclick	ondblclick	HTML 문서 내의 요소를 더블클릭했을 때 발생한다.
mousedown	onmousedown	마우스 커서를 HTML 문서 내의 요소 위에 위치시키고 마우스 버튼을 누를 때 발생한다.
mousemove	onmousemove	마우스 커서를 HTML 문서 내의 요소 위에서 이동시킬 때 발생한다. 마우스 커서를 움직이는 동안에는 계속해서 이벤트가 발생하게 된다.
mouseup	onmouseup	사용자가 마우스 커서를 HTML 문서 내의 요소 위에 위치시키고 마우스 버튼을 뗄 때 발생한다.
mouseover	onmouseover	마우스 커서가 해당 요소 위에 위치할 경우에 발생한다. 요소 위에 위치할 때 1회만 발생하며 연속해서 발생하지 않는다.
mouseout	onmouseout	마우스 커서가 해당 요소 위를 벗어날 때 발생하는 이벤트이다.

■ 키보드 이벤트

이벤트 이름	이벤트 속성	설명
keypress	onkeypress	키보드를 타이핑할 때 발생하는 이벤트이다. 키보드를 누를 때 1회 발생하고 손을 떼기 전까지 주기적으로 계속 이벤트가 발생한다.
keydown	onkeydown	키보드를 누를 때 발생하는 이벤트이다. 키보드를 눌러서 내려갈 때 1회 발생한다.
keyup	onkeyup	키보드를 누른 후 뗄 때 발생하는 이벤트이다. 키보드에서 손을 떼면서 키보드가 올라올 때 1회 발생한다.

■ 프레임/객체 관련 이벤트

이벤트 이름	이벤트 속성	설명
load	onload	문서, 프레임, 객체 등이 웹 브라우저 상에 로드가 완료되었을 때 발생하는 이벤트이다.
resize	onresize	문서 창, 문서 뷰의 크기가 리사이즈(resize) 되었을 경우 발생한다.
scroll	onscroll	문서 창, 문서 뷰가 스크롤 되었을 경우 발생한다.

■ 폼(form) 관련 이벤트

이벤트 이름	이벤트 속성	설명
change	onchange	\<input\>, \<selection\>, \<textarea\> 등 폼 요소 콘텐츠의 내용이 변경되었을 때 발생하는 이벤트이다.
focus	onfocus	요소가 포커스 되었을 때 발생하는 이벤트이다. 마우스로 선택되거나 입력 커서가 해당 요소에 위치할 때 발생한다.
blur	onblur	focus 이벤트의 반대 개념으로 요소에서 포커스가 없어질 때 발생하는 이벤트이다. 즉, 요소에서 마우스 선택이 해제되거나 입력 커서가 다른 곳으로 이동할 때 발생한다.
select	onselect	\<input\>과 \<textarea\> 요소 내의 텍스트의 일부 혹은 전부가 선택되었을 때 발생하는 이벤트이다.

11.1.3 이벤트 핸들링 및 이벤트 등록

특정 이벤트가 발생했을 때 실행하고자 하는 자바스크립트 함수나 코드를 이벤트 핸들러(handler)라고 부른다. 이벤트 핸들러는 예를 들면 사용자가 입력한 내용이 원하는 형식에 맞는지 검사하거나 입력한 내용에 따라 특정 웹 문서를 수정하는 등의 작업을 통해 동적 웹 문서를 만들고자 할 때 이용하게 된다.

■ 이벤트 타입과 이벤트 핸들러 설정

예를 들어 아래와 같은 텍스트박스 위젯이 있을 때 사용자가 텍스트박스를 클릭해서 내용을 수정하려고 할 때 경고창을 띄우고 싶다고 하자. 이때, 사용할 수 있는 이벤트 속성은 onclick 혹은 onfocus 속성이다. \<input\> 요소를 클릭했을 때 혹은 \<input\> 요소의 콘텐츠, 즉 "Name of User"라는 글자에 커서를 위치했을 때 이벤트가 발생하기 때문이다. 이벤트가 발생했을 때 경고창을 띄우는 alert("Please type your full name"); 부분을 이벤트 핸들러로 호출될 수 있도록 하고자 한다.

```
<form action="">
    <input id="username" type="text" value="Name of User" />
</form>

<script type="text/javascript">
    var dom=document.getElementById("username");
    alert("Please type your full name");
</script>
```

이벤트의 종류와 이를 처리할 이벤트 핸들러를 연결시키는 작업을 이벤트 등록이라고 한다. 이벤트 등록은 다음과 같은 세 가지 방법으로 가능하다.

- 요소의 이벤트 속성에 이벤트 핸들러 기술
- DOM 인터페이스를 이용한 이벤트 핸들러 함수 등록
- addEventListener() 메소드를 이용한 이벤트 핸들러 함수 등록

■ 요소의 이벤트 속성에 이벤트 핸들러 기술

이벤트를 받아서 처리할 해당 요소의 이벤트 태그 속성에 직접 이벤트 핸들러를 기술하는 방식이다. 이벤트 핸들러는 자바스크립트 코드가 될 수도 있고 함수 호출이 될 수도 있다. click 이벤트가 발생하면 onclick 이벤트 속성에 저장된 자바스크립트 코드가 실행되는 것이다. 함수가 기술되어 있으면 함수를 호출하게 되고, 코드가 기술되어 있으면 그 코드들을 실행하는 것이다. 다음의 예에서는 onclick 속성에 직접 이벤트 핸들러 코드를 기술하였다. alert() 함수 내의 문자열은 alert() 함수 자체가 큰따옴표(")로 둘러싸여 있으므로 작은따옴표(')를 사용하여 표시하였다.

```
<form action="">
        <input id="username" type="text" value="Name of User"
                onclick="alert('Please type your full name');" />
</form>
```

혹은 태그 속성에서 이벤트 핸들러 함수를 직접 호출할 수도 있다. 아래 예에서는 onclick 속성에 이벤트를 처리할 함수를 적어 넣는 방식을 사용하였다. click 이벤트가 발생되면 myEventHandler() 함수가 실행되는 것이다.

```
<form action="">
    <input id="username" type="text" value="Name of User"
            onclick="myEventHandler();" />
</form>

<script type="text/javascript">
    function myEventHandler() {
        alert("Please type your full name");
    }
</script>
```

■ DOM 인터페이스를 이용한 이벤트 핸들러 함수 등록

이벤트가 입력되는 요소 객체의 해당 이벤트 속성에 DOM 인터페이스로 접근하여 자바스크립트 코드로 이벤트 핸들러 함수를 등록하는 방식이다. 이 방식을 사용하려면 이벤트 핸들러는 반드시 함수 형태로 미리 만들어져 있어야 한다. 그리고, 객체의 속성에 접근하기 위해서 DOM을 이용하게 된다. 이벤트가 발생하고 이벤트 핸들러가 실행되는 방식은 앞의 방식과 동일하다. 다음 예에서는 getElementById() 메소드를 이용해서 <input> 요소 객체에 접근하여 이벤트 속성에 원하는 이벤트 핸들러 함수를 지정하는 방식을 사용한다. <input> 요소 객체의 onclick 속성에 myEventHandler() 함수를 이벤트 핸들러로 저장한다.

```
<form action="">
    <input id="username" type="text" value="Name of User" />
</form>

<script type="text/javascript">
    function myEventHandler() {
        alert("Please type your full name");
    }

    var dom=document.getElementById("username");
    dom.onclick=myEventHandler;
</script>
```

위의 예제에서 주의해야 할 점은 객체의 이벤트 속성에 이벤트 핸들러를 등록할 때 함수 호출 형태로 기술하는 것이 아니라 그냥 함수 이름만 적어야 한다. 즉, **myEventHandler();**와 같이 적는 것이 아니라 괄호 없이 **myEventHandler;**라고만 적는 것이다. 그 이유는 이벤트 핸들러 함수의 참조값(reference)을 저장하는 방식이기 때문이다. 눈 여겨 보아야 할 것 중 하나는 HTML 소스코드의 <input> 요소 내에 **onclick** 속성이 미리 작성되어 있지 않다는 것이다. 하지만 실제로는 이미 <input> 요소 내에는 사용되는 모든 이벤트 속성이 미리 정의되어 있다. 명시적으로 작성되어 있지 않은 속성들은 기본 초기값을 가지게 된다.

■ addEventListener() 메소드를 이용한 이벤트 핸들러 함수 등록

이벤트가 입력되는 요소 객체의 **addEventListener()** 메소드를 이용하는 방식이다. 이 방식도 이벤트 핸들러는 반드시 함수 형태로 만들어져 있어야 한다. 다음과 같이 <input> 요소를 DOM을 이용해 접근하여 **addEventListener()**를 실행하여 이벤트 핸들러를 등록하는 방식이다. 이 방식에서도 **myEventHandler**와 같이 함수 이름만 적어야 하는 점에 유의해야 한다.

```
<form action="">
    <input id="username" type="text" value="Name of User" />
</form>

<script type="text/javascript">
    function myEventHandler() {
        alert("Please type your full name");
    }

    var dom=document.getElementById("username");
    dom.addEventListener("click", myEventHandler);
</script>
```

> 클릭 이벤트에 등록하기 위해 "click"을 지정

■ setTimeout()을 이용한 예제

[예제 11-2]에 **setTimeout()** 함수를 이용한 스톱위치를 만드는 예제를 보인다. 본 예제에서는 외부의 이벤트에 의해 동작하는 것이 아니라 자체적으로 **setTimeout()** 함수를 이용해 1초마다 **start()** 함수를 호출해서 초 값을 주기적으로 증가시켜서 스톱

워치를 구현하였다. **setTimeout(start, 1000);**의 의미는 1초 후에 **start()** 함수를 호출한다는 뜻이다.

예제 11-2 setTimeout() 함수를 이용한 스톱워치 예제 (stopwatch.html)

```html
1   <script type="text/javascript">
2           var stopped = false;
3
4           function start() {
5               dom = document.getElementById("sec");
6               dom.value = parseInt(dom.value) + 1;
7               if (!stopped) setTimeout(start, 1000);
8           }
9   </script>
10
11  <h2> Stopwatch </h2>
12  <form action="">
13      <input type="button" value="Start" onclick="stopped=false; setTimeout(start,
        1000);" />
14      <input type="button" value="Stop" onclick="stopped=true;" />
15      <input type="reset"/> <br><br>
16
17      <input id="sec" type="text" value="0" size="2"/> seconds
18  </form>
```

| 실행결과 11-2

CHAPTER 11 이벤트 처리와 동적 웹문서   **319**

11.2 폼 다루기

DOM 인터페이스와 자바스크립트를 이용하면 폼(form)의 값을 읽어내거나 계산하여 수정하는 것이 가능하게 된다. 다음 [예제 11-3]에 DOM 인터페이스를 이용해서 폼을 다루는 간단한 더하기 계산기 예제를 보인다. 입력한 값에 대해 더하기 연산을 수행하는 것은 [=] 버튼을 눌렀을 때 수행되도록 한다. 이를 위해 [=] 버튼에 이벤트 핸들러 함수를 등록 시킨다. **add()** 함수가 이벤트 핸들러 함수이며 **onclick="add();"** 부분이 click 이벤트에 **add()** 이벤트 핸들러를 연결하는 이벤트 등록 부분이다. (10)과 (11)행의 텍스트박스 위젯에 입력된 값은 (3)과 (4)행에서와 같이 DOM을 통해 **value**라는 속성을 접근함으로서 구할 수 있다. 또한, 결과값을 저장하는 (13)행의 텍스트박스의 값도 (5)행에서와 같이 **value** 속성 값을 바꿈으로써 변경시킬 수 있다.

예제 11-3 폼 다루기와 이벤트처리 예제 (formeventhandling.html)

```
1   script type="text/javascript">
2       function add() {
3         var a = document.getElementById("op1").value;
4         var b = document.getElementById("op2").value;
5         document.getElementById("result").value = parseInt(a) + parseInt(b);
6       }
7   </script>
8
9   <form>
10      <input id="op1" type="text" size="2"/>+
11      <input id="op2" type="text" size="2"/>
12      <input type="button" value="=" onclick="add();"/>
13      <input id="result" type="text" size = "2"/>
14  </form>
```

이벤트 핸들러 함수 정의 → (4)

이벤트 핸들러 호출

이벤트 타입

| 실행결과 11-3

add()함수가 호출됨

3과 5 입력

클릭

덧셈 결과 값이 표시됨

▪ 폼의 입력 값 읽고 쓰기

다음 [예제 11-4]와 같이 서적 주문 양식의 경우 각 서적 마다 주문 수량을 입력하면 소계를 계산해서 표시하는 웹 문서의 작성이 가능하게 된다.

예제 11-4 자바스크립트를 이용한 폼 다루기 (formhandling.html)

```
1   <h2> 서적 주문 양식 </h2>
2   <form action="">
3       <p> 주문서 </p>
4       <table border="1">
5           <tr> <th> 책 제목 </th> <th> 가격 </th> <th> 수량 </th> <th> 합계 </th> </tr>
6           <tr>
7               <td> 멀티미디어 배움터2.0 </td> <td> 25,000원 </td>
8               <td> <input id="book1" type="text" size="2" value="0"
9                               onclick="this.select();" /> </td>
10              <td> <input id="book1Total" type="text" size= "6" value="0"/> 원</td>
11          </tr>
12          <tr>
13              <td> 모바일 멀티미디어 </td> <td> 27,000원 </td>
14              <td> <input id="book2" type="text" size="2" value="0"
15                              onclick="this.select();" /> </td>
16              <td> <input id="book2Total" type="text" size= "6" value="0"/> 원</td>
17          </tr>
18          <tr>
19              <td> 자바입문: 이론과 실습 </td> <td> 25,000원 </td>
20              <td> <input id="book3" type="text" size="2" value="0"
21                              onclick="this.select();" /> </td>
22              <td> <input id="book3Total" type="text" size= "6" value="0"/> 원</td>
23          </tr>
24          <tr>
25              <td> 합계 </td> <td>   </td>
26              <td> <input id="totalNumber" type="text" size="2" value="0"/> </td>
27              <td> <input id="totalPrice" type="text" size="6" value="0"/> 원</td>
28          </tr>
29      </table> <br />
30      <input type="button" value="합계계산" onclick="updateAll();" />
31      <input type="reset" value="초기화"/>
32  </form>
33
34  <script type="text/javascript">
35  function updateAll() {
```

```
36      var n1 = document.getElementById("book1").value;
37      var n2 = document.getElementById("book2").value;
38      var n3 = document.getElementById("book3").value;
39
40      var p1 = 25000 * n1;
41      var p2 = 27000 * n2;
42      var p3 = 25000 * n3;
43      document.getElementById("book1Total").value = p1;
44      document.getElementById("book2Total").value = p2;
45      document.getElementById("book3Total").value = p3;
46
47      var totalNumber = parseInt(n1) + parseInt(n2) + parseInt(n3);
48      document.getElementById("totalNumber").value = totalNumber;
49      var totalPrice = p1 + p2 + p3;
50      document.getElementById("totalPrice").value = totalPrice;
51   }
52   </script>
```

| 실행결과 11-4

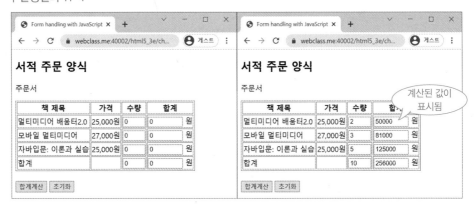

[예제 11-4]에서는 onclick="updateAll();"와 같이 이벤트 핸들러를 직접 기술하여 등록하는 방식을 사용하였다. 이러한 방식은 간편하다는 장점이 있으나 추후 자바스크립트 코드의 수정이나 이벤트 핸들러의 수정 혹은 개선 시에는 HTML 문서 파일도 동시에 수정해야 한다는 번거로움이 있다. [예제 11-4]의 this.select();의 의미는 각 서적 수량을 표시하는 텍스트 박스를 클릭하면 박스 내의 값이 선택되어 마크 되도록 하는 기능을 뜻한다. 여기서 this는 <input> 요소의 DOM을 가리키게 된다. 즉, 자신이 속한 요소의 DOM 객체를 가리키는 것이다.

[예제 11-4]의 updateAll() 함수의 기능은 사용자가 입력한 서적 개수를 읽어서 총 서적 수와 합계금액을 계산하여 DOM을 갱신하여 화면에 표시하는 것이다. 사용자가 <input> 텍스트박스 요소에 입력한 값은 var n1 = document.getElementById("book1").value;와 같이 DOM을 통해 읽어 낼 수 있다. 텍스트박스 요소에 입력한 값은 value라는 속성을 통해 읽거나 수정할 수 있다. 그리고, document.getElementById("book1Total").value = p1;와 같이 계산된 서적 별 금액 소계 p1 등을 value라는 속성에 저장함으로써 DOM을 수정하게 된다. DOM이 수정됨과 동시에 화면에 표시되는 문서 내용도 따라서 갱신되게 된다. updateAll() 함수 내에서 한 가지 더 눈여겨 볼 사항은 총 서적 수 totalNumber 계산을 위해 parseInt()라는 함수를 이용했으나 총 합계금액 totalPrice를 계산하기 위해서는 변수를 그대로 더하기 연산에 사용하였다는 것이다. 두 연산에서의 차이점은 다음과 같다. 변수 n1, n2, n3의 경우는 변수형이 문자열 타입이기 때문에 parseInt() 함수를 사용해야만 했지만 p1, p2, p3의 경우는 숫자 계산 결과를 저장하고 있기 때문에 변수형이 숫자 타입이므로 별도의 변환 과정이 필요 없다.

11.3 동적 웹 문서 만들기

본 절에서는 자바스크립트를 이용하여 웹 문서의 콘텐츠나 위치, 스타일 등을 변화시켜 웹 문서가 웹 브라우저에 처음 읽혀진 이후에 내용이 변경되는 동적 문서(dynamic document)를 제작하는 방법에 대해 살펴본다.

동적 문서란 웹 문서가 브라우저상에 처음에 표시된 이후에 웹 문서의 콘텐츠나 스타일을 변경하여 화면에 표시되는 내용이나 표현 형태가 변경되는 문서를 뜻한다. 웹 문서의 콘텐츠나 스타일이 변경되면 웹브라우저는 즉시 변경된 값을 바탕으로 화면의 문서를 갱신하게 된다. 웹 문서의 콘텐츠나 스타일의 변경은 요소의 구성, 요소의 속성, 요소의 콘텐츠, 요소의 CSS 스타일 등의 값을 자바스크립트를 이용해서 변경하면 된다. 문서의 콘텐츠나 내용뿐만 아니라 태그 요소의 화면 내 표시 위치 변경, 애니메이션, 색상 및 글씨체 변경, 인터랙티브 사용자 인터페이스 등을 구현할 수 있다.

■ 동적 문서 구현 방식

웹 문서를 동적으로 변경시키는 방식은 1) 스타일 속성 변경, 2) 요소의 속성 변경, 3) 요소의 콘텐츠 변경과 같이 크게 세가지 방법으로 나눌 수 있다. 앞의 11.2절에서 사용한 방법이 요소의 속성 변경을 이용한 동적 문서 구현 방식이다. 다음절에서는 스타일 속성 변경과 요소의 콘텐츠 변경 방식을 이용한 동적 웹 문서 구현에 대해 설명한다.

- 스타일 속성 변경을 통한 동적 문서 만들기
- 요소의 콘텐츠 변경을 통한 동적 문서 만들기

11.3.1 스타일 속성 변경을 통한 동적 문서 만들기

자바스크립트와 DOM을 이용하면 CSS 스타일에도 접근하여 값을 읽어내거나 변경하는 것이 가능하다. CSS 스타일 값을 변경함으로써 웹 문서를 보다 동적으로 만들 수 있다. CSS 스타일에 접근하는 방법은 일반적인 DOM에 접근하는 방법과 동일하다.

■ 보이기 스타일 속성 변경하기

다음 [예제 11-5]와 같이 두 개의 <div> 영역과 이미지 3개로 구성된 웹 문서를 이용해 스타일 속성 변경 예제를 보인다. [예제 11-5]는 웹 문서 내에 요소로는 존재하지만 화면에 표시할지 여부를 결정하는 보이기(visibility) 스타일 속성을 이용한 예제이다. 보이기는 visibility 스타일 값을 dom.style.visibility와 같은 방식으로 접근하여 "visible" 혹은 "hidden"으로 변경함으로써 요소를 화면에 보이게 하거나 감추는 것이다.

예제 11-5 보이기 스타일 속성 변경하기 예제 (changevisibility.html)

```
1  <div id="outerBox" style="background: blue; width: 550px; height:300px;" />
2
3  <div id="innerBox"
4      style="background: yellow; width: 450px; height:200px;
5            position: absolute; left: 50px; top: 50px;">
6
7    <img id="img1" src="image1.png" width=100px
8        style="position: absolute; left: 50px; top: 25px; visibility: visible;">
9
```

```
10      <img id="img2" src="image2.png" width="100px"
11          style="position: absolute; left: 175px; top: 25px; visibility: visible;">
12
13      <img id="img3" src="image3.png" width="100px"
14          style="position: absolute; left: 300px; top: 25px; visibility: visible;">
15  </div>
16
17  </div>
18
19  <script type="text/javascript">
20  function toggleVisibility(id) {
21      var dom=document.getElementById(id);
22
23      if (dom.style.visibility == "visible")
24          dom.style.visibility="hidden";
25      else
26          dom.style.visibility="visible";
27  }
28  </script>
29
30  Toggle Visibility:
31  <button onclick="toggleVisibility('img1');">Image 1</button>
32  <button onclick="toggleVisibility('img2');">Image 2</button>
33  <button onclick="toggleVisibility('img3');">Image 3</button>
```

| 실행결과 11-5

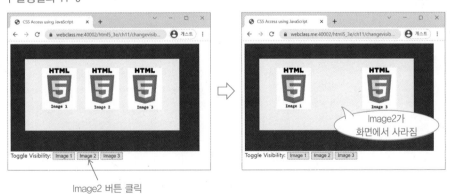

Image2 버튼 클릭

■ 배경색 스타일 속성 변경하기

DOM 객체의 배경색(background) 스타일 값은 CSS 속성값을 접근하여 변경 가능하다. 아래 [예제 11-6]에 두 **<div>** 영역의 배경색을 동적으로 변경하는 자바스크립트 코드를 보인다.

예제 11-6 자바스크립트를 이용한 CSS 배경색 변경 (changebackground.html)

```
1  <script type="text/javascript">
2      function changeColor(id, color) {
3          document.getElementById(id).style.background = color;
4      }
5  </script>
6
7  Outer Box:
8  <button onclick = "changeColor('outerBox', 'red');">    Red    </button>
9  <button onclick = "changeColor('outerBox', 'green');">  Green  </button>
10 <button onclick = "changeColor('outerBox', 'blue');">   Blue   </button>
11 <br />
12
13 Inner Box:
14 <button onclick = "changeColor('innerBox', 'red');">    Red    </button>
15 <button onclick = "changeColor('innerBox', 'green');">  Green  </button>
16 <button onclick = "changeColor('innerBox', 'blue');">   Blue   </button>
```

| 실행결과 11-6

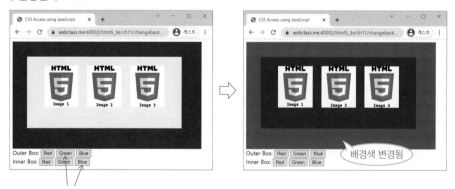

Green과 Blue 버튼 클릭

[예제 11-6]의 document.getElementById(id).style.background = color;와 같이 자바스크립트를 이용하여 DOM 객체의 **style.background** 속성을 접근하는 방식으로 배경색 스타일 속성의 값을 읽어내거나 변경하는 것이다. [실행결과 11-6]에서와 같이 버튼을 클릭함으로써 외곽박스(outer box)와 내부박스(inner box)의 배경색을 동적으로 변경시킬 수 있다.

■ 위치 스타일 속성 변경하기

마찬가지 방법으로 대표적 CSS 스타일 중 하나인 위치(position) 스타일 속성을 변경하는 예제를 살펴보도록 한다. 다음 [예제 11-7]은 사용자로부터 좌표를 입력 받아 문서 내 이미지의 위치를 변경하는 예제이다.

예제 11-7 자바스크립트를 이용한 위치 속성 변경 예제 (changeposition.html)

```
1   <script type="text/javascript">
2   function changePositions() {
3       for(i=1; i <= 3; i++) {
4           var left = document.getElementById("left" + i).value;
5           var top = document.getElementById("top" + i).value;
6           document.getElementById("img" + i).style.left=left + "px";
7           document.getElementById("img" + i).style.top=top + "px";
8       }
9   }
10  </script>
11
12  <form>
13  Image1: Left <input id="left1" size="2" type="text"/>
14  Top <input id="top1" size="2" type="text"/> <br />
15
16  Image2: Left <input id="left2" size="2" type="text"/>
17  Top <input id="top2" size="2" type="text"/> <br />
18
19  Image3: Left <input id="left3" size="2" type="text"/>
20  Top <input id="top3" size="2" type="text"/>
21
22  <input type="button" value="Move All" onclick="changePositions();" />
23  </form>
```

세 개의 이미지에 대해 좌표 값을 입력후 [Move All] 버튼을 클릭함으로써 changePositions() 함수를 호출하게 된다. changePositions() 함수에서는 각 요소의 스타일 속성값 중 **left**와 **top** 속성값에 해당 좌표값을 **"px"** 단위로 저장하게 된다. [실행결과 11-7]에서와 같이 입력한 위치로 이미지가 이동됨을 알 수 있다. 여기서 주의할 사항은 document.getElementById("img" + i).style.left=left + "px";와 같이 **style.left** 등의 속성에는 단위인 **"px"**도 함께 저장해 주어야 한다는 것이다.

■ 마우스 이벤트를 이용한 위치 스타일 변경하기

마우스 이벤트를 활용하면 웹 브라우저 화면 상의 위치 좌표를 마우스 포인터로 입력 받고 이를 이용해 화면상의 요소의 위치를 이동시키는 것이 가능하다. 다음 [예제 11-8]에 마우스를 이용해 요소의 위치를 이동시키는 예제를 보인다.

마우스의 포인터의 위치는 아래와 같이 **window** 객체의 **event** 속성값에서 읽어낼 수 있다. **clientX, clientY**가 각각 x, y 좌표값이다. **window** 객체가 기준이므로 웹브라우저 창을 기준으로 왼쪽 위 코너가 (0, 0) 지점이다.

```
e = window.event;
mouse_x = e.clientX;
mouse_y = e.clientY;
```

```
1    <body onmousemove="move();" style="width:500px; height:500px;">
2        <img id="img1" src="image1.png" width="100px"
3            style="position: absolute; left: 50px; top: 120px;" />
4
5        <script type="text/javascript">
6            var stopped = true;
7            document.getElementById("img1").onclick = start_stop_move;
8
9            function start_stop_move() {
10               if (stopped) stopped = false;
11               else stopped = true;
12           }
13
14           function move() {
15               e = window.event;
16               mouse_x = e.clientX;
17               mouse_y = e.clientY;
18
19               document.getElementById("x").value = mouse_x;
20               document.getElementById("y").value = mouse_y;
21
22               if (!stopped) {
23                   document.getElementById("img1").style.left = (mouse_x-50) + "px";
24                   document.getElementById("img1").style.top = (mouse_y-50) + "px";
25               }
26           }
27       </script>
28
29       <form>
30           마우스로 이미지를 클릭하면 움직이기 시작합니다.<br>
31           다시 클릭하면 움직임이 멈춥니다.<br><br>
32           Mouse Position:
33           (X, Y)=(<input id="x"  size="3" type="text"/>,
34           <input id="y"  size="3" type="text"/>)
35       </form>
36   </body>
```

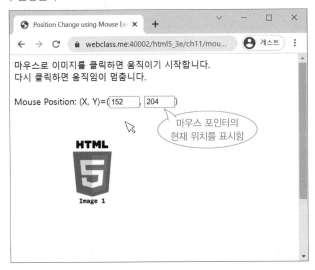

마우스가 화면상에서 움직일 때 마다 마우스의 현재 좌표 값이 표시된다. 또한, 마우스 포인터를 이미지 위에 놓고 클릭을 하면 마우스 위치를 따라 그림이 이동한다. 그리고, 다시 클릭을 하면 그림의 이동이 멈추게 된다.

11.3.2 요소의 콘텐츠 변경을 통한 동적 문서 만들기

웹 문서 콘텐츠는 폼 요소의 value 값을 변경시키거나 HTML 요소의 콘텐츠를 변경시키는 방식으로 변경 가능하다. 앞에서 설명한 11.2 절 등에서 사용한 방식이 폼 입력 요소의 value 값을 변경시켜서 웹 문서를 동적으로 만든 것들이다. 본 절에서는 HTML 태그 요소의 콘텐츠를 변경시켜 문서를 동적으로 만드는 방식에 대해 살펴본다.

■ HTML 태그의 콘텐츠 속성: innerHTML, innerText

HTML 태그 요소의 콘텐츠에 접근하고 그 내용을 변경할 수 있는 대표적인 속성으로 innerHTML과 innerText 속성이 있다. 두 속성 모두 요소의 콘텐츠를 의미한다. 예를 들면 다음과 같은 <p> 요소가 있을 때 This is an example content 라는 부분이 태그 요소의 콘텐츠에 해당한다.

```
<p id="example"> This is an example content </p>
```

태그 요소 객체의 **innerHTML** 혹은 **innerText** 속성을 변경시키면 태그 요소 콘텐츠가 변경된다. 두 속성 모두 콘텐츠를 변경시키지만 한 가지 차이점이 있다. **innerHTML** 속성의 경우에는 속성에 저장된 값을 HTML 태그로 해석하지만 **innerText** 속성의 경우에는 단순히 문자열로 해석한다는 점이다. 따라서, 콘텐츠의 내용만을 변경하고자 할 경우에는 **innerText** 속성을 사용하고 콘텐츠의 내용뿐 아니라 요소를 추가하고자 할 때에는 **innerHTML**를 사용하면 된다.

다음 [예제 11-9]에 **innerHTML**과 **innerText** 속성을 이용한 콘텐츠 변경을 통한 동적 문서 예제를 보인다. 마우스 커서의 위치에 따라 <p> 태그 요소의 콘텐츠를 변경시켜 문서를 동적으로 만든다. 이벤트 등록을 위해 document.getElementById("b1"). onmouseout = reset_text;와 같이 요소 객체의 이벤트 속성에 이벤트 핸들러 함수를 등록시키는 방식을 사용하였다. 이 방식에서는 예를 들면 reset_text;와 같이 이벤트 등록시 이벤트 핸들러 함수의 이름만을 기입하고 ()를 붙이지 않아야 하는 것에 유의해야 한다.

예제 11-7 콘텐츠 변경을 통한 동적 문서 예제 (changecontents.html)

```
1    <button id="b1">innerHTML</button>
2    <button id="b2">innerText</button>
3    <br/>
4    <p id="text">This text will be dynamically changed</p>
5
6    <script type="text/javascript" >
7        document.getElementById("b1").onmouseover = mouseover_innerHTML;
8        document.getElementById("b2").onmouseover = mouseover_innerText;
9
10       document.getElementById("b1").onmouseout=reset_text;
11       document.getElementById("b2").onmouseout=reset_text;
12
13       function mouseover_innerHTML() {
14           document.getElementById("text").innerHTML =
15             "<h1>Mouse cursor is over the innerHTML button</h1>";
16       }
17
18       function mouseover_innerText() {
19           document.getElementById("text").innerText =
20             "<h1>Mouse cursor is over the innerText button</h1>";
```

```
21        }
22
23        function reset_text() {
24            document.getElementById("text").innerHTML =
25                "This text will be dynamically changed";
26        }
27    </script>
```

| 실행결과 11-9

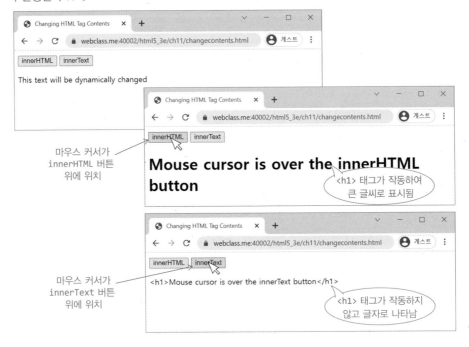

마우스 커서가
innerHTML 버튼
위에 위치

마우스 커서가
innerText 버튼
위에 위치

11.4 다양한 방법으로 폼 다루기

이제까지는 자바스크립트로 폼의 값을 읽어내거나 폼의 값을 변경시키기 위해서는
document.getElementById() 메소드를 이용했다. 자바스크립트는 이외에도 여러 가
지 방법으로 폼의 값을 읽어내거나 변경시키는 것이 가능하다.

■ 폼 접근하기

다음 [예제 11-10]에는 폼의 값을 읽어내는 다양한 방법을 보인다. getElementById() 이외의 대표적인 방법은 다음과 같은 세가지 방법이 있다.

```
document.폼이름.위젯ID.value;
document.forms[index].위젯ID.value;
document.forms[index].elements[index].value;
```

예제 11-7 다양한 폼 접근 방법 (formaccess.html)

```html
1   <form name="form1" action="">
2       <input id="input1" type="text" value="value of form" />
3   </form>
4
5   <script type="text/javascript">
6       txt = document.getElementById("input1").value;
7       document.write("Access using getElementById: " + txt + "<br/>");
8
9       txt = document.form1.input1.value;
10      document.write("Access using form_name.id: " + txt + "<br/>");
11
12      txt = document.forms[0].input1.value;
13      document.write("Access using form[index].id: " + txt + "<br/>");
14
15      txt = document.forms[0].elements[0].value;
16      document.write("Access using form[index].elements[index]: " + txt + "<br/>");
17  </script>
```

| 실행결과 11-10

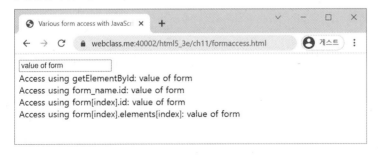

■ 폼 제어하기

자바스크립트로 폼의 위젯을 제어할 수 있는 몇 가지 방법이 있다. 다음 [예제 11-11]에 다양한 폼 제어 방법의 예를 보인다.

예제 11-7 다양한 폼 제어 방법 (formcontrol.html)

```
1   <form name="form1" action="">
2       <input id="input1" type="text" value="value of form" />
3       <input id="input2" type="checkbox"/> <br/>
4     → <input type="button" value="select()" onclick="input1.select();"/> <br/>
5     → <input type="button" value="submit()" onclick="submit();"/> <br/>
6     → <input type="button" value="reset()" onclick="reset();"/> <br/>
7       <input type="button" value="check" onclick="input2.checked=true;"/> <br/>
8     → <input type="button" value="uncheck" onclick="input2.checked=false;"/> <br/>
9   </form>
```

위젯 내용을 선택한다. (→ 4)
submit 버튼 기능을 대신한다. (→ 5)
reset 버튼 기능을 대신한다. (→ 6)
checkbox 선택 유무를 제어할 수 있다. (→ 8)

| 실행결과 11-11

다양한 폼 제어 방법들

[예제 11-11]에서와 같이 select(), submit(), reset() 함수를 호출함으로써 입력 폼 요소의 선택, 제출(submit), 리셋 기능을 수행할 수 있다. 또한, 체크박스 입력 요소와 같은 경우에는 checked 속성 값을 변경 시킴으로써 체크박스의 선택 여부를 자바스크립트로 제어하는 것이 가능하게 된다.

연습문제

■ 다음 괄호 안에 올바른 단어를 기입하시오.

1 이벤트 처리를 위해서는 (   ), (   ), (   ) 이렇게 세 가지 사항에 대해 알고 있어야 한다.

2 <input> 등의 폼에 값을 입력시키거나 사용자로부터 입력된 값을 읽어내기 위해서 사용하는 속성은 (   )이다.

3 자바스크립트를 이용해서 CSS 스타일시트 속성에 접근하는 방식은 DOM 접근 방식과 동일하다. 스타일시트 속성은 스타일시트가 속한 태그 요소의 (   ) 속성으로 접근하게 된다.

4 이벤트 등록은 이벤트가 발생하는 태그 요소의 속성에 이벤트를 처리해 주는 함수를 연결해주는 등록 작업이다. 예를 들면, 키보드를 눌렀을 때는 (   ) 이벤트가 발생하고 태그 요소의 (   ) 속성에 이벤트를 처리해 주는 함수를 등록시키는 것이다.

5 마우스 버튼을 한번 누른 후 뗐을 경우 발생하는 이벤트는 (   ), (   ), (   )이다.

6 HTML 태그의 속성 중 HTML 요소의 콘텐츠에 접근하고 그 내용을 변경할 수 있는 대표적인 속성으로 (   )와 (   ) 속성이 있다.

■ 다음 보기 중에서 질문의 답으로 가장 알맞은 것을 고르시오.

7 다음 중 마우스로 버튼을 클릭했을 때 myfunc1() 함수가 호출되기 위한 이벤트 등록으로 올바른 것을 고르시오.

① <input type="button" onclick=myfunc1 />

② <input type="button" myfunc1()=onclick; />

③ <input type="button" onclick="myfunc1();" />

④ <input type="button" onclick="myfunc1" />

8 웹 브라우저 화면 위에 마우스 커서를 위치시키고 마우스 왼쪽 버튼으로 눌렀을 경우 발생하는 이벤트를 모두 고르시오. (참고로, 마우스 왼쪽 버튼을 떼기 전임)

① click   ② mouseover   ③ mousedown   ④ mouseup

9 다음 중 버튼에 표시된 글자를 변경시키기 위한 자바스크립트 코드로 올바른 것을 고르시오.

```
<form action="">
    <input id="mybutton" type="button" name="start" />
</form>
```

① document.getElementById("mybutton").text = "click me!";
② document.getElementById("mybutton").name = "click me!";
③ document.getElementById("mybutton").value = "click me!";
④ document.getElementById("mybutton").change = "click me!";

10 다음 중 동적 웹 문서를 만들기 위해 변경시키는 항목이 아닌 것은 무엇인가?
① HTML 웹 문서에 태그 요소 추가 혹은 삭제
② 태그 요소의 콘텐츠
③ HTML 웹 문서에 포함된 주석(comment)
④ 태그 요소의 CSS 스타일 속성

11 다음 중 폼의 <input> 요소를 마우스로 클릭했을 때 발생하는 이벤트는 무엇인가?

① focus   ② change   ③ select   ④ blur

12 다음 예제 코드 중 CSS 스타일에 접근하기 위해 올바른 자바스크립트 코드를 고르시오.

```
<img id="img1" style="position: absolute; left: 175px; top: 25px; />
```

① document.getElementById("img1").left = "200px";
② document.getElementById(img1).stype.top = "200px";
③ document.getElementById("img1").stype.left = "200px";
④ document.getElementById("img1").left.top = "100px, 200px";

■ 다음 질문에 간단히 답하시오.

13 이벤트를 등록하는 두 가지 방법에 대한 간략히 설명하시오.

14 마우스 포인터의 위치를 알아내기 위한 방법을 간략히 기술하시오.

15 focus와 blur 이벤트는 언제 발생하는지 간략히 설명하시오.

16 innerHTML 속성과 innerText 속성의 차이점에 대해 간략히 설명하시오.

17 이벤트가 발생했을 때 해당 이벤트에 반응하여 자동으로 실행되는 자바스크립트 함수를 무엇이라고 부르는지 설명하시오.

18 동적 웹 문서란 무엇인가? 간략히 설명하시오.

19 마우스 이벤트 중 현재 마우스 포인터의 위치를 알아내기 위해서는 `window` 객체의 event 속성값 중에서 어떤 값을 읽어내야 하는지 설명하시오.

■ 실습문제

20 `<div>`요소를 포함하는 HTML 문서를 하나 작성한다. `innerHTML` 속성을 이용해서 HTML 문서의 `<div>`요소에 `<p>`요소와 `<h1>` 요소를 추가하는 자바스크립트 코드를 작성하시오.

21 두 개의 버튼을 만들고 첫 번째 버튼을 누르면 배경색이 파란색으로, 두 번째 버튼을 누르면 배경색이 붉은색으로 변경되는 웹 문서를 작성하시오.

22 화면상에 버튼 하나를 표시한다. 사용자로부터 prompt를 이용해 문자열을 입력 받고 입력 받은 문자열을 버튼에 표시하는 웹 문서를 작성하시오.

23 [예제 11-1]를 확장하여 뺄셈, 곱셈, 나눗셈이 기능이 지원되도록 eventhandling.html 파일을 수정하시오.

24 크기가 같은 10장의 이미지를 같은 위치에 배치하도록 HTML 문서를 작성한다. 그리고 CSS 스타일 속성 중 보이기/감추기 속성 값을 조정하여 10장의 그림이 차례대로 화면에 보이도록 한다. CSS 스타일 속성은 자바스크립트를 이용하여 조정한다. 애니메이션 효과가 보일 수 있는 그림을 선택하도록 하며 되도록 10장 이상의 그림을 이용하도록 한다.

25 화면상에 버튼을 표시한다. 마우스 포인터를 버튼 위로 올리기, 다른 곳으로 옮기기, 버튼 누르기 등의 동작을 수행할 때 발생하는 모든 이벤트에 대해 이벤트 이름을 화면에 출력하시오.

CHAPTER 12

드래그 앤 드롭,
위치정보, 외부 웹 API

HTML5 Web Programming

contents

12

드래그 앤 드롭, 위치정보, 외부 웹 API

기존의 HTML에서는 웹문서 작성이 목적이었던 것에 비하여 HTML5부터는 웹애플리케이션 작성을 목표로 하였다. 이를 위해서 HTML5에서는 각종 애플리케이션 개발을 용이하게 해주는 다양한 기능의 자바스크립트 라이브러리를 기본 웹 API로 제공해 주고 있다. 12장에서는 드래그 앤 드롭과 위치정보 API를 설명하고, 외부에서 Open API로 제공하는 제3자 API의 사례를 소개한다

12.1 드래그 앤 드롭 사용하기

드래그 앤 드롭(Drag & Drop) 기능은 화면에서 마우스로 객체를 끌어다 놓음으로써 애플리케이션 간에 파일이나 데이터를 전달하는 기능이다. 이는 윈도우나 매킨토시 시스템 등의 GUI(Graphic User Interface) 운영체제에서 폴더와 폴더 간에 파일을 옮길 때 많이 사용하는 것을 볼 수 있다.

12.1.1 드래그 앤 드롭 API의 개요

웹 애플리케이션에서도 드래그 앤 드롭 API를 이용해 기능을 구현할 수 있는데, 화면 상에 나타나는 요소를 옮기거나 웹 브라우저와 다른 애플리케이션 간에 자료를 전달할 때 사용된다. 대표적으로 구글 지메일(Gmail)은 액티브X나 플래시를 전혀 사용하지 않고 메일에 파일을 첨부하는 데 드래그 앤 드롭 기능을 적용하고 있다. 또한 웹 퍼즐 게임 애플리케이션에서 그림 조각을 옮기는 데에도 유용하게 사용할 수 있다.

▪ 드래그 앤 드롭 이벤트

HTML5에서 드래그 앤 드롭은 크게 두 가지 과정으로 이루어져 있는데, 마우스로 원하는 항목을 누르고 이동시키는 끌기(drag) 과정과 해당 항목을 원하는 영역에 마우스 버튼을 떼어서 전달하는 놓기(drop) 과정이 있다. 구체적으로는 우선 원하는 요소를 드래그할 수 있도록 처리한 후, 마우스를 누르고 끌어다 놓는 도중에 발생하는 드래그 이벤트 처리 과정과 드롭 영역에서 요소의 처리 가능 여부를 확인하고 드롭 이벤트를 처리하는 과정으로 구성된다. 드래그 앤 드롭 과정에서는 사용자가 마우스를 통해 입력하는 이벤트에 따라 처리되는 기능이 달라진다. 드래그할 요소에 발생되는 이벤트로는 dragstart, drag, dragend 이벤트가 있고, 드롭 영역에서는 dragenter, dragover, dragleave, drop 이벤트가 발생하므로 이에 반응하는 프로그램을 작성하면 된다.

[그림 12-1]은 이벤트 발생 위치에 따른 드래그 앤 드롭 이벤트를 도식화한 것이다. 드래그할 요소인 고양이 그림을 클릭하여 움직이기 시작하는 순간 ①dragstart 이벤트가 발생하며, 드래그 중에는 ②drag 이벤트가 발생한다. 그리고 드롭 영역에 들어가는 순간에는 ③dragenter가 발생하며, 드래그 요소가 드롭 영역 위를 지나갈 때는 ④dragover 이벤트가 발생한다. 만약 드롭 영역 위에서 마우스를 떼면 ⑤drop 이벤트가 발생하며, 드래그 요소를 클릭한 상태로 드롭 영역에서 벗어나는 경우 ⑥dragleave가 발생한다. 반면, 드롭 영역에서 벗어난 위치에서 마우스를 떼는 경우 ⑦dragend 이벤트가 발생한다.

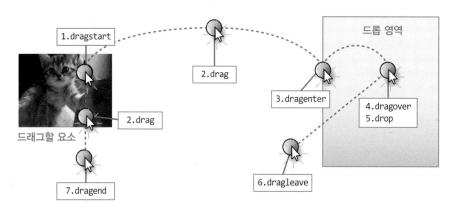

| 그림 12-1 드래그 앤 드롭에서 발생하는 이벤트

12.1.2 드래그 이벤트 사용하기

드래그 이벤트는 드래그 요소를 마우스로 클릭하여 이동시키는 동안 발생하는 이벤트로, dragstart, drag, dragend 이벤트가 있다.

■ 드래그 가능하도록 설정하기

드래그 이벤트를 적용하여 HTML 요소를 드래그하기 위해서는 draggable 속성 값을 설정하여 요소를 드래깅 할 수 있는 상태로 만들어야 한다. draggable 속성의 값이 true인 경우 요소를 드래그할 수 있으며, false인 경우에는 요소를 끌 수 없다. 다음은 <img> 요소를 드래그할 수 있도록 설정하는 예시 코드이다.

```
<img src="dragsrc.jpg" draggable = "true">
```

■ 드래그 이벤트 함수 작성하기

draggable 속성 설정을 통해 드래그가 가능해진 요소에는 dragstart, drag, dragend 이벤트가 발생할 수 있다. [표 12-1]은 드래그 시 발생하는 이벤트를 정리한 표이다. 드래그를 시작하기 위해 원하는 요소를 클릭하고 움직이지 시작하면 dragstart 이벤트가 한 번 발생하며, 마우스를 누른 채 움직이는 도중에는 drag 이벤트가 지속적으로 발생하고, 마우스에서 손을 떼면 드래그가 종료되어 dragend 이벤트가 발생된다.

| 표 12-1 드래그할 요소에서 발생하는 이벤트

이름	설명
dragstart	드래그 시작 시 발생
drag	드래그 도중 지속적으로 발생
dragend	드롭 여부와 관계없이 드래그가 종료된 경우에 발생

드래그 이벤트를 처리하려면 각 드래그 이벤트에 맞추어 이벤트 핸들러 함수를 작성해주면 된다. 아래의 예시와 같이 드래그할 요소의 변수에 이벤트 핸들러 이름을 표기하고 함수를 작성한다. 이벤트 핸들러 함수는 이벤트 정보를 전달인자를 통하여 받게 되는데 전달되는 이벤트 객체로부터 드래그할 요소의 아이디를 e.target.id 와 같이 찾

을 수 있다. 이 후에는 애플리케이션에서 원하는 작업을 적어주면 된다.

```
드래그할 요소.이벤트이름 = function(e){
    srcId = e.target.id;    // 객체로부터 드래그할 요소의 ID
    // 처리하려는 작업
}
```

■ 드래그 이벤트 예제

[예제 12-1]은 세 개의 이미지 중 드래그할 수 있는 요소와 드래그할 수 없는 요소의
차이를 보여준다. 첫 번째 이미지는 **draggable**값을 **true**로, 두 번째 이미지는 **false**,
세 번째 이미지는 설정하지 않은 상태로 드래그해보면 두 번째 이미지는 드래그가 되지
않는 것을 확인할 수 있다. [실행결과 12-1]에서는 드래그 가능 요소를 클릭하여 드래
그 시작(**dragstart**)했을 때 "start: 요소 아이디" 텍스트가 화면에 나타나고, 드래그
하는 도중(**drag**)에는 "drag: 요소 아이디"라는 텍스트 옆에 이벤트 발생 횟수가 계속
증가하며, 드래그 종료(**dragend**)했을 때에 "end: 요소 아이디" 텍스트가 화면에 출력
되는 것을 볼 수 있다.

예제 12-1 드래그 정보 보여주기 (drag_ex.html)

```
1   <body>
2       <div id="src" style="display: block;">
3           <img id="html5" src="icon_html5.png" style="display: inline; width:150px;"
            draggable = "true">
4           <img id="css3" src="icon_css3.png" style="display: inline; width:150px;"
            draggable = "false">
5           <img id="js" src="icon_js.png" style="display: inline; width:150px;">
6       </div>
7       <div id="process"></div>
8
9       <script type="text/javascript">
10      var src = document.getElementById("src");
11      srcId, i=0;
12      process = document.getElementById("process");
13
14      src.ondragstart = function(e){              // 드래그 시작 이벤트 핸들러 함수
15          srcId = e.target.id;
```

> html: 드래그 가능
> css3: 드래그 불가능
> js: 기본 설정 값 적용
> (드래그 가능)

> 드래그 상황을 출력할 영역.

> src: 드래그할 요소의 id를
> 변수에 저장
> srcId: 선택된 이미지 객체의 id

```
16          process.innerHTML = "start: "+srcId+"<br/>";        ← 선택된 객체 id를 출력
17      }
18    src.ondrag = function(e){                              // 드래그 도중 이벤트 핸들러 함수
19    →   process.innerHTML = "start: "+srcId+"<br/>drag: "+srcID+" ["+(i++)+"]";
20      }
21    src.ondragend = function(e){                           // 드래그 종료 이벤트 핸들러 함수
22          process.innerHTML += "<br/>end: "+srcId+"<br/>";        ← 드래그가 종료된 객체의 id출력
23      }
24    </script>
25  </body>
```

드래그중인 객체 **id**와 이벤트 발생횟수 **i**출력

| 실행결과 12-1

HTML, CSS: 드래그 가능
JS: 드래그 불가능

`<div id="filename">`

(a) 드래그 하기 전 상태

드래그 중인 객체의 **id**와 이벤트 발생 횟수 출력

드래그가 종료된 객체의 **id** 출력

(b) HTML 아이콘 드래그 도중   (c) HTML 아이콘 드래그 종료

12.1.3 드롭 이벤트 사용하기

▪ 드롭 영역에 관련된 이벤트

이동시킬 요소를 원하는 영역 위에 드롭하기 위해서는 드롭 영역에서 드래그 요소의 움직임에 따른 이벤트에 대처할 준비를 해야 한다. 드롭 영역 요소에는 드래그 요소가 진입하면 **dragenter** 이벤트가 발생하고, 드래그 요소가 드롭 영역 위에 겹쳐있으면 **dragover** 이벤트가 발생하며, 드래그 요소가 드롭 영역에서 벗어나는 순간 **dragleave**

이벤트가 발생한다. 그리고 드롭 영역 위에서 드래그 요소를 잡고 있는 마우스를 떼면 drop 이벤트가 발생한다.

| 표 12-2 드롭 영역에서 발생하는 이벤트

이름	설명
dragenter	드래그 요소가 드롭 영역에 진입할 시 발생
dragover	드래그 요소가 드롭 영역 위에 있을 때 발생
dragleave	드래그 요소가 드롭 영역에서 벗어날 시 발생
drop	드래그 요소를 드롭 영역에 놓을 시 발생

■ drop 이벤트를 허용하기 위한 preventDefault() 메소드

단, 드롭 영역 요소에는 드롭 외의 이벤트가 미리 정의되어 있을 수 있다. 예를 들면 드롭 영역 요소가 \<a\> 요소일 때 href 속성이 설정돼 있으면 요소에 속성 값의 주소로 이동하는 이벤트가 이미 정의되어 있게 된다. 이 때 이미 정의돼 있는 이벤트를 중지하고 drop 이벤트만 허용하기 위해서는 dragover 이벤트 처리기에서 Event 객체의 preventDefault() 메소드를 호출해야 한다. preventDefault() 메소드는 드롭 영역 요소에 기본적으로 정의돼 있는 이벤트 동작을 막고 현재 발생된 이벤트를 처리하도록 도와준다. 다음 예시는 드롭 영역에 dragover 시, 드롭을 허용하는 과정을 보여준다.

```
target.ondragover = function(e) {
    e.preventDefault();                    // 기존의 이벤트 발생 정지
    if(isDraggingOver == false) {
        isDraggingOver = true;
    }
}
```

마찬가지로, 드롭 영역에 드래그 요소를 놓는 경우에 발생하는 drop 이벤트에서도 Event 객체의 preventDefault() 메소드를 호출해야 한다.

```
target.ondrop = function(e) {
    e.preventDefault();                    // 기존의 이벤트 발생 정지
    ...
}
```

■ 데이터 전달을 위한 dataTransfer 객체

드래그 요소의 데이터를 드롭 영역으로 옮기기 위해서는 **dragstart** 이벤트가 발생할 때 해당 요소의 데이터를 저장한 후, drop 이벤트가 발생하면 데이터를 처리할 수 있도록 해야 한다. 이를 위해 Event 객체는 데이터를 전달할 수 있도록 하는 **dataTransfer** 객체를 제공한다. **dataTransfer** 객체의 **setData()** 메소드는 원하는 데이터의 형식과 데이터 값을 **dataTransfer** 객체에 저장하고, **getData()** 메소드는 해당 데이터를 꺼내는 기능을 하는데, 이 때 **setData()**에서 지정한 데이터 타입과 같은 모든 데이터를 가져온다.

다음 예시는 **dragstart** 이벤트 발생 시 **setData()** 메소드를 통해 "text" 타입의 **e.target.id** 데이터를 dataTransfer 객체에 담은 후, drop 이벤트 발생 시 **getData()** 메소드로 "text" 타입에 해당하는 모든 데이터를 가져와 **data** 변수에 저장하여 사용하는 과정을 보여준다.

```
src.ondragstart = function(e) {
    e.dataTransfer.setData("text", e.target.id);          // 전달할 데이터 저장하기
}
target.ondrop = function(e) {
    var data = e.dataTransfer.getData("text");            // 전달된 데이터 가져오기
    e.target.appendChild(document.getElementById(data));  // 하위 노드(요소)로 붙이기
}
```

추가적으로, **dataTransfer** 객체의 **files** 속성을 이용하면 데이터 전송에 사용할 수 있는 로컬 파일 목록에 접근할 수 있다. 파일이 드래그되기 전까지 이 속성은 빈 리스트로 유지된다. 파일 객체는 파일의 이름, 크기 등 여러 속성과 메소드를 가진다. 이는 13.3.1절에서 확인할 수 있다.

```
target.ondrop = function(e) {
    var files = e.dataTransfer.files;      // 파일 리스트 객체 가져오기
    var f = files[0];                      // 파일 리스트의 첫번째 파일 가져오기
    alert(f.name);                         // 대화상자로 파일 이름 출력하기
}
```

■ 드롭 이벤트 처리 예제

아래의 예제는 파일을 미리 지정된 드롭 영역에 놓았을 때, 파일의 이름을 출력해주는 과정을 보여준다. [실행결과 12-2]의 첫 번째 화면 (a)는 드래그 시작 전의 기본 화면 이다. 드롭 영역 과 로컬 컴퓨터의 폴더에 파일 여러개가 있다. 두 번째 화면 (b)는 로컬 컴퓨터에 있는 파일 하나를 드래그하여 드롭 영역으로 지정된 영역 위를 dragover 이벤트로 지나가는 도중의 장면이다. 파일이 드롭 영역 위에 위치할 경우 드롭 영역의 색이 바뀌는 것을 보여준다. 그리고 화면 (c)에서는 드롭 영역으로 파일을 드래깅하여 drop 했을 때 드롭 영역에 아이콘이 생기며 왼쪽 영역에 이동한 이미지의 id가 리스트로 추가된 것을 보여준다. 결과 화면 (d)에서는 파일 여러 개를 동시에 드롭한 결과를 보여주고 있다.

예제에서는 파일을 드롭 영역으로 받기 위해 ondragover와 ondrop 이벤트 처리기에서 preventDefault() 메소드를 사용하여 기존에 지정된 이벤트를 중지하였다. document.getElementById()를 사용하여 해당 id의 배경색을 변경하거나 이미지와 리스트 요소를 지정된 영역에 삽입하였다. 파일 객체의 정보를 받아오기 위해서 dataTransfer 객체의 files 속성을 사용했다.

예제 12-2 드래그 앤 드롭 이벤트 처리하기 (drop_ex.html)

```
1   <div id=folder>
2   …
3       <div id='files'>
4           <ul id="filename"></ul>     ⟵  드롭된 파일의 이름을 출력할 영역
5       </div>
6   …
7       <div id=window>
8           <div id='title'>Folder</div>
9           <div id='droptarget'></div>  ⟵  드롭 영역
10      </div>
11  </div>
12  <script type="text/javascript">
13      var target = document.getElementById("droptarget");
14
15      target.ondragover = function(e){       // 드롭 영역 도중 이벤트 핸들러 함수
16          e.preventDefault();                // 기존의 이벤트 발생 정지
```

```
17        e.target.style.background = 'lightgrey';
18    }
19    target.ondrop = function(e){  // 드롭 이벤트 핸들러 함수
20        e.preventDefault();        // 기존의 이벤트 발생 정지
21        e.target.style.background = 'transparent';
22        var files = e.dataTransfer.files;
23        for(var i=0; i<files.length; i++){
24            document.getElementById('filename').innerHTML += '<li>' + files[i].
              name + '</li>';
25            target.innerHTML += "<img src='file.png' width='100px'>";
26        }
27    }
28    </script>
29 </body>
```

객체가 드롭 영역에 들어온 경우 배경색 변경 (line 17)

드롭된 파일 객체를 변수에 저장 (line 22)

파일명 리스트 요소로 추가 (line 24)

화면에 아이콘 추가 (line 25)

| 실행결과 12-2

`<div id="filename">`   `<div id="droptarget">`

(a) 초기화면

드롭 영역에 객체가 들어오면 배경색 변경

(b) 드래깅 도중

아이콘 이미지 추가

드롭된 객체 Id 리스트로 출력

(c) 첫번째 파일 드롭

(d) 이미지 여러개 드래그 앤 드롭

12.2 위치정보 사용하기

최근 GPS 기능을 내장한 모바일 기기에서 위치정보를 활용하여 장소 찾기나 길안내 등 다양한 애플리케이션 서비스를 제공하고 있다. HTML5에서는 웹문서에서 위치정보를 손쉽게 사용하여 애플리케이션을 작성할 수 있도록 자바스크립트 API인 지오로케이션(Geolocation) API를 제공해주고 있다.

12.2.1 지오로케이션 API의 개요

지오로케이션은 사용자 자신의 위치 정보를 검색하기 위해 사용하는 기능으로, GPS가 내장된 모바일 기기에서는 정확한 위치 파악이 가능하기 때문에 모바일 브라우저에서 활용도가 높은 API이다. 이를 통해 작성한 애플리케이션은 현재 실행되고 있는 기기의 위도 및 경도 값을 조회하여 사용자에게 길을 안내하거나 근처 편의시설의 위치정보를 제공하는 등 유용하게 사용될 수 있다. 예를 들어, 네이버 지도나 카카오택시 등의 모바일 애플리케이션에서 현재위치 검색이나 길안내 기능구현에 이를 응용하고 있다.

(a) 네이버 지도 서비스(map.naver.com) (b) 카카오 택시 서비스(www.kakao.com/kakaotaxi)

| 그림 12-2 모바일 애플리케이션에서 위치정보 활용

과거의 위치추적 애플리케이션에서는 기기의 하드웨어를 직접 제어하는 기능이 부족하여 애플리케이션 개발이 어려웠던 반면에, HTML5에서 지오로케이션 API 표준을 지원하면서 웹브라우저도 사용자 기기의 GPS 센서 정보를 쉽게 사용할 수 있게 되었다. 즉, 웹브라우저가 실행되는 기기에서 브라우저에 내장된 지오로케이션 API를 사용하여 지오로케이션 객체에 접근하면 위치정보를 사용할 수 있는데, 이를 통해 단발성 위치 요청과 반복되는 위치 요청이 가능하다.

NOTE

2016년 4월 20일 이후 보안성 강화를 위해 크롬과 파이어폭스 브라우저에서 서버를 통해 지오로케이션 API를 호출하기 위해서는 HTTPS를 이용해야만 사용 가능하게 되었다(https://developers.google.com/web/updates/2016/04/geolocation-on-contexts-only).
HTTPS(HyperText Transfer Protocol over Secure Socket Layer, HTTPS Secure)는 보안이 강화된 HTTPS 버전이다. 물론 서버를 이용하지 않는 localhost에서는 보안성 문제가 없으므로 HTTP도 사용 가능하다.

■ 내장객체 이용 : navigator.geolocation

HTML5의 지오로케이션 API는 브라우저 내장객체인 navigator.geolocation 객체를 이용해야 하는데, 단발성 위치 요청에는 geolocation 객체의 getCurrentPosition() 메소드가 사용되고, 반복되는 위치 요청에는 watchPosition() 메소드와 clearWatch() 메소드가 사용된다. [표 12-3]에는 지오로케이션 API에서 가장 기본적으로 사용되는 메소드를 간단히 정리하였다.

| 표 12-3 geolocation 객체의 주요 메소드

객체	메소드	설명
geolocation 객체	getCurrentPosition()	현재 위치정보를 반환
	watchPosition()	지속적으로 갱신되는 위치정보를 반환
	clearWatch()	위치의 추적을 취소

■ 브라우저에서 지오로케이션 API 지원 여부 확인하기

지오로케이션 API를 이용하여 원하는 웹애플리케이션을 작성하려면 우선 브라우저에서 지오로케이션 기능의 지원 여부를 확인해야 한다. 이는 내장객체인 navigator.geolocation이 존재하는지 여부를 점검함으로써 확인할 수 있다. 만약 지오로케이션

기능을 지원하지 않으면, `navigator.geolocation` 객체가 `null`값을 가지게 된다. 지오로케이션 API의 사용 가능 여부를 확인하며 웹애플리케이션을 구현하는 프로그램은 다음과 같은 구조로 작성할 수 있다.

```
if (navigator.geolocation) {
    // 지오로케이션 사용 가능. 원하는 작업 처리하는 프로그램
} else {
    // 지오로케이션 기능 지원하지 않음. 에러처리 프로그램
}
```

12.2.2 단발성 위치 요청하기

단발성 위치 요청은 웹 브라우저를 통해 현재 위치 정보를 일회성으로 얻는 것을 말한다. 단발성 위치 요청을 구현하는 과정은 우선 브라우저의 지오로케이션 기능 지원 여부를 확인하고 나서 위치정보를 알려주는 객체의 `getCurrentPosition()` 메소드를 호출하는 과정, 그리고 기기로부터 얻은 사용자의 위치정보를 웹 애플리케이션에 따라 처리하는 과정으로 이루어진다.

■ getCurrentPosition() 메소드로 현재 위치정보 구하기

단발성으로 위치정보를 요청하여 사용자의 현재 위치를 얻고자 할 때는 Geolocation 객체의 `getCurrentPosition(successCallBack, errorCallBack, options)` 메소드를 호출한다. 요청이 성공하면 첫 번째 인자인 `successCallback` 메소드가 실행되는데, 이 때 콜백 메소드가 위치정보를 가지고 있는 `Position` 객체를 전달받는다. 현재 위치를 가져오는 단발성 위치 정보 요청 방법은 다음과 같다. `getCurrentPosition()` 메소드를 통해 사용자 위치가 확인되면 `Position` 객체에 위치정보가 저장되고, `myCallback()` 메소드에서는 인자로 전달된 `Position` 객체 내의 위도, 경도, 고도, 속도 등 위치정보를 사용하여 일련의 작업을 수행한다.

```
navigator.geolocation.getCurrentPosition(myCallback);
function myCallback(myPos) {
    // Position 객체인 myPos에 전달받은 위치정보를 사용하여 원하는 작업 수행
});
```

■ Position 객체에서 위치정보 값 가져오기

사용자 위치는 **Position** 객체의 속성(property)에 기록되는데, 위치정보를 표현하는 속성은 좌표를 나타내는 **coords**와 위치값을 얻은 시간을 나타내는 **timestamp**로 이루어진다. 좌표값을 가지고 있는 **coords**는 Coordinates 객체로, 위도, 경도 등의 지리적인 좌표 세트로 구성되어 있다. **getCurrentPosition()** 메소드의 첫 번째 인자로 전달받는 **Position** 객체는 [표 12-4]와 같은 속성을 가진다.

| 표 12-4 Position 객체의 주요 속성

객체	속성(property)		설명
Position 객체	coords : 지리적인 좌표의 세트	latitude	위도 정보(단위: 도)
		longitude	경도 정보(단위: 도)
		altitude	고도 정보(단위: m)
		accuracy	위도, 경도의 오차
	timestamp		위치정보를 가져온 시각. 일반적으로 1000분의 1초 단위

추가적으로, 에러가 발생할 때 실행될 두 번째 콜백 메소드를 지정할 수 있고, 세 번째 인자를 통해 옵션 객체를 전달하여 위치 값이 반환된 최대 시간, 요청 대기 시간, 정확도 등을 지정할 수도 있다.

■ 단발성 위치요청 예제

[예제 12-3]의 프로그램은 버튼을 클릭하면 사용자의 위치 정보를 가져와 화면에 표시하는 예제이다. 우선 브라우저 지원 여부를 확인하는데, 위치정보를 지원하지 않을 경우에는 **alert()**로 사용자에게 알린다. 예제를 실행하고 "위치정보 확인" 버튼을 클릭하면 [실행결과 12-3]의 (a)와 같이 사용자 동의를 물어보는 화면이 나타난다. "허용"을 선택하면 (b)에서 보는 것처럼 주소줄 오른편에 위치정보를 사용하는 상태임을 알려주는 아이콘을 볼 수 있다. "차단"을 선택하면 (c)에서와 같이 위치정보를 가져오지 못하며 주소줄 오른편에 위치정보 사용 거부 상태임을 보여주는 아이콘이 표시된다.

위치정보의 사용을 "허용"한 경우에 브라우저에서 **getCurrentPosition()** 메소드가 실행된다. 별다른 에러가 없다면 콜백 메소드를 실행하는데, 콜백 메소드는 넘겨받은 **myPosition** 객체의 **coords**와 **timestamp** 속성을 사용하여 사용자 위치 정보를 화면에 표시한다.

예제 12-3 현재 위치정보 보여주기 (geo_current.html)

```
1   <head>
2       <script type="text/javascript">
3       function getMyLocation() {
4           if (navigator.geolocation) {          위치정보 사용이 허용된 경우
5               navigator.geolocation.getCurrentPosition(myCallback);       myCallback 함수 실행
                                                                            후 결과를 가져온다.
6           } else {
7               alert("지오로케이션이 지원되지 않습니다.");
8           }
9       }
10      function myCallback(myPosition) {        // 데이터 값을 변수에 저장 후 화면에 출력
11          var latitude = myPosition.coords.latitude,
12          longitude = myPosition.coords.longitude,            myPosition 객체
                                                                에서 위도, 경도, 시간
13          date = new Date(myPosition.timestamp),              값을 각 변수에 저장
14          parsedDate = date.toUTCString();
15
16          document.getElementById("display").innerHTML = 위치: 일시 '+parsedDate
17          +'에 위도 ' + latitude + ', 경도 ' + longitude + '에 있습니다.';
18      }
19      </script>
20  </head>
21  <body>
22      <h3>단발성 위치정보 요청하기</h3>
23      <button onclick="getMyLocation();">위치정보 확인</button>       'display' 태그에
                                                                        문자열 출력
24      <div id="display">위치: </div>
25  </body>
```

| 실행결과 12-3 지오로케이션 가져오기

(a) 위치정보 사용 허용 여부

(b) 위치정보 사용을 허용했을 때

(c) 위치정보 사용을 차단했을 때

12.2.3 반복적 위치 요청하기

반복적인 위치 요청은 내비게이터 등에서 사용자 위치를 추적하거나 갱신된 위치정보를 얻고자 할 때 사용하는 기능이다. 앞에서 살펴본 단발성 위치 요청 기능을 주기적으로 사용하여 비슷한 기능을 구현할 수는 있지만, 반복적 위치 요청 방법을 사용하면 주기적으로 위치정보를 얻어올 필요 없이 변경된 경우에만 위치정보를 가져올 수 있기 때문에 효율적이다. 이 과정은 단발성 위치 요청 과정과 비슷하지만, getCurrentPosition() 메소드를 호출하는 대신 watchPosition() 메소드를 호출하고 이 메소드의 반환값을 이용하여 추적을 중지하는 과정이 차이가 난다.

■ watchPosition() 메소드로 반복적 위치정보 사용하기

우선 반복적인 위치 요청 방법으로 매 번 갱신된 위치정보를 얻고자 할 때는 Geolocation 객체의 watchPosition(successCallBack, errorCallBack, options) 메소드를 사용한다. getCurrentPosition() 메소드를 주기적으로 사용하여 비슷한 기능을 구현할 수 있으나 getCurrentPosition() 메소드는 호출한 시점에만 딱 한 번 실행되는 반면, watchPosition() 메소드는 장치가 움직였거나 좀 더 정확도가 높은 위치 정보가 제공되었을 때 여러 번 호출되어 새로운 위치정보를 얻을 수 있다.

watchPosition() 메소드의 인자는 앞에서 살펴본 getCurrentPosition() 메소드와 같으며, 위치정보가 바뀔 때마다 watchPosition() 메소드의 첫 번째 인자로 전달된 콜백 메소드가 호출되는 점이 다를 뿐이다. 다음은 watchPosition() 메소드를 사용한 예시이다. 앞 절에서 소개한 getCurrentPosition() 메소드의 사용 예시와 다른 점은 메소드의 반환값을 변수 watchID에 저장한다는 점이다.

```
var watchID = navigator.geolocation.watchPosition(myCallback2);
function myCallback2(myPos) {
    // Position 객체인 myPos에 전달받은 위치정보를 사용하여 원하는 작업 수행
};
```

■ 위치 추적 중지하기

위치 추적을 멈추고 싶을 때는 clearWatch() 메소드를 사용하면 된다. watchID에 저장된 숫자값은 watchPosition() 메소드가 반환한 ID 값으로, clearWatch() 메소드의 인자로 사용하여 사용자 위치정보 갱신을 중단할 수 있다. 다음은 앞의 예시에서 watchPosition() 메소드의 반환값을 저장한 watchID를 clearWatch() 메소드의 인자로 사용하여 위치 추적을 중지하는 예시를 보여준다.

```
navigator.geolocation.clearWatch(watchID);
```

■ 위치 추적하기 예제

[예제 12-4]는 지오로케이션의 추적 기능을 보여주는 예제이다. (a)에서 '추적시작' 버

튼을 클릭하면 브라우저가 지오로케이션 기능을 지원하는 경우, **watchPosition()** 메소드가 실행되어 **getCurrentPosition()** 메소드와 마찬가지로 콜백 메소드를 통하여 위치정보를 화면에 보여준다. 단발성 위치 요청과 다른 점은 **watchPosition()** 메소드에서는 지오로케이션의 값이 변경되면 콜백 메소드를 호출한다는 것이다. (b)에서 지오로케이션이 변경될 때마다 **Position**과 **timestamp**값이 변경되는 것을 화면으로 확인할 수 있다. (c)에서 '추적끝' 버튼을 클릭하면 **watchPosition()** 메소드의 반환값인 **watchID** 값을 **clearWatch()** 메소드의 인자로 사용하여 추적을 끝낸다.

예제 12-4 위치정보 추적하기 (geo_trace.html)

```
1   <head>
2       <script type="text/javascript">
3       var watchID, i=0;
4       function startMyLocation() {                // 추적 시작하기
5           if (navigator.geolocation) {
6               watchID = navigator.geolocation.watchPosition(myCallback);
7           } else {
8               alert("지오로케이션이 지원되지 않습니다.");
9           }
10      }
11      function myCallback(myPosition) {       // 데이터 값을 변수에 저장 후 화면에 출력
12          var latitude = myPosition.coords.latitude,
13          longitude = myPosition.coords.longitude,
14          date = new Date(myPosition.timestamp),
15          parsedDate = date.toUTCString();
16
17          document.getElementById("display").innerHTML += '<br> ['+(i++)+'] 일시
18          '+parsedDate +', 위도 ' + latitude + ', 경도 ' + longitude ;
19      }
20      function stopMyLocation(){                  // 추적 종료하기
21          if (navigator.geolocation){
22              navigator.geolocation.clearWatch(watchID);
23              document.getElementById("display").innerHTML += '<br> ** 추적 종료! **' ;
24          }else{
25          alert("지오로케이션이 지원되지 않습니다.");
26          }
27      }
28      </script>
29  </head>
```

위치정보 값이 변경될 때마다 'myCallback' 함수 실행

myPosition 객체에서 위도, 경도, 시간 값을 각 변수에 저장

'display' 태그에 문자열 출력

clearWatch()를 이용하여 추적 종료

```
30    <body>
31        <h3>반복적 위치 추적하기</h3>
32        <button onclick="startMyLocation();">추적시작</button>
33        <button onclick="stopMyLocation();">추적끝</button>
34        <div id="display"> </div>
35    </body>
```

| 실행결과 12-4

(a) 위치정보 추적 시작

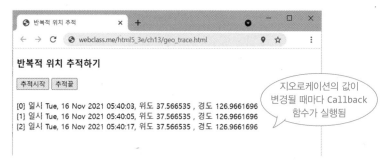

(b) 위치정보의 갱신

(c) 위치정보의 추적 종료

12.3 외부 웹 API 사용하기

웹사이트나 애플리케이션을 개발할 때 자바스크립트에 내장된 웹 API만 사용해서는 다양한 요구사항이나 다른 애플리케이션과의 연결을 구현하기 어려운 경우가 있다. 이런 경우 외부에서 제공하는 제3자(Third Party) 웹 API를 사용하여 쉽게 해결할 수 있다. 이 절에서는 외부 웹 API에는 어떤 것들이 있는지 알아보고, 그 중에서 카카오 지도 API를 실제 사례로 하여 제3자가 제공하는 외부 API의 사용방법을 알아본다.

12.3.1 제3자 API의 특징

앞 절에서 설명한 자바스크립트 웹 API는 W3C에서 확정하여 웹브라우저에 기본적으로 내장되는 API이며 주로 문서를 다루거나 디바이스를 제어하는 기능을 제공한다. 그러나 개발하고자 하는 웹사이트 혹은 애플리케이션에서 지도를 사용하거나 단어사전 등을 사용하려는 경우 기존의 내부 웹 API에서는 제공되지 않지만 구글이나 네이버, 카카오 등 웹서비스 기업들이 자사의 기능을 Open API로 제공하는 웹 API를 사용하면 해당 기능을 매우 쉽게 구현할 수 있다. 이와 같이 웹서비스 사이트에서 자신의 서비스를 Open API로 제공하는 것을 제3자(Third Party) API라고 한다. 개발하고자 하는 웹 애플리케이션에서 페이스북이나 트위터와 같은 기존의 소셜미디어와 연동하려는 경우에도 해당 사이트에서 제공하는 API를 사용하면 쉽게 연결이 가능하다. 대표적인 제3자 API로는 다음과 같은 것들이 제공되고 있다.

- 구글 개발자 사이트(https://developers.google.com) : Map, Search, TensorFlow, Cloud, YouTube 등 다양한 기능의 API 제공
- 네이버 개발자 센터(https://developers.naver.com/docs) : 검색, 지도, 로그인, 음성인식 및 음성합성, 기계번역 등의 기능을 API로 제공
- 카카오 개발자 센터(https://developers.kakao.com) : 로그인, 카카오톡, 로그인, 지도 비전 등 다양한 기능을 API로 제공
- 소셜미디어 사이트 : 페이스북, 트위터, 인스타그램 등 다양한 소셜미디어 사이트에서 연결이 되도록 혹은 제공하는 기능을 활용하도록 API를 제공

Open API의 경우 공개되어 있으므로 대부분 경우에 무료이지만, 경우에 따라서 API를 제공하는 기업이 서비스 사용자에게 키를 발급하여 API 사용에 따르는 통신 용량

을 제어하기도 한다. 서버의 통신 부담이 크게 되는 경우에는 사용자에게 할당한 사용량을 제한하거나 할당량을 넘을 때는 과금을 하기도 한다.

12.3.2 카카오 지도 웹 API 사용하기

외부의 제3자 웹 API를 필요로 하는 대표적인 경우로 지도 서비스나 검색엔진 등이 있다. 그 중에서 앞 절에서 소개한 위치정보 사용과 매우 밀접한 관계가 있는 지도 API를 소개한다. 이 책에서는 대표적인 사례로 카카오에서 제공하는 지도 API를 이용하여 웹사이트를 구축하는 과정을 설명한다. 이후의 교재 내용은 카카오 개발자 센터에서 제공하는 "카카오 지도 웹 API 가이드"(https://apis.map.kakao.com/web/guide/)를 바탕으로 설명한 것이다.

카카오 지도 API를 사용하려면 카카오 계정으로 로그인하여 필요 정보를 입력하고 키 발급을 받아야 한다. 카카오 개발자 사이트에서 지도 API 사용을 위한 키발급은 다음 노트의 설명과 같은 과정을 거치면 된다.

NOTE

카카오 지도 웹 API 사용을 위한 appkey 발급 절차

1) 카카오 개발자 사이트를 접속한다. (https://developers.kakao.com)
2) 개발자 등록을 하고 앱을 생성한다.
3) 플랫폼을 등록한다. 웹에서 사용하려는 경우 "웹 플랫폼 등록"을 선택한다.
4) 웹사이트 도메인을 등록한다. (예, http://localhost:8080) 등록된 도메인에서 지도 API를 사용할 수 있다.
5) 앱 키 항목에서 "Javascript 키"를 선택하여 지도 API에서 **appkey**의 값으로 사용한다.

지도 API 사용을 위한 **appkey**를 발급 받았으면 지도 그리는 과정을 간단히 알아 보도록 한다. 우선 웹페이지 내에서 지도를 그리기 위한 영역을 <div> 요소로 지정해 주고, 발급받은 키를 이용하여 카카오 지도 API를 불러오는 자바스크립트 코드를 작성해야 한다. <div> 요소에서는 영역의 이름(id)과 가로 세로 크기를 지정해 준다. 지도 API를 불러오는 자바스크립트 코드는 <script> 요소에서 작성하며 발급받은 키를 appkey의 값으로 적어주면 된다.

```
예, <div id="map" style="width:600px; height:300px;"></div>
    <script src="//dapi.kakao.com/v2/maps/sdk.js?appkey=발급받은 키값"></script>
```

API를 불러오는 <script> 요소는 HTML 파일의 <head> 혹은 <body> 어느 위치에 넣어도 상관 없지만, 다만 다음에 설명할 지도 그리기 실행 코드보다는 앞에 있어야 한다. 지도를 그리는 가장 기본적인 자바스크립트 실행 코드는 3개 명령으로 구성된다. 우선 지도를 표시할 영역의 id 이름으로 해당 요소를 찾아와서 변수로 저장해 놓고, 지도에 적용할 여러가지 옵션 사항들을 설정하여 역시 변수로 저장해 놓는다. 이들 변수를 카카오 지도 API의 지도그리기 객체인 kakao.maps.Map에 파라미터로 전달해 주면 원하는 지도가 생성된다. 생성된 지도는 부가 기능을 더 추가하기 위하여 일단 변수에 저장해 둔다.

```
예, <script type="text/javascript">
        var mapContainer = document.getElementById('map')        // 지도 그릴 영역
        var mapOption = { center: .. , level : ... , . . . }      // 지도 그리기 옵션
        var map=new kakao.maps.Map(mapContainer, mapOption);     // 지도 생성하기
    </script>
```

다음의 [예제12-5]는 지정된 위치에 기본 형태의 지도만 그리는 간단한 예제이다. 카카오 개발자 센터에 등록하여 발급받은 키를 3번 행에서 appkey의 값으로 기입하였다. 600x300픽셀 크기의 지도를 표시할 영역인 id가 "map"인 요소를 찾아서 변수 mapContainer에 저장하였다. 지도 옵션 변수인 mapOption에서 지도의 중심위치인 center에는 서울시청의 위도, 경도값을 적어주었고, 지도의 확대 수준인 level은 중간인 5를 선택하여 저장하였다. 이들 변수값을 파라미터로 카카오 지도를 생성하여 변수 map에 저장한 결과는 [실행결과 12-5]와 같다.

예제 12-5 간단한 지도 그리기 (kakao_map01.html)

```
1   <body>
2       <div id="map" style="width:600px; height:300px;"></div>    ←── 지도 영역의 크기
3       <script  type="text/javascript" src="//dapi.kakao.com/v2/maps/sdk.js?appkey
4              =a205cc9729d03619e9c955fc4606146e"></script>    ←── 발급받은 키
5
6       <script type="text/javascript">    지도를 그릴 영역
7           var mapContainer = document.getElementById('map'), // 지도를 표시할 div
8               mapOption = {    지도 그리기 옵션
9                   center: new kakao.maps.LatLng(37.54925, 126.95496), // 지도의 중심좌표
10                  level: 5, // 지도의 확대 레벨
11              };
```

```
12          // 지도를 생성한다                        ┌─ 카카오 지도 생성 메소드 ─┐
13          var map=new kakao.maps.Map(mapContainer, mapOption);
14      </script>
15  </body>
```

| 실행결과 12-5 간단한 지도

12.3.3 카카오 지도 API의 추가 기능

기본적으로 주어진 위치의 지도를 그리고 나면 그 위에 여러가지 부가 기능을 추가할
수 있다. 지도의 확대 수준과 지도 형식을 변경할 수 있도록 컨트롤 위젯을 포함할 수
있으며, 지도가 변할 때 발생하는 다양한 이벤트에 대응하는 처리 기능을 추가할 수 있
다. 또한 원하는 위치에 마커나 도형을 표시할수 있으며, 카카오에서 제공하는 로드뷰
를 사용하는 기능도 추가할 수 있다. 현재 지도 API에서 매우 많은 기능들이 제공되고
있지만, 여기에서는 컨트롤 위젯과 마커를 추가하는 기능과 지도 클릭 이벤트의 처리
기능을 구현하는 방법을 간단히 알아본다.

■ 컨트롤 위젯과 마커 추가하기

카카오 지도 API에서 추가할 수 있는 컨트롤 위젯에는 지도 타입 변경 컨트롤
과 확대 축소 컨트롤이 있다. 지도 타입 변경 컨트롤을 지도에 포함하려면 우선
MapTypeControl() 메소드로 컨트롤 객체를 생성하고 지도의 addConrol() 메소드를
이용하여 컨트롤을 추가한다. 지도에 추가될 위치는 ControlPosition의 속성으로 지
정한다. 추가된 지도 타입 변경 컨트롤에서는 [그림 12-3]에서 보듯이 "일반지도"와 "스

카이뷰" 중 하나를 선택할 수 있다.

```
var mapTypeControl = new kakao.maps.MapTypeControl();        // 지도 타입 변경 컨트롤의 생성
map.addControl(mapTypeControl, kakao.maps.ControlPosition.TOPRIGHT);    // 컨트롤 추가
```

확대 축소 컨트롤은 ZoomControl() 메소드로 객체를 생성하고 마찬가지로 addConrol() 메소드를 이용하여 지도에 컨트롤을 추가한다. 확대 축소 컨트롤 위젯으로 값을 조절하면 지도의 확대 level 값이 변경되도록 설정되어 있다. [그림 12-3]의 사례에서는 지도 타입 변경 위젯은 위치를 ControlPosition.TOPRIGHT로 지정하여 화면의 우상단에 보여주고, 확대 축소 컨트롤의 위치는 ControlPosition.RIGHT로 화면의 오른쪽에 보여준다.

```
var zoomControl = new kakao.maps.ZoomControl();        // 지도 확대 축소 컨트롤의 생성
map.addControl(zoomControl, kakao.maps.ControlPosition.RIGHT);    // 컨트롤 추가
```

또한 카카오 지도에서는 다양한 기능을 구현 할 수 있도록 특화된 기능을 라이브러리로 제공하고 있다. 여기에서는 간단한 마커 객체를 추가하는 사례를 살펴보자. 아래 코드의 예에서 보듯이 마커 객체 생성 메소드인 Marker()에서 마커의 위치와 드래깅 가능 여부 등을 설정하고, 적용할 지도 객체를 지정해 주면 된다. [그림 12-3]에서는 지도 위에 마커가 표시된 결과 화면 들을 보여주고 있다.

```
var marker = new kakao.maps.Marker({                    // 지도에 마커 생성
    position: ... , draggable: ...,  map: ...    // 마커의 위치, 드래깅 가능 여부, 지도 객체
});
```

(a) 지도 타입이 "일반지도"인 경우

(b) 지도 타입이 "스카이뷰"인 경우

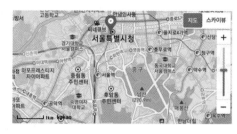

(c) 확대 축소 레벨이 6인 경우   (d) 확대 축소 레벨이 8인 경우

| 그림 12-3 지도에서 컨트롤 위젯 사용 결과

■ 이벤트 처리 기능 추가하기

지도를 사용하다 보면 다양한 이벤트가 발생될 수 있다. 카카오 지도 API에서 처리 가능한 이벤트로는 지도의 중심좌표 변화('center_changed'), 확대축소('zoom_changed'), 영역 변화('bounds_changed'), 클릭('click'), 드래그('drag') 등이 있다. 이러한 이벤트에 대한 이벤트 처리기의 설정은 지도의 event 객체에 addListener(지도, 이벤트, 콜백함수) 메소드를 이용하여 등록할 수 있다. [그림 12-4]는 현재 위치의 위도 경도를 출력하는 클릭 이벤트를 등록하고 화면에서 실행한 결과 화면이다.

| 그림 12-4 지도에서 클릭 이벤트를 처리한 결과

예제 12-6 지도에 추가 기능 구현하기 (kakao_map02.html)

```
1  <body>
2      <div id="map" style="width:500px;height:250px;"></div>      [지도 그릴 영역 및 크기]
3      <script type="text/javascript"
4          src="https://dapi.kakao.com/v2/maps/sdk.js?appkey=a205cc9729d03619e9c
5          955fc4606146e"></script>
6
7      <script type="text/javascript">
8          var mapContainer = document.getElementById('map'), // 지도를 표시할 div
```

```
 9          mapOption = {
10              center: new kakao.maps.LatLng(37.566535, 126.977969), // 지도의 중심좌표
11              level: 4, // 지도의 확대 레벨
12              mapTypeId : kakao.maps.MapTypeId.ROADMAP          // 지도종류
13          };
14
15      var map = new kakao.maps.Map(mapContainer, mapOption);   // 지도 생성
16
17      var mapTypeControl = new kakao.maps.MapTypeControl();  ◄── [지도 타입 컨트롤]
18                                              // 지도 타입 변경 컨트롤 생성
19      map.addControl(mapTypeControl, kakao.maps.ControlPosition.TOPRIGHT);
20
21      var zoomControl = new kakao.maps.ZoomControl();  ◄── [줌 컨트롤]
22                                          // 지도에 확대 축소 컨트롤 생성
23      map.addControl(zoomControl, kakao.maps.ControlPosition.RIGHT);
24                                      [마커]
25      var marker = new kakao.maps.Marker({             // 지도에 마커 생성
26          position: new kakao.maps.LatLng(37.566535, 126.977969), // 마커의 좌표
27          draggable: true,                // 마커를 드래그 가능하도록 설정한다
28          map: map                            // 마커를 표시할 지도 객체
29      });
30                                          [click 이벤트 핸들러]
31      kakao.maps.event.addListener(map, 'click', function (mouseEvent) {
32                                          // 지도 클릭 이벤트 등록
33          console.log('지도에서 클릭한 위치의 좌표는 ' + mouseEvent.latLng.toString()
34  + ' 입니다.');
35          alert('지도에서 클릭한 위치의 좌표는 ' + mouseEvent.latLng.toString() + ' 입니다.');
36      });
37  </script>
38 </body>
```

| 실행결과 12-6 지도에 추가 기능 구현하기

연습문제

■ 다음 괄호 안에 올바른 단어를 기입하시오.

1 드래그 앤 드롭 과정에서 드래그 요소는 (   ), (   ), (   ) 이벤트를 처리해야 한다.

2 DOM 요소를 드래그하기 위해서는 요소에 (   ) 속성 값을 설정하여 끌 수 있는 상태로 만들어야 한다.

3 HTML5의 지오로케이션 API는 브라우저 내장객체인 (   ) 객체를 이용한다.

4 사용자 위치는 (   ) 객체로 표현되는데, 이는 위치좌표를 나타내는 (   )와 위치값을 얻은 시간을 나타내는 (   )로 구성된다.

5 웹서비스 사이트에서 자신의 서비스를 Open API로 제공하는 것을 (   )라고 한다.

6 Open API를 제공하는 기업이 서비스 사용자에게 (   )를 발급하여 API 사용에 따르는 통신 용량을 제어하기도 한다.

■ 다음 보기 중에서 질문의 답으로 가장 알맞은 것을 고르시오.

7 다음 중 드롭 관련 이벤트에 대한 설명이 옳지 않은 것은?
① dragenter : 드래그 요소가 드롭 영역에 진입할 시 발생
② dragover : 드래그 요소가 드롭 영역 위에 있을 때 발생
③ dragleave : 드롭 여부와 관계없이 드래그가 종료된 경우에 발생
④ drop : 드래그 요소를 드롭 영역에 놓을 시 발생

8 다음 중 위치정보를 가져오는 geolocation 객체의 메소드로 옳은 것은?
① geolocation.setCurrentPosition()
② geolocation.watchPosition()
③ geolocation.clearPosition()
④ position.timestamp

9 다음 Position 객체의 속성 중 설명이 올바르지 않은 것을 고르시오.
① coords.latitude : 위도 정보(단위: 도)
② coords.longitude : 경도 정보(단위: 도)
③ coords.altitude : 고도 정보(단위: m)
④ coodrs.accuracy : 고도의 정확도

10 다음 그림은 이벤트 발생 위치에 따른 드래그 앤 드롭 이벤트를 보여준다. 발생위치 번호
와 이벤트가 제대로 연결되지 않은 것은?

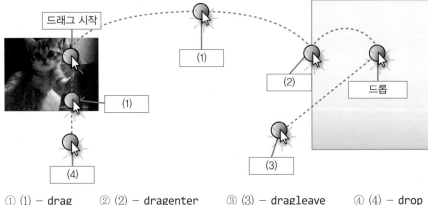

① (1) – drag　　② (2) – dragenter　　③ (3) – dragleave　　④ (4) – drop

11 다음중 Open API로 외부에서 제공하는 기능이 아닌 것은?

① TensorFlow　　② Geolocation　　③ 카카오톡 로그인　④ 네이버 음성인식

12 다음중 카카오 지도 API에서 컨트롤에 대한 설명 중 맞는 것은?

① 지도 타입의 변경 컨트롤 위젯은 MapClassControl()로 생성한다.

② 지도 타입에는 "일반지도"와 "지형지도"가 있다.

③ 확대 축소 컨트롤 위젯은 ZoomWidget()으로 생성한다.

④ 컨트롤을 왼쪽에 위치하려면 kakao.maps.ControlPosition.LEFT 로 설정하면 된다.

■ 다음 질문에 간단히 답하시오.

13 객체의 드래그 과정에서 발생하는 이벤트를 순서대로 적으시오

14 드롭 과정에서 Event 객체의 preventDefault() 메소드를 호출해야 하는 이벤트 처리
기를 적고, 호출 이유를 설명하시오.

15 드래그 요소의 데이터를 드롭 영역에 옮길 때 DataTransfer 객체를 사용하는 방법을 설
명하시오.

16 과거와 현재의 위치추적 방식의 차이를 간단히 설명하시오.

17 단발성 위치 요청과 반복적 위치 요청의 차이를 설명하시오.

18 HTML5 문서에서 외부의 Open API를 사용하는 이유는 무엇인가 간단히 설명하시오.

19 카카오 지도에서 확대 축소에 따라서 발생되는 이벤트의 이름은 무엇인가? 그 외에는 어떤 이벤트들이 있는지 나열하시오.

■ 다음 문제에 해당하는 HTML5 프로그램을 작성하시오.

20 화면상에 자신의 이름을 표시하고 다음의 이벤트를 처리하는 HTML5 프로그램을 작성하시오. 마우스로 이름을 드래그하면 바로밑에 "드래그시작[1]"이라는 텍스트가 나타나고 드래그 도중에는 괄호안에 숫자가 계속 증가 한다. 드래그가 종료하면 "드래그시작[...]"이라는 텍스트 대신에 "드래그 가능"이라는 텍스트가 나타난다.

21 드래그 앤 드롭 기능을 이용하여 드롭 영역에 이미지를 넣으면 이미지를 의미하는 텍스트가 표시되는 HTML5 프로그램을 작성하시오.

초기화면　　　　　　　　드래그 도중　　　　　　　　드롭 후

22 현재 위치에서 숙명여대까지의 거리를 계산하여 보여주는 HTML5 프로그램을 작성하시오. 숙명여대의 위치좌표는 위도 37.5459582, 경도 126.9625이다. 거리는 다음과 같은 calculateDistance() 함수를 사용하여 계산한다.

```javascript
// calculateDistance(시작위도, 시작경도, 현재위도, 현재경도)
function calculateDistance(lat1, lon1, lat2, lon2) {
    var R = 6371; // km
    var dLat = (lat2 - lat1).toRad();
    var dLon = (lon2 - lon1).toRad();
    var a = Math.sin(dLat / 2) * Math.sin(dLat / 2)
          + Math.cos(lat1.toRad()) * Math.cos(lat2.toRad())
          * Math.sin(dLon / 2) * Math.sin(dLon / 2);
    var b = 2 * Math.atan2(Math.sqrt(a), Math.sqrt(1 - a));
    var c = R * b;
    return c;
}
Number.prototype.toRad = function() {
    return this * Math.PI / 180;
}
```

23 앞의 문제에서 주어진 거리계산 함수를 이용하여 내가 움직인 거리를 계산하는 프로그램을 작성하시오. 즉, 지오로케이션의 위치추적기능이 실행되면 계속하여 변하는 위치에 대하여 움직인 거리를 계산하여 누적한 거리를 보여주도록 하시오.

24 Geolocation 객체로부터 현재 위치를 구하여 현재 위치가 중심이 되고 크기는 600x400 인 지도를 그리시오.

25 앞 문제에서 작성한 지도에 각종 컨트롤을 포함하고, 다양한 지도 조작 이벤트가 발생할 때 이벤트의 종류 및 해당 속성값을 (예, 중심위치 등) 알려주는 이벤트 처리기를 추가하시오.

CHAPTER 13

웹 스토리지, 오디오 및
비디오, 기타 웹 API

HTML5 Web Programming

contents

13
웹 스토리지, 오디오 및 비디오, 기타 웹 API

이번 장에서는 HTML에서 정보를 저장하고 이를 조회하는 웹 스토리지 API와 오디오 및 비디오를 제어하는 API를 설명하고, 앞에서 소개하지 못한 다양한 웹 API를 알아본다. HTML5에서 정보 저장과 관련하여 제공하는 API로는 파일 다루기, 오프라인에서 실행 가능한 웹 애플리케이션 작성을 위한 애플리케이션 캐시, 인덱스드 데이터베이스 등의 API가 있으며, 통신 및 실행 관련해서도 웹 소켓, 웹 워커와 같은 다양한 API도 제공하고 있다

13.1 웹 스토리지 사용하기

인터넷 쇼핑몰에서의 '최근 본 상품'과 같은 기능은 웹 브라우저를 종료하고 다시 사이트에 방문해도 최근 본 상품들의 항목을 유지하여 사용자들이 더 편리하게 쇼핑을 할 수 있도록 해준다. 이처럼 HTML5에서는 웹 브라우저에 자료를 저장하기 위한 기능을 제공하는데 이를 웹 스토리지(Web Storage)라고 한다. 웹 스토리지가 등장하기 이전에는 클라이언트의 정보들을 쿠키를 사용하여 저장하였다. 쿠키는 최대 저장 용량이 제한되며 보안에 취약하다는 문제점이 있었다. 또한 웹 사이트에서 모든 요청을 쿠키를 포함하여 서버로 전송하기 때문에 속도가 느리며 네트워크 연결이 없는 경우에는 사용할 수 없는 단점이 있었다. 이와 같은 단점을 가진 쿠키를 대체할 차세대 기술로 웹 스토리지가 주목 받고 있다. 웹 스토리지는 자료의 보존 기간과 자료의 공유 범위에 따라 크게 로컬 스토리지와 세션 스토리지가 있다.

13.1.1 로컬 스토리지

로컬 스토리지는 클라이언트 컴퓨터에 데이터를 저장하기 위해서 사용된다. 웹 브라우저마다 개별적으로 제공되는 저장 공간에 "키(key)/값(value)" 쌍의 형식으로 데이터를 저장하고 키(key)를 이용하여 데이터를 조회한다. 이와 같은 저장 방식의 예시로는 사전이 있다. 사전은 찾고자 하는 단어와 그 단어를 설명하는 글로 구성되어있다. 여기에서의 단어를 키(key), 설명을 값(value)으로 볼 수 있다. 단, 로컬 스토리지에서는 키(key)가 중복되어서는 안 된다는 차이점이 있다.

로컬 스토리지를 사용하는 예로는 뉴스 리더(News reader) 웹 애플리케이션을 생각해 볼 수 있다. 처음 실행할 때에는 서버에서 뉴스 목록을 가져오고, 일정한 수의 뉴스 원문을 미리 로드하여 로컬 스토리지에 저장한다. 로컬 스토리지에 저장되어 있는 뉴스 원문을 읽는 경우에는 서버에서 가져오지 않기 때문에 보다 빠르게 뉴스를 읽을 수 있다. 네트워크와의 연결이 끊어진 경우에도 로컬 스토리지에 저장된 뉴스 원문을 읽을 수 있다. 로컬 스토리지는 네트워크와의 연결이 끊어진 상태에서도 동작을 가능하게 하는 오프라인 기능을 지원하며, 서버와 독립적인 웹 애플리케이션의 개발을 가능하게 한다.

■ 스토리지 객체

로컬 스토리지와 세션 스토리지는 각각 `window.localStorage` 객체와 `window.sessionStorage` 객체를 통해서 사용할 수 있다. 두 객체의 사용법은 동일하며 다음 표와 같은 메소드와 속성을 제공한다. 만약 웹 브라우저에서 웹 스토리지를 지원하지 않으면, 스토리지 객체는 제공되지 않는다.

| 표 13-1 스토리지 객체의 속성과 메소드

종류	이름	설명
속성	`length`	스토리지에 저장된 데이터의 수를 반환
	`[ ]` 연산자	키에 해당하는 항목을 반환 반환된 항목에 값을 저장하거나 읽을 수 있음
메소드	`key(index)`	지정된 인덱스의 키를 반환하고 키가 없다면 null을 반환
	`getItem(key)`	지정된 키에 대응하는 데이터를 반환
	`setItem(key, data)`	지정된 키로 스토리지에 데이터를 저장
	`removeItem(key)`	지정된 키에 대응하는 데이터를 삭제
	`clear()`	모든 데이터를 스토리지에서 삭제

■ 데이터 저장 및 찾아오기

window.localStorage 객체 또는 window.sessionStorage 객체의 setItem() 메소드는 키와 저장할 문자열 값을 인자로 받아 스토리지에 저장한다. getItem() 메소드는 키를 통해 저장된 문자열 값을 찾아온다. 다음은 스토리지에 정보를 저장하고 저장된 값을 불러오는 메소드의 사용법이다. (세션 스토리지는 다음 코드의 localStorage를 sessionStorage로 변경하면 된다.)

```
window.localStorage.setItem("키", "문자열");          // "키"에 해당하는 항목에 "문자열" 저장
var item_value = window.localStorage.getItem("키"); // "키"에 해당하는 항목의 값 읽어오기
```

removeItem() 메소드는 스토리지에서 특정 키에 해당하는 항목을 삭제한다. 한편, clear() 메소드는 스토리지에 저장되어 있는 모든 항목을 삭제한다.

```
window.localStorage.removeItem("키");                // "키"에 해당하는 항목 삭제
window.localStorage.clear();                         // 모든 항목 삭제
```

다음은 앞의 메소드를 이용하여 로컬 스토리지에 친구 이름과 이메일 주소를 저장하는 예시이다. setItem() 메소드를 이용하여 이름과 이메일 주소를 키/값 쌍의 형태로 저장하고, getItem() 메소드에서 이름이 주어지면 해당 사람의 이메일 주소를 찾아준다. removeItem() 에서는 주어진 사람의 이메일 주소 정보를 삭제한다.

```
window.localStorage.setItem("임순범", "sblim@gmail.com");      // "이름"/"이메일" 쌍으로 저장
window.localStorage.setItem("홍길동", "gdragon@gmail.com");    // "이름"/"이메일" 쌍으로 저장
var emailAddr = window.localStorage.getItem("임순범");         // 해당 이메일 주소 찾아오기
window.localStorage.removeItem("홍길동");                      // "키"에 해당하는 항목 삭제
```

■ 키 값을 찾아오기

key() 메소드는 특정 인덱스에 해당하는 키를 반환한다. 인덱스는 0부터 시작하는 정수값이다. window.localStorage 객체 또는 window.sessionStorage 객체의 length 속성은 스토리지에 저장된 항목의 개수를 알려준다. 다음은 key() 메소드로

첫 번째 키 값을 찾아오고, `length` 속성을 사용하여 스토리지에 저장된 마지막 키 값을 찾아오는 예제이다.

```
var firstKey = window.localStorage.key(0);                          // 첫 번째 키 "임순범"
var lastKey = window.localStorage.key(window.localStorage.length-1));  // 마지막 키 "홍길동"
```

■ 키 값으로 바로 접근하기

스토리지에 저장된 값을 `getItem()` 혹은 `key()` 메소드를 이용하지 않고 [] 연산자에 키 값을 부여하여 해당 데이터에 바로 접근하여 값을 찾아오거나 기록할 수 있다. [] 연산자는 피연산자로 주어진 키에 대응하는 문자열 값을 읽거나 저장할 때 사용할 수 있다. 다음 예제는 [] 연산자를 통해 스토리지에 값을 직접 저장하거나 읽어 오는 과정을 보여준다.

```
window.localStorage["홍길동"] = "gildong@gmail.com";  // "홍길동"의 이메일주소 저장
var emailAddr = window.localStorage["홍길동"];        // "홍길동"의 이메일 주소 읽어오기
```

■ 로컬 스토리지 사용예제

다음은 친구 이름(key)과 이메일 주소(value)를 로컬 스토리지에 저장하고 삭제하는 예제이다. 친구 이름(키 값)과 이메일 주소(문자열 값)를 입력 받을 수 있는 두 개의 텍스트 박스가 있다. 텍스트 박스에 값을 입력한 후 "저장" 버튼을 선택하면 아래에 리스트 목록에 추가되고 로컬 스토리지에 값을 저장한다. "전제 삭제" 버튼을 선택하면 로컬 스토리지에 저장되어 있는 모든 항목을 지우고 리스트 목록의 내용을 갱신한다. 리스트 목록 중 이름 하나를 선택하면 로컬 스토리지에 저장되어있는 이메일 주소가 나타난다. 이름을 선택한 후 아래의 "삭제" 버튼을 선택하면 선택된 이름과 이메일 주소가 로컬 스토리지에서 삭제된다.

예제의 `pageload()` 함수는 로컬 스토리지에 저장된 항목을 읽어서 <option> 요소를 동적으로 생성한 후 <select> 요소에 추가하여 항목을 표시한다. `saveItem()` 함수는 `id` 값이 `title`인 키를 위한 텍스트 입력 양식과 `id` 값이 `content`인 값을 위한 텍스트 입력 양식에서 값을 읽어서 로컬 스토리지에 저장한다. `removeItem()` 함수는 `id` 값이 `title`인 키를 위한 텍스트 입력 양식에 입력된 키에 해당하는 항목을 삭제한다.

viewContent() 함수는 <select> 요소의 선택 값이 변경되면, 그 값과 같은 로컬 스토리지의 키에 해당하는 데이터를 보여준다. clearAll() 함수는 로컬 스토리지에 저장되어 있는 모든 항목을 삭제한다.

예제 13-1 로컬 스토리지에 자료 저장하기 (storage_local.html)

[html 화면]

```
1   <body onload="pageload();">
2       <h3>로컬 스토리지를 이용한 간단한 목록 작성</h3>
3       <div style="width:540px; height:45px; padding:8px; border:double">
4           이메일 주소 입력<br>
5           성명: <input type="text" size="10" id="name">   
6           이메일: <input type="text" size="30" id="email">
7                    <input type="button" value="추가" onclick="SaveItem()">
8       </div>
9       <p style="margin:10px">이메일 목록 보기</p>
10      <div style="background-color:#d0f0ff; width:540px; height:55px; padding:8px;">
11          성명선택: <select id="nameList" style="width:100px" onchange="viewContent()"></select>
12          이메일: <span id="emailAddr"> </span> <br><br>
13          <input type="button" value="삭제" onclick="RemoveItem()" style="margin-top:8px">
14          <input type="button" value="전체삭제" onclick="ClearAll()">
15      </div>
```

[자바스크립트 코드]

```
1   <script type="text/javascript">
2   var localStorage = window.localStorage;                // 로컬 스토리지
3   var nameList = document.getElementById("nameList");
4   var emailAddr= document.getElementById("emailAddr");
5   var u_name = document.getElementById("u_name");        ← 태그 요소를 변수로 저장
6   var u_email = document.getElementById("u_email");
7
8   if (!localStorage) {
9       alert("로컬 스토리지를 지원하지 않습니다.");
10  }
11
12  function pageload() {            // 로컬 스토리지에 저장된 항목을 읽어와 표시
13      itemList.innerHTML = "";      ← 목록 초기화
14      itemAddr.innerHTML = "";
```

```
15              // 스토리지의 데이터를 리스트에 추가
16      for (var i = 0; i <= localStorage.length - 1; i++) {    // 로컬 스토리지
17          var key = localStorage.key(i);
18          itemList.options[itemList.options.length] = new Option(key, key); ←──  옵션 생성 후
19      }                                                                           select 요소에 추가
20  }
21
22  function SaveItem() {                          // 스토리지에 저장
23      localStorage.setItem(u_name.value, u_email.value); ←──  로컬 스토리지에 "이름"
24      pageload();                                              /"이메일"쌍으로 저장
25  }
26
27  function RemoveItem() {                        // 선택한 항목을 스토리지에서 삭제
28      var option_key = itemList.options[itemList.selectedIndex].value; ←──  선택된 항목의
29      localStorage.removeItem(option_key); ←──  로컬 스토리지에서 삭제          키 값 찾아오기
30      pageload();
31  }
32
33  function ClearAll() {                          // 스토리지의 데이터 모두 삭제
34      localStorage.clear(); ←──  로컬 스토리지 비우기
35      pageload();
36  }
37
38  function viewContent() {                       // 선택한 사람의 이메일 보기
39      var option_key = itemList.options[itemList.selectedIndex].value;
40      itemAddr.innerHTML = localStorage.getItem(option_key); ←──  로컬 스토리지에서 선택한 항목의 값 출력
41  }
42  </script>
```

| 실행결과 13-1

웹 스토리지 내용 확인

웹 스토리지의 내용은 크롬 브라우저의 개발자 도구(ctrl + shift + i)를 통해 확인할 수 있다. 개발자 도구의 Resources 탭을 선택하면, 왼쪽 화면에 크롬 브라우저가 제공하는 여러 자원이 표시된다. 이 중에 "Local Storage"나 "Session Storage"를 선택하면 웹 스토리지에 저장된 내용을 확인할 수 있다.

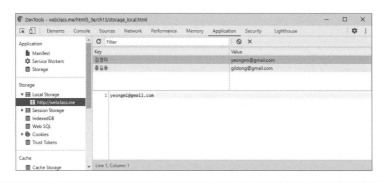

13.1.2 세션 스토리지

세션 스토리지는 앞에서 살펴본 로컬 스토리지와 함께 웹 스토리지를 구성하는 스토리지의 한 종류이다. 세션 스토리지는 window.sessionStorage 객체를 사용하는데, sessionStorage 객체가 제공하는 메소드, 속성, 이벤트는 localStorage 객체와 동일하다. 세션 스토리지는 로컬 스토리지와 달리 웹 브라우저를 종료시키면 저장된 데이터가 사라진다는 차이가 있다.

■ 세션 스토리지 사용예제

다음은 앞에서 살펴본 [예제 13-1]과 같이 친구 이름(key)과 이메일 주소(value)를 세션 스토리지에 저장하고 삭제하는 예제이다. 여기에서는 HTML 화면에 보여주는 문서는 동일하므로 자바스크립트 코드만 보여준다.

예제 13-2 세션 스토리지에 자료 저장하기 (storage_session.html)

```javascript
1   <script type="text/javascript">
2   var sessionStorage = window.sessionStorage;           // 세션 스토리지
3   var nameList = document.getElementById("nameList");
4   var emailAddr= document.getElementById("emailAddr");
5   var u_name = document.getElementById("u_name");       // 태그 요소를 변수로 저장
6   var u_email = document.getElementById("u_email");
7
8   if (!sessionStorage) {
9       alert("세션 스토리지를 지원하지 않습니다.");
10   }
11
12   function pageload() {              // 세션 스토리지에 저장된 항목을 읽어와 표시
13       itemList.innerHTML = "";       // 목록 clear
14       itemAddr.innerHTML = "";                           // 목록 초기화
15       // 스토리지의 데이터를 리스트에 추가
16       for (var i = 0; i <= sessionStorage.length - 1; i++) { // 세션 스토리지
17           var key = sessionStorage.key(i);
18           itemList.options[itemList.options.length] = new Option(key, key);   // 옵션 생성 후 select 요소에 추가
19       }
20   }
21
22   function SaveItem() {                       // 스토리지에 저장
23       sessionStorage.setItem(u_name.value, u_email.value);   // 세션 스토리지에 "이름" /"이메일"쌍으로 저장
24       pageload();
25   }
26
27   function RemoveItem() {                     // 선택한 항목을 스토리지에서 삭제
28       var option_key = itemList.options[itemList.selectedIndex].value;   // 선택된 항목의 키 값 찾아오기
29       sessionStorage.removeItem(option_key);     // 세션 스토리지에서 삭제
30       pageload();
31   }
32
33   function ClearAll() {                       // 스토리지의 데이터 모두 삭제
34       sessionStorage.clear();                 // 세션 스토리지에 비우기
35       pageload();
36   }
37
38   function viewContent() {                    // 선택한 사람의 이메일 보기
39       var option_key = itemList.options[itemList.selectedIndex].value;
40       itemAddr.innerHTML = sessionStorage.getItem(option_key);   // 세션 스토리지에서 선택한 항목의 값 출력
41   }
42   </script>
```

| 실행결과 13-2

13.1.3 로컬 스토리지와 세션 스토리지의 비교

로컬 스토리지와 세션 스토리지는 사용 방법이 같다. 그러나 두 스토리지의 가장 큰 차이점은 자료의 보존 기간과 자료의 공유 범위이다.

로컬 스토리지는 웹 사이트의 도메인에 따라서 생성되며 세션이 종료된 후에도 데이터가 유지된다. 데이터 저장기간에 제한이 없으므로 사용자가 저장된 데이터를 명시적으로 지우지 않는 이상 영구적으로 보관이 가능하다. 따라서, 쿠키의 저장 작업을 로컬 스토리지가 대신 할 수 있다. 또한 도메인이 같으면 전역적으로 로컬 스토리지를 공유할 수 있다. 그러나 도메인이 다르면 서로의 로컬 스토리지에 접근이 불가능하며, 웹 브라우저에서 사용하는 스토리지이므로 서로 다른 브라우저에서는 공유가 안된다..

세션 스토리지는 로컬 스토리지와 마찬가지로 웹 페이지의 도메인에 따라서 생성되지만 유효 범위와 데이터의 저장 기간이 존재한다. 브라우저 기반의 세션 쿠키와 유사하게 웹 브라우저가 닫히면 데이터가 삭제된다. 같은 사이트의 같은 도메인이라 할지라도 브라우저가 다르면 서로 다른 영역으로 인식하여 세션 스토리지를 공유하지 않는다. 윈도우를 복제하거나 window.open과 같은 스트립트 함수를 이용해 새 창을 연 경우 같은 값을 가진 세션 스토리지가 복제되며, 이 때 새로 생성된 윈도우와 기존 윈도우의 세션 스토리지는 서로 영향을 주지 않는다.

| 표 13-2 로컬 스토리지와 세션 스토리지의 비교

	로컬 스토리지	세션 스토리지
창이 닫힐 때	세션 종료 후에도 데이터 유지	세션 종료 후 데이터 삭제
여러 창이 열릴 때(같은 도메인)	스토리지 공유 가능	스토리지 복제 (서로 독립적)

13.2 오디오 및 비디오 제어하기

3장에서 <audio>와 <video> 요소와 같은 멀티미디어 요소를 사용하여 HTML5 문서에 멀티미디어 자료를 삽입하고 재생하는 방법을 알아보았다. 여기에서는 <audio>나 <video> 요소를 HTML5에서 제공하는 자바스크립트 API를 통해 제어하는 방법을 알아본다.

13.2.1 오디오 및 비디오 API의 개요

최근에는 유튜브(youtube), 티빙(tving) 등 동영상 전문 사이트를 통해 웹 브라우저에서 영상 콘텐츠를 많이 보는 추세이다. 이전에는 영상이나 오디오 재생에 대한 강력한 표준이 없었기 때문에 웹 브라우저는 플래시, 퀵타임, 마이크로소프트 실버라이트, 리얼플레이어 등의 비표준 플러그인이나 브라우저 통합 애플리케이션을 사용하여 동영상과 오디오 포맷을 재생하였다. 하지만 최근에는 대표적인 무료 동영상 공유 사이트인 유튜브에서 HTML5 동영상 플레이어를 제공하는 등 멀티미디어 요소를 사용하여 HTML5 문서에 멀티미디어 자료를 쉽게 삽입할 수 있게 되었다. 이렇게 HTML5의 <audio>나 <video> 요소를 사용하면 플러그인 프로그램을 사용할 필요가 없으며, 자바스크립트 API를 통한 동적인 제어가 용이하다는 장점이 있다.

■ 멀티미디어 제어 속성과 메소드

HTML5에서는 자바스크립트를 통해 오디오 및 비디오를 제어할 수 있도록 관련 속성, 메소드, 이벤트를 제공한다. 속성에는 HTML 태그에 사용할 수 있는 속성과 자바스크립트로만 접근할 수 있는 속성이 있는데, 자바스크립트로만 접근할 수 있는 속성을 통해 현재 재생 위치를 가져와서 새로 설정하거나 재생 속도를 변경하는 등의 조작이 가능하다. 또한, 메소드를 사용하면 재생, 일시정지 등의 기능을 동적으로 제어할 수 있고, 관련 이벤트를 통해 멀티미디어 콘텐츠의 준비 상태나 종료 여부 등을 감지하여 해당 이벤트 발생 시의 작업을 결정할 수 있다.

멀티미디어 재생과 관련된 속성에는 파일 소스, 현재 재생위치, 재생길이, 재생속도, 볼륨 등이 있다. 관련 메소드에는 시작, 중지, 일시정지 등이 있으며, 관련 이벤트는 멀티미디어 재생이 가능할 때, 재생 중에 주기적으로, 재생 종료 시 등에 발생한다. 다음 표는 오디오와 비디오 재생을 제어하기 위한 멀티미디어 객체의 속성, 메소드, 이벤트를 정리한 것이다.

| 표 13-3 멀티미디어 제어를 위한 속성, 메소드, 이벤트

종류	이름	설명
속성	src	멀티미디어 파일 원본의 위치가 담긴 URL 설정
	currentTime	현재 재생 위치 반환 (단위: 초)
	duration	전체 재생 시간 반환 (단위: 초)
	ended	마지막까지 재생 여부 반환
	paused	재생의 일시정지 여부 반환
	volume	볼륨 값 (범위: 0.0~1.0)
메소드	play()	멀티미디어 재생 시작
	pause()	멀티미디어 재생 일시정지
이벤트	canplay	재생이 가능할 때 발생하는 이벤트
	timeupdate	재생 중 주기적으로 발생하는 이벤트
	play	재생될 때 발생하는 이벤트
	ended	재생 종료 시 발생

■ 멀티미디어 제어하기

우선, API를 통해 멀티미디어를 제어하기 위해서는 오디오나 비디오 요소 객체를 얻어야 한다. 다음은 멀티미디어 요소 객체를 구하는 예시로, "video1"이라는 아이디를 가진 <video> 요소와 "audio1"이라는 아이디의 <audio> 요소의 객체를 DOM API를 통해 얻는 과정을 보여준다.

```
<video id="video1"></video>
<audio id="audio1"></audio>
<script type="text/javascript">
var video = document.getElementById("video1");
var audio = document.getElementById("audio1");
</script>
```

이렇게 얻은 멀티미디어 요소 객체에는 [표 13-3]에서 살펴본 속성들과 메소드, 이벤트를 사용할 수 있다. 이 중 currentTime 속성은 현재 재생위치를 초단위로 나타내며, duration 속성은 전체 재생 시간을 초단위로 반환한다. ended 속성은 멀티미디어가 마지막까지 재생되어 끝났는지 여부를 boolean 값으로 나타내며, paused 속성은 재생의 일시정지 여부를 반환한다. volume 속성은 음향의 높낮이를 0.0에서 1.0 사이의 실수값으로 나타낸다.

멀티미디어 요소에는 본질적으로 필요한 재생 기능과 일시정지 기능이 메소드로 제공된다. play() 메소드를 사용하면 멀티미디어 요소의 재생을 시작할 수 있고, pause() 메소드는 일시정지할 때 사용한다.

한편, 멀티미디어 요소에 관련된 이벤트는 앞서 언급한 바와 같이 재생이 가능할 때, 재생할 때, 재생이 종료될 때 발생한다. canplay 이벤트는 멀티미디어 데이터가 재생이 가능할 때 발생하는데, 단 몇 프레임이라도 재생이 가능하면 바로 발생한다. timeupdate 이벤트는 재생 중 주기적으로 발생하며, play는 재생될 때 발생하는 이벤트이다. 그리고 ended 이벤트는 재생이 종료될 때 발생한다.

13.2.2 비디오 제어 예제

[예제 13-3]에서는 샘플 비디오를 기본 재생바(bar) 없이 DOM 요소를 사용하여 재생, 일시정지, 볼륨조절 등의 제어를 해 보았다. 기본 화면에는 비디오 재생화면, 재생/일시정지 버튼, 볼륨 슬라이더가 있고, 총 시간 대비 재생시간을 동적으로 표시하는 span 요소가 있다.

[실행결과 13-3]의 첫 번째 화면 (a)는 웹 문서를 읽은 후, canplay 이벤트 처리기를 통하여 비디오 재생 가능 여부를 alert() 함수를 통해 사용자에게 알려준 화면이다. 알림창을 닫으면 재생 준비 상태의 기본 화면이 보인다. 기본 화면에는 비디오 재생화면과 함께 "재생" 버튼과 볼륨 조절바, 총시간 대비 재생시간 표시 영역이 있다. 이 상태에서 "재생" 버튼을 누르면 (b)에서 보는 바와 같이 영상이 재생되며, "재생" 버튼은 "일시정지" 버튼으로 변경되고, 재생시간/총시간 영역에는 1/30(초)와 같이 현재 재생되는 시간과 총 재생 시간이 숫자로 표시된다. "일시정지" 버튼을 누르면 (c)에서 보는 바와 같이 영상은 해당 시간에 정지되며, "일시정지" 버튼은 "재생" 버튼으로 바뀐다. (d)에서는 볼륨 변경 여부를 눈으로 알 수 있도록 controls 속성을 사용하여 비디오의 기본 재생바를 표시하였는데, 페이지에서 <input> 태그를 사용하여 만든 슬라이더를 사용하여 볼륨을 조절하면 기본 재생바의 볼륨도 조절되는 것으로 보아 볼륨 제어가 잘 되고 있음을 알 수 있다.

비디오 제어 예제 (video_control.html)

```
1   <head>
2       <script type="text/javascript">
3       window.onload = function(){
4           var myVideo = document.getElementById("myvideo"),
5           playBtn = document.getElementById("playbtn"),
6           volumeCtrl = document.getElementById("volctrl"),
7           timeDiv = document.getElementById("time");
8
9           myVideo.addEventListener("canplay", function(){
10              alert("재생 가능합니다.");
11          });
12          myVideo.addEventListener("timeupdate", updateTime);
13          playBtn.addEventListener("click", play);          ◀─ 이벤트 함수 설정
14          volumeCtrl.addEventListener("change", updateVolume);
15
16          function updateTime(){                    // 재생 시각 표시 함수
17              timeDiv.innerHTML = Math.floor(myVideo.currentTime) + "/"
18                                + Math.floor(myVideo.duration) + "(초)";
19          }
20
21          function play(){                          // 동영상 재생 버튼 표시 함수
22              if(myVideo.paused){
23                  playBtn.innerHTML = "일시정지";
24                  myVideo.play();                   ◀─ '일시정지'와 '재생' 중 하나만 실행
25              }else{
26                  playBtn.innerHTML = "재생";
27                  myVideo.pause();
28              }
29          }
30
31          function updateVolume() {                 // 볼륨 조절 함수
32              myVideo.volume = volumeCtrl.value;
33          }
34      }
35      </script>
36  </head>
37  <body>
38      <video id="myvideo" controls width="500" src="nature.mp4"></video><br/>
39      <button id="playbtn">재생</button>
40      재생시간/총시간: <span id="time"></span><br>
```

```
41    볼륨: <input id="volctrl" type="range" max="1" step="any">
42    </body>
```

│ 실행결과 13-3

(a) 멀티미디어 요소 로딩 시

(b) 재생 시

(c) 일시정지 시

(d) 볼륨 조절 시

13.3 기타 웹 API

HTML5에서는 앞에서 소개한 API 이외에도 다양한 기능의 API를 제공하고 있다. 앞
절에서 설명한 웹 스토리지 및 오디오/비디오 API 이외의 저장 관련 API와 통신 및 백
그라운드 처리를 지원하는 API를 소개한다.

13.3.1 파일 API

HTML5에서는 웹 애플리케이션이 클라이언트 컴퓨터에 있는 로컬 파일을 읽어올 수 있는 기능을 지원하고 있다. 로컬에 있는 파일을 웹 애플리케이션에서 직접 읽어올 수 있게 되면 웹 애플리케이션에서 필요로 하는 사용자의 파일을 서버를 거치지 않고도 사용 가능해진다. 파일은 텍스트 형식이나 이진 형식 등 특정한 형식에 구애받지 않고 선택된 파일을 읽어올 수 있다. 이러한 파일(File) API를 이용하면 웹 애플리케이션에서 파일 업로드를 위해 파일을 드래깅하는 것이 가능해지며, <input> 요소에서 전달받은 파일의 이름이나, 크기, 경로 등의 정보를 가져 올 수 있게 된다.

파일 API를 사용하기 위해서는 크게 두 종류의 자바스크립트 객체를 사용해야 한다. 하나는 파일의 이름이나 크기 등 기본적인 정보에 접근할 수 있는 **File** 객체이고, 다른 하나는 파일의 실제 내용을 읽을 수 있는 **FileReader** 객체이다.

■ **File 객체**

File 객체는 파일에 관한 정보를 가지고 있는 자바스크립트 객체이며 **<input type="file">** 형태의 파일 입력 요소를 통해 객체를 얻을 수 있다. **File** 객체는 [표 13-4]에서 보듯이 파일의 이름, 종류, 크기, 수정일 등을 기록해 놓은 **name, type, size, lastModifiedDate** 속성을 가지며, **slice()** 메소드를 통해 파일의 일부만을 읽을 수도 있다.

| 표 13-4 File 객체의 속성과 메소드

종류	이름	설명
속성	name	파일 이름
	type	파일 종류
	size	파일 크기
	lastModifiedDate	파일 최종 수정일
메소드	slice(start, length)	파일의 시작과 끝 위치를 지정하여 파일의 내용을 잘라내 새로운 Blob 객체 생성

■ FileReader 객체

FileReader 객체는 File 객체에서 얻은 파일 정보를 통해 파일의 내용을 읽는 작업을 수행한다. FileReader 객체는 파일 내용을 여러 가지 형식으로 읽을 수 있도록 하는 메소드들을 가지고 있다. readAsBinaryString() 메소드는 파일의 내용을 이진 형식으로 읽어 저장하고, readAsText() 메소드는 텍스트 형식으로 읽어 저장하며, readAsDataURL() 메소드는 DataURL 형식으로 읽어 저장한다. 또한, 읽어 들인 파일의 내용에 관한 result와 error 속성을 가지며, 파일을 읽는 작업 도중에 발생하는 load, progress, error 상태를 알려주는 이벤트가 있다. 다음 표는 Filereader 객체의 주요 속성과 이벤트, 메소드를 정리한 것이다.

| 표 13-5 FileReader 객체의 속성, 메소드, 이벤트

종류	이름	설명
속성	result	읽어 들인 파일의 내용
	error	읽기 작업 중에 나타나는 오류에 대한 정보
메소드	readAsBinaryString(fileBlob)	파일을 이진 형식으로 읽음
	readAsText(fileBlob, encoding)	파일을 텍스트 형식으로 읽음
	readAsDataURL(file)	파일을 DataURL 형식으로 읽음
이벤트	load	파일 읽어 들이기에 성공했을 때 발생
	progress	파일을 읽고 있는 상황을 얻을 수 있음
	error	파일 읽어 들이기에 오류가 나타났을 때 발생

13.3.2 웹 소켓 API

기존에 웹에서 사용하던 HTTP(Hypertext Transfer Protocol)는 웹 브라우저에서 웹 서버로 요청을 보내면 웹 서버가 이에 대한 응답을 하는 단방향 방식의 통신이다. 따라서 한 쪽의 요청 없이는 통신이 이루어지지 않는다. 이러한 통신 방법의 경우 매번 요청을 보내야 하기 때문에 프로토콜 헤더가 반복되고, 요청을 보내는 시간을 낭비하게 되어 실시간 통신에는 적합하지 않다. 이에 대한 대안으로 등장한 것이 웹 소켓(Web Socket)이다.

웹 소켓은 양방향 통신을 제공하는 프로토콜로 웹 브라우저와 웹 서버 사이의 동적인 연결을 제공하며, API를 통해 서버로 메시지를 전송하거나 클라이언트의 요청 없이 서버의 응답을 받아오는 것이 가능하다. 웹 브라우저의 요청 없이도 이벤트 발생 시 웹 서버에서 바로 메시지를 전송할 수 있게 되면, 요청을 위한 프로토콜 헤더의 반복을 없앨 수 있고 이벤트 발생을 알리는 대기 시간과 웹 브라우저의 요청 후 대기 시간을 줄일 수 있어 실시간 통신이 가능해진다.

웹 소켓을 사용하기 위해서는 WebSocket 객체를 생성한 뒤 그 안에 전달하고자 하는 데이터를 포함시킨다. WebSocket 객체에 대한 속성과 메소드, 이벤트는 다음과 같다.

| 표 13-6 웹 소켓 객체의 속성, 메소드, 이벤트

종류	이름	설명
속성	URL	웹 소켓 연결 URL
	readyState	웹 소켓 연결 상태
	bufferedAmount	전송되지 않고 버퍼된 데이터 양
메소드	send()	데이터를 전송
	close()	연결 종료
이벤트	open	연결 성공 시 발생
	message	데이터 수신 시 발생
	close	연결 종료 시 발생

클라이언트 측에서 웹 소켓 코딩은 매우 간단히 작성할 수 있다. 다음 예제는 로컬 서버의 9876 포트에 접속하는 웹 소켓 객체를 생성하고, 수신한 데이터를 alert 창에 보여주는 간단한 클라이언트 코드이다. 그러나 웹 소켓 프로그램은 서버에서 Web Socket 프로토콜을 지원해야 작동이 가능하므로 웹 소켓 프로그램이 원래 설치되어 있으나 혹은 별도의 모듈을 설치하여 독립적으로 웹 소켓이 지원되는 서버에서 작동된다.

```
<script>
    window.onload = function() {
        var s = new WebSocket ("ws://localhost:9876/");
        s.onopen = function(e) { alert("opened"); }
        s.onclose = function(e) { alert("closed"); }
        s.onmessage = function(e) { alert("got: " + e.data); }
    }
</script>
```

13.3.3 웹 워커 API

웹 워커(Web Worker)는 자바스크립트 코드를 백그라운드에서 실행시켜 웹 애플리케이션에서 병렬처리를 지원하기 위한 API이다. 기존에는 웹 브라우저에서 작동하는 웹 애플리케이션이 단일 처리만을 지원하여 자바스크립트 코드가 모두 로드 되어야 사용자 인터페이스를 비롯한 웹 페이지의 기타 스레드들이 작동했다. 따라서 특정 루틴의 실행시간이 길어지면 웹 애플리케이션 전체가 멈춘 것처럼 보이기도 했다. 그러나 웹 워커는 백그라운드에서 실행될 자바스크립트 코드를 UI 스레드와는 완전히 별개의 'Worker'라는 스레드로 생성하여 사용자 인터페이스와 자바스크립트로 작성된 기능을 완전히 분리하여 동작시킨다. 따라서 브라우저에서 사용자 인터페이스를 블록킹(blocking)하지 않고도 복잡한 연산을 구현할 수 있다.

웹 워커는 일반 응용프로그램의 백그라운드 작업과 같아서 'Worker' 안에 포함되는 작업에 제한은 거의 없다. 다만, 웹 워커에서 실행되는 자바스크립트 코드는 window 객체에 접근을 할 수 없기 때문에 웹 페이지나 DOM에는 접근할 수 없다는 제한이 있다.

웹 워커는 자바스크립트 기능과 사용자 인터페이스를 분리할 수 있기 때문에 매우 복잡한 계산 작업이나 원격 리소스에 대한 액세스 작업 등에 사용되며, 백그라운드에서 오랜 시간을 작업하거나 UI를 멈추지 않고도 지속적으로 작업을 수행해야 할 때 주로 사용된다.

웹 워커를 사용하기 위해서는 실행할 자바스크립트 코드를 가진 파일을 가지는 Worker라는 객체를 생성해야 한다. 메인 스레드와 Worker 스레드 간의 자료 전달은 postMessage() 메소드와 message 이벤트를 사용한다. 다음 [표 13-7]은 Worker 객체의 메소드와 이벤트를 정리한 것이다.

| 표 13-7 Worker 객체의 메소드 및 이벤트

종류	이름	설명
메소드	postMessage()	워커 스레드에 자료 전송
	terminate()	워커 스레드 종료
이벤트	message	워커 스레드로부터 자료를 받았을 때 발생

13.3.4 애플리케이션 캐시

HTML5는 웹 애플리케이션을 개발할 수 있는 다양한 기능을 지원하고 있어 웹 애플리케이션이 점점 늘어나고 있다. 이러한 웹 애플리케이션은 웹의 특성상 네트워크 연결이 없으면 제대로 동작하지 않는 경우가 많다. 그러나 캘린더나 메일과 같이 이미 저장된 데이터에 대해서는 네트워크 연결이 되지 않을 때에도 사용할 수 있어야 한다. 즉, 네트워크 연결이 필요한 부분을 제외하고는 오프라인에서도 작동이 되는 웹 애플리케이션이 필요하다.

애플리케이션 캐시(application Cache)는 이러한 오프라인 웹 애플리케이션을 작성하기 위한 API로, 웹 애플리케이션이 오프라인으로 동작하는데 필요한 파일들의 목록을 작성하고, 사용자의 웹 브라우저가 파일의 복사본을 보관하도록 하는 매니페스트(manifest) 파일을 작성하여 사용한다. 애플리케이션 캐시가 기존에 웹 브라우저에서 사용하던 캐시와 유사한 기능을 하는 것처럼 보일 수 있다. 그러나 캐시는 트래픽의 최소화가 주 목적인 기능으로, 웹 브라우저 자체에서 캐시를 관리하고 웹 브라우저가 임시폴더에 직접 저장하게 되어있다. 그러나 애플리케이션 캐시는 전적으로 웹 애플리케이션이 어떤 파일을 캐시했고 캐시된 파일을 업데이트 할지 여부를 사용자가 미리 명시하도록 되어있다.

애플리케이션 캐시를 지원하는 경우, 한 번 사이트에 접속해 오프라인에 필요한 파일들을 다운로드 해 놓으면 오프라인에서도 사용자가 웹페이지에 접근할 수 있다. 또한 지정한 파일들을 모두 로컬에 저장해두므로 보다 빠르게 웹페이지를 표시할 수 있다. 일반적으로 CSS 파일이나 자바스크립트 파일의 경우 전체 사이트에서 공유되는 경우가 많아 초기에 한 번만 다운로드 해 놓으면 그 후에는 빠르게 재사용하는 것이 가능하다. 마지막으로 웹 브라우저가 그 페이지를 재로드 할 경우, 웹 브라우저는 캐시된 파일의 업데이트 여부만 확인한 뒤 변경이 없을 경우 재다운로드를 하지 않으므로 서버 측에서는 파일 전송에 대한 부하가 줄어든다.

다음의 매니페스트 파일 예시에서는 웹 애플리케이션을 구성하는 파일들 중 어떤 파일을 로컬 컴퓨터에서 보관할 지를 지정해 준다. 여러 파일 중에서 기기 자체에 저장할 파일을 지정하는 **CACHE** 와 반드시 서버에서 네트워크를 통해 다운로드 받아야 할 파일을 지정하는 **NETWORK**, 네트워크를 통해 파일을 가져오지 못할 경우 대신 사용할 파일을 지정하는 **FALLBACK** 으로 구성되어 있다. 매니페스트 파일 형식은 첫 줄에

CACHE MANIFEST로 시작하며, 다음 줄부터 각각의 영역에 대해 **CACHE:** , **NETWORK:** , **FALLBACK:** 으로 구분하여 사용된다. 구분자 아랫줄부터는 각 줄마다 영역에 해당하는 파일명을 작성하면 된다.

```
CACHE MANIFEST

CACHE:
imgs/jeon.png   imgs/chung.png   imgs/shim.png

NETWORK:
search.json   news.json

FALLBACK:
Search.json   no-network.json
```

13.3.5 인덱스드 데이터베이스

인덱스드 데이터베이스(Indexed Database)는 웹 스토리지와 더불어 HTML5의 대표적인 데이터 저장 API이다. 13.1절에서 살펴본 웹 스토리지와 비슷하게 키(key)와 값(value)의 쌍으로 저장하는 기능을 제공한다. 웹 스토리지는 용량이 작으며, 구조화된 데이터를 다루기에 부족하고 문자열만 저장이 가능하다.

이에 비해 인덱스드 데이터베이스는 클라이언트에 대용량의 데이터를 저장하고, 많은 양의 구조화된 데이터를 인덱스를 이용해서 높은 성능으로 검색할 수 있게 해준다. 또한 자바스크립트 객체까지 저장할 수 있으며 키/값에 인덱스를 줄 수 있어 인덱스로 데이터를 읽고 쓸 수 있다는 차이가 있다. 인덱스를 줄 수 있기 때문에 키가 같은 경우에도 값을 저장 할 수 있다.

객체 기반의 비관계형 데이터베이스로 가볍기 때문에 모바일 웹 애플리케이션 개발에 적합하며, 서버와 통신이 빈번하여 부하가 많고 느린 문제를 가진 웹 게임과 같은 분야에서 주목을 받고 있다. 그러나, 보안 문제에 있어서 데이터베이스 해킹에 대한 위험 부담이 존재한다.

■ 연습문제

■ 다음 괄호 안에 올바른 단어를 넣으시오.

1 웹 스토리지 중 로컬 스토리지를 사용하기 위해서는 (　　　　) 객체를 이용하고, 세션 스토리지를 사용하기 위해서는 (　　　　) 객체를 이용해야 한다.

2 (　　　　)는 웹 스토리지의 한 종류로서 웹 브라우저가 닫히면 데이터가 삭제되며, 같은 사이트의 같은 도메인이라 할지라도 브라우저가 다르면 데이터를 공유하지 않는다.

3 멀티미디어 자료를 HTML5에서 제공하는 자바스크립트 API를 통해 제어하기 위해서는 (　　) API를 사용하여 오디오나 비디오 (　　)를 얻어야 한다.

4 멀티미디어 객체의 volume 속성은 음향의 높낮이를 (　　)에서 (　　)사이의 (　　　) 으로 나타낸다.

5 File 객체는 (　　　　　　　)를 가지고 있는 자바스크립트 개체이며 `<input>` 요소를 통해 객체를 얻을 수 있다

6 웹 소켓은 (　　　　　) 을 제공하는 프로토콜로 웹 브라우저와 웹 서버 사이의 동적인 연결을 제공하며, API를 통해 서버로 메시지를 전송하거나 클라이언트의 요청 없이 서버의 응답을 받아오는 것이 가능하다.

7 웹 워커는 자바스크립트 코드를 백그라운드에서 실행시켜 웹 애플리케이션에서 (　　　　) 를 지원하기 위한 API이다.

8 애플리케이션 캐시는 웹 애플리케이션이 오프라인으로 동작하는데 필요한 파일들의 목록을 기록해두는 (　　　　) 파일을 작성하여 사용한다.

■ 다음 보기 중에서 질문의 답으로 가장 알맞은 것을 고르시오.

9 웹 스토리지에서 정보를 읽어오거나 기록하기 위한 메소드가 아닌 것은?

① setItem()　　　② getItem()　　　③ deleteItem()　　　④ clear()

10 웹 스토리지에서 데이터를 읽어오는 방법 중 틀린 것은?

① addr = window.localStorage.getItem("홍길동");

② addr = window.localStorage.key("홍길동");

③ addr = window.localStorage["홍길동"]

④ addr = window.localStorage.key(1);

11 다음 중 멀티미디어 객체의 이벤트에 해당하지 않는 것은?
① canplay   ② currentTime   ③ play   ④ ended

12 다음 중 전체 재생 시간을 반환하는 멀티미디어 속성에 해당하는 것은?
① duration   ② ended   ③ canplay   ④ timeupdate

13 다음 중 File 객체에서 파일의 정보를 기록해 놓는 속성이 아닌 것은?
① name   ② type   ③ size   ④ lastDate

14 다음 중 FileReader 객체에서 발생되는 이벤트가 아닌 것은?
① load   ② read   ③ progress   ④ error

15 다음 중 WebSocket 객체에서 발생되는 이벤트가 아닌 것은?
① open   ② send   ③ message   ④ close

16 오프라인 웹 애플리케이션을 지원하기 위한 매니페스트 파일의 구성부분이 아닌 것은?
① CACHE 부분   ② BODY 부분
③ FALLBACK 부분   ④ NETWORK 부분

■ 다음 질문에 간단히 답하시오.

17 웹 스토리지의 로컬 스토리지와 세션 스토리지의 특징을 비교하여 설명하시오.

18 웹 스토리지에서 데이터 저장 형식을 간단히 설명하시오.

19 멀티미디어 객체의 ended 속성과 ended 이벤트의 차이를 간략히 설명하시오.

20 File 객체와 FileReader 객체의 역할과 차이점을 간략히 설명하시오.

21 웹 소켓의 장점을 간략히 설명하시오.

22 오프라인 웹 애플리케이션을 위한 애플리케이션 캐시의 역할을 간략히 설명하시오.

■ 다음 문제에 해당하는 HTML5 프로그램을 작성하시오.

23 쿠키대신 웹 스토리지를 이용하여 웹 사이트 방문 히스토리를 저장하고 삭제하는 프로그램을작성하시오. 방문기록을 보여주고 시작, 종료, 삭제를 지시하는 웹 페이지를 별도로 작성하시오.

24 12장의 연습문제 20번을 수정하여 웹 브라우저를 종료 후에 웹 브라우저를 다시 시작하였을 때 종료 전의 상태로 표시하는 HTML5 프로그램을 작성하시오.

웹 브라우저 종료 전 상태   웹 브라우저 종료 후, 다시 시작 상태

25 [예제 13-3]의 비디오 제어기 화면에서 전체시간 대비 현재 재생 시간을 숫자로만 표시하지 말고 HTML5 입력폼의 슬라이드바를 이용하여 현재 재생 위치가 재생 바 형태로 보여지고, 재생위치도 입력 받을 수 있게 수정하시오.

CHAPTER 14

HTML5를 이용한
모바일 웹 제작 실습

HTML5 Web Programming

contents

14
HTML5를 이용한 모바일 웹 제작 실습

이 장에서는 7장에서 작성한 인터넷 서점 웹사이트에 8장에서 13장까지 학습한 내용 중 모바일 웹을 위한 대표적인 기능 세가지를 추가해 보는 실습을 진행한다. 위치정보 API를 이용하여 현재 위치의 지도보기, 로컬스토리지를 활용한 관심도서 목록 저장과 로그인 및 회원가입 페이지의 작성, 그리고 드래그 앤 드롭을 이용한 사진 앨범 만들기를 진행한다. 이를 통해 자바스크립트 및 기본적인 HTML5 API의 활용에 대해 실습해 본다.

14.1 위치정보를 이용한 현재 위치 지도

위치정보 API는 모바일 기기의 현재 위치를 알아낼 수 있으므로 모바일 웹에서 가장 활용도가 높은 HTML5 API라고 할 수 있다. 이 절에서는 현재 위치를 파악하고 현재 위치를 중심으로 지도를 보여주는 웹 페이지를 만들어 본다.

14.1.1 모바일 웹 사이트를 위한 폰트 크기 조정

일반적으로 데스크톱 컴퓨터의 웹 브라우저보다 모바일 기기의 웹 브라우저 창의 크기가 작으므로 폰트 크기를 조정할 필요가 있다. 이를 위해 다음과 같은 자바스크립트 코드를 넣어주어야 한다. navigator.userAgent 값을 검사하여 사용자가 현재 접속한 기기가 모바일 기기인 경우에는 폰트 크기를 150%로 설정하는 방식을 사용하였다. 다음의 자바스크립트 코드는 main.html을 위한 폰트 크기를 조정하는 예제이다. 본 절의 예제에서는 <body> 요소의 경우는 150%로 <nav> 요소에 대해서는 120%로 설정하였다.

```
// if mobile device, increase font size
var str=navigator.userAgent;
var device="";
if (str.match(/(ipad)|(iphone)|(ipod)|(android)|(webos)/i))    ◄──── ⟨ i는 문자열 비교시 대소문자
    device="mobileDevice";                                              를 구별하지 않는 옵션이다. ⟩
else
    device="desktopPC";
if (device == "mobileDevice") {
    document.body.style.fontSize="150%";
    document.getElementsByTagName("nav")[0].style.fontSize="120%";
}
// getElementsByTagName()은 태그 이름을 통해 DOM에 접근하는 메소드임
```

14.1.2 이벤트 등록하기

메인 화면에서 [현재위치] 버튼을 누르면 지도를 표시하고 현재 위치 지점에 마커를 표시하는 작업을 수행하고자 한다. 이를 위해서 다음과 같이 main.html에 별도의 자바스크립트 파일을 포함시키는 문장을 넣어 주어야 한다.

```
<script type="text/javascript"src="main.js"></script>
```

별도의 자바스크립트 파일(main.js)에는 아래와 같이 7장에서는 비활성화(disabled)되어 있던 버튼을 활성화시키는 문장과 이벤트 핸들러를 등록시키는 문장이 포함되어 있다.

```
// enable the disabled buttons
document.getElementById("location").removeAttribute("disabled");
```

또한, [현재위치] 버튼을 눌렀을 때 click 이벤트가 발생하면 이를 처리하는 이벤트 핸들러를 등록해야 한다. 이벤트 핸들러는 <iframe> 요소로 만든 정보 표시 영역에 show_map.html 문서를 이용해 지도를 표시하는 작업을 수행한다.

```
document.getElementById("location").onclick=showMap;

function showMap() {
    dom=document.getElementsByName("display_area");
    dom[0].src="show_map.html";
}
// getElementsByName()은 name 속성을 통해 DOM에 접근하는 메소드임
```

14.1.3 카카오 지도 API를 이용해 현재 위치 지도상에 표시하기

앞 절에서 버튼을 눌렀을 때 show_map.html 파일을 불러들여 이를 화면에 표시하도록 이벤트 등록 작업을 하였다. 남은 일은 shop_map.html 내에서 현재 위치를 파악하고 이를 지도상에 표시하는 일이다.

■ 위치정보 구하기

12장에서 학습한 바와 같이 위치정보 API를 이용하기 위해서는 `navigator.geolocation.getCurrentPosition()` 메소드를 이용하면 된다. 아래 예제에서 `getPosition()` 함수에서 모바일 기기의 현재 위치를 위도와 경도 값으로 구하게 된다. `showKaKaoMap()` 함수에 카카오 지도 API를 이용해서 현재 위치를 표시하는 기능을 구현하면 된다.

```
function showCurrentLocation(){
    if(navigator.geolocation){
        navigator.geolocation.getCurrentPosition(getPosition);
    }
    else{
        document.write("지오로케이션이 지원되지 않습니다.");
    }
}

function getPosition(p){
    빈칸 채우기 [실습 14-1]
    빈칸 채우기 [실습 14-1]
    showKaKaoMap(currentLat, currentLng);
}
```

[실습하기 14-1] 위치정보 구하기

HTML5 위치정보 API를 이용해서 현재 위치를 구하고자 한다. 바로 앞의 실습 [실습 14-1]과 [예제 14-1]의 (17), (18)행에 적당한 문장을 채워 넣어서 현재 위치를 구하는 코드를 완성하시오. 현재 위치의 위도, 경도 값은 각각 **currentLat**, **currentLng** 변수에 저장한다.

■ 카카오 지도 이용하기

카카오 지도 API를 이용해서 화면에 지도를 표시하고 현재 위치에 마커를 표시하고자 한다. 카카오 지도 API를 이용하기 위해서는 먼저 https://apis.map.kakao.com/에서 App Key를 발급 받아야 한다. 그리고, 지도를 그릴 영역을 <div> 요소를 이용해 **mapContainer**로 설정하고 카카오 지도 옵션과 함께 API를 호출해 주면 된다. 카카오 지도 옵션에는 지도 스케일의 크기, 원하는 위도, 경도 위치를 지정하게 된다. 보다 자세한 사항은 카카오 지도 API 웹사이트를 참조하면 된다 (https://apis.map.kakao.com/). 본 실습에서는 아래와 같은 방법을 사용하였으며 가로 크기는 브라우저 100% 크기, 세로 350 픽셀의 지도를 그리기 위한 영역을 설정하였다.

```
<script type="text/javascript"
    src="https://dapi.kakao.com/v2/maps/sdk.js?appkey={발급받은 App Key}">
</script>

<div id="map" style="width: 100%; height: 350px;"></div>

<script type="text/javascript">
    function showMap(lat, lng) {
        maplevel = 4;
        mapContainer = document.getElementById('map'),         ← 현재 위치
        mapOption = { center: new kakao.maps.LatLng(lat, lng), level: maplevel };

        map = new kakao.maps.Map(mapContainer, mapOption);     ← 현재 위치 중심으로 지도 생성

        markerPosition  = new kakao.maps.LatLng(lat, lng);
        marker = new kakao.maps.Marker({position: markerPosition});   ← 마커 생성
        marker.setMap(map);
    }
</script>
```

[예제 14-1]에 show_map.html 파일의 주요 코드를 보인다. [실행결과 14-1]에 결과 화면을 보인다. 참고로 [실행결과 14-1]은 아이폰 XS에서 크롬 브라우저를 이용해 웹 사이트를 실행한 결과이다. 14.2.1절의 관심도서 저장기능의 구현을 위해 [관심도서등록]과 [관심도서보기] 버튼도 추가하였다.

예제 14-1 현재 위치 페이지 (show_map.html)

```
1   <head>
2   <script type="text/javascript"
3       src="https://dapi.kakao.com/v2/maps/sdk.js?appkey=a205cc9729d03619e9c955f
4   c4606146e">
5   </script>
6   <script type="text/javascript">
7       function showCurrentLocation() {
8           if (navigator.geolocation) {
9               navigator.geolocation.getCurrentPosition(getPosition);
10          }
11          else {
12              document.write("지오로케이션이 지원되지 않습니다.");
13          }
14      }
15
16      function getPosition(p) {
17          빈칸채우기[실습 14-1]
18          빈칸채우기[실습 14-1]
19          showKaKaoMap(currentLat, currentLng);
20      }
21
22      function showKaKaoMap(lat, lng) {
23          maplevel = 4;
24          mapContainer = document.getElementById('map'),
25          mapOption = { center: new kakao.maps.LatLng(lat, lng), level: maplevel };
26
27          map = new kakao.maps.Map(mapContainer, mapOption);
28
29          markerPosition = new kakao.maps.LatLng(lat, lng);
30          marker = new kakao.maps.Marker({position: markerPosition});
31          marker.setMap(map);
32      }
33  </script>
```

```
34    <body onload="showCurrentLocation();">
35        <div id="map" style="width: 100%; height: 350px;"></div>
36    </body>
```

| 실행결과 14-1

모바일기기에서의 메인 화면   현재 위치의 지도 화면

14.2 웹스토리지 활용

HTML5의 대표적인 장점 중의 하나가 클라이언트 컴퓨터에 정보를 저장할 수 있는 웹
스토리지 기능이다. 이 절에서는 이 기능 중 로컬스토리지를 이용한 실습을 해 본다.
관심 도서 목록 저장과 회원가입 및 로그인 페이지를 로컬스토리지 기능을 이용하여
구현하여 본다.

14.2.1 관심 도서 저장

웹스토리지의 대표적인 용도는 웹 브라우저에서 임시로 데이터를 저장하거나 서버와의 통신이 끊어졌을 때 클라이언트에 저장된 데이터를 이용해서 웹 브라우저를 실행하는 것이다. 도서 목록 중 관심 도서를 지정하여 로컬스토리지에 저장해 놓고 이후 등록된 관심 도서 목록을 보여주는 예제에 대해 실습을 진행한다.

▪ 관심도서 선택

관심 도서 목록을 저장하기 위해서는 도서 목록을 나열하고 선택할 수 있는 웹 페이지가 필요하다. [예제 14-2]는 도서 목록을 보이고 선택할 수 있는 웹 페이지 예제이다. 관심 도서의 선택은 <input> 요소의 체크박스를 이용하였다. [실행결과 14-2]의 오른쪽 실행결과 화면에 6권의 도서를 관심 도서로 선택한 예를 보인다.

▪ 관심도서 저장

선택한 도서를 로컬스토리지에 저장하려면 하단의 [관심도서 등록] 버튼을 누르면 된다. [관심도서 등록] 버튼을 누르면 save_favorate()이라는 함수를 호출하도록 이벤트 등록이 되어 있다. localStorage["fav"+j] = dom[i].innerText;와 같이 로컬스토리지에 fav0, fav1… 의 키 값으로 관심 도서를 저장하게 된다. 이후에 관심 도서를 확인하고 싶을 때는 로컬스토리지에 저장된 내용을 보여주면 된다. 체크박스로 선택한 도서를 저장하기 위한 save_favorite() 함수를 [예제 14-3]에 보인다. [예제 14-3]의 (9)행에서와 같이 <span>으로 지정한 모든 <input> 체크박스 요소에 대한 DOM 객체를 골라낸다. DOM 객체가 체크되어 있는지는 dom[i].firstChild.checked 속성값이 true인지 검사해 보면 된다. 체크되어 있다면 DOM 인터페이스를 이용해 <span> 요소의 innerText 속성으로 기술된 도서 목록 값에 접근하게 된다. 그러므로 (12), (13)행에서와 같이 체크된 요소의 innerText, 즉 도서 목록 내용을 읽어내어 로컬스토리지에 저장한다. 그리고 (17)행에서는 체크된 요소의 개수를 파악하여 numFavorites라는 키 값으로 로컬스토리지에 저장함으로써 관심 도서의 개수를 저장하게 된다.

예제 14-2 관심도서 선택 (save_favorite.html)

```
1   <body class="booklist">
2     <p class="head"> 도서 목록 </p>
3     <form>
4       <span><input type="checkbox"/>
5           멀티미디어 배움터 2.0 | 최윤철, 임순범 | 생능출판사 | 25,000원 <br/></span>
6       <span><input type="checkbox"/>
7           (알기 쉬운) 알고리즘 | 양성봉 | 생능출판사 | 24,000원 <br/></span>
8       <span><input type="checkbox"/>
9           선형대수학 Express | 김대수 | 생능출판사 | 27,000원 <br/></span>
10      <span><input type="checkbox"/>
11          루비 프로그래밍 언어 | 유하진, 김윤경, 김진석 | 생능출판사 | 29,000원 <br/></span>
12      <span><input type="checkbox"/>
13          모바일 멀티미디어 | 최윤철, 임순범 | 생능출판사 | 27,000원 <br/></span>
14      <span><input type="checkbox"/>
15          컴퓨터와 IT기술의 이해 | 최윤철, 임순범 공저 | 생능출판사 | 25,000원 <br/></span>
16      <span><input type="checkbox"/>
17          네트워크 보안 에센셜(4판) | William Stallings 지음 |
18          이재광, 전태일 공역 | 생능출판사 | 30,000원 <br/></span>
19      <span><input type="checkbox"/>
20          비즈니스 정보 시스템 | P. Baltzan &amp; A. Phillips |
21          고석하 외 공역 | 생능출판사 | 28,000원 <br/></span>
22      <span><input type="checkbox"/>
23          회로이론 | Mitchel E. Schultz |
24          김경화, 정성순외 공역 | 생능출판사 | 35,000원 <br/></span>
25      <span><input type="checkbox"/>
26          Big Java | Cay Horstmann |
27          오세만 외 공역 | 생능출판사 | 32,000원 <br/></span>
28      <span><input type="checkbox"/>
29          경영학의 이해 (9/e) | Nickels, McHugh, McHugh |
30          권구혁 외 공역 | 생능출판사 | 30,000원 <br/></span>
31      <span><input type="checkbox"/>
32          컴퓨터 배움터 | Greg Anderson 외 |
33          나연묵 외 공역 | 생능출판사 | 27,000원 <br/></span>
34    </form>
35    <button onclick="save_favorite();"> 관심도서 등록 </button>
36  </body>
```

도서 목록

관심 도서 지정

예제 14-3 관심도서 저장 (save_favorite.html)

```html
1   <script type="text/javascript">
2       function save_favorite() {
3           var localStorage = window.localStorage;
4           if (!localStorage) {
5               // local storage is not supported by this browser.
6               // do nothing
7           }
8           else {
9               dom = document.getElementsByTagName("span");
10              var j = 0;
11              for(i=0;i<dom.length;i++) {
12                  if (dom[i].firstChild.checked == true) {
13                      localStorage["fav"+j] = dom[i].innerText;
14                      j++;
15                  }
16              }
17              localStorage.numFavorites = j;
18          }
19      }
20  </script>
```

■ 관심도서 보기

저장된 관심 도서를 보기 위해서는 로컬스토리지에 저장된 내용을 읽어 화면에 표시하면 된다. [예제 14-4]는 관심 도서를 보는 예제이다. 로컬스토리지에 저장된 내용은 아래와 같은 자바스크립트 코드를 사용하여 읽어 낼 수 있다. 여기서 로컬스토리지 키 값으로 사용되는 "fav"+i는 관심 도서를 저장할 때 사용했던 fav0, fav1, fav2,⋯ 와 같은 키 값을 의미한다.

```
dom.innerHTML = dom.innerHTML + "<li>" + localStorage["fav"+i] + "</li>\n";
```

로컬스토리지에서 읽어 들인 내용을 화면에 표시하기 위해서 [예제 14-4]의 (23), (24) 행에서 만든 <ol> 요소의 콘텐츠 내용을 채우고자 한다. 요소의 콘텐츠는 (15) 행과 같이 innerHTML 속성 값에 로컬스토리지에 저장된 값을 <li> 요소 형식으로 추가하는 방식을 사용하였다. [실행결과 14-4]와 같이 미리 저장되어 있던 관심 도서 목록이 <ol>과 <li> 요소를 이용하여 화면에 표시됨을 알 수 있다.

예제 14-4 관심도서 보기 (view_favorite.html)

```
1   <!DOCTYPE HTML>
2   <html>
3   <head>
4       <script type="text/javascript">
5           function view_favorite() {
6               var localStorage = window.localStorage;
7               if (!localStorage) {
8                   // local storage is not supported by this browser.
9                   // do nothing
10              }
11              else {
12                  var numFavorites = localStorage.numFavorites;
13                  var dom = document.getElementById("favorite_list");
14                  for(i=0;i<numFavorites;i++) {
15                          dom.innerHTML = dom.innerHTML + "<li>" +
16  localStorage["fav"+i] + "</li>\n";
17                  }
18              }
```

```
19          </script>
20     </head>
21     <body class="booklist" onload="view_favorite();">
22          <p class="head"> 관심 도서 목록 </p>
23          <ol id="favorite_list">
24          </ol>
25     </body>
26     </html>
```

| 실행결과 14-4

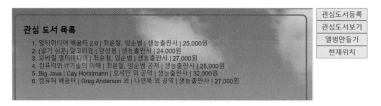

14.2.2 회원가입

이 절에서는 로컬스토리지에 회원가입 정보를 저장하는 방식으로 회원가입 웹페이지를
만들어 본다.

NOTE

회원가입 정보의 저장

한 가지 기억해야 할 사항은 실제 대부분의 웹 사이트들은 회원가입 정보를 클라이언트 컴퓨터에 저장하는 것
이 아니라 웹 서버의 데이터베이스에 저장한다. 이 절에서의 예제는 로컬스토리지 기능에 대한 실습만을 목적
으로 함을 밝혀둔다.

■ 회원가입 페이지

메인 화면의 회원가입 링크를 누르면 모바일 기기에서는 [그림 14-1]과 같은 회원가입
화면이 나타난다.

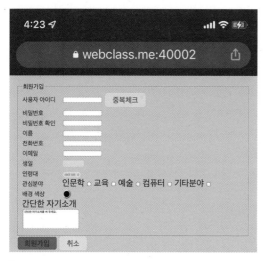

| 그림 14-1 모바일 기기에서의 회원가입 화면

■ 사용자 아이디 중복 확인

회원가입 시 맨 처음 확인하는 사항은 사용자가 입력한 아이디가 기존에 존재하는 아이디인지 중복 여부를 확인하는 것이다. 본 실습에서는 입력된 사용자 아이디와 로컬 스토리지에 저장된 기존 가입한 사용자들의 아이디의 중복 여부를 검사하는 자바스크립트 코드를 작성해 본다. 사용자 아이디 중복 검사를 위해 아래 [예제 14-5]와 같이 **duplicationCheck()**라는 함수를 작성하였다. [실행결과 14-5]에 사용 가능한 아이디를 입력한 경우와 기존에 존재하는 중복된 아이디를 입력한 경우의 실행결과를 보인다.

예제 14-5 사용자 아이디 중복 검사 함수 (signup.js)

```
24    function duplicationCheck() {
25        username_in = document.getElementById("username2").value;
26
27        var localStorage = window.localStorage;
28        if (!localStorage) {
29            // local storage is not supported by this browser.
30            // do nothing
31        }
32        else {
33            numUsers = localStorage.numUsers;
```

```
34
35          var duplicate = false;
36          if (numUsers != undefined) {
37              for(i=0;i<numUsers;i++) {
38                  username = localStorage["user"+i];
39                  if (username == username_in) {
40                      duplicate = true;
41                      break;
42                  }
43              }
44          }
45
46          if (duplicate)
47              alert(username_in + "is duplicate username. Please enter different one.");
48          else
49              alert("You can use "+ username_in + "as a username.");
50      }
51  }
```

| 실행결과 14-5

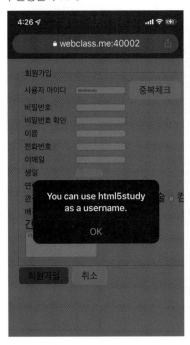

사용 가능한 아이디

중복된 사용자 아이디

기존에 등록된 사용자 수를 numUsers라는 키 값으로 로컬스토리지에 저장해 놓았다. 기존에 등록된 사용자 수만큼 로컬스토리지에서 동일한 사용자 아이디가 존재하는지 검사한다. 이때 사용될 키 값은 "user"+i를 이용하였다. 즉, 매번 키 값이 user0, user1, user2, user3, … 이런 식으로 치환되는 것이다. 동일한 사용자 아이디의 발견여부에 따라 사용가능 여부를 alert() 함수로 알려주게 된다.

| 실습하기 14-2 이벤트 등록

[그림 14-1]의 회원가입 화면에서 중복체크 버튼을 누르면 duplicationCheck() 함수를 호출하는 이벤트 등록을 위한 자바스크립트 코드를 signup.html 혹은 signup.js 파일 내에 작성하시오. 중복체크 버튼은 <input> 요소로 구현되어 있으며 dup_check 라는 id를 가지고 있다.

■ 회원가입 정보 저장

사용자 아이디, 비밀번호 등 회원가입 정보를 입력하고 회원가입 버튼을 누르면 입력한 여러가지 정보를 저장하게 된다. 일반적인 웹 사이트에서는 회원 정보를 서버로 전송하여 저장한다. 하지만 본 실습에서는 로컬스토리지의 사용법을 실습하기 위해 회원 정보를 로컬스토리지에 저장하도록 한다. [예제 14-6]에서는 설명을 간략히 하기 위해 사용자 아이디와 비밀번호만을 저장하였다. 다른 항목의 경우도 동일한 방법으로 저장하면 된다.

비밀번호 일치성 검사에 문제가 없으면 회원 정보 저장을 시작한다. 기존에 등록된 사용자 수를 기억하고 있는 numUsers 키 값에 저장된 값을 읽어내어 사용자 아이디와 비밀번호 저장을 위한 "user"+numUsers와 "pass"+numUsers같은 새로운 키 값을 만들어 낸다. numUsers의 값이 0에서 시작되므로 키 값 "user"+numUsers는 실제로는 현재 저장된 사용자 수보다 하나 증가된 사용자 아이디를 의미하게 된다. 즉, 현재 10 명의 사용자가 저장되어 있다면 다음 사용자를 위한 사용자 아이디와 비밀 번호는 user10과 pass10가 되고 이는 11번째 사용자 아이디와 비밀번호 저장을 위한 키 값을 뜻하는 것이다.

회원 정보 저장 (signup.js)

```
1    document.getElementById("signup_button").onclick = signup;
2
3    function signup() {
4        username_in=document.getElementById("username2").value;
5        password_in1=document.getElementById("pass1").value;
6        var localStorage = window.localStorage;
7        if (!localStorage) {
8            // local storage is not supported by this browser.
9            // do nothing
10       }
11       else {
12           numUsers = localStorage.numUsers;
13           if (numUsers == undefined) numUsers = "0";
14           localStorage["user"+numUsers] = username_in;
15           localStorage["pass"+numUsers] = password_in1;
16           localStorage.numUsers = parseInt(numUsers) + 1;
17           alert("Signup succeeded!\n" + "Number of users: "
18                   + localStorage.numUsers);
19       }
20   }
```

| 실행결과 14-6

14.2.3 로그인

회원 로그인을 위해 사용된 기법은 회원가입을 위한 기법과 큰 차이점은 없다. 한 가지 차이점은 회원가입은 로컬스토리지에 정보를 저장하는 과정이고 로그인은 로컬스토리지에 저장된 값들을 읽어내어 사용자가 입력한 정보와 비교한다는 점이다. 또한, 아직 한 명의 회원가입도 없을 경우도 고려해야 할 사항이다. [예제 14-7]의 (16)행에서와 같이 numUsers가 아직 정의되어 있지 않다면 한 명의 사용자도 회원가입을 하지 않았다는 뜻이 된다.

예제 14-7 로그인 정보 확인 (login.html)

```
1   document.getElementById("login_button").onclick = checkUser;
2
3   function checkUser() {
4       username_in = document.getElementById("username").value;
5       password_in = document.getElementById("password").value;
6
7       var localStorage = window.localStorage;
8       if (!localStorage) {
9           // local storage is not supported by this browser.
10          // do nothing
11      }
12      else {
13          numUsers = localStorage.numUsers;
14
15          var login_success = false;
16          if (numUsers != undefined) {
17              for(i=0;i<numUsers;i++) {
18                  username = localStorage["user"+i];
19                  password = localStorage["pass"+i];
20
21                  if (username == username_in &&password== password_in) {
22                      login_success = true;
23                      break;
24                  }
25              }
26          }
27
28          if (login_success)
```

```
29              alert("Login Success!");
30         else
31              alert("Username and password are not matched with our database!");
32     }
33 }
```

| 실행결과 14-7

(a) 로그인 화면   (b) 로그인 성공   (c) 로그인 실패

[실행결과 14-7]에 로그인 화면, 로그인 성공, 로그인 실패 화면을 보인다. 입력한 사용자 아이디와 비밀번호가 사전에 로컬스토리지에 저장된 아이디와 비밀번호 쌍과 일치한다면 "Login Success!"라는 메시지를 내보낸다.

14.3 드래그 앤 드롭을 이용한 앨범 만들기

이 절에서는 HTML5의 강점 중 하나인 드래그 앤 드롭을 활용해 보기 위해 사진을 마우스로 드래그해 와서 앨범을 만드는 기능을 구현해 본다. 작성된 앨범은 역시 로컬스토리지에 저장한 후 추후 복원해서 볼 수 있는 기능도 제공한다. 앨범 만들기는 show_album.html 문서로 작성하였으며 아래와 같이 Save, Restore, Clear 세가지 버튼과 배경화면으로 구성되어 있다. 여러 자바스크립트 코드는 show_album.js 파일에 작성하여 포함시켰다.

```
<button onclick="save();">Save</button>
<button onclick="restore();">Restore</button>
<button onclick="clear_album();">Clear</button>
<div id="album">
    <img id="background" style="position:absolute; z-index:-100" src="./images/background.png"></img>
</div>

<script type="text/javascript" src="show_album.js"></script>
```

14.3.1 이벤트 등록

■ 앨범만들기 버튼 이벤트 등록

드래그 앤 드롭을 이용한 앨범 작성은 메인 화면의 어사이드(aside) 메뉴 중 [앨범만들기] 버튼을 누르면 실행된다. [앨범만들기] 버튼을 눌렀을 때 click 이벤트가 발생하면 이를 처리하는 이벤트 핸들러를 등록해야 한다. 다음과 같이 이벤트 핸들러는 <iframe> 요소로 만든 정보 표시 영역에 show_album.html 문서를 불러들여 표시하는 방식을 사용하였다.

```
document.getElementById("album_btn").onclick = showAlbum;

function showAlbum() {
    dom = document.getElementsByName("display_area");
    dom[0].src = "show_album.html";
}
```

■ 드래그 앤 드롭 이벤트 등록

앨범 만들기는 마우스를 이용해서 바탕화면이나 탐색기에서 사진 파일을 앨범 영역으로 드래그해와서 드롭하는 방식으로 이루어진다. 따라서, 드래그 앤 드롭 관련 이벤트에 각각 필요한 기능을 등록해 주어야 한다. 드래그 앤 드롭에 필요한 dragstart, dragover, drag, drop 이벤트에 대해 이벤트 핸들러 함수를 아래와 같이 각각 등록해 주었다.

```
document.getElementById("album").ondragstart = album_dragstart;
document.getElementById("album").ondragover = album_dragover;
document.getElementById("album").ondrag = album_dragover;
document.getElementById("album").ondrop = album_drop;
```

14.3.2 드래그 앤 드롭

■ 사진 파일 가져오기

사진 파일을 드래그해서 앨범 영역에 들어오게 되면 dragover 이벤트가 발생하게 되고 아래의 album_dragover() 이벤트 핸들러가 실행된다. 사진 파일을 드래그해서 가져오는 동안에는 특별한 작업은 필요 없지만 preventDefault()를 실행해서 가져온 사진 파일을 브라우저가 먼저 해석하는 것을 막아주어야 한다. preventDefault()를 실행하지 않으면 사진 파일은 브라우저가 읽어 들여 윈도우 전체에 표시하는 작업을 수행하게 된다.

```
function album_dragover(event) {
    event.preventDefault();
}
```

사진 파일을 앨범 영역(드롭 영역)에 가져와서 드랍하게 되면, 즉 마우스 버튼을 놓게 되면 drop 이벤트가 발생한다. drop 이벤트에 등록된 아래의 album_drop() 이벤트 핸들러가 실행되게 된다. 먼저, 마우스의 위치를 알아낸다. 사진 파일을 드롭 영역에 가져온 경우에는 아직 id 항목이 없기 때문에 photo_id는 ""가 된다. 가져온 사진 파일을 읽어서 파일 타입이 이미지인 경우에는 post_on_album() 함수를 호출해서 앨범에 사진을 등록하게 된다.

```
function album_drop(event) {
    event.preventDefault()
    mouseX = event.clientX;
    mouseY = event.clientY;

    photo_id = event.dataTransfer.getData("id");
    if (photo_id == "") {
```

```
            const reader = new FileReader();
            var files = event.dataTransfer.files;
            for(i=0; i<files.length; i++) {
                if (files[i].type.match(/image.*/)) {
                    reader.addEventListener('load', post_on_album);
                    reader.readAsDataURL(files[i]);
                }
            }
        }
    }
}
```

■ 사진을 앨범에 등록

사진 파일을 실제로 앨범에 등록하는 함수는 아래의 **post_on_album()**이다. (3)행에서 **img** 요소를 하나 생성해 내고 (4)행에서 **img** 요소의 **src** 속성에 방금 읽어 들인 사진 파일을 집어 넣는다. **id** 속성값을 photo_num 변수 값을 하나씩 증가시키면서 고유한 번호로 지정하게 된다. **img** 요소의 **mousedown, dblclick** 이벤트에 각각 **start_move, delete_photo** 이벤트 핸들러 함수를 등록해서 마우스로 누른 후 등록된 사진을 이동할 수 있도록 하고, 더블클릭할 경우 사진이 지워지는 동작이 이루어 질 수 있도록 한다. (10)-(13)행에서 사진의 크기를 128 픽셀로 만든 후 마우스 위치에 맞추어 드롭 영역에 배치하게 된다. 이후 마지막으로 (14)행에서 앨범 영역의 자식 요소로 추가하게 된다.

```
1   function post_on_album(event) {
2       album = document.getElementById("album").getBoundingClientRect();
3       pic = document.createElement("img");
4       pic.src = event.target.result;
5       pic.id = "photo" + photo_num;
6       pic.style.cursor = "move";
7       pic.onmousedown = start_move;
8       pic.ondblclick = delete_photo;
9       photo_num ++;
10      pic.style.width = "128px"
11      pic.style.position = "absolute"
12      pic.style.top = (mouseY - parseInt(album.top)) + "px";
13      pic.style.left = (mouseX - parseInt(album.left)) + "px";
14      document.getElementById("album").appendChild(pic);
15  }
```

■ 사진을 앨범 내에서 이동하기

등록된 사진은 마우스로 앨범 내에서 위치를 이동할 수 있다. 사진을 마우스로 누르면 각 사진 요소인 img 요소의 onmousedown 이벤트 속성에 등록된 start_move() 이벤트 핸들러를 실행한다. start_move() 함수에서 onmousemove 이벤트 속성에 마우스가 이동할 때마다 사진 요소의 위치를 바꾸는 move_photo() 이벤트 핸들러를 등록하게 된다. move_photo() 함수에서 현재의 마우스 위치 값을 알아내어 사진의 위치를 마우스의 위치에 맞추어 계속 변경시켜주는 것이다. 마우스 버튼을 떼면 stop_move() 함수를 호출하게 되고 mouseup, mousemove 이벤트에 null을 등록하게 된다. 이렇게 되며 마우스를 움직이거나 마우스 버튼을 떼도 아무 이벤트 핸들러도 호출되지 않게 되어 결과적으로 사진 이동 동작이 멈추게 된다.

```
function start_move(event) {
    event.preventDefault();

    photo_id = event.target.id;
    photo = document.getElementById(photo_id);
    photo_left = photo.leftOffset;
    photo_top = photo.topOffset;

    document.onmouseup = stop_move;
    document.onmousemove = move_photo;
}

function move_photo(event) {
    offsetx = photo_left - event.clientX;
    offsety = photo_top - event.clientY;
    photo_left = event.clientX;
    photo_top = event.clientY;

    photo = document.getElementById(photo_id);

    document.getElementById(photo_id).style.top = (photo.offsetTop - offsety) + "px";
    document.getElementById(photo_id).style.left = (photo.offsetLeft - offsetx) + "px";
}

function stop_move() {
    document.onmouseup = null;
    document.onmousemove = null;
}
```

14.3.3 앨범의 저장과 복원

■ 앨범 초기화

작성하던 앨범을 초기화하기 위해서는 [Clear] 버튼을 누르면 [예제 14-9]에서 이벤트 핸들러 등록이 되어 있듯이 clear_album() 함수를 호출하게 된다. clear_album() 함수는 앨범내 존재하는 모든 사진을 삭제해서 초기화하는 함수이다. post_on_ album() 함수에서 사진을 앨범에 등록 시킬 때 img 요소의 id로 "photo"+photonum 을 사용했으므로 앨범에 등록된 사진들은 photo0, photo1, photo2, … 와 같은 id를 가지고 있을 것이다. 따라서, "photo" + i에 해당하는 요소를 삭제함으로서 모든 등록된 사진을 삭제할 수 있게 되는 것이다.

```
function clear_album() {
    for(i=0; i<photo_num; i++) {
        if (document.getElementById("photo" + i) != null)
            document.getElementById("album").removeChild(document.getElementById("photo" + i));
    }
    photo_num = 0;
}
```

■ 앨범의 저장

작성하던 앨범을 로컬스토리지에 저장해 놓고 싶으면 [Save] 버튼을 누르면 된다.
[Save] 버튼을 누르면 아래의 save() 함수를 호출하게 된다. save() 함수에서는 현
재 앨범에 저장된 "photo"로 시작되는 id를 가진 요소를 찾아 로컬스토리지에 저장
해 놓는다. 각 사진 요소의 사진 내용 즉 src 속성 값과 사진의 위치 값 (style.left,
style.top)을 로컬스토리지에 저장한다. 사진의 내용은 사진 요소의 id와 같은 키 값
을 이용한다. 사진의 위치는 x_photo0, y_photo0, x_photo1, y_photo1, x_photo2,
y_photo2, .. 와 같이 "x_", "y_"로 시작하는 키 값을 이용하여 저장하였다.

```
function save() {
    var localStorage = window.localStorage;

    if (!localStorage) {
        // local storage is not supported by this browser.
        // do nothing
    }
    else {
        for(i=0; i<photo_num; i++) {
            photo_id = "photo" + i;
            if (document.getElementById(photo_id) != null) {
                localStorage.setItem(photo_id, document.getElementById(photo_id).src);
                localStorage.setItem("x_" + photo_id, document.getElementById(photo_id).style.left);
                localStorage.setItem("y_" + photo_id, document.getElementById(photo_id).style.top);
            }
        }
    }
}
```

■ 앨범의 복원

로컬스토리지에 저장된 앨범을 다시 불러 들이는 것은 단순한 방식으로 이루어진다. 로컬스토리지에 저장된 "photo"로 시작되는 key 값을 가지고 있는 데이터에 대해 그 데이터를 읽어내서 앨범의 사진 생성 메소드인 post_photo() 메소드로 앨범에 추가시켜주는 것이다. [예제 14-10]의 restore() 함수를 살펴보면 localStorage에 저장되어 있던 데이터의 key 값을 조사해서 "photo"로 시작되는 key 값에 대해 post_photo() 함수를 호출해 주어 사진을 복원해주고 있다. post_photo() 함수는 앞서 설명했던 post_on_alumn() 함수와 유사하다. 차이점은 사진의 내용과 위치를 외부와 마우스의 현재 위치에서 가져오는 것이 아니라 로컬스트로지에 저장된 값을 이용한다는 점이다.

```javascript
function restore() {
    clear_album();
    var localStorage = window.localStorage;
    if (!localStorage) {
        // local storage is not supported by this browser.
        // do nothing
    }
    else {
        for(i=0; i<localStorage.length; i++) {
            key = localStorage.key(i);
            if (key.substring(0, 5) == "photo") post_photo(key);
        }
    }
}
function post_photo(id) {
    pic = document.createElement("img");
    pic.src = localStorage.getItem(id);
    pic.id = id;
    pic.style.cursor = "move";
    pic.onmousedown = start_move;
    pic.ondblclick = delete_photo;
    photo_num = Math.max(photo_num, parseInt(id.substring(5)) + 1);
    pic.style.width = "128px"
    pic.style.position = "absolute"
    pic.style.top = localStorage.getItem("y_" + id);
    pic.style.left = localStorage.getItem("x_" + id);
    document.getElementById("album").appendChild(pic);
}
```

연습문제

■ 다음 문제에 해당하는 HTML5 프로그램을 작성하시오.

1 14.1.3절의 현재위치 보기 페이지 하단에 현재 위치정보가 표시될 수 있도록 show_map. html 파일을 수정하시오. 현재 위치정보는 위도와 경도로 표시한다.

2 14.2.2절의 회원가입 페이지에서 회원가입 버튼을 누르면 사용자가 입력한 비밀번호 두 개가 동일한지 검사하고 동일한 비밀번호를 입력했을 경우에만 회원가입을 진행하도록 signup.js를 수정하시오.

3 14.3절의 드래그앤드랍을 이용한 앨범만들기에서 등록된 사진을 마우스로 이동할 경우 이동하는 동안에는 사진의 폭이 256 픽셀로 확대 되도록 show_album.js 파일을 수정하시오. 사진의 이동이 완료된 후에는 다시 원래대로 128 픽셀로 복원되도록 한다.

부록

웹 서버 구축하기

HTML5 Web Programming

contents

부록: 웹 서버 구축

HTML5로 작성된 웹 사이트를 실제로 동작하도록 하려면 웹 서버를 구축한 후에 웹 문서 파일들을 웹 서버에 탑재해야 한다. 여러 가지 웹 서버 프로그래밍을 위한 언어와 개발 환경이 있지만 많이 사용되면서도 사용이 편리한 PHP를 이용한 웹 서버 구축에 대해 다룬다.

A.1 웹 서버 시스템

본 부록에서는 대표적인 서버 프로그래밍 언어인 PHP를 이용한 웹 서버 구축에 대해서 간략히 소개한다. 또한, 14장에서 제작한 웹 사이트를 서버에 올리고 주문하기 폼을 처리하는 서버프로그램을 추가하는 방식으로 설명하고자 한다.

웹 문서를 자신의 컴퓨터 상에서만 조회하지 않고 다른 클라이언트 컴퓨터에서도 접근하려면 웹 서버를 구축해야 한다. 이를 위해서는 서버 컴퓨터에 웹 서버 소프트웨어의 설치가 필요하다. 대표적인 웹 서버 소프트웨어로는 아파치(Apache) 웹 서버가 있으며, 아파치 웹 서버는 MySQL, PHP와 패키지 형태로 설치가 가능하다. 웹 서버 구축을 위해서는 일반적으로 아래와 같은 과정과 구성 요소들이 필요하다.

- 웹 서버 컴퓨터 구축 및 웹 서버 소프트웨어 설치 및 실행
- HTML5 폼을 전달받아 처리할 수 있는 서버 프로그램
- 서버 측에 데이터를 저장하고 효율적 관리를 위한 데이터베이스 시스템

전체적인 웹 서버와 클라이언트 간의 연결 구조는 [그림 A–1]과 같으며, HTML5,

CSS, JavaScript로 구현된 웹 페이지는 웹 서버의 문서 Root(Document Root) 폴더에 탑재하게 된다.

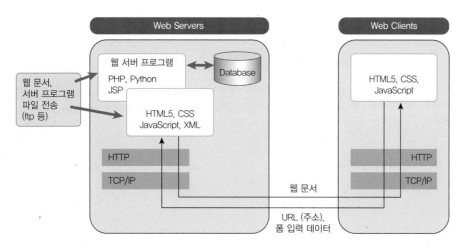

| 그림 A-1 웹 서버-클라이언트 연결 구조

웹 브라우저가 웹 서버에 접속하기 위해서는 HTTP 통신규약에 맞게 작성된 HTTP Request를 서버 측으로 전달하게 된다. 웹 서버 소프트웨어는 HTTP 규약으로 작성된 요청사항을 받아 처리하게 된다. 또한, 데이터베이스 처리를 위해서는 MySQL 등 데이터베이스 관리시스템을 사용한다. 웹 서버에서 프로그램 수행을 위해서 Python, PHP 등의 스크립트 언어가 많이 사용된다. 앞에 언급된 웹 서버 구축을 위한 소프트웨어들은 모두 무료로 사용이 가능한 공개소프트웨어이다.

A.2 PHP 시작하기

■ 웹 서버 프로그래밍 언어인 PHP

PHP(PHP: Hypertext Preprocessor)는 사용자가 웹 페이지를 동적으로 사용할 수 있도록 하기 위하여 고안된 웹 서버 용 스크립트 언어이다. PHP 프로그램은 자바스크립트, Perl, ASP와 같은 스크립트 프로그래밍 도구이며 서버 측에서 실행되는 프로그램이다. PHP는 아래 예제와 같이 HTML 문서 안에 스크립트를 넣어 사용하며 PHP 스크립트가 서버에서 처리된다. 그리고 그 결과물인 HTML 문서만이 클라이언트에서 보여주게 되어 사용자는 소스코드에 접근하지 못하므로 소스코드의 보안성이 보장된다. 아래 예제에서 음영으로 표시된 부분이 PHP 스크립트 코드이며 이 중에서 **print** 문에 의해 실행된 결과인 "<p> Hello PHP! </p>"만이 웹 브라우저로 전달되는 것이다. 오른쪽 화면이 웹 브라우저에서의 실행결과이다.

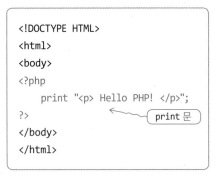

PHP는 윈도우 또는 유닉스 및 리눅스 운영체제에 아파치 웹 서버를 설치하여 사용할 수 있다. 사용되는 스크립트 언어는 Perl이나 C 혹은 자바와 유사한 문법을 가지며 클래스(Class) 개념을 가지고 있어 객체지향 프로그램의 특성을 갖는다. PHP의 가장 큰 장점 중 하나는 다양한 데이터베이스 서버에 대해 사용하기 간편한 인터페이스를 제공한다는 점이다. PHP에서 지원하는 데이터베이스로는 ODBC, MS SQL, Oracle, Informix, Sybase와 같은 데이터베이스 시스템은 물론, 공개소프트웨어인 MySQL과 같은 데이터베이스를 지원하고 있다. PHP와 조합하여 가장 많이 사용되는 형태가 리눅스 환경에서 아파치 서버를 설치하고 PHP와 MySQL을 연동해서 사용하는 것으로, 이를 보통 LAMP(Linux Apache MySQL PHP) 환경이라고 부른다. 아파치, MySQL, PHP 세가지를 묶어서 한번에 윈도우 운영체제에 설치할 수 있는 WAMP(Windows Apache MySQL PHP) 서버 패키지도 있다.

■ 첫 번째 예제

PHP의 모든 스크립트 코드는 HTML 문서 내에 삽입되어야 하며 **<?php** 와 **?>** 사이에 작성해야 한다. PHP 스크립트는 HTML 문서 내 어느 곳에 삽입해도 상관없으며 여러 군데 삽입되어도 무방하다. 단, PHP 스크립트가 포함된 파일의 이름은 .php 확장자를 사용해야 한다. PHP 스크립트 코드들은 서버에서 실행된 후 결과만이 HTML 문서 내에 포함된다. 다음 [예제 A-1]에 간략한 PHP 스크립트 예제를 보인다. [예제 A-1]의

(8)행에서 (11)행 중에서 **print** 문에 의해 출력되는 내용만이 결과 HTML 문서에 포함되어 웹 브라우저로 전달되는 것이다. 즉, **<?php와 ?>**에 포함된 부분은 PHP 인터프리터가 해석하고 서버 상에서 실행되어 실행 결과만이 웹 브라우저로 전달된다. 반면, **<?php와 ?>**에 포함되지 않은 부분은 그대로 웹 브라우저로 전달된다. 따라서, 웹브라우저에서는 [실행결과 A-1]과 같은 결과 화면이 보인다.

예제 A-1 간단한 PHP 예제 (hellophp.php)

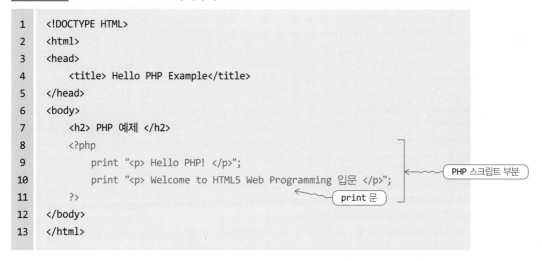

```
1    <!DOCTYPE HTML>
2    <html>
3    <head>
4        <title> Hello PHP Example</title>
5    </head>
6    <body>
7        <h2> PHP 예제 </h2>
8        <?php
9            print "<p> Hello PHP! </p>";
10           print "<p> Welcome to HTML5 Web Programming 입문 </p>";
11       ?>
12   </body>
13   </html>
```

| 실행결과 A-1

■ **두 번째 예제**

간단한 예제를 통해 PHP 프로그래밍에 대한 설명을 시작한다. 본 예제는 서버 컴퓨터의 현재 요일을 확인하여 출력하고 요일에 따라 다른 메시지를 웹 문서에 출력하는 간단한 PHP 프로그램이다. 현재의 요일은 date() 함수를 통해서 얻어낼 수 있다. date() 함수에서 요일 형식으로 얻은 값을 변수 $week_day에 저장한 후, if 문에서 요일을 확인하여 메시지를 선택적으로 화면에 출력하도록 하였다. [예제 A-2]에서와 같이 PHP 문서는 확장자로 .php를 사용하게 된다.

예제 A-2 if-else문을 활용한 요일 확인 PHP 예제 (dateexample.php)

```
1   <p>PHP 요일 확인 예제</p>
2   <?php
        $week_day = date("D"); // 현재 요일 받아오기          date()로 요일 얻기
3       print "<strong> Today is $week_day.. </strong><br/>";
4       if ($week_day == "Fri")
5           print "[$week_day] Have a nice weekend!";       PHP 스크립트 부분
6       elseif ($week_day == "Sun")
7           print "[$week_day] Have a nice Sunday!";        요일별 print 문
8       else
9           print "[$week_day] Have a nice day!";
10  ?>
```

| 실행결과 A-2

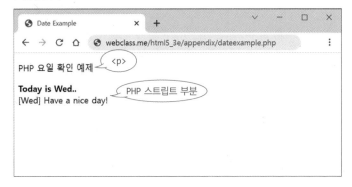

■ 간략한 PHP 문법

PHP 변수에는 $를 붙혀 사용하며 기본적으로 미리 변수를 선언할 필요가 없다. PHP 배열은 array 함수를 이용하여 선언하고, 출력은 print 혹은 echo 문장을 사용하면 된다. if 문 등 제어문(조건문, 반복문)에 대한 문법은 C, Java 언어와 유사하다. 다음 [표 A-1]에 PHP 언어의 전체적인 문법에 대해 간략히 요약하였다.

| 표 A-1 PHP 언어의 문법 요약

항목	설명	비고
주석	// 혹은 /* … */	
변수	$를 붙여 변수로 사용. $variable_name	미리 선언할 필요 없음
데이터 타입	Boolean: TRUE/FALSE Integer: 정수형 Floating point: 실수형 문자열: "abcdefg" 혹은 'abcdefg'	" "는 문자열 내의 변수값을 계산하여 출력
제어문(조건문, 반복문)	if, switch, while, for 문 제공됨	자바, C 등과 문법 유사함
문자열 붙이기 연산자	. 연산자 "abc"."def" → "abcdef"	

함수 정의	function 함수이름 (매개변수…) {
	  함수 정의;
	  return (반환값);
	}	

폼 입력 값	$_GET, $_POST 배열로 전달 받음	
배열	$arr = array(); $arr[] = "apple"; $arr[] = "grape"; $arr[] = "melon"; $arr = array("apple", "grape", "melon");	인덱스로 숫자, 문자열 모두 사용 가능
출력	print 혹은 echo	화면 출력이 아닌 HTML 문서로 출력되는 것임

조건문 중에는 if-else문과 비슷하지만 선택의 경우가 많을 때 코딩의 효율성을 높이기 위한 방법으로 switch-case문이 있다. switch-case문은 여러 case를 포함할 수 있고, case를 순차적으로 거치며 확인한다. 본 예제는 성적에 따라 해당하는 알파벳 등급을 출력하는 PHP 프로그램이다. $score가 첫 번째 case문의 조건을 만족하지 못하므로 두 번째 case문으로 넘어가게 되고, 해당 case문의 조건을 만족하여 "B"를 출력한다. 그리고 break문을 만나 조건문을 빠져나오게 된다.

예제 A-3 switch-case문을 활용한 성적 출력 PHP 예제(switchcaseexample.php)

```
1   <!DOCTYPE html>
2   <html>
3   <body>
4   <?php
5       $score = 85; // 테스트 확인을 위해서 임의로 설정한 값으로, 폼 입력과 연결하면
                      숫자를 입력받을 수 있다
```

```
6
7      switch($score) {
8          case (90 <= $score):                    90 이상
9              echo "A";
10             break;
11         case (80 <= $score): // 80 이상 90 미만      80 이상 90 미만, 조건 만족
12             echo "B";
13             break;
14         case (70 <= $score): // 70 이상 80 미만      70 이상 80 미만
15             echo "C";
16             break;
17         default:
18             echo "F";
19     }
20  ?>
21  </body>
22  </html>
```

| 실행결과 A-3

반복문에는 **for**문과 **while**문이 있다. **for**문은 특정한 부분의 코드가 반복적으로 수행될 수 있도록 한다. 본 예제는 **for**문을 통해 배열을 출력하는 PHP 프로그램이다. 변수 **$i**가 배열 **$scores**의 인덱스로 사용되면서 배열의 원소에 접근할 수 있다. 배열은 **array()** 함수를 통해 선언 및 초기화 할 수 있다. 또한, **count()** 함수를 통해 배열의 크기를 알 수 있다. (7)과 (11)행에서 "**.**" 연산자는 출력되는 문자열의 이어붙이기 기능을 수행한다.

예제 A-4 배열과 반복문 사용 예제(arrayforexample.php)

```
1   <!DOCTYPE html>
2   <html>
3   <body>
4   <?php
```

```
5    $scores = array(75, 80, 60, 90,100);      ← 크기가 5인 배열을 만들어서 $scores에 저장
6    $length = count($scores);      ← count() 함수로 배열의 크기 확인
7    echo "학생 수 : ".$length."명<br>";
8
9    for($i=0; $i < $length; $i++){
10       // 인덱스를 통해 배열의 원소에 접근한다
11       echo ($i+1)."번 : ";      ← 학생의 번호 출력
12       echo $scores[$i];      ← 해당 학생의 성적 출력
13       echo "<br>";
14   }
15   ?>
16   </body>
17   </html>
18
19
```

| 실행결과 A-4

본 예제는 배열의 크기와 배열의 모든 원소의 합을 통해 평균을 구하는 PHP 프로그램 이다. PHP의 사용자 정의 함수 선언은 **function**으로 시작한다. 사용자 정의 함수인 **average()** 함수는 매개변수로 배열을 입력받아 합과 크기를 이용해 평균을 구한다. 배열의 크기는 **count()** 함수, 배열의 모든 원소의 합은 **array_sum()** 함수를 통해 구 할 수 있다.

예제 A-5 내장 함수 및 사용자 정의 함수 사용 예제(functionexample.php)

```
1    <!DOCTYPE html>
2    <html>
3    <body>
```

```
 4   <?php
 5       // 평균을 구하는 함수
 6       function average($arr){                          ← 사용자 정의 함수
 7           return array_sum($arr)/count($arr);
 8       }
 9
10       $scores = array(60, 75, 85, 90, 100);
11       echo "점수 : ";
12       for($i=0; $i < count($scores); $i++){            ← 내장 함수 호출
13           echo $scores[$i]." ";
14       }
15       echo "<br>";
16       echo "학생 수 : ".count($scores)."명<br>"; // 배열의 크기     내장 함수 호출
17       echo "합계 : ".array_sum($scores)."점<br>"; // 배열의 모든 원소의 합
18       echo "평균 : ".average($scores)."점";        내장 함수 호출
19   ?>                                                 사용자 정의 함수 호출
20   </body>
21   </html>
```

| 실행결과 A-5

A.3 PHP로 폼 다루기

■ PHP로 폼 다루기 예제 (1)

HTML 문서에서 <form> 요소로 입력 받은 값을 서버로 전달하고 PHP 프로그램에서 사용하려면 <form> 요소에서 action과 method 속성값을 지정해 주어야 한다. action 속성은 <form> 양식에서 제출(submit) 버튼을 눌렀을 때 서버에서 실행되어

야 하는 문서를 지정하는 것이다. **method** 속성은 HTTP 요청 방식을 지정하는 것이며 **GET** 혹은 **POST**을 사용한다. **method** 종류에 따라 PHP 코드 내에서는 다음과 같은 **$_GET** 혹은 **$_POST** 배열 변수를 통해 전달받을 수 있다. 인덱스로 사용되는 변수명은 **<form>** 요소에서 사용된 입력 양식의 **name** 속성값에 해당한다.

- GET 메소드의 경우 : **$_GET["변수명"]**
- POST 메소드의 경우 : **$_POST["변수명"]**

[예제 A-6]와 [예제 A-7]은 **<form>** 요소에 라디오 버튼과 텍스트 입력 양식에서 입력받은 값을 PHP 프로그램에서 읽어내고 그 값을 키워드로 삼아 따라 뉴스, 블로그, 검색을 새로운 창을 통해 실행해 주는 예제이다.

예제 A-6 PHP로 폼 다루기 예제-1 (formexample1.html)

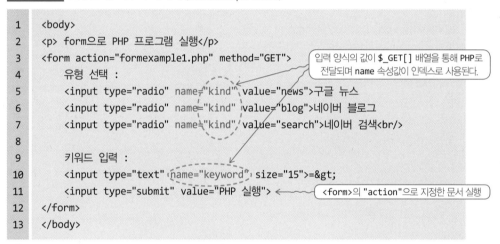

| 실행결과 A-6

예제 A-7 PHP로 폼 다루기 예제-1 (PHP 프로그램) (formexample1.php)

```
1   <body>
2   <?php
3       $k = $_GET["kind"];          ← $_GET["kind"]으로 kind에 입력된 값을 알아낸다.
4       $w = $_GET["keyword"];       ← $_GET["keyword"]으로 keyword에 입력된 값을 알아낸다.
5   ?>
6   <p> 기사 유형(kind): <?php print $k; ?> </p>
7   <p> 키워드(keyword)는 [ <?php print $w; ?> ] 입니다.</p>  ← 변수 $w의 값을 웹문서로 출력한다.
8   <?php
9       if ($k=="news")
10          $result_url = "'http://www.google.co.kr/search?tbm=nws&q=$w'";
11      elseif ($k=="blog")
12  →       $result_url = "'https://section.blog.naver.com/Search/Post.naver?keyword=$w'";
13      elseif ($k=="search")
14          $result_url = "'http://search.naver.com/search.naver?query=$w'";
15  ?>
16
17  <script type="text/javascript">
18      window.open(<?php print $result_url;?>);
19  </script>
20  </body>
21
```

입력된 키워드에 따라 웹 문서 출력

| 실행결과 A-7

[예제 A-7]의 (3), (4)행에서와 같이 **$_GET[]** 배열을 통해 폼 입력 양식의 값이 전달됨을 알 수 있다. **$_GET[]** 배열의 인덱스로 사용된 "**kind**", "**keyword**"는 [예제 A-6]의 (5)-(7), (10)행에서 볼 수 있듯이 폼 입력 양식의 **name** 속성 값이다.

■ PHP 폼 다루기 예제 (2)

라디오 버튼이나 텍스트 입력 양식 이외에도 모든 폼 입력 양식에 입력된 값을 PHP로
전달하여 처리하는 것이 가능하다. [예제 A-8]과 [예제 A-9]에 체크박스, 선택목록,
날짜, 시간, 색상, 범위 입력 양식 다루는 예를 보인다.

예제 A-8 PHP로 폼 다루기 예제-2 (formexample2.html)

```
1    <h3>도서 대출 신청 양식</h3>
2    <form action="formexample2.php" method="GET">
3       대출 도서관 선택:
4       <label> <input type="checkbox" name="seoul">서울도서관</label>
5       <label> <input type="checkbox" name="cheonan">천안도서관</label>
6       <label> <input type="checkbox" name="jeju">제주도서관</label> <br><br>
7
8       대출 기간 선택:
9       <select name="duration">
10          <option value="1week"> 1주 </option>
11          <option value="2week"> 2주 </option>
12          <option value="4week"> 4주 </option>
13          <option value="8week"> 8주 </option>
14       </select> <br><br>
15
16       대출 시작 날짜:
17       <input type="date" name="date"/> <br><br>
18
19       대출 시작 시간:
20       <input type="time" name="time"/> <br><br>
21
22       포장 색상 선택:
23       <input type="color" name="color"/> <br><br>
24
25       <input type="submit" value="신청하기">
26       <input type="reset" value="리셋">
27    </form>
```

체크박스마다 **name** 속성을 지정해야 한다. (line 6)

value 속성 값이 **PHP**로 전달된다. (line 13)

날짜 입력 (line 17)

시간 입력 (line 20)

색상 입력 (line 23)

예제 A-9 PHP로 폼 다루기 예제-2 (PHP 프로그램) (formexample2.php)

```
1    <h3>도서 대출 신청 결과</h3>
2
```

```
3    <?php
4        $period = $_GET["duration"];
5        $d = $_GET["date"];                          폼에서 입력된 값 받아오기
6        $t = $_GET["time"];
7        $c = $_GET["color"];
8    ?>
9
10   대출 요청 도서관:
11   <?php                                체크박스가 선택되면 "on" 값이 전달된다.
12       if ($_GET["seoul"]=="on") print "서울도서관 ";
13       if ($_GET["cheonan"]=="on") print "천안도서관 ";
14       if ($_GET["jeju"]=="on") print "제주도서관";
15   ?>
16   <br>
17
18   대출 요청 기간: <?php print $period;?> <br>
19   대출 시작 날짜: <?php print $d;?> <br>
20   대출 시작 시간: <?php print $t;?> <br>          폼에서 입력된 값 출력하기
21   포장 색상 요청: <?php print $c;?>
```

| 실행결과 A-8

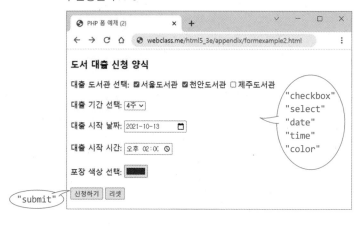

| 실행결과 A-9

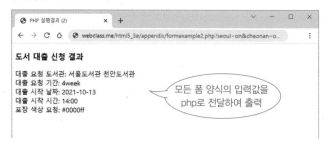

[실행결과 A-9]에서 볼 수 있듯이 입력 양식에서 입력한 날짜, 시간, 색상 등 모든 입력 값이 PHP로 전달되는 것을 알 수 있다.

A.4 데이터베이스 연결하기

웹 서버에 데이터를 저장하고 언제라도 여러 클라이언트 컴퓨터에서 접속하여 사용하고자 한다면 서버에 데이터베이스를 구축하는 것이 일반적이다. 오픈소스 기반의 MySQL 데이터베이스가 대표적으로 많이 사용되고 있다. 본 절에서는 PHP를 이용한 MySQL 데이터베이스 사용에 대해서 간략히 설명한다.

■ SQL 문: 데이터베이스를 다루기 위한 언어

MySQL등 데이터베이스를 다루기 위해서는 SQL 문을 사용해야 한다. SQL 문을 이용해서 데이터베이스 생성, 테이블 생성, 테이블에 레코드 읽기, 저장, 변경 등을 수행하게 된다. SQL 문으로 기술된 데이터베이스에 대한 요청은 query(질의)라고 부른다. 데이터베이스 및 테이블을 생성하고 다루는 자세한 내용은 데이터베이스 교과목을 통해 학습하도록 한다. 이미 생성된 데이터베이스 테이블에 레코드를 삽입하고 읽어내는 SQL 문은 다음과 같다.

- 테이블에 레코드 삽입: insert

```
insert into 테이블이름 (컬럼이름1, 컬럼이름2, . . .) values (컬럼값1, 컬럼값2 . . . )
```

- 테이블에서 레코드 선택: select

```
select 컬럼이름1, 컬럼이름2, . . . 혹은 * from 테이블이름 where 조건
```

■ PHP에서 MySQL 실행하기

PHP에서 MySQL을 실행하기 위해서는 최소한 1) 데이터베이스 연결, 2) 질의(query) 요청 두 단계가 필요하며 두 단계를 위한 PHP 문장은 다음과 같다.

- MySQL 데이터베이스 연결

```
$db = new mysqli( 서버이름, 사용자계정이름, 비밀번호, 데이터베이스이름);
```

- 질의(query) 요청

```
$result = $db->query( SQL질의 );
```

■ MySQL 데이터베이스를 이용한 선호도 조사 예제

음식에 대한 선호도 조사를 수행하는 웹 사이트를 통해 MySQL 데이터베이스 사용 예제를 보인다. 웹 서버는 현재까지 수집된 조사 결과를 저장하고 있어야 한다. 하지만, PHP의 변수는 새롭게 PHP 문서가 호출되면 이전에 저장된 값을 기억하지 못하기 때문에 중간 결과를 데이터베이스에 저장해야 한다. 다음 [예제 A-10]에 음식 메뉴 선호도 조사를 수행하는 웹 사이트 예제를 보인다.

예제 A-10 MySQL 데이터베이스 사용 예제 (favorate_food.html)

```
1   <p> 음식 선호도 조사</div>
2   <form method="get" action="favorate_food.php">
3       <p> 이름을 입력해 주세요.</p>
4       <input type="text" name="name">
5
6       <p> 좋아하는 음식을 선택해 주세요.</p>
7       <input type="radio" name="food" value="korean">한식
8       <input type="radio" name="food" value="chinese">중식
9       <input type="radio" name="food" value="japanese">일식
10      <br/><br/>
11      <input type="reset" value="초기화"/>
12      <input type="submit" value="투표하기"/>
13  </form>
```

radio 버튼 선택하기 (name 속성 동일)

예제 A-11 MySQL 데이터베이스 사용 예제 (PHP 프로그램) (favorate_food.php)

```
1   <?php
2       $db = new mysqli("localhost", "webclass", "webclass1234", "webclass");
3       if (mysqli_connect_errno()) {
```

데이터베이스 연결

```
4              print "Error: Could not connect to database server.";
5              exit;
6          }
7          mysqli_set_charset($db, "utf8");
8          $name = $_GET["name"];
9          $food = $_GET["food"];
10         $q = "select * from vote where name = '$name'";          ┄┄ where 조건을 통해 입력한
11         $result = $db->query($q);                                     이름이 db에 있는지 검사
12
13         if ($result->num_rows > 0) { // already voted  ←┄┄ 입력한 이름으로 이미 투표했는지 확인
14             print "$name has already voted!";
15         }
16         else { // 선호도 투표 결과 저장                    insert into로 입력한 이름과
17             $q = "insert into vote (name, food) values ('$name', '$food')";   선택한 음식을 db에 저장
18             $db->query($q);
19
20             print "$name voted for $food";
21             print "<p> 음식 선호도 조사 결과 </p>";
22             $result = $db->query("select * from vote");
23             print "<br/> 총 투표자 수: ".$result->num_rows;
24             $result = $db->query("select * from vote where food = 'korean'");   ←┄ 한식 투표 결과
25             print "<br/> 한식: ".$result->num_rows;                                  질의 요청
26             $result = $db->query("select * from vote where food = 'chinese'");  ←┄ 중식 투표 결과
27             print "<br/> 중식: ".$result->num_rows;                                  질의 요청
28             $result = $db->query("select * from vote where food = 'japanese'"); ←┄ 일식 투표 결과
29             print "<br/> 일식: ".$result->num_rows;                                  질의 요청
30         }
31     ?>
```

| 실행결과 A-10

선호도 투표 결과 화면

이미 선호도 투표를 한 경우

데이터베이스 테이블 생성하기

[예제 A-11]에 사용된 데이터베이스 테이블은 아래와 같은 질의를 통해 생성할 수 있다.

```
create table vote ( id int not null auto_increment,
                    name varchar(256),
                    food varchar(256),
                    primary key(id)
);
```

PHP로 MySQL을 사용하는 과정

1. 데이터베이스 연결하기

   `$db = new mysqli(서버이름, 사용자이름, 비밀번호);`

2. 기존 데이터베이스가 없다면 데이터베이스 생성하기

   `$db->query("create database 데이터베이스이름 ");`

3. 데이터베이스 선택하기

   `$db->select_db(데이터베이스이름);`

4. 데이터베이스 테이블 생성

   `$db->query("create table 테이블이름 (필드이름 필드속성들,…)");`

5. 질의(query) 수행

   `$db->query(질의문);`

[예제 A-11]에서는 favorate_food라는 데이터베이스와 vote라는 테이블을 사용한다. 데이터베이스는 필요한 데이터들 즉 레코드들을 테이블 형태로 저장한다. 본 예제에서는 아래와 같은 테이블을 사용하였다.

vote Table

필드이름	id	name	food
형식	정수	문자열	문자열

데이터베이스와 테이블이 준비되면 질의(query)를 통해 테이블에 데이터를 삽입하거나 테이블에 기록된 데이터를 읽어낼 수 있다. vote 테이블에 데이터를 삽입하기 위해서는 아래와 같이 insert 문을 이용한다. $_GET["name"]과 $_GET["food"]는 폼에서 입력 받은 이름과 선호 음식을 나타낸다.

```
"insert into vote (name, food) values ('".$_GET["name"]."', '".$_GET["food"]."')"
```

테이블에서 데이터를 읽어내기 위해서는 select 문을 이용한다. 만약 특정 이름의 사람이 이미 선호도 조사를 했는지 확인하고 싶은 경우에는 아래와 같이 where 조건을 이용하면 된다. vote 테이블에서 name 필드의 내용이 $_GET["name"]과 같은 행은 모두 골라내는 것이다.

```
$result = $db->query("select * from vote where name = '".$_GET["name"]."'");
```

만약 이미 선호도 조사를 했다면 이름이 이미 vote 테이블에 기록되어 있을 것이므로 결과값은 1개 이상의 행이 나올 것이다. 결과값인 $result의 행의 개수는 다음 속성값을 확인하면 된다.

```
$result->num_rows
```

A.5 웹서버 예제 (인터넷 서점 주문하기)

■ PHP로 사용하기

14장의 인터넷서점 웹 사이트에서 주문하기 메뉴에서 서적 수를 입력하고 [합계계산], [주문하기] 버튼을 누르면 입력한 내용을 서버로 전달하고 합계계산 및 주문서를 작성하는 예제를 보이고자 한다. 폼 (양식)에 값을 입력하고 이를 서버로 보내기 위해서는 다음과 같이 **\<form\>** 요소의 **action** 속성에 서버에서 실행할 웹 문서를 지정해 주어야 한다. 폼의 제출(submit) 버튼을 누르면 서버의 process_order.php 문서가 실행되는 것이다. 또한, 웹 서버에 요청하는 방식도 지정해야 한다. 본 예제에서는 GET 방식을 사용한다.

```
<form method="get" action="process_order.php">
```

아래의 [예제 A-12]에서 변경된 주문하기 웹 문서의 HTML5 코드를 보인다. 14장의 예제에서는 비활성화 되어 있었던 [합계계산] 및 [주문하기] 버튼의 활성화를 위해서 **disabled** 부분은 삭제하였다. 또한, 입력 양식에 **name** 속성을 추가하였다. 이는 서버로 폼의 내용을 보낼 때 각 입력양식을 구별하기 위해 이름을 붙이는 것이다. 입력 양식을 변수라고 생각한다면 변수명에 해당한다.

예제 A-12 주문하기 웹 문서 (order.html)

```
1   <div class="head"> 서적 주문 양식 </div>
2   <form method="get" action="process_order.php">        제출 버튼을 누르면 서버로
                                                          실행을 요청하는 웹 문서
        <p> 주문서 </p>
3       <table>
4           <tr> <th> 책 제목 </td> <th> 가격 </th> <th> 수량 </th> </tr>
5           <tr>
6               <td> HTML5 웹프로그래밍 입문 (개정 2판) </td> <td> 26,000원 </td>
7               <td> <input type="text" size= "2" value="0" name="book1"/> </td>
8           </tr>                                                    name 속성 추가
9           <tr>
10              <td> 컴퓨터와 IT기술의 이해 <td> 25,000원 </td>
11              <td> <input type="text" size= "2" value="0" name="book2"/> </td>
12          </tr>
```

```
13          <tr>
14              <td> 멀티미디어 배움터 2.0 </td> <td> 25,000원 </td>
15              <td> <input type="text" size= "2" value="0" name="book3"/> </td>
16          </tr>
17          <tr>
18              <td> 컴퓨터 그래픽스 배움터 <td> 27,000원 </td>
19              <td> <input type="text" size= "2" value="0" name="book4"/> </td>
20          </tr>
21      </table> <br />
22      <input type="reset" value="초기화"/>
23      <input type="submit" value="주문하기"/>
24  </form>
```

name 속성 추가

| 실행결과 A-12

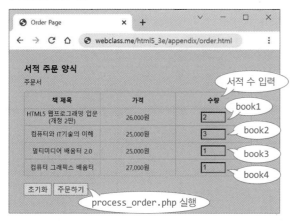

[실행결과 A-12]에서와 같이 주문서에 각 서적에 대해 주문하고자 하는 수량을 입력하고 주문하기 버튼을 누르면 process_order.php 문서가 호출되어 실행된다. 다음 [예제 A-13]에 process_order.php의 코드를 보인다.

예제 A-13 주문내역 처리하기 (process_order.php)

```
1   <?php
2       $book1 = $_GET["book1"];
3       $book2 = $_GET["book2"];
4       $book3 = $_GET["book3"];
5       $book4 = $_GET["book4"];
```

입력 양식에 기입된 값을 읽어내는 부분

```
6
7       $book1_sum = $book1*26000;
8       $book2_sum = $book2*25000;
9       $book3_sum = $book3*25000;
10      $book4_sum = $book4*27000;
11      $total_books = $book1+$book2+$book3+$book4;
12      $total_sum = $book1*26000+$book2*25000+$book3*25000+$book4*27000;
13  ?>
14  <div class="head"> 주문이 완료되었습니다.</div>
15  </br>
16  주문 내역서
17  <table>
18      <tr> <th> 책 제목 </td> <th> 가격 </th> <th> 수량 </th> <th> 합계 </th>
29  </tr>
20      <tr>
21          <td> HTML5 웹프로그래밍 입문 (개정 2판) </td> <td> 26,000원 </td>
22          <?php print "<td> $book1 </td>\n"; ?>
23          <?php print "<td> $book1_sum 원</td>\n";?>
24      </tr>
25      <tr>
26          <td> 컴퓨터와 IT기술의 이해 </td> <td> 25,000원 </td>
27          <td> <?php print $book2;?> </td>
28          <td> <?php print $book2_sum;?> 원</td>
29      </tr>
30      <tr>
31          <td> 멀티미디어 배움터 2.0 </td> <td> 25,000원 </td>
32          <td> <?php print $book3;?> </td>
33          <td> <?php print $book3_sum;?> 원</td>
34      </tr>
35      <tr>
36          <td> 컴퓨터 그래픽스 배움터 </td> <td> 27,000원 </td>
37          <td> <?php print $book4;?> </td>
38          <td> <?php print $book4_sum;?> 원</td>
39      </tr>
40      <tr>
41          <td> 합계 </td> <td>   </td>
42          <td> <?php print $total_books;?> </td>
43          <td> <?php print $total_sum;?> 원</td>
44      </tr>
45  </table>
46  </br>
```

각 서적의 수량과 가격을 곱하여 소계와 합계를 계산

각 서적의 수량을 출력

각 서적의 합계 가격을 출력

서적 수의 합계, 서적 금액의 합계를 출력

[예제 A-13]의 (2)-(5)행은 폼의 입력 양식에서 서버로 보내온 값들을 읽어내는 과정이다. 웹 문서 요청 방식으로 GET 방식을 사용했으므로 $_GET이라는 PHP 배열로 폼 입력 양식에 기입된 값들이 전달된다. $_GET 배열의 인덱스로 폼 입력 양식의 name 속성에 사용된 값을 사용하면 해당 입력 값을 알아낼 수 있다. [예제 A-12]에서는 (7), (11), (15), (29)행에서 name 속성으로 book1, book2, book3, book4를 지정하였다.

[실행결과 A-12]에서 주문하기 버튼을 누르면 process_order.php가 실행되고 [실행결과 A-13]와 같은 결과가 화면에 나타난다. 폼 입력양식에 기입한 서적 수량에 맞게 합계와 가격이 계산됨을 알 수 있다.

| 실행결과 A-13

▪ MySQL 데이터베이스 연결하기

본 절에서는 14장의 인터넷서점 웹 사이트에 MySQL 데이터베이스를 사용한 예제를 보인다. 웹 서버 컴퓨터상에 아파치 웹 서버 소프트웨어, PHP와 함께 패키지로 설치되어 있어서 사용이 가능하다고 가정하고 예제를 보인다. 본 예제에서는 여러 번 주문을 했을 경우, 주문한 내용들을 누적하여 데이터베이스에 기록하고 매번 주문할 때마다 과거에 주문한 기록을 보여주는 예제를 보인다. 과거의 주문 별로 총액과 총 서적 수, 그리고 주문한 시간을 보여주는 예제이다. 이를 위한 다음과 같은 데이터베이스 테이블을 생성하였다.

Order Table

필드이름	id	order_sum	book_sum	time
형식	INT	INT	INT	TIMESTAMP

NOTE

주문기록 저장을 위한 데이터베이스 테이블 생성하기

[예제 A–13]에 사용된 데이터베이스 테이블은 아래와 같은 질의를 통해 생성할 수 있다.

```
create table orders ( id int not null auto_increment,
                      order_sum int,
                      book_sum int,
                      date timestamp,
                      primary key(id))"
);
```

데이터베이스 사용을 위해서 [예제 A–13]을 다음 [예제 A–14]과 같이 수정한다. 데이터베이스에 접속하고, 테이블 생성 및 테이블에 주문 기록을 저장하는 부분이 추가되었다.

예제 A–14 주문내역 처리하기 (process_order.php)

```
1   // 중간생략 : [예제 A-13]의 (1) ~ (13) 행과 동일
2   <?php
3       $db = new mysqli("localhost ", "webclass", "webclass1234", "webclass");
4       if (mysqli_connect_errno()) {
5           print "Error: Could not connect to database server.";
6           exit;
7       }
8
9       $q = "insert into orders (order_sum, book_sum, date) values (".
10          "$total_price, $total_books, '".date('Y-m-d H:i:s')."')";
11      $db->query($q);
12  ?>
13  // 중간 생략 : [예제 A-13]의 (14) ~ (45) 행과 동일
14  과거 주문 기록 <br/>
15  <?php
16      $result = $db->query("select * from orders order by date desc limit 5");
17      print "<table>\n";
```

orders 테이블에 주문 금액의 합계,
주문 서적 수, 현재 날짜~시간을 저장한다.

MySQL에 질의(query)를 보내는 문장

orders 테이블에 저장된 열을 "date" 기준
으로 내림차순으로 정렬한 후 5개 만을 선택한다.

```
18      print "<tr> <th> 번호 </th> <th> 주문금액 </th> <th> 서적 수 </th> <th> 시간 </th> </tr>\n";
19      for($i=0; $i<$result->num_rows; $i++) {
20          $row = $result->fetch_row();          ← 질의 결과에서 한 행(row)씩 불러와 $row에 저장
21          print "<tr>";
22          print "<td>".$row[0]."</td> ";
23          print "<td>".$row[1]." 원 </td> ";          $row에서 각 열(column)의 값을 읽어내고
24          print "<td>".$row[2]."</td>";              이를 표 형식으로 만드는 부분
25          print "<td>".$row[3]."</td>";
26          print "</tr>\n";
27      }
28      mysqli_close($db);
29  ?>
```

| 실행결과 A-14

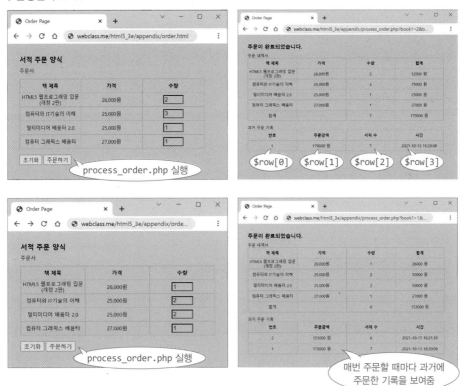

process_order.php 실행

$row[0] $row[1] $row[2] $row[3]

process_order.php 실행

매번 주문할 때마다 과거에 주문한 기록을 보여줌

[실행결과 A-14]에서와 같이 [주문하기] 버튼을 누를 때마다 주문 내용이 데이터베이스의 orders 테이블에 기록되는 것을 알 수 있다. 이는 [예제 A-14]의 (9)-(11)행을 통해 수행된다. 또한, (16)행의 "select * from orders..." 질의를 통해 orders 테이

블 내의 모든 데이터들을 읽어내고 이를 표 형식으로 문서 내에 나타내는 것을 알 수 있다. (19)행에서 (27)행의 반복문을 통해서 표를 생성해 낸다. 특히, (20)행은 select 질의를 통해 구한 테이블의 데이터에서 한번에 한 행(row)씩 불러오는 문장이며 이를 통해 테이블을 한 행씩 읽어낼 수 있게 된다. 읽어낸 테이블의 행(row)은 배열형식으로 반환되므로 (22)-(25)행에서와 같이 $row[0], $row[1]과 같은 형식으로 각 열(column)의 값을 읽어낼 수 있다.

찾아보기

저자 소개

임순범
- 서울대학교 계산통계학과 졸업
  한국과학기술원(KAIST) 전산학과(공학박사)
  현재 숙명여자대학교 IT공학과 교수

- 주요 경력
  - 휴먼컴퓨터 창업/연구소장
  - 삼보컴퓨터 프린터개발부 부장
  - 건국대학교 컴퓨터과학과 교수
  - University of Colorado 교환교수
  - 한국멀티미디어학회 회장, 명예회장
  - 한국전자출판학회 회장, 명예회장
  - 한국정보과학회 부회장
  - 한국컴퓨터그래픽스학회 부회장
  - ISO/IEC 국제표준제정위원회 SC34 WG2 분과위원장
  - 2021년 정보문화유공 녹조근정훈장 수상

- 관심분야 : 컴퓨터그래픽스, 전자출판, 모바일 멀티미디어, 웹3D, HCI

박희민
- 서강대학교 컴퓨터공학과 졸업
  University of California, Los Angeles 전자공학과(공학박사)
  현재 상명대학교 소프트웨어학과 부교수

- 주요 경력
  - 삼성전자 시스템LSI 수석

- 관심분야 : 웹기반정보시스템, 크라우드컴퓨팅, 유비쿼터스, 센서네트워크